KB071768

서늘한
신호

서늘한 신호

THE
GIFT
OF
FEAR

호

SURVIVAL
SIGNALS

무시하는 순간 당한다
느끼는 즉시 피할 것

개빈 드 베커 지음 | **하현길** 옮김

THAT
PROTECT US
FROM
VIOLENCE

ć
청림출판

한 그루의 나무가 모여 푸른 숲을 이루듯이
청림의 책들은 삶을 풍요롭게 합니다.

우리 모두는 때때로 자신의 안전을 걱정해야 할 이유가 많다는 것을 잘 안다. 문제는 그때가 언제냐는 것이다. 언제 폭력이 닥칠지 예견할 정도라면 당신은 이미 필요한 대부분을 안다고 할 수 있다. 당신에게는 인류의 지혜가 있으며, 당신의 목소리는 생존에 가장 중요한 전문가 역할을 한다.

폭력은 인간의 일부며, 따라서 모든 문화의 일부다. 인정하건대 이 세상 다른 지역에서는 폭력이 다른 역할을 한다. 이 책은 미국 사회에서 벌어진 폭력을 살펴봄으로써 우리의 안전과 위험을 탐구한다. 인간 행태는 대부분 세계적으로 비슷하지만, 특정 문화에서만 관찰되는 특이한 양상도 있다. 예를 들면 미국은 성인 인구보다 총이 더 많으며, 10대 소년의 사망 원인 1위가 총격이다. 비록 한국은 그렇지 않겠지만, 미국의 경험에서 많은 것을 배울 수 있을 것이다.

우리가 직면하는 어떤 위험들은 세계적으로 비슷하다. 이 책은 그 위험이 (어떻게 보이리라 상상하는 것과 달리) 실제로 어떻게 보이는지 밝혀서, 적어도 폭력적인 행태를 예측하는 당신의 능력에 좀 더 확신을 가질 수 있도록 도울 것이다. 이 책을 읽고 나면, 위험이 닥쳤을 때는 이를 알리는 신호들이 보이고 위험하지 않을 때는 아무것도 보이지 않을 것이라고 자신을 믿게 될 것이다. 당신이 위험을 더욱 잘 알게 되어 위험에 빠지는 일이 줄어들기를 바란다.

캘리포니아주 로스앤젤레스

개빈 드 베커

인터넷에 관한 생각 : 미국은 다른 어느 나라보다 일찍 인터넷을 소통 수단으로 널리 사용해왔다. 그리고 인터넷이 몇몇 약탈자가 피해자가 될 가능성이 있는 사람들과 소통하기 위한 수단이라고 알려져 있다. 하지만 인터넷만 그런 것이 아니다. 인터넷만큼 자주 전화, 휴대전화, 문자메시지 역시 원치 않는 만남이 이루어지도록 덫을 놓는 데 악용된다. 소통 수단보다는 그 내용이 중요하다. 우리의 목표는 해를 끼칠 수도 있는 누군가의 면전에 절대로 나타나지 않는 것이다. 이 책에서는 약탈자들이 소통할 때 쓰는 수법들과, 그런 수법들이 인터넷, 이메일, 문자메시지, 전화를 통해 또는 직접 쓰였더라도 모두 똑같다는 것을 밝히고자 한다.

| 일러두기 | 대괄호([ ]) 속 내용은 모두 옮긴이 주다.

| 차례 |

1장

안전은 생존이다

"무엇보다도 피해자가 되기를 거부하는 것이
가장 중요하다."

마거릿 애트우드Margaret Atwood[캐나다 최초의 페미니즘 작가]

그자는 한동안 그녀를 지켜봤던 모양이다. 확실하지는 않지만, 그래도 그녀가 그자의 첫 번째 피해자가 아닌 것만은 분명하다. 그날 오후, 켈리는 필요한 것을 한꺼번에 다 사겠다고 욕심부리는 바람에 그 짐을 가뿐하게 집까지 가져갈 수 있으리라 자신의 능력을 과대평가하는 실수를 저질렀다. 무거운 봉지들과 실랑이를 벌이면서도 집에 갔다가 다시 나오는 것은 어두워진 뒤에 쏘다니는 것과 다를 바 없다고 자위하며 자신의 결정을 합리화했다. 켈리는 안전에 철두철미했다. 계단을 올라 아파트 건물 현관까지 가서 보니 문이 (또) 잠겨 있지 않았다. 켈리는 이웃들이 잠그지 않고 그냥 나간 것이라고 생각했다. 보안에 해이한 그들에게 화가 났지만, 이번에는 열쇠를 꺼내는 수고를 아낄 수 있어 좋았다.

켈리는 문을 닫고, 찰칵하고 자물쇠 걸리는 소리가 들릴 때까지 등으로 밀었다. 그녀가 자신이 문을 잘 잠갔다고 지금까지 확신하는 것을 보면 그자는 분명 이미 건물 안에 들어와 있었을 것이다.

이제 4층까지 걸어 올라가기만 하면 됐다. 켈리는 단번에 올라가버리자고 생각했다. 그런데 3층 층계참까지 거의 다 올라갔을 때 봉지 하나가 찢어지며 고양이에게 줄 통조림들이 쏟아져 흩어졌다. 통조림들이 마치 켈리에게서 도망치려는 듯 통통통 튀어 계단을 굴러 내려갔다. 맨 앞에서 굴러가던 통조림이 2층 층계참에서 멈추는가 싶더니, 그녀의 눈앞에서 문자 그대로 모퉁이를 돌아 속도를 붙여 아예 작정하고 아래층 계단으로 펄쩍 뛰어내려가 눈앞에서 사라졌다.

"잡았어요! 내가 갖고 올라갈게요." 누군가 소리쳤다. 켈리는 그 목소리가 마음에 들지 않았다. 처음부터 뭔가 잘못된 것처럼 들렸다. 그러나 이내 친절하게 생긴 젊은 남자가 통조림들을 주워 들며 가벼운 발걸음으로 계단을 올라왔다.

남자가 말했다. "좀 도와드리죠."

"고맙지만 괜찮아요. 다 왔거든요."

"다 온 것 같지 않은데요. 몇 층이에요?"

켈리는 잠시 주저하다 대답했다. "4층인데, 안 도와줘도 괜찮아요. 정말로요."

남자는 켈리의 말을 전혀 들으려 하지 않았다. 벌써 가슴과 한쪽 팔 사이에 통조림을 한가득 들고 있었다. "나도 4층까지 갑니다. 그런데 내가 좀 늦었어요. 시계가 고장 난 줄 몰랐거든요. 그러니 여기 이렇게 서 있지 말자고요. 그것도 이리 줘요." 남자가 손을 뻗어 켈리가 들고 있는 봉지들 중 더 무거운 것 하나를 낚아챘다. 켈리는 다시 말했다. "아뇨. 정말 감사한데 됐어요. 다 왔다니까요."

식료품 봉지를 그대로 붙잡은 채 남자가 말했다. "너무 자존심 세우는 거 아닙니까?"

켈리는 잠시 봉지를 붙잡고 있다가 결국 놓고 말았다. 친절한 타인과 그 친절을 받아들이는 사람 사이에 일어난 언뜻 사소해 보이는 이 실랑이는 켈리가 남자를 기꺼이 믿는다는 신호였다. 켈리와 남자 모두 이 신호의 의미를 알았다. 봉지에 대한 지배력이 남자에게 넘어간 순간, 그녀 자신에 대한 지배력도 같은 꼴이 됐다.

"서두르는 게 좋겠어요." 남자가 앞장서서 계단을 오르며 말했다. "배고픈 고양이가 우리를 기다리고 있을 테니까요."

그때는 남자가 그저 도와주고 싶어 할 뿐 달리 원하는 것이 없어 보였지만, 켈리는 공연히 그가 무서웠다. 이렇게 친절하고 예의 바른데. 켈리는 괜한 의심을 한 것 같아 꺼림칙했다. 그녀는 모든 사람을 불신하는 그런 사람이 되고 싶지 않았고, 결국 두 사람은 그녀의 아파트 문에 거의 다다랐다.

"고양이가 3주 동안이나 굶고도 살 수 있는 거 알아요?" 남자가 물었다. "내가 어떻게 이런 재미있는 이야기를 알게 됐느냐면요. 예전에 친구가 여행하는 동안에 내가 대신 그 친구 고양이한테 먹이를 주겠다고 약속한 적이 있거든요."

켈리는 이제 자신의 아파트 문을 열쇠로 열고 있었다.

"이제 주세요." 켈리는 남자가 식료품 봉지를 건네고, 자신에게 고맙다는 인사를 받고 그만 가주기를 바랐다. 그런데 남자는 그녀의 기대와 달리 이렇게 말했다. "아, 안 될 말씀. 여기까지 와서 또 고양이 밥을 쏟게 할 수는 없죠." 켈리가 그를 안으로 들일까 어쩔까 고민하는데, 남자가 알겠다는 듯 웃음을 터뜨렸다. "이봐요. 옛날 영화에 나오는 숙녀들처럼 문을 열어봐요. 나는 이것들을 내려놓자마자 갈 테니까요. 약속하죠."

켈리는 그를 안으로 들였고, 남자는 약속을 지키지 않았다.

○   ○   ○

켈리는 강간을 비롯해 3시간에 걸친 고난을 털어놓다가 바로 이 시점에서 말을 멈추고 조용히 눈물을 흘렸다. 그녀는 이제 그자가 다른 피해자 중 한 명을 칼로 찔러 죽였다는 사실을 알고 있었다.

켈리는 내 사무실 밖에 있는 작은 정원에서 나와 무릎을 맞대고 앉자마자 내 두 손을 꼭 붙잡고 이야기하는 내내 놓지 않았다. 그녀는 지금 27살이다. 원래 장애아 상담사였는데, 그 일이 있은 뒤로 상당히 오랫동안 직장에 나가지 않고 있다. 그 친절해 보인 젊은 남자가 그녀의 아파트에서 3시간 동안이나 신체적인 고통을 줬고, 적어도 3개월 동안 그녀의 기억 속에서 고통을 가했다. 그자의 위협에 달아난 그녀의 신뢰감은 여전히 몸을 숨긴 채 돌아오지 않고 있고, 그자가 구멍 낸 존엄성은 지금도 치유 중이다.

켈리는 애초에 수많은 생존 신호를 듣지 않아 위험에 빠졌다는 것과, 작은 생존 신호 하나에 귀를 기울인 결과 목숨을 건졌다는 것을 배우려는 참이었다. 켈리는 눈물에 젖었지만 또렷한 눈으로 나를 바라보며, 그자의 수법을 남김없이 이해하고 싶다고 말했다. 어떤 직관이 그자의 수법을 파악해 자신의 목숨을 구했는지 내가 말해주길 바랐다. 하지만 이는 켈리가 내게 해줘야 할 말이었다.

"그가 내 머리에 총구를 들이대고 나를 강간한 뒤였어요. 분명 그 뒤의 일이에요. 그가 침대에서 일어나 옷을 입고 창문을 닫더라고요. 자기 손목시계를 힐끗 보더니 갑자기 서두르기 시작했죠."

"급히 갈 데가 있어. 이봐, 너무 그렇게 겁먹은 표정 짓지 말라고. 해치지 않겠다고 약속하지." 켈리는 그자가 거짓말한다는 것을 너무나도 잘 알았다. 상상하기 어렵기는 했지만, 그자가 자신을 죽이려고 한다는 것을 알았다. 켈리는 사건이 발생한 이후 처음으로 극심한 두려움을 느꼈다.

남자가 권총으로 켈리를 겨누며 말했다. "아무것도 하지 말고 가만히 있어. 나는 주방에 가서 뭘 좀 마시고, 그런 다음 갈 거야. 약속하지. 자기는 여기 그대로 있으라고." 켈리는 봉지를 건넨 순간부터 지금까지 완전히 그자의 지배 아래 있었기 때문에 자신의 지시를 따르지 않을까 봐 그자가 걱정할 이유가 전혀 없었다. "내가 꼼짝도 하지 않으리란 거 잘 알잖아요." 켈리는 남자를 안심시켰다.

하지만 남자가 방을 나가자마자, 켈리는 벌떡 일어서서 침대 시트를 벗겨 들고 남자 뒤를 따라갔다. "말 그대로 유령처럼 그자를 바싹 뒤따라갔는데, 알아차리지 못하더라고요. 우리는 거실 복도를 함께 걸어갔어요. 그러다 갑자기 그자가 걸음을 멈췄고, 나도 똑같이 했죠. 그자가 음악이 흘러나오는 내 스테레오를 보더니 손을 뻗어 소리를 키우더라고요. 그자가 계속해서 주방 쪽으로 가는 동안 나는 거실을 가로질렀어요."

켈리는 집을 나서면서 현관문을 닫지 않아 서랍들 여닫히는 소리를 들을 수 있었다. 그녀는 복도 맞은편에 있는 집으로 곧장 걸어 들어갔다.

(무슨 까닭인지 그녀는 그 집 문이 잠겨 있지 않다는 것을 알고 있었다.) 깜짝 놀라는 이웃들에게 조용히 하라는 신호로 손가락 하나를 들어 보이며 등 뒤로 아파트 문을 닫았다.

"방에 그대로 있으면 그자가 주방에서 돌아와 나를 죽이리란 걸 알았어요. 하지만 내가 왜 그렇게 확신했는지는 지금도 모르겠어요."

"아니요. 지금은 알죠." 나는 말했다.

켈리는 한숨 쉬더니 이야기를 이었다. "그자는 일어나서 옷을 입더니 창문을 닫고 차고 있는 손목시계를 봤어요. 나를 해치지 않겠다고 했는데, 그건 전혀 지킬 마음이 없으면서 불쑥 내뱉은 약속이었죠. 마실 걸 찾으려고 주방에 간다고 했으면서, 주방 서랍들 여닫히는 소리가 들렸고요. 물론 칼을 찾는 소리였어요. 나는 그러리란 걸 이미 알고 있었죠." 켈리는 말을 멈췄다가 다시 입을 열었다. "총을 쓰면 큰 소리가 날 테니 칼을 찾는 거라고 짐작했어요."

"그자가 큰 소리를 신경 쓰는지 어떻게 알았죠?"

"잘 모르겠어요." 켈리는 나를 지나쳐 침실에 있는 그자를 보는 듯했다. 그렇게 꽤 오랫동안 입을 열지 않았다. "아아, 알겠어요. 맞아요, 그래요. 큰 소리요. 그자는 소리가 새어 나갈까 봐 창문을 닫았던 거예요. 그래서 내가 알았고요."

그자는 옷을 입고, 자기 입으로 떠난다고 했으니 창문을 닫을 이유가 전혀 없었다. 켈리에게 경고를 보낸 것은 그 미약한 신호였지만, 그녀가 주저 없이 일어나서 자신을 죽이려고 하는 남자의 뒤를 바짝 따라갈 수 있게 용기를 준 것은 두려움이었다. 나중에 그녀는 너무 두려운 나머지 자기 몸 속의 모든 감각이 두려움으로 바뀌었다고 묘사했다. 그녀 내면에 숨어 있던 동물적인 감각이 두려움을 최대한 키워 다리 근육을 움직여 일어서게 만든 것이었다.

"거의 무의식적이었어요. 그냥 복도를 걸어가는 사람 같았죠." 켈리가 설명했다.

켈리는 진정한 두려움을 경험했다. 이는 깜짝 놀라거나 영화를 보거나 대중 앞에서 연설할 때 느끼는 두려움과 전혀 다르다. 진정한 두려움은 '내가 시키는 대로 하라'고 말하는 강력한 아군이다. 때때로 진정한 두려움은 어떤 사람에게 죽은 척하라고, 혹은 숨을 쉬지 말라고, 혹은 도망치거나 비명을 지르거나 맞싸우라고 한다. 하지만 켈리에게는 '그저 조용히 하고 나를 의심하지 않으면 너를 여기서 벗어나도록 해줄게'라고 말했다.

켈리는 자신이 그 신호에 따라 행동했고, 그 결과 살아남았다는 것을 깨닫자 자신감이 새로 싹텄다고 했다. 그러면서 그자를 자기 아파트로 들인 것에 대해 남들에게 비난받고 자신을 책망하는 일에 지쳤다고 했다. 나와 여러 번 만나 대화를 나누며 다시는 그런 식으로 피해자가 되지 않을 만큼 많은 것을 배웠다고 했다.

"어쩌면 그게 그런 일을 당하고 나서 얻은 좋은 점인지도 모르죠. 참 이상한 건, 그걸 안 지금은 돌아다닐 때 예전보다 겁을 덜 먹는다는 거예요. 그렇지만 다른 사람들은 분명 훨씬 더 쉽게 배울 수 있는 길이 있을 거예요."

바로 그 순간, 어떤 생각이 내 머릿속을 스쳤다. 켈리의 목숨을 구한 그 것이 당신의 생명도 구할 수 있다. 그녀의 용기에서, 직관에 귀를 기울이 겠다는 그녀의 약속에서, 그것에서 어떤 의미를 찾아내겠다는 그녀의 결심에서, 부당한 두려움에서 벗어나고자 하는 그녀의 열정에서, 나는 그런 정보가 피해자뿐 아니라 전혀 피해자가 될 필요가 없는 사람들에게도 공유돼야 한다는 것을 깨달았다. 그래서 나는 당신이 안전하게 살아가는 데 도움이 됐으면 하는 바람을 담아 이 책을 썼다.

나는 오랫동안 폭력을 봐왔고, 살인자, 스토커, 암살 미수범, 여자 친구에게 차인 남자, 아내와 소원해진 남편, 해고돼 화난 직장인, 대량 살인범 등의 행태를 오랫동안 예측해왔기 때문에, 전문가라고 불린다. 내가 많은 것을 보고 배웠을 수는 있지만, 이 책을 쓰는 동안 내가 세운 기본 전제는 당신도 폭력적인 행태를 예측하는 데 전문가라는 것이다. 다른 모든 피조물과 마찬가지로, 당신 역시 위험이 닥치면 이를 알아차릴 수 있다. 당신 안에는, 위험을 경고할 준비가 돼 있고 위험한 상황에서 벗어나도록 이끌 준비가 돼 있는 훌륭한 보호자가 있다.

나는 여러 해 동안 폭력 피해자들에게 "자신에게 곧 위험이 닥치리란 걸 알았어요?"라고 물으면서 안전에 관한 많은 것을 배웠다. 대부분은 "아뇨, 부지불식간에 일어났어요"라고 대답한다. 하지만 내가 아무 말도 하지 않고 잠시 기다리면 이런 정보를 준다. "그자를 처음 만났을 때 불쾌했어요" 혹은 "지금 생각해보니 그가 나한테 접근했을 때 수상쩍었어요" 혹은 "그 차를 그날 이전에도 봤던 게 이제 기억나네요" 같은.

지금 그 사실을 깨달았다는 것은 당연히 그 당시에도 이를 알고 있었다는 뜻이다. 세계 어디서나 똑같은 폭력의 암호가 있기 때문에 우리 모두 그 신호를 볼 수 있다. 이어지는 이야기들에서 그런 암호를 푸는 데 필요한 몇 가지를 발견하게 되겠지만, 그 대부분은 이미 당신 안에 있다.

◯   ◯   ◯

진정한 의미에서 보면, 바다에서 파도치는 것은 바닷물이 아니라 그 안의 에너지다. 이와 같은 방식으로, 폭력의 에너지가 우리 문화 안에서 돌아다닌다. 어떤 사람은 폭력의 에너지를 가볍지만 불쾌한 산들바람 정도로 경험하고, 어떤 사람은 허리케인에 휩쓸린 듯 완전히 무너져버린다. 하지만 아무 영향도 받지 않고 넘어가는 사람은 아무도, 단 한 사람도 없다. 폭력은 사회의 일부고, 나아가 인류의 일부다. 폭력은 우리 주변에, 우리 안에 있다. 현 인류는 역사상 가장 강력하다. 먹이사슬의 정점에 있다. 위험을 초래할 그 어떤 적이나 약탈자가 없는 인류에게는 오로지 먹이만 남아 있다. 우리 자신이라는.

아무도 이 말에 의문을 품지 못할 것이다. 지난 2년 동안 총에 맞아 죽은 미국인이 베트남전쟁 당시 사망자보다 많다. 이와 대조적으로 (인구가 1억 2000만 명인) 일본에서 1년 동안 총에 맞아 죽는 젊은이의 수가, 북적이는 주말 하루 동안 뉴욕시에서 살해되는 사람의 수와 같다. 미국의 무장 강도 비율이 일본보다 100배나 더 높다. 미국이 성인 인구보다 무기의 수가 더 많고, 매일 총 2만 정이 시장으로 흘러들어오는 것에서 어느 정도 그 이유를 찾을 수 있다. 이런 통계가 드러내는 위험을 제대로 살피지 않는다면 미국에서 안전하게 지내기 힘들 것이다. 내일 이맘때까지 미국인 400명이 총상을 입을 것이고, 또 다른 1100명이 켈리처럼 총으로 협박하는 범죄에 휘말릴 것이다. 시간당 75명의 여성이 켈리처럼 강간당할 것이다.

특권층이나 유명인이라고 폭력을 피할 수는 없다. 지난 35년 동안, 그 이전의 185년간보다 더 많은 유명인이 공격받았다. 여성이 직장에서 사망하는 원인 1위가 살인일 정도로, 일반 시민도 직장에서 결코 안전하지 않다. 20년 전에는 직장에서 총을 난사하는 사건이 매우 드물었지만, 지금은 거의 매주 기사가 실리고, 동료를 두려워하는 직원들을 관리하는 문제가 중역 회의 의제로 빈번히 등장한다.

미국이 다른 나라 국민의 인권을 논하는 동안, 문명화된 미국인들은 다른 서구 국가 사람들보다 10배나 많은 살인을 저지른다. 미국에서는 여성과 아동 살인 사건도 놀라울 정도로 자주 일어난다. 슬픈 사실이지만, 승객을 가득 태운 점보제트기가 산에 부딪혀 탑승객 전원이 사망하는 일이 매달 한 번도 거르지 않고 일어난다 해도, 그 사망자 수가 매년 남편과 남자 친구에게 살해당하는 여성의 수에 미치지 못할 것이다.

우리 모두 오클라호마시티 폭탄 테러로 죽은 사람들이 옮겨지는 것을 지켜봤다. 그리고 그 주 주말, 이 테러로 어린아이 19명이 세상을 떠났다는 사실에 전율했다. 그런데 바로 그 주에 여느 때처럼 어린아이 70명이 제 아버지의 손에 죽었다는 사실을 아는 사람이 얼마나 되는지 모르겠다. 그 아이 대부분이 다섯 살도 채 되지 않았다. 작년에 그보다는 좀 더 운이 좋았던 아이들 400만 명이 신체적으로 학대당했는데, 작년이 유별나게 많은 해도 아니었다.

이런 통계는 현실보다 숫자를 부각시켜 각 사건을 둘러싼 비극을 잘 느끼지 못하게 하는 경향이 있다. 좀 더 현실적으로 다루기 위해, 개인적으로 아는 여자가 학대받고 있고, 당신이 그 경고 신호를 봤다고 치자. 그녀나 그녀 남편이 당신 동료거나, 당신 이웃에 살거나, 같이 운동하는 사이거나, 약국에서 당신 약을 조제해주거나, 당신 세금에 관해 조언해준다고 하자. 그럼에도 당신은 여자들이 자동차 사고, 강도, 강간보다 남편이나 남자 친구 때문에 응급실을 찾는 경우가 더 많다는 사실은 모를 것이다.

미국 형사사법제도에는 정의가 없기 일쑤고, 비합리적인 경우가 비일비재하다. 예를 들면 미국에는 사형수가 세계를 통틀어 역사상 가장 많은 3000명가량 있지만, 그들의 가장 흔한 사망 원인은 자연사다. 실제로 사형당하는 죄수가 전체 사형수의 2퍼센트 미만이기 때문이다. 그 죄수들이 어떤 미국인의 이웃에서 사는 것보다 사형당하기를 기다리며 살아가는 것이 사회적으로 더 안전하기는 하다.

사형 이야기를 꺼낸 것은 내가 사형 찬성론자여서 더 많은 사형을 주장하기 때문이 아니다. 사형에 대한 우리의 태도가 이 책의 핵심인 다음과 같은 의문을 불러일으키기 때문이다.

'우리는 정말로 진지하게 범죄와 폭력에 맞서 싸우고 있는가?'

우리가 순순히 받아들이는 것 중 하나를 예로 들어보자. 피해자들이 살해당하지 않았다면 얼마나 더 살 수 있었을까를 계산해보면, 미국의 살인범들은 매년 거의 100만 년에 가까운 인적 공헌을 빼앗고 있다.

내가 이렇게 폭력의 빈도에 관한 사실을 나열하는 까닭은 당신이나 당신이 애지중지하는 누군가가 피해자가 될 수도 있다는 점을 당신이 반드시 믿어줬으면 하기 때문이다. 그런 믿음이야말로 당신이 위험한 상황에 처했을 때 이를 인식하는 핵심 요소다. 그런 믿음이야말로 위험을 성공적으로 예측하지 못하게 막는 강력하고 교활한 경쟁 상대인 부정denial과의 균형을 잡아준다. 이렇게 생사와 관련된 사실들을 배웠다 하더라도, 일부 독자는 여전히 그런 위험이 자신과는 상관없다고 선을 그으려 할 것이다.

"맞아, 폭력 사건이 많이 발생하지. 하지만 도시에서나 그런 거고."

"그래, 많은 여자가 구타당해. 하지만 나는 지금 아무하고도 사귀고 있지 않은걸."

"폭력은 청소년이나 노인의 문제야."

"밤늦게 밖에 나갈 때나 위험한 법이지."

"화를 부르는 짓을 하는 사람이나 그런 일을 당하지."

이렇게 온갖 핑계를 댄다. 미국인들은 '그런 일들은 이 구역에서 일어나지 않는다'라는 노래를 부르는 합창단처럼 부정하는 데 도가 텄다.

부정은 흥미롭고도 방심할 수 없는 부작용을 낳는다. 사람들은 마음의 평화를 위해 그건 그렇지 않다고 부정한다. 그런 사람들이 실제로 피해자가 되면 폭력의 가능성을 받아들인 사람들보다 더 깊은 나락으로 떨어진다. 부정은 지금 아꼈다가 나중에 지불하는 책략이고, 눈에 보이지 않을 정도로 작은 글씨로 적힌 계약서다. 장기적으로 봤을 때 부정하는 사람도 어떤 단계에 이르면 진실을 알게 되고, 그 뒤로는 지속적으로 약한 불안감을 안고 살아간다. 수백만 명이 그런 불안감에 시달리고, 부정은 그들이 위험을 (그리고 걱정을) 줄일 수 있는 행동을 취하지 못하도록 막는다.

만약 자연계의 어떤 피조물을 연구했는데 인간처럼 같은 종 사이에 폭력이 벌어진다는 기록을 발견했다고 하자. 그러면 다들 매우 불쾌해하겠지만, 이를 자연법칙에 대한 엄청난 왜곡이라 여길 뿐 부정하지는 않을 것이다.

기찻길에서 달려오는 기차를 피할 수 있는 방법은 달려오는 기차를 보고, 그 기차가 멈추지 않으리라는 것을 예측하는 것뿐이다. 그런데 미국인들은 예측 기술 대신 갈등의 기술인 총, 교도소, SWAT팀, 가라테 수업, 페퍼 스프레이, 전기 충격기, 테이저건, 최루가스 같은 것들을 발전시키고 있다. 그리고 지금은 그 어느 때보다 더 가장 정확한 예측이 필요한 상황이다. 우리가 어떻게 사는지 한번 생각해보길 바란다. 비행기를 타기 전에, 시청에 들어가기 전에, 방송 프로그램을 방청하기 전에, 대통령 연설 행사에 참석하기 전에 무기 검색대를 지나야 한다. 정부 건물은 방어벽으로 둘러싸여 있고, 아스피린 두 알을 먹으려고 안전 포장 용기와 실랑이를 벌여야 한다. 이는 모두 우리에게 두려움을 안긴, 10명도 되지 않는 위험한 자들의 행위에서 비롯됐다. 헌법을 제정한 사람들을 빼고, 일상생활에 이보다 더 큰 영향을 미친 사람이 미국 역사상 얼마나 될까? 이렇게 우리 경험의 중심을 차지하고 있는 두려움이 언제 축복이 되고 언제 저주가 되는지를 이해하는 일은 충분히 노력할 가치가 있다.

우리는 배짱 두둑한 총기 소지자 한 명이 역사상 가장 강력한 국가의 지도자를 선출하는 민주적인 권리를 망칠 수 있는 나라에 살고 있다. 폭력은 비난받아 마땅한 범죄 세계로의 입국을 보장하는 여권이며, 숭고한 사상과 권총 한 자루를 가진 외로운 공격자가 우리 문화의 아이콘이 되고 있다. 그럼에도 불구하고 그런 사람을 연구한 사람이 상대적으로 거의 없다. 특히 우리 삶에 미치는 그의(때로 그녀의) 영향력을 고려하면 너무나 그 수가 적다.

형사사법제도와 전문가가 폭력을 다루고 있으니 자신까지 이를 배울 필요는 없다고 많은 사람이 생각한다. 폭력은 우리 모두에게 영향을 미치고, 우리 모두와 관련이 있다. 우리는 제각기 폭력 문제를 해결하는 데

지대한 공헌을 할 수 있는 뭔가를 갖고 있다. 그럼에도 우리는 이런 중차대한 문제를 '폭력은 예측할 수 없다', '위험은 확률 게임이다', '불안감은 사람이 살아가는 데 피할 수 없는 부분이다'라고 말하는 사람들에게 위임해왔다.

이런 관습적인 '지혜들' 중 진실은 하나도 없다.

○　　○　　○

우리는 살면서 전문가 없이 스스로 중요한 예측을 해야 한다. 삶에 등장하는 수많은 사람 중 자신의 인생에 포함시킬 후보자들을 뽑아야 한다. 고용주, 직원, 조언자, 동업자, 친구, 연인, 배우자 등.

쉽게 배웠든 어렵게 배웠든 당신의 안전은 당신 책임이다. 경찰, 정부, 아파트 관리인, 경비 회사 책임이 아니다. 우리는 너무나 자주, 잘 따져보지도 않고 믿어버리는 쉬운 길을 택한다. 매일 아침, 아이를 배웅하며 학교가 아이를 안전하게 지켜주리라 믿는다. 12장에서 자세히 다루겠지만, 그렇지 않을 수도 있다. 우리는 경비원을 신뢰한다. 하지만 경비원으로 고용된 사람 중에는 샘의 아들Son of Sam [연쇄살인마 데이비드 버코위츠David Berkowitz의 별명], 존 레넌John Lennon 암살범, 힐사이드 교살자Hillside Strangler [할리우드 언덕 비탈에 피해자 대부분의 시신을 버린 연쇄살인마], 이외에도 매스컴을 통해 당신이 아는 것보다 훨씬 더 많은 살인범, 방화범, 강간범이 포함돼 있다.

경비 회사를 신뢰하는가? 정부를 신뢰하는가? 법무부가 있지만, 그보다는 '폭력예방부'를 만드는 것이 더 적합할 수도 있다. 폭력 예방이야말로 우리가 필요로 하고, 관심 있는 것이기 때문이다. 정의는 좋은 것이지만, 안전은 생존이다.

우리는 정부와 전문가에게 기대하듯 기술이 우리의 문제를 해결해주리라 기대한다. 하지만 폭력에 대한 개인적인 해결책은 기술에서 찾을 수 없다. 해결책은 당신 안에 항상 있어온, 보다 광대한 자원에서 나온다. 바로 직관 말이다.

직관의 중요성을 받아들이기 어려울 수도 있다. 일반적으로 사고思考를 중시하는 서양에서는 직관을 경시하기 때문이다. 직관은 감정적이고, 비이성적이며, 설명할 수 없는 것으로 여겨지곤 한다. 남편들은 아내들이 말하는 '여자의 직관'을 비난하고, 진지하게 받아들이지 않는다. 여자가 어떤 선택을 하거나 걱정이 가시지 않는다면서 직관을 그 이유로 들면, 남자들은 눈을 부라리며 묵살해버린다. 우리는 논리적이고, 근거가 있고, 설명 가능하며, 감정에 휘둘리지 않는, 그래서 누구나 인정하는 결론을 이끌어내는 사고 과정을 선호한다. 사실 미국인들은 비록 그것이 틀렸더라도 논리를 찬미한다. 그리고 설혹 그것이 옳았을 때조차 직관을 거부한다.

남자들에게도 물론 그렇게 가볍지 않고 불합리하지도 않은 직관이 있다. 그러나 이런 것은 여자들이나 중시하는 법이라고 스스로를 타이른다. 남자들의 직관은 보다 본능적인 것으로 '육감'이라 불리지만, 이는 단순한 감정이 아니다. 직관은 자연계의 질서 속에서 환상적인 컴퓨터 계산보다 더 논리적으로 이루어지는, 비범하고 궁극적인 과정이다. 직관은 가장 복잡하고 또 가장 간단한 인지 과정이다.

직관은 우리를 자연계 그리고 우리의 본성과 이어준다. 직관은 우리를 판단력의 굴레에서 빼내 오직 통찰력과 함께하게 만들어, 나중에 스스로도 깜짝 놀라는 예측으로 인도한다.

우리는 우연한 만남, 멀리 사는 친구가 건 뜻밖의 전화, 누군가의 갑작스러운 예상 밖 행동, 모면한 폭력, 너무나도 자주 피하지 않기로 결정했던 폭력에 관하여 "왜인지는 몰라도, 나는 알고 있었어"라고 말하게 될 것이다. 켈리가 "왜인지는 몰라도 알고 있었어요"라고 말한 것처럼, 당신도 알 수 있을 것이다.

협박 전화가 자꾸 걸려 오는데 누가 그러는지 밝혀달라고 어느 부부가 나를 찾아온다. 내용을 들으니 범인은 부부가 아는 사람이 분명하다. 그런데 그게 누구일까? 부인의 전남편? 부부의 집에 세 들어 살았던 괴짜? 부부가 짓는 집 때문에 화난 이웃? 부부가 해고한 건설업자?

부부는 전문가가 범인을 밝혀주리라 생각하지만, 사실은 부부가 내게 말하게 될 것이다. 내가 수천 건을 다루기는 했지만, 부부는 이 사건을 직접 겪었다. 부부는 정확한 평가를 내리는 데 필요한 모든 정보를 품고 있다. 나는 그 정보를 찾아낼 수 있도록 도울 뿐이다. 용의자를 논의하다가 부인은 아마도 이런 말을 할 것이다.

"있잖아요, 한 사람 더 있어요. 확실한 이유가 있는 건 아니고, 그냥 그런 느낌이 들 뿐이지만요. 이런 말을 하는 것도 좀 그런데……."

그자가 바로 범인일 테니, 나는 그 시점에서 부부를 집으로 돌려보내고 청구서를 보낼 수 있다. 내가 '미스터리를 해결'할 때까지 우리는 의뢰인의 직관을 따라가기만 하면 된다. 나는 뛰어나다는 칭송을 많이 받지만, 실제로 내가 하는 일은 주로 의뢰인의 말을 주의 깊게 듣고, 의뢰인에게도 자신의 말에 귀를 기울이라고 말해주는 것뿐이다. 나는 이런 상담을 시작하기 전에 먼저 이렇게 말한다. "살펴볼 필요 없는 가설이란 없으며, 고려할 필요 없는 사람이란 없으며, 근거가 전혀 없는 직관도 없습니다." (실제로 당신도 곧 알게 되겠지만, 모든 직관은 견고하게 입증된다.) 의뢰인들이 "이런 협박범이 이런저런 짓들도 할까요?"라고 물어보면, 나는 "네, 가끔 그러기도 합니다"라고 대답한다. 이 대답이 어떤 가설을 살펴보도록 만드는 것이다.

나는 익명의 협박을 받는 피해자들과 면담하면서 "누가 당신에게 이런 짓을 했다고 생각합니까?"라고 묻지 않는다. 피해자 대부분 자기가 아는 사람이 이런 짓을 했다고 상상하지 못하기 때문이다. 대신 나는 이렇게 물어본다. "누가 이런 짓을 할 수 있을 것 같습니까?" 동기는 고려하지 말고 그럴 수 있는 사람을 모두 적어보라고 한다. 그런 다음 명단에 있는 사람들이 가질 만한 동기를 아무리 우스꽝스러운 것이라도 좋으니 생각해보라고 한다. 이는 의뢰인들에게서 틀리면 안 된다는 압박감을 없애주는 창의적인 과정이다. 바로 이런 이유로, 거의 모든 사건에서 의뢰인이 상상력을 발휘한 가설 중 하나가 정확히 맞아떨어지는 것이다.

미스터리를 해결하는 과정에서 내가 가장 크게 공헌하는 것은 미스터리를 미스터리라고 부르지 않는다는 점이다. 그것은 미스터리라기보다 오히려 이미지를 드러내는 데 필요한, 수많은 조각으로 된 퍼즐이다. 나는 이런 조각들을 아주 자주 봐왔기 때문에 다른 사람들보다 더 빨리 알아차릴 수 있을지는 모르지만, 내 주된 역할은 그 조각들을 테이블로 갖다 놓는 것이다.

인간 폭력이라는 퍼즐 조각들을 함께 탐구해나가며 나는 당신에게 그 조각들의 형태와 색상을 보여줄 것이다. 당신이 평생 봐온 인간 행태와 본인의 인간성을 고려해보면, 그 조각들이 이미 익숙하다는 사실을 알게 될 것이다. 무엇보다 그 모든 조각이 제자리를 찾기 훨씬 전에 퍼즐이 완성된 모습을 알아차릴 수 있다는 사실을 깨닫게 되길 바란다.

○　　○　　○

우리는 사람들이 '느닷없이', '갑자기', '난데없이' 어떤 일을 한다고 말한다. 이런 말들은 인간 행태를 예측하기란 불가능하다는 통념을 뒷받침한다. 하지만 우리는 사실상 수천 명이나 되는 사람들의 행태를 놀라울 정도로 정확하게 예측해 출근길 교통 정체를 성공적으로 헤쳐나간다. 무의식적으로 자연스럽게 터득한 작은 신호들을 읽는 것이다. 누군가의 머리가 살짝 기울거나 30미터 거리에 있는 사람이 잠깐 쳐다본 것만으로 2톤짜리 괴물을 추월해도 괜찮다는 사실을 알아챈다. 모든 운전자가 우리처럼 행동하리라 기대하면서도, 그러지 않을 수도 있는 몇몇 운전자에게 주의를 기울인다. 그런 사람들의 행동을 예측할 수 없다고 말하면서 실제로는 예측하고 있는 것이다. 결국 우리는 1900년대 이전 사람들보다 더 빠르게 움직이고(절벽에서 떨어지는 경우를 제외하고), 발사하는 사람들의 의도를 놀라울 정도로 정확하게 읽어내 엄청나게 거대하고 빠른 강철 미사일을 요리조리 피하면서 인간 행태를 예측할 수 없다고 말하는 셈이다.

우리는 아이가 혼나면 어떻게 반응할지, 증인이 심문에 어떻게 반응할지, 배심원이 증인에게 어떻게 반응할지, 소비자가 광고에 어떻게 반응할지, 관객이 어떤 장면에 어떻게 반응할지, 배우자가 항간의 소문에 어떻게 반응할지, 독자가 문장에 어떻게 반응할지를 나름 성공적으로 예측한다. 폭력적인 행태를 예측하는 것은 이보다 쉽다. 그럼에도 폭력이 우리와는 다른 사람들이 저지르는 탈선이라는 환상에 빠져 있기 때문에 이를 예측할 수 없다고 말한다. 제인 구달Jane Goodall의 다큐멘터리를 보면 침팬지 무리가 다른 무리에게 살그머니 다가가 수컷들을 죽이는 장면이 나온다. 우리는 아무 이유 없이 공격하는 침팬지들을 보고 그 원인이 세력 과시나 개체 수 조절에 있다고 말한다. 이와 흡사한 자신감으로, 지구상의 모든 피조물이 벌이는 폭력의 이유와 목적을 이해한다고 말한다. 우리 인간만 빼고 말이다.

우리가 가장 혐오하고 두려워하는 인간의 폭력에 대해 '무작위적'이고 '무분별하다'고 하는데, 사실은 그 어느 쪽도 아니다. 적어도 범죄자에게는 항상 목적과 의미가 있다. 그 목적을 연구하거나 이해하지 않을 수는 있다. 하지만 목적은 분명히 있으며, 이를 '무분별하다'고 치부하는 한 결코 목적을 알 수 없다.

때로 폭력 행위가 너무나 끔찍해 범죄자를 괴물이라고 부르기도 한다. 하지만 그런 범죄자에게서 인간성, 즉 우리와 비슷한 점을 발견하면 폭력 행위를 예측할 수도 있음을 알게 될 것이다. 당신은 지금 폭력적인 사람들에 관한 새로운 사실과 개념을 배우려고 하지만, 그런 정보 대부분이 당신의 경험과 비슷하다는 사실을 발견하게 될 것이다. 심지어 은밀한 폭력의 형태조차 감지할 수 있는 패턴과 경고 신호가 있다는 사실을 알게 될 것이다. 우리 모두가 어느 정도는 관련 있는 보다 평범한 폭력, 예를 들면 화난 친구들 사이에서 일어나는 폭력 같은 것은 친한 사람들 사이의 애정이라고 인식될 수 있음을 알게 될 것이다(사실 폭력은 사랑보다 다양하지 않다).

텔레비전 뉴스에서 어떤 남자가 직장에서 일하고 있는 아내를 찾아가 쏴 죽였다고 보도한다. 이혼 서류가 송달된 날 아내에 대한 접근 금지 명령이 내려졌는데, 그날은 공교롭게도 그의 생일이었다. 뉴스는 그 사람이 협박했다고, 직장에서 해고되기 직전이었다고, 실제로 쏴 죽이기 전주에 아내의 이마에 권총을 들이댔다고, 아내를 스토킹했다고 보도한다. 이 모든 사실들을 늘어놓고도 기자는 "경찰관들은 아무도 이런 일이 벌어질 줄 예상하지 못했을 것이라고 시인했습니다"라는 말로 끝맺는다.

이는 우리가 인간을 수많은 동기와 다양한 행태를 가진, 무한하게 복잡한 존재라고 믿고 싶어 하기 때문이다. 실제로는 그렇지 않다. 우리는 인간과 인간 감정의 모든 조합을 놓고 보면 폭력을 예측하는 것이 복권에 1등으로 당첨되는 것만큼이나 어렵다고 믿고 싶어 한다. 하지만 대부분의 경우 전혀 어렵지 않다. 우리는 폭력이 우리의 이해 범위를 넘어선 어딘가에 있다고 믿고 싶어 한다. 폭력이 미스터리로 남아 있는 한 이를 피하거나, 연구하거나, 예상할 의무가 없기 때문이다. 애초에 신호가 없으면 그 신호를 읽지 못한 데 따른 책임감을 느끼지 않아도 된다. 폭력이 아무 경고도 없이 주로 다른 사람들에게 발생한다고 생각하는 한, 이런 편한 통념 속에서 피해자들은 고통받고, 범죄자들은 승승장구한다.

지각해야 사고하고, 사고해야 충동이 일며, 충동이 있어야 행동한다. 사람은 그 행태가 보이지 않을 정도로, 또 행동 방식이 간파되지 않을 정도로 비공개적인 존재가 아니다. 이 진실을 받아들여야만, 살면서 위험을 피하는 데 가장 도움이 되는 다음 질문들에 대한 답을 얻을 수 있다. 내가 두려워하는 그 사람이 나를 해칠까? 내 해고 통보에 직원이 폭력적으로 반응할까? 계속 치근덕거리는 사람을 어떻게 다뤄야 할까? 협박에 대응하는 가장 좋은 방법이 뭘까? 낯선 사람들은 어떤 위험을 초래할 수 있을까? 보모가 우리 아기를 해치지 않을지 어떻게 알 수 있을까? 우리 아이의 친구가 위험한지 어떤지 어떻게 알 수 있을까? 우리 아이가 폭력적으로 변하리란 경고 신호를 보이고 있지는 않을까? 마지막으로 어떻게 해야 내가 사랑하는 사람들을 보다 안전하도록 도울 수 있을까?

이 책을 끝까지 읽는다면 이 질문들에 더 잘 대답할 수 있을 것이다. 또한 이미 예리한 눈으로 폭력을 예측하고 있는 당신의 능력을 신뢰해도 좋은 이유 역시 발견할 수 있으리라 확신한다.

이렇게 단언할 수 있는 까닭은 내가 40년 동안이나 가장 뛰어난 선생님들에게 배웠기 때문이다.

나는 모든 의뢰인에게 나를 가르쳐줘서 고맙다고 인사한다. 켈리에게도 전화해 나를 가르쳐줘서 고맙다고 인사하고, 1년 동안 이 책을 쓰는데 전념하겠다고 말했다(실제로는 2년이 걸리고 말았다). 켈리는 이렇게 말했다. "아, 선생님이 제가 겪은 사건에서 새로 배운 게 있으리라고는 생각하지 못했네요. 그런데 어떤 분이 선생님한테 가장 많은 가르침을 주셨나요?"

너무 많은 사람 중에 골라야 했기 때문에 잘 모르겠노라고 말했다. 하지만 그녀에게 작별 인사를 하고 수화기를 내려놓자마자, 그 대답을 이미 알고 있었다는 것을 깨달았다. 과거로 돌아가 그 방에 다시 있는 것 같은 느낌이 들었다.

○　○　○

여자가 두 손을 앞으로 내뻗고 선 남편을 권총으로 겨누고 있었다. 그녀가 초조하게 소형 반자동 권총의 손잡이를 고쳐 잡았다. "이제 당신을 죽여버릴 거야." 여자가 자신에게 말하듯 조용히 거듭 말했다. 여자는 33살로, 매력적인 외모에 호리호리한 체형이었고, 검정색 슬랙스와 흰색 남자 셔츠를 입고 있었다. 권총에는 탄환이 여덟 발 들어 있었다.

나는 뚝 떨어진 문간에 서서 그 광경을 지켜보고 있었다. 이전에도 그랬고 그 뒤로도 여러 번 그랬지만, 나는 살인이 벌어질지, 여자가 죽이겠다는 자신의 약속을 지킬지 예측할 책임이 있었다. 참사가 벌어질 가능성이 아주 높았는데, 이 집에는 위험에 처한 남자뿐 아니라 어린애도 둘 있었다.

여자가 하는 협박은 말로 하기는 쉬워도 실행에 옮기기는 어렵다. 다른 모든 협박과 마찬가지로, 여자가 말로 협박한다는 것은 다른 방법으로 상황을 반전시키는 데 실패했다는 의미였다. 협박했던 다른 모든 사람과 마찬가지로, 여자 역시 나아가든가 물러서야 했다. 여자는 자신의 말과 행동이 초래한 두려움에 만족했을 수도 있고, 총구를 들이대 관심을 끌어모았다는 것을 알고 그만둘 수도 있다.

아니면 방아쇠를 당길 수도 있다.

이 젊은 여자의 내면에서 폭력을 억누르는 힘과 폭력을 불러일으키는 힘이 성난 파도처럼 서로를 밀치며 오르락내리락했다. 여자는 적개심에 불타오르다가 잠잠해지기를 거듭했다. 분명히 폭력을 행사할 것처럼 보였다가 다음 순간에는 폭력을 전혀 쓰지 않을 것처럼 보였다. 그런데 어떤 사람들은 끝내 폭력을 쓰고 만다.

그 일이 벌어지는 내내, 총구는 남편을 향하고 있었다.

남편은 가쁘게 숨을 몰아쉴 뿐 전혀 움직이지 않았다. 그는 마치 총알을 막을 수 있기라도 한 듯 경직된 두 손을 앞으로 쭉 내밀고 있었다. 나는 아주 잠시 동안, 저러다가 총에 맞으면 아프지 않을까 생각했다. 그러나 곧 머리 한구석에서 지금 내가 해야 할 일을 상기시켰다. 나는 아주 작은 부분 하나도 놓치면 안 됐다.

여자가 긴장을 푸는 것처럼 보였고, 이내 다시 잠잠해졌다. 어떤 사람들은 여자의 행동을 좋은 방향으로 바뀌는 지표라고 봤을지도 모르겠다. 그러나 나는 여자가 조용히 숨을 고르면서 살인할 이유를 찾아내 결심을 다시 굳히는 것은 아닌지 평가해야 했다. 그녀가 신발을 신지 않았다는 것을 알아차렸지만, 내가 하는 일과 상관없었기에 무시했다. 앞에서 말한 아주 작은 부분이란 세밀한 초상화가 아니라 마구 찍어대는 스냅사진과 같아서, 내 예측의 토대가 되는 것과 그렇지 않은 것을 재빨리 결정해야만 했다. 뒤집힌 테이블 주위로 종이가 여러 장 널려 있었다. 전화통에서 수화기가 내동댕이쳐져 있었다. 말다툼이 지금보다 훨씬 덜 심각했을 때 내던졌는지 유리잔이 박살 나 있었다. 이 모든 것을 평가하고, 재빠르게 제외시켰다.

그러다 아주 중대한 의미가 있는 것을 하나 발견했다. 그것은 불과 0.5센티미터의 움직임이었다(이런 예측에서 큰 움직임은 주의를 끌지는 몰라도 가장 중요한 경우는 거의 없다). 그녀의 엄지가 권총 공이치기에 올라앉는 그 작은 움직임은 그녀가 말한, 혹은 말할 수 있었던 그 무엇보다도 더 그녀를 살인으로 가는 길로 깊숙이 이끌었다. 새로운 국면에 접어들자, 그녀는 분노에 찬 기나긴 연설을 시작했다. 그러고는 이윽고 공이치기를 당겼는데, 이는 그녀가 새로운 확신을 얻었음을 확실히 보여주는 행동이었다. 띄엄띄엄 이어지는 그녀의 말들이 실내에 흩날리고 그녀의 분노가 상승했다. 나는 서둘러 예측을 끝내야 했다. 사실 나는 이미 충분히 시간을 들였다. 성공적으로 예측해내기 위해서는 가능한 한 모든 시간을 다 써야 한다. 예측과 뒤늦은 후회를 가르는 선, 즉 무슨 일이 벌어질지도 모르는 순간과 무슨 일이 막 벌어진 순간 바로 뒤에서 그 과정이 완성돼야 예측이 효과를 거둔다.

저 앞에서 오는 차가 당신이 안전하게 지나갈 수 있도록 속도를 줄여줄지 어떨지를 두고, 터무니없이 복잡한 과정을 거치지만 결국에는 제때 이루어지는 중대한 예측과 같다. 그날 나는 내가 그러는지 몰랐지만, 어떤 예측에서든 가장 중요한 단일 도구인 '사건 발생 전 지표'를 무의식적으로 적용하고, 또 적용하고 있었다.

사건 발생 전 지표란 예측한 결과가 일어나기 전에 파악 가능한 요소를 말한다. 사다리에 한 발을 올리는 것은 꼭대기까지 올라가는 것의 중요한 사건 발생 전 지표다. 여섯째 칸에 이르면 꼭대기까지 올라갈 가능성이 한층 높아진다. 사람의 모든 행동은 두 번 이루어지기 때문에 —한 번은 머릿속에서, 또 한 번은 실제로 행동하면서— 생각과 충동은 행동에 대한 사건 발생 전 지표가 된다. 죽이겠다는 여자의 협박은 그런 결과를 만들어낼 첫걸음인 생각을 드러냈다. 남편과의 말다툼에 권총을 끌어들인 것은 또 하나의 사건 발생 전 지표며, 말다툼을 벌이기 몇 달 전에 권총을 산 것 역시 마찬가지다.

여자는 이제 뒷걸음치며 남편에게서 멀어지고 있었다. 어떤 사람들은 후퇴로 받아들일지 모르지만, 나는 여자가 방아쇠를 당기기 전임을 알리는 마지막 사건 발생 전 지표라는 것을 직감했다. 권총은 친밀한 무기가 아니기 때문에 여자가 쏘고자 하는 사람에게서 어느 정도 떨어지려는 욕구를 느낀 것이다. 이것이 내 예측을 완성하는 요소가 됐다. 나는 재빨리 움직였다.

나는 조용히 복도로 물러났다. 다들 잊어버린 저녁 식사가 차려지고 있던 주방을 지나 여자아이가 잠들어 있는 작은 침실로 들어갔다. 아이를 깨우려고 침실을 가로지를 때, 조금 전에 예측했던 총소리가 들렸다. 나는 충격을 받았지만, 놀라지는 않았다. 하지만 총소리 다음에 이어지는 적막이 걱정됐다.

나는 여자아이를 집 밖으로 데리고 나가려던 원래 계획을 포기하고, 아이에게 침대에 그대로 있으라고 말했다. 고작 두 살인 여자아이는 이 상황의 심각성을 이해할 수 없을지 몰라도, 10살이나 먹은 나는 이 모든 상황을 이해하고 있었다.

○   ○   ○

나는 그 전에도 집에서 총소리를 들은 적이 있었다. 몇 달 전, 엄마가 실수로 내게 총을 쐈다. 그 총알이 내 귀를 얼마나 가까이 스치고 지나가 벽을 때렸는지 공기를 휘저어 윙윙 소리를 내는 것 같았다.

거실로 돌아가던 중 문득 화약 냄새가 나서 걸음을 멈췄다. 나는 거실까지 가지 않고 무슨 일이 벌어졌는지 알아내려고 귀를 기울였다. 너무 조용했다.

아주 작은 소리라도 들어보려고 귀를 쫑긋 세우고 있는데, 거실에 깔린 적막을 깨고 총이 빠르게 여러 번 발사되며 엄청난 굉음이 울렸다. 이는 내 예측과 달랐다. 나는 재빨리 모퉁이를 돌아 거실로 들어갔다.

의붓아버지는 무릎 꿇은 채 웅크리고 있었고, 엄마는 그를 돌보는 듯 그 위에 상체를 숙이고 있었다. 의붓아버지의 두 손과 두 다리에 피가 묻어 있었다. 의붓아버지가 눈을 들어 나를 쳐다봤다. 나는 내가 침착하다는 것을 보여주고 안심시키려 했다. 의붓아버지는 이런 일이 처음이지만, 나는 아니었다.

권총이 가까이에 떨어져 있기에 몸을 숙여 총신을 잡았다. 상당히 뜨거웠다.

이다음에 어떤 일이 벌어질까를 예측하는 면에서는 지금 이 상황이 바람직했다. 처음에는 권총을 낚아채서 뒷문으로 도망칠까 했다. 그러나 새로운 예측을 했기 때문에 권총을 소파에 놓인 쿠션 뒤에 감췄다. 나는 엄마가 총을 몇 발 발사하면서 적개심과 불만을 상당히 덜어냈다고 결론 내렸다. 적어도 이 순간만은 엄마는 이성적일 뿐 아니라, 이 일과 아무 상관 없는 듯이 남편의 부상을 보살피는 아내가 돼 있었다. 엄마는 이제 두려워해야 할 대상이 아니라 지금 상황을 주도적으로 해결하는 고마운 사람이었다. 엄마는 의붓아버지가 괜찮은지 확인하고, 경찰과 구급차를 상대하고, 발사한 총알을 권총 안으로 되돌려놓을 수 있기라도 한 듯 우리 삶도 확실히 제자리로 돌려놓으려 할 것이었다.

나는 동생이 괜찮은지 보러 갔다. 동생은 이제 날 기다리며 침대에 앉아 있었다. 큰일이 지나가고 안전하게 쉴 수 있는 시간이라는 것을 알았기에, 나는 여동생 곁에 누웠다. 물론 모든 예측에서 완전히 자유로워질 수는 없었지만, 주변을 살피는 잠망경을 잠시 내려놓고 동생과 함께 잠에 곯아떨어졌다.

1년 뒤, 우리 가족이 그 집에서 이사 나갔을 때 벽과 바닥에는 총알 아홉 발이 여전히 박혀 있었다. 그 집은 지금도 거기 있다. 나는 총알들 역시 그대로 있으리라 상상한다.

○   ○   ○

나는 법무부 장관과 FBI 국장에게, 지금은 연방 대법원 대법관들이 받는 협박을 선별하는 데 쓰이는 평가 시스템 MOSAIC™를 디자인한 공로로 상을 받았다. 10살 먹은 소년이 이 기법을 고안했다고는 아무도 상상하지 못했으리라. 어렸을 때 폭력적인 요소를 헤쳐 나온 방식이 오늘날 폭력을 예측하는 가장 정교하고 인위적인 직관 시스템이 됐다. 내 머릿속에 집요하게 남아 있던 유령들이 내 선생님이 된 것이다.

어떻게 이 일에 뛰어들었느냐는 질문을 종종 받는다. 영화라면 그 대답은 여러 장면이 빠르게 바뀌는 형태가 될 것이다. 11살 먹은 아이가 다른 팬들과 함께 엘리자베스 테일러Elizabeth Taylor와 리처드 버턴Richard Burton을 한 번이라도 보려고 리무진 곁을 따라 달리며 소리 지르는 장면에서, 8년도 채 지나지 않아 그 유명한 커플과 함께 리무진을 타고 그들을 상담하는 모습으로 이어질 것이다. 텔레비전으로 케네디 대통령John F. Kennedy 취임식을 지켜보는 장면에서 20년 뒤 취임식을 하는 다른 대통령과 서 있는 장면으로, 그로부터 12년 뒤에 또 다른 대통령과 서 있는 장면으로 바뀔 것이다. 케네디 암살 보도에 깜짝 놀라는 장면에서, 정부와 협력해 그런 공격을 예측하고 막는 장면으로 바뀔 것이다. 로버트 케네디Robert Kennedy 상원 의원 암살 보도를 지켜보는 장면에서, 미국 상원 의원들에게 가해지는 협박을 선별하는 데 도움을 주는 평가 시스템을 개발하는 장면으로 바뀔 것이다.

어머니의 남편들 중 하나가 어머니를 때리지 못하게 막는 데 실패하는 장면은, 뉴욕시 형사 수백 명이 가정 폭력 상황을 평가하기 위해 새로운 방식을 훈련하는 장면으로 바뀔 것이다. 다시금 자살을 기도해 정신병동에 입원한 어머니를 찾아가는 장면은, 캘리포니아 주지사의 고문 자격으로 정신병원들을 방문하는 장면으로 바뀔 것이다. 무엇보다도 두려움을 안고 살아가던 모습이 두려움을 이겨내도록 사람들을 돕는 모습으로 바뀔 것이다.

내 어린 시절은 물론 영화가 아님에도 추적, 격투, 총격, 비행기 납치, 생사를 오가는 서스펜스, 그리고 자살이 포함돼 있다. 어렸을 때는 그 맥락을 대부분 이해하지 못했지만, 지금은 잘 이해한다.

나는 일종의 학교를 다닌 셈이다. 다행히 전공은 다르지만 당신 역시 마찬가지다. 전공에 상관없이, 당신은 오랫동안 사람들을 연구해왔고, 사람들이 뭘 할지를 예측하는 이론과 전략을 발전시켜왔다.

내 의뢰인 중 몇몇은 방금 당신이 배운 내 최초의 훈련을 알면 놀라겠지만, 우리 회사를 찾은 사람들은 그 밖에도 여러 방면에서 놀란다. 어쨌든 우리 회사가 아주 특이하기 때문이다. (연방 보안관, FRB, CIA를 포함한) 연방 정부 기관, 검사, 학대받는 여자들을 위한 대피소, 대기업, 대학교, 유명 방송인, 방송국, 경찰청, 시청, 주 정부, 영화사, 문화계 인사, 종교 지도자, 정상급 운동선수, 정치가, 음반 예술가, 영화배우, 대학생 등 개빈 드 베커 회사의 의뢰인은 광범위하다. 세계적으로 가장 유명한 이들부터 가장 평범한 이들까지 모두 있다.

우리 회사 사람들은 대서양 연안에서는 대통령 취임식에 참석하고, 태평양 연안에서는 오스카상과 에미상 시상식에 참석한다. 어떤 날은 화난 시위대 사이를 주의 깊게 관찰하며 돌아다니고, 어떤 날은 연방 법원 지하 차고 안으로 재빨리 사라진다. 우리는 아프리카, 유럽, 아시아, 중동, 남미, 남태평양을 여행하며 그 지역에서 벌어지는 폭력에 관해 배운다. 걸프스트림 제트기와 열기구를 타고 날아다니고, 노를 저어 아마존 강을 내려가고, 장갑 리무진과 코끼리와 인력거를 타고, 적의로 가득한 군중과 환호하는 군중에 둘러싸여 숨이 막힐 뻔하기도 한다. 상원 위원회 앞에서 증언하고 정부의 비밀 시설을 여행한다. 칠흑 같은 밤에 정글의 강을 떠내려가며 직원회의를 한다. 어느 주일에는 퍼레이드를 하는 대통령 차에 올라타고, 어느 주일에는 죄수 이송 버스에 올라탄다. 암살 위협을 받는 사람들과 암살당한 피해자 가족들에게 조언하기도 하는데, 그중에는 외국 대통령의 미망인도 있다. 타블로이드지 기자들에게 쫓기기도 하고 그들을 추적하기도 한다. 〈60분 60 Minutes〉[미국 CBS의 탐사 보도 프로그램]의 카메라 앞과 뒤에 모두 있어봤다. 한번은 전국적인 사기 사건을 조사하던 중 프로그램 스태프들 사이에 몸을 숨겼고, 한번은 어떤 살인 사건에 관해 에드 브래들리 Ed Bradley[1981~2006년까지 〈60분〉 진행자]의 송곳 같은 질문에 대답했다.

정부는 어떤 광신자가 낙태 의사나 연방 정부 공무원을 쐈을 때 우리를 부른다. O.J. 심슨 O. J. Simpson이 배우자를 스토킹하고 살해했는지 래리 킹 Larry King과 논의할 사람으로 출연 제의를 받았으며, 같은 이유로 심슨을 기소한 검사에게 불려 갔다. (때로는 바로 몇 분 전에) 살인이 일어난 현장을 찾아가 아직 겁에 질려 있는 생존자들과 이야기를 나눈다. 협박 피해자에게 조언하는 한편 우리 자신이 살해 협박의 표적이 되기도 한다. 이미 말했듯 우리 회사는 아주 특이하며, 미국에서만 존재할 수 있고, 모든 면을 고려한다 해도 미국에서만 존재할 필요가 있다.

이것들을 한데 묶어주는 것이 예측이다. 우리 회사는 인간 행태, 그중 폭력을 주로 예측한다. 그보다 훨씬 자주 안전을 예측한다. 우리는 문화계와 종교계 지도자들에게 지나친 증오와 지나친 사랑 사이를 어떻게 빠져나갈지 조언한다. 대기업과 정부 기관에게 폭력적으로 행동할 가능성이 있는 직원들을 어떻게 관리할지 조언한다. 원치 않는 추종자, 스토커, 잠재적 암살범의 표적이 된 유명인들에게 조언한다. 대다수 사람은 언론계 인사들이 절박하고, 종종 두렵기까지 한 추종자들이 만들어놓은 소용돌이의 중심에 있다는 것을 모른다. 그보다 더 많은 사람이 아직까지도 일반인에 대한 스토킹이 매년 수십만 명에게 영향을 미치는 전염병이라는 사실을 전혀 모른다.

스토커들이 사람들에게 보낸 두렵고, 반갑지 않은 것들 —1000페이지에 달하는 살해 협박장, 전화번호부처럼 두툼한 연애편지, 신체 일부, 동물 사체, 팩스 폭탄, 면도날, 혈서 등— 이 가득한 창고를 상상이나 해봤는가? 35만 개 이상의 강박적이고 위협적인 편지가 있는 건물을 상상해본 적이 있는가? 내 동료 46명 중 상당수가 바로 그런 건물에서 일한다. 동료들은 매일 그곳에서 위험에 대한 이해를 증진시킬 방법을 찾고, 위험을 잘 처리하도록 사람들을 도우면서 우리 문화의 가장 어두운 부분에 빛을 던지고 있다.

우리가 다룬 2000건의 사건 중 뉴스에 보도된 것은 50건이 채 되지 않는다. 우리가 해낸 일들 대부분이 신중을 기하기 위해 일반에게 공개되지 않았다. 우리는 개인과 국가가 겪는 극히 위험한 상황을 예측하는 데 상당수 참여했다. 이 분야의 최고가 되기 위해, 우리는 극히 작은 기적이라도 포착하고 길들일 수 있도록 직관을 체계화했다.

당신에게도 이런 기적이 어느 정도 일어날 것이다. 그리고 폭력이나 죽음과 관련된 매우 중요한 예측을 조사함으로써 보다 안전하게 살아가는 방법을 배우게 될 것이다. 나는 직관이 얼마나 도움이 되며 부정이 얼마나 도움이 되지 않는지 다루고, 안전에 꼭 필요할 수도 있는 두려움이 자주 잘못 받아들여지고 있다는 사실을 밝힐 것이다. 삶에서 위협이 차지하는 역할을 탐구하고, 진정한 경고와 단순한 말의 차이를 어떻게 알 수 있는지 설명할 것이다. 우리를 해칠지도 모르는 사람들에게서 특정 생존 신호를 얻는 방법을 알려줄 것이다.

그 신호들은 가해자가 낯선 사람일 때 가장 잘 감춰져 있기 때문에 먼저 그들이 일으키는 위험들부터 시작하려고 한다. 우리는 흔히 낯선 사람들이 저지르는 살인 사건에 두려움과 주의를 집중시킨다. 그런데 이런 살인 사건은 전체 살인 사건의 겨우 20퍼센트에 불과하다. 나머지 80퍼센트는 이미 아는 사람들이 저지른다. 그래서 우리는 우리가 고용한 사람, 함께 일하는 사람, 해고한 사람, 사귀는 사람, 결혼한 사람, 이혼한 사람에게 초점을 맞출 것이다.

또한 극소수지만 우리 모두에게 큰 영향을 미친 암살범들에 관해 논의할 예정이다. 어떤 유명인을 죽이는 데 실패한 (그렇지만 다른 사람을 다섯 명이나 죽인) 남자의 이야기를 통해, 당신이 이전에는 결코 보지 못한 공인의 생활을 주시하도록 만들 것이다.

　15장에서는 당신의 직관이 올바른 정보를 받고 있다면 꼭 필요한 경우에 위험 신호가 들리리란 사실을 다룰 것이다. 이 사실을 믿는다면 당신은 더욱 안전해질 뿐 아니라 거의 두려움 없는 삶을 살 수 있을 것이다.

2장

직관의 기술

"기술은 우리를 구하지 못한다.
컴퓨터, 도구, 기계로는 충분하지 않다.
우리는 우리의 진정한 존재인 직관에 의존해야 한다."
조지프 캠벨Joseph Campbell[미국의 비교신화학자]

"잡지 두어 권을 사려고 편의점에 들어갔는데, 왠지 갑자기…… 두렵더라고요. 그래서 바로 돌아서서 나왔죠. 뭐가 나한테 떠나라고 했는지 모르겠지만, 그날 거기서 총격이 있었다는 소리를 나중에 들었어요."

항공기 조종사인 로버트 톰슨Robert Thompson이 바로 이곳, 지상에서 죽음을 살짝 비켜난 이야기를 하는 중이었다. 나는 그에게 뭘 봤고, 어떻게 반응했는지 물었다.

"아무것도요. 그저 육감이었을 뿐입니다. ……지금 돌이켜보니, 계산대 뒤에 서 있던 점원이 아주 잠깐 고개를 홱 돌려 나를 재빨리 훑어봤어요. 나는 점원이 가게로 들어오는 손님을 살피나 보다 싶었죠. 그런데 그가 다른 손님을 뚫어지게 쳐다보고 있었거든요. 그게 갑자기 이상해 보였죠. 그가 뭔가를 걱정하는구나 싶었습니다."

　직접 판단할 수 없는 상황에서는 대체로 다른 사람의 직관을 존중한다. 누가 위험을 평가하는 특별한 상황임을 알아차리면 우리는 고양이나 개가 졸다가 갑자기 눈을 번쩍 뜨고 어두운 복도를 노려볼 때처럼 주변을 경계한다.

　톰슨이 말을 이었다. "점원이 크고 두툼한 재킷을 입은 손님을 유심히 살피고 있었어요. 이제야 그날이 아주 더웠고, 당연히 그 손님이 산탄총을 재킷에 감췄구나 싶습니다. 경찰이 어떤 차를 찾는다는 뉴스를 보고서야 두 남자가 주차장에서 스테이션왜건에 시동을 켜놓고 앉아 있었다는 걸 기억해냈죠. 이제는 그 모든 의미가 분명하지만, 당시에는 아니었습니다."

　"사실 그 당시에도 의미가 있었을 겁니다." 나는 말했다. 겁에 질린 점원, 더운 날씨에 두툼한 코트를 걸친 남자, 차에 시동을 켜놓은 채로 앉아 있는 남자들, 수년간 편의점 강도 사건 뉴스를 접한 톰슨의 무의식적인 지식, 경찰이 그 편의점에 자주 들른다는 무의식적인 기억, 톰슨이 수백 번이나 차를 몰고 그 편의점 앞을 지나간 사실, 우리는 절대 찾아내지 못했을 수도 있는 톰슨의 경험과 지식에 대한 수많은 다른 사항을 더해보면, 경찰관이 우연히 편의점에 들렀다가 한창 강도 행각을 벌이던 남자가 깜짝 놀라 쏜 총에 맞아 죽기 직전에 톰슨이 그곳을 떠난 것은 그리 놀랄 일도 아니다.

　로버트 톰슨과 다른 많은 사람이 우연의 일치나 육감으로 치부하고 싶어 하는 것은, 사실 사람들이 알아보는 것보다 더 빠르고, 사람들이 기꺼이 의지하려고 하는 친숙한 단계별 사고와는 완전히 다른 인지 과정이다. 사람들은 의식적인 사고가 어쨌든 더 낫다고 생각한다. 논리가 터벅터벅 걷는 것이라면 직관은 급상승해 날아가는 것과 같다. 자연의 가장 위대한 업적인 인간의 뇌는 그 주인이 위험에 처했을 때 가장 효율적으로 혹은 헌신적으로 움직인다. 이때 직관은 완전히 다른 수준으로, 적절한 심지어 기적이라 할 만한 높이로 날아오른다. 직관은 A에서 출발해 도중 그 어떤 철자에도 멈추지 않고 Z까지 단숨에 가는 여정이다. 직관은 왜인지는 모르지만 어쨌든 안다.

사람들은 직관이 가장 본능적으로 작동하는 순간에 직관을 놀랍거나 불가사의한 것으로 여기는 경향이 있다. 어떤 여자는 단순한 직관의 작용을 마치 신비스러운 것처럼 말했다.

"정말 믿을 수가 없었어요! 전화벨이 울렸을 때 오랫동안 연락이 없었던, 대학 시절 룸메이트가 건 전화라는 걸 확실히 알았다니까요."

사람들은 누가 전화를 걸었는지 예측한 것을 기적인 듯 말하지만, 그런 경우는 거의 없다. 이 여자의 경우에는 예전 룸메이트가 우주왕복선 폭발 보도를 보고 그녀를 떠올렸다고 했다. 이 두 여자가 다른 수십억 명과 함께 같은 뉴스를 본 것이 기적일까? 이 두 사람이 대학 시절, '여자는 결코 우주 비행사가 될 수 없다'고 믿는 사람들에게 불만스러워했던 것이 기적일까? 그날 아침 우주왕복선 폭발 사고로 여자 우주 비행사 한 명이 죽자 두 사람은 10년이 지났는데도 서로를 떠올린 것이었다.

이런 무비판적 직관은 처음에는 깊은 인상을 남긴다. 그러나 이는 일반적으로 위험에 처했을 때 우리의 마음이 전해주는 것에 비하면 매우 미숙한 수준이다.

다이앤 애커먼Diane Ackerman은 《감각의 박물학A Natural History of the Senses》

에서 이렇게 말했다. "뇌는 훌륭한 무대 담당자다. 뇌는 각자가 장면을 연기하느라 바쁠 때도 계속 제 할 일을 한다. 어떤 물체를 보면 우리가 가진 모든 감각이 새로운 광경을 평가하기 위해 깨어난다. 모든 뇌의 주인은 각자의 관점, 다시 말해 공무원, 회계사, 학생, 농부, 기술자의 관점에서 이를 평가한다."

애커먼의 명단에 군인과 경비원을 추가할 수도 있을 것이다. 사건이 일어났을 때 문자 그대로 우리가 지각한 모든 것의 적절성과 중요성 등 그 맥락을 평가하는 사람들이기 때문이다. 군인과 경비원은 단순히 이상한 것과 현저히 이상한 것을 구분한다. 몇 시인지, 무슨 요일인지, 소리의 크기, 움직임의 속도, 냄새, 표면의 매끄러움 등 각 순간의 모든 조각을 평가한다. 상관없는 것들을 버리고, 의미 있는 것에 가치를 둔다. 일반인이 (의식적으로는) 생존 신호인지조차 모르는 신호를 알아차린다.

직관이야말로 안전의 토대라고 여러 해 동안 찬미해왔는데, 얼마 전에야 놀랍고 고맙게도 직관intuition의 어원인 'tuere'가 '경계하는, 보호하는'이라는 뜻임을 알았다. 바로 이것이 직관이 로버트 톰슨을 위해 한 일이다. 톰슨은 아주 근소한 차이로 사고를 피했다는 것을 알고 몸을 떨다가 왜 그 경찰관은 자신처럼 직관적으로 알아차리지 못했는지 의아해했다. 그것은 아마도 경찰관이 다른 것들을 봤기 때문일 것이다. 톰슨은 주차장에서 차를 한 대만 봤지만, 경찰관은 두 대를 봤다. 손님들이 타고 온 차인 줄 알았던 것이다. 톰슨은 점원의 얼굴에서 위험 신호를 읽었지만, 경찰관은 같은 얼굴에서 아마도 안도를 읽었을 것이다. 또 그 노련한 경찰관은 때때로 전문가이기에 겪는 불이익 때문에 당했을 가능성도 있다. 그는 무장 강도가 낮보다 밤에 훨씬 많다는, 정확하지만 (이 사건에서는)

잘못된 지식에 따랐을 것이다.

전문가들은 정보가 적은 경우에 창의력과 상상력을 잃어버린다. 알려진 양식에 너무나 익숙해져, 새로운 정보의 중요성을 인지하지 못하거나 존중하지 않기도 한다. 전문성을 적용하는 과정은, 결국 관련 있다고 알려진 것들에 유리하도록 중요하지 않은 세부 사항들을 잘라내는 것이다. 선禪의 대가 스즈키 순류鈴木俊隆는 "초심자의 마음은 텅 비어 있다. 전문가의 타성이 없다. 모든 가능성을 받아들이고, 의심하고, 마음을 열 준비가 돼 있다"라고 말했다. 소위 초심자의 행운을 거머쥔 사람들이 이 말이 옳다는 것을 입증해왔다.

심지어 과학자조차 알게 모르게 직관에 의존한다. 문제는 우리가 그러지 못하도록 막는 데 있다. 어떤 특정 질병 전문의를 찾아갔는데, 당신이 진찰실 의자에 앉기도 전에 그가 "아무 이상 없습니다. 나갈 때 접수대에서 진료비를 내 주십시오"라고 말했다고 하자. 대단히 좋은 장비로 여기저기를 찌르고 쑤셔본 다음에 내리는 진단과 똑같다 할지라도, 당신은 의사가 직관적으로 내린 의견에 돈을 낼 필요가 없다고 느낄 것이다. 내 의사 친구는 자신의 직관을 환자들이 받아들이도록 하기 위해 자신의 과학적 통찰력을 입증해야 한다고 말했다. "탭댄스를 춘다고 하면, 내가 몇 스텝 정도 밟아야 환자들이 '좋아요. 춤출 수 있는 것처럼 보이네요'라면서 나를 믿더라고."

톰슨이 편의점에서 겪은 일은 직관에 귀를 기울이는 것이 단순한 지식보다 훨씬 가치 있음을 가르쳐준다. 직관은 우리 모두에게 있는 재능인 데 반해 지식은 기술이다. 자신의 직관과 호기심을 매우 존중하고, 이를 정보에 따른 의견과 결합하는 전문가는 거의 없다. 호기심은 결국 직관이 '저기 뭐가 있어'라고 속삭일 때 우리가 대답하는 방식이다. 나는 항상 의뢰인이 스스로에게 숨기고 있는 정보를 드러내게 하는 데 호기심을 이용한다.

나는 의뢰인이 이야기하다가 휙 지나가버리는 자잘한 부분들로 화제를 되돌리곤 한다. 이야기해나가는 데 그리 필요하지 않고, 그다지 중요해 보이지 않는데도 언급됐다는 점이 흥미롭기 때문이다. 나는 이런 부분들을 '추가 세부 사항이 실린 인공위성'이라고 부른다. 우주로 발사됐다가 가치 있는 정보를 다시 지구로 보내주기 때문이다. 나는 항상 이것들을 파헤친다.

어떤 의뢰인이 오랜 시간을 들여 소송을 끝낸 뒤 익명의 살해 협박을 받고 있다면서, 피고소인의 짓이 틀림없다고 말했다. 그런데 그녀의 이야기에는 추가 세부 사항이 있었다.

"합의를 보기로 한 뒤에도 그가 여전히 화가 많이 나 있다는 건 잘 알았지만, 살해 협박장을 보낼 정도로 치졸한 걸 보고 깜짝 놀랐어요. 어느 날, 그 합의에 관해 토니, 그러니까 내 변호사의 인턴이었던 사람과 논의하던 중이었어요. 내가 '이 소송이 끝나서 더는 문제가 없었으면 좋겠어'라고 했죠. 그리고 실제로 그럴 거라 여겼어요. 그런데 그때부터 나를 죽이겠다는 협박장이 날아오기 시작한 거예요."

이 이야기에서 인공위성은 뭘까? '토니, 내 변호사의 인턴이었던 사람.' 이야기의 핵심 요소가 아닌데도, 의뢰인이 이 사람에 대해 자세히 이야기했다는 것이 내게는 신호로 여겨졌다.

"그 인턴 이야기를 좀 더 해주시겠어요."

"아, 토니요? 해고됐어요. 이 사건으로 손해 본 사람들 중 하나가 아닌가 싶어요. 나한테 정말 친절했어요. 이번 사건에 흥미가 많았는데, 다른 업무는 손을 놓고 있었나 봐요. 해고된 뒤에도 계속 법정으로 찾아와 나를 도와줬죠. 정말 고마운 사람이에요. 그런데 소송이 마무리되고 변호사가 연 파티에 초대받지 못했어요. 토니가 나한테 전화해서는 '소송은 끝났지만 계속 연락하고 지내면 좋겠네요' 하는데 좀 슬프더라고요. …… 선생님은 그렇게 생각하지 않으세요?"

의뢰인은 토니에게서 느낀 이상한 점들을 이야기하다 그가 전 남자친구에게 협박받는 지인을 도와주고 있노라 말한 적이 있다고 밝혔다 (더 정확하게 말하자면 회상했다). 그 결과, 사건과 무관해 보이는 인물 ―별로 중요해 보이지 않는 세부 사항― 이 용의자가 됐고, 결국 협박범으로 밝혀졌다. 의뢰인은 처음부터 토니가 가장 유력한 용의자라는 것을 어렴풋이 알았지만, 친절했던 자기편 대신 불쾌한 피고소인을 지목하고 싶어 이를 부정했던 것이다.

당신은 한 우물을 계속 판 뒤에 "여기를 파선 안 된다는 걸 알고 있었어"라고 얼마나 많이 말해봤는가? 이는 당신이 신호를 받았음에도 그 신호를 따르지 않았다는 뜻이다. 우리는 직관을 어떻게 존중해야 하는지 잘 안다. 때로는 자신의 직관이 아니더라도 말이다. 예를 들면 나는 친구의 이야기를 듣고 사람들이 모든 종류의 직관력을 개들에게 맡기는 경향이 있다는 것을 깨달았다.

"진저가 새 건축업자한테 아주 사납게 굴더라고. 심지어 으르렁거리더라니까. 진저가 이 사람은 믿을 수 없다고 말하는 것 같았어. 그래서 다른 업자들을 좀 알아보려고."

"틀림없이 그럴 거야. 네 개가 이 업자는 정직하지 않으니 다른 업자를 구해야 한다고 느꼈나 봐." 나는 친구에게 농담했다. "아이러니한 건 네가 진저의 신호에 반응하는 것보다 진저가 네 신호에 반응할 가능성이 훨씬 더 크다는 거야. 진저는 너를 읽는 데 전문가고, 너는 다른 사람들을 읽는 데 전문가라고. 진저가 아무리 똑똑한 개라도 건축업자가 이윤을 많이 남겨먹으려고 비용을 부풀리는 방법이나, 그가 솔직한지 아닌지, 비용에 15퍼센트를 더한 입찰가와 고정 입찰가라든가, 그의 예전 의뢰인이 써준 어쩐지 좀 주저하는 듯한 추천서, 건축업자가 몰고 온 너무 멋진 차, 네가 단도직입적으로 던진 질문에 구렁이 담 넘어가듯 두루뭉술 넘어가는 태도 같은 건 모른단 말이야."

친구는 진저의 직관을 너무 빨리 과대평가했다며, 진저가 실제로는 집을 리모델링하는 내내 나불나불 수다를 떨어대는 멍청이라고 털어놓고 폭소를 터뜨렸다. 사실 진저는 나불대는 것조차 할 수 없으니 그 정도도 안 된다(반려인이 여기서 뭘 읽고 있는지를 감지할 정도로 직관적인 개가 있다면 이 모든 말을 철회하겠다).

사람들이 믿는 개의 직관력보다 당신의 직관력이 훨씬 뛰어나다(그리고 매일 뭔가를 경험하니 당신의 직관은 언제나 가장 뛰어나다). 진저가 비록 직관적으로 무서운 사람(동물)이 더 위험하다는 것을 알기 때문에 그런 사람을 감지하고 두려워하지만, 당신에게 없는 것을 더 갖고 있지는 않다. 문제는 개에게 없는 뭔가를 당신은 갖고 있다는 것이다. 판단력은 당신의 인식과 직관을 방해한다. 감정을 존중하기보다 판단하고 입증하려는 열망인 판단력은 직관을 논리적으로 설명할 수 없는 경우에 이를 무시하게 만든다. 진저는 여러 가지 가능성, 과거 상황, 당위성에 정신을 팔지 않는다. 오로지 지금 상황만 인식한다. 우리가 개의 직관을 신뢰하는 것은,

(당치도 않은 말이지만) 여느 때 같으면 전혀 근거가 없다고 여겼던 생각을 허용할 방법을 찾기 때문이다.

당신은 몇몇 사람들이 그러듯 두려움이란 재능에 집중하지 않고 역겨움과 경멸을 느끼는 동물을 상상할 수 있는가? 그 어떤 야생동물도 급작스럽게 두려움을 극복하고 '아무 일도 아닐 수 있어'라고 생각하는 데 자신의 정신 에너지를 조금도 허비하지 않는다. 그런데 우리는 누가 텅 빈 거리에서 우리 뒤에 있거나 이상하게 행동할 때 나쁜 의도로 그러는 것일지도 모른다고 여기는 자신을 책망한다. 강력한 내부 자원이 우리를 돌보는 것에 감사하지 않고, 정신이 우리에게 농간을 부리는 것이 아니라 실제로는 우리를 위할 가능성을 받아들이지 못하며, 오히려 그런 충동을 성급하게 조롱거리로 삼으려 한다. 자연계의 다른 모든 피조물과 대조적으로, 우리는 생존 신호를 분석하지 않고, 심지어 묵살하려고 한다. 정신력을 순진한 설명을 찾는 대신 중요한 정보를 주는 환경을 평가하는 데 쓰는 것이 더 건설적이다.

매일 자신의 직관을 재빠르게 요리조리 피해 다니는 데 열중하는 사람은 생각만 하는 중에 폭력과 사고의 피해자가 된다. 우리가 왜 그리 자주 피해자가 되는지에 대한 대답은 자명하다. 우리가 직관을 너무 잘 피하기 때문이다.

여자가 '하지만 이 남자는 정말 멋진 것 같아'라고 생각하는 데 시간을 쏟는 것은 곧 자신을 공격할 남자에게 가장 크게 협조하는 것이다. 그럼에도 많은 사람이 그렇게 행동한다. 여자가 엘리베이터를 기다린다. 문이 열리고 그 안에 서 있는 남자를 보자 불안하다. 여자는 평소에 별로 겁을 먹지 않기 때문에 밤늦은 시간, 남자의 커다란 몸집, 남자가 그녀를 쳐다보는 시선, 인근의 사건 발생률, 1년 전 읽은 신문 기사 때문일 수도 있다. 하지만 그 이유는 문제가 되지 않는다. 핵심은 그녀가 겁을 먹었다는 것이다. 여자는 자연계의 가장 강력한 생존 신호에 어떻게 반응할까? 자신에게 '나는 그렇게 살지 않겠어. 면전에서 엘리베이터 문이 닫히는 모욕을 주지 않을 거야'라고 속으로 말하며 생존 신호를 억누른다. 그러고는 두려움이 가시지 않았는데도 어리석게 굴어서는 안 된다며 엘리베이터를 탄다.

다음 엘리베이터가 올 때까지 잠시 기다리는 것과 소리가 차단되는 강철 방으로 들어가 무서운 낯선 남자와 함께 있는 것 중 어느 쪽이 더 어리석은 행동일까?

직관이 분명히 말해줄 때조차, 그 메시지가 제대로 전해졌을 때조차, 우리는 자신에게 귀를 기울이기 전에 외부 의견을 찾기도 한다. 환자가 정신과 의사에게 이렇게 이야기한다.

"요즘 집사람이 자러 갈 때면 나는 집사람이 잠들 때까지 아래층에 있을 변명거리를 찾아요. 내가 침실에 들어갔는데 집사람이 아직 깨어 있으면 집사람이 잔다는 확신이 들 때까지 화장실에 들어가 있죠. 혹시 내가 집사람과 섹스하지 않으려 무의식적으로 피한다고 생각하십니까?"

의사가 날카롭게 물었다. "어떤 부분이 무의식적인가요?"

마찬가지로 나도 피해자들이 '무의식적으로' 위험에 처했다는 사실을 알고 있었다고 말하면 "어떤 부분이 무의식적인가요?"라고 똑같이 물을 수 있었다.

사람들이 위험을 평가하는 이상한 방식은 왜 우리가 위험을 피하는 쪽을 택하지 않는지 그 이유를 밝히는 데 상당한 실마리를 준다. 우리는 감당할 수 있다고 느끼는 위험(흡연, 영양실조, 교통사고 등)은 묵살하는 반면 어쩔 수 없는 위험(비행기 추락, 원자력발전소 참사 등)에는 관심을 쏟는 경향이 있다. 감당할 수 있는 위험이 해를 끼칠 가능성이 훨씬 높은데도 말이다. 당신과 나(그리고 다른 모든 사람들)에 관한 특이한 책인 《왜 무분별한 사람들이 살아남는가Why the Reckless Survive》에서 멜빈 코너Melvin Konner 박사는 이렇게 지적했다.

"우리는 안전벨트도 하지 않고 음주 운전을 하면서 담배에 불을 붙인다. …… 그러면서 아랍 테러범이 공격할 가능성이 100만 분의 1도 되지 않는 유럽 여행을 취소한다."

많은 미국인이 이집트에서 살해당할지도 모른다는 두려움 때문에 피라미드를 보러 가지 않고 집에 머문다. 그런데 그 집에서 위험에 처할 확률이 20배나 더 높다.

우리는 위험을 자초하는 반면 다른 사람이 강요하는 위험은 거부한다. 코너 박사는 우리가 이렇게 말하고 싶어 하는 것처럼 보인다고 지적했다.

"담배를 피우다 죽는 것은 내 마음이지만, 어떤 회사가 석면이나 신경가스를 가지고 나한테 장난친다면 불같이 화낼 것이다."

우리는 낯선 위험보다 익숙한 위험에 더 너그럽다. 아테네에서 미국여객기가 피랍되는 것이 아버지가 자기 자식을 죽이는 것보다 더 많은 관심을 끈다. 피랍 사건은 거의 일어나지 않고, 자녀 살해는 매일 일어나는데도 말이다.

우리는 보고 싶은 것만 보도록 만들어졌기 때문에 자기가 본 것을 부정한다. 《우주가 바뀌던 날 그들은 무엇을 했나The Day the Universe Changed》에서 역사가 제임스 버크James Burke는 이렇게 지적했다.

"보는 것은 눈이 아니라 뇌다. 현실은 우리가 경험하기 전에 이미 뇌에 존재한다. 그렇지 않다면 우리가 눈으로 받아들인 신호는 아무 의미가 없다."

이는 우리가 필요로 하기 전에 이미 머릿속에 폭력의 퍼즐 조각이 있는 것이 얼마나 중요한지 알려준다. 그래야만 생존 신호를 인식할 수 있기 때문이다.

우리는 분명히 그런 신호들을 배우는 것에 관심이 많다. 여론조사 기관 해리스 폴은 엄청나게 많은 미국인이 범죄와 신변 안전 영역에서 가장 큰 위험을 느낀다고 말했다. 이것이 사실이라면 우리는 폭력과 우리 자신에 관해 질문을 새로 해야 한다. 예를 들면 남자가 총을 사는 이유보다 특정 브랜드의 셰이빙 로션을 사는 이유에 관해 더 많이 아는 것이 이치에 맞는가? 우리는 왜 여자들이 스토킹하는 남편이나 남자 친구에게 2시간마다 한 명씩 살해당하는 것에는 관심이 없으면서 유명인이 스토커에게 2~3년마다 한 번씩 습격당하는 것에는 주의를 쏟는가? 미국에는 왜 자살 방지 센터는 수천 개 있으면서 살인 방지 센터는 하나도 없을까?

그리고 우리는 왜 (뉴스 미디어가 매일, 매주, 매년 지속적으로 재탕하다시피) 지나간 일에 대한 통찰력은 찬미하면서 실제로 우리 삶을 다르게 만들어 줬을 수도 있는 선견지명은 지금도 불신할까?

그 이유 중 하나는 전문가가 뭘 해야 하는지 말해주는 세상에서는 개인이 자신의 예측 기법을 발전시킬 필요가 없기 때문이다. 27살의 캐서린은 우리 사회의 거의 모든 여자가 고려해야만 하는 질문을 내게(전문가에게) 한다.

"지금 만나는 남자가 문젯거리로 돌변할지 어떻게 알죠? 스토커 경고 신호에 대한 체크리스트가 있나요?"

나는 직접적으로 대답하는 대신 예를 하나 들어달라고 한다.

"브라이언이란 남자와 데이트했는데, 좀 집착하는 경향이 있더라고요. 그만 만나자는 내 말을 순순히 들어주지 않았죠. 내 친구 파티에서 처음 만났는데, 거기 있던 사람한테 내 전화번호를 물어봤나 봐요. 내가 집에 도착하기도 전에 메시지를 세 개나 남겼더라고요. 내가 싫다고 했는데도 너무 끈질기게 졸라서 다른 선택의 여지가 없었죠.

일단 만나고 나니까 정말 배려심 많은 사람이었어요. 내가 뭘 원하는지 항상 아는 것 같았죠. 그게 좀 기쁘기도 했지만, 한편으로는 불쾌했어요. 한번은 책 둘 데가 좀 더 많았으면 좋겠다고 했더니, 어느 날 선반과 도구를 들고 와서 책장을 뚝딱 만들어줬어요. 차마 거절할 수가 없었죠.

그리고 내 말은 뭐든 지나치게 의미를 부여했어요. 자기랑 농구 경기를 보러 가지 않겠냐고 물어봐서 갈 수도 있다고 대답했어요. 그랬더니 나중에 '약속했잖아'라고 하더라고요. 게다가 동거나 결혼, 자녀 같은 심각한 문제 이야기를 너무 일찍 꺼냈어요. 그런 이야기를 첫 데이트 때 농담처럼 시작했는데, 나중에는 농담이 아니었죠.

카폰을 다는 게 어떻겠냐고 한 적도 있어요. 그럴 필요가 있나 싶었는데, 어느 날 내 차를 빌려 가더니 딱 설치했더라고요. 선물이라는데 어쩌겠어요. 그 뒤로 당연히 내가 차에 있을 때면 아무 때나 전화하더라고요. 그리고 그 카폰으로는 전 남자 친구한테 절대로 전화 걸지 말라고 못을 박았죠. 나중에 부득이하게 전 남자 친구한테 전화할 일이 있었는데 불같이 화를 냈어요.

결국 그만 만나자고 했는데 들으려고도 안 하더라고요. 계속 만나야 한다고 강요하고, 내가 거부하면 전화하고, 불쑥불쑥 나타나고, 선물을 보내고, 내 친구들한테 연락하고, 내 직장으로 찾아왔어요. 알고 지낸 지 겨우 한 달 정도밖에 안 됐는데, 우리 관계에 자기 일생이 걸린 것처럼 굴었죠. 이런 남자에 대한 경고 신호는 뭐죠?"

캐서린은 물론 자신의 질문(데이트 스토킹에 대해서는 11장에서 더 자세히 다루겠다)에 이미 대답했다. '당신 자신에게 귀 기울이라'는 내 가장 훌륭한 조언은 마음에 들지 않았을 것이다. 우리가 이미 답을 갖고 있다고 말해주는 전문가는 거의 없다. 우리가 전문가에게 체크리스트를 원하는 만큼 전문가들은 우리가 스스로 돌아보기를 바란다.

일상에서 위험을 가장 잘 예측하는 전문가는 아마 경찰관일 것이다. 경찰은 거리에서 경험을 쌓으며 폭력과 그것의 경고 신호를 배워왔다. 하지만 부정이 제멋대로 이 지식을 몽땅 가려버릴 수도 있다. 경찰 생존 전문가 마이클 캔트렐Michael Cantrell은 경찰관으로 일하는 동안 이 점을 여러 번 깨달았다.

그가 경찰 4년차였을 때 파트너 —데이비드 패트릭이라고 부르겠다— 가 '우리 중 한 명이 총에 맞는' 꿈을 꿨다고 했다.

"그 꿈을 가볍게 여기지 말라고. 내 이야기일 리는 없으니까." 캔트렐은 말했다.

얼마 뒤 패트릭이 다시 이 이야기를 꺼냈다. "나는 틀림없이 총에 맞을 거야."

캔트렐은 패트릭에게 경찰관 생존 전략이 부족하다는 사실을 떠올리며 그의 말을 믿게 됐다. 두 사람은 함께 순찰을 나갔다가 남자 셋이 타고 있는 차를 세웠다. 운전자는 고분고분했지만, 다른 두 남자는 정면만 응시하는 것을 보고 캔트렐은 위험을 직감했다. 그는 파트너가 순찰차 옆에 서서 위험에 대비해 바짝 긴장한 채 경계하지 않고, 담배 파이프에 불을 붙이는 데만 관심을 보이는 것 같아 실망했다. 캔트렐은 운전자에게 차에서 내리라고 했다. 운전자가 차 문을 열자 바닥에 권총이 있는 것이 보였다. 캔트렐은 "총이다!" 하고 소리 질렀다. 하지만 패트릭은 여전히 긴장하지 않았다.

두 사람은 위기에서 살아남았지만, 캔트렐은 파트너 패트릭의 예감이 맞아떨어질 것 같아 결국 상관에게 이 문제를 털어놨다. 그런데 상관은 캔트렐이 너무 예민하다고 말했다. 그 뒤로도 캔트렐이 이 이야기를 꺼낼 때마다 상사는 그를 야단쳤다.

"이것 보라고, 이 부서에 있는 내내 나는 총을 꺼낸 적이 한 번도 없어. 그리고 내가 기억하는 한 이 지역에서 총격이 벌어진 적도 없고."

캔트렐이 비번이었던 어느 날, 패트릭은 다른 경찰관들과 함께 순찰 지시 회의에서 여러 무장 강도 사건에 연루된 두 남자의 인상착의를 들었다. 몇 시간 뒤, (혼자 순찰차를 몰던) 패트릭은 회의에서 언급된 인상착의에 들어맞는 남자 둘을 발견했다. 한 명은 전화박스에 서 있었는데, 통화하는 것 같지 않았다. 다른 한 명은 몇 번이고 슈퍼마켓으로 걸어가서 창문 안쪽을 들여다봤다. 패트릭은 지원 병력을 요청하기에 충분한 이유가 있었지만, 만약 이들이 지명수배범이 아닌 것으로 밝혀지면 난처해질까 봐 걱정했다. 두 남자는 패트릭을 보고는 거리를 따라 걸어가버렸다. 패트릭은 무선으로 본부에 상황 설명이나 지원 요청도 하지 않은 채 순찰차를 몰고 가 손을 흔들어 두 사람을 불러 세웠다. 그러고는 차에서 내려 한 남자에게 몸수색을 할 테니 돌아서라고 지시했다. 그는 의심스러운 정황을 충분히 목격했고, 지명수배범들일 수도 있다고 생각했음에도 여전히 생존 신호를 묵살했다. 결국 옆에 있는 남자에게서 엄청난 위험 신호가 쏟아져 나왔을 때는 너무 늦고 말았다. 서서히 올라오는 권총이 패트릭의 눈길을 스쳤고, 곧이어 그의 얼굴에 발사됐다. 남자는 쓰러진 패트릭에게 여섯 발이나 더 총을 쐈다. 다른 남자도 권총을 꺼내 패트릭의 등에 한 발을 쐈다.

두 범죄자가 도망친 뒤 패트릭은 간신히 무전을 할 수 있었다. 나중에 그 내용을 녹음한 테이프를 재생했을 때 캔트렐은 "총격을 받았다. 총격을 받았다"라고 헐떡이며 말하는 패트릭의 입에서 피가 꿀럭거리는 소리를 들었다.

놀랍게도 패트릭은 총상에서 회복해 얼마간 더 경찰관으로 일했다. 지금도 그는 자신의 안전이나 무모한 행동에 책임이 있었다는 사실에 내켜 하지 않지만, 나중에 캔트렐에게는 "자네가 함께 있었다면 이런 일이 벌어지지 않았을 걸세"라고 말했다.

캔트렐에게 과잉 반응한다고 비난한 상사를 기억하는가? 그는 단지 두 가지 사실, 즉 자신이 경찰관으로 있는 동안에 권총을 뽑아본 적이 없다는 것과 최근에 자신이 근무하는 경찰서의 어느 누구도 총에 맞은 적이 없다는 사실에 근거해 위험 수준이 낮다고 평가했다. 이 두 번째 사실이 타당한 예측 변수라면 패트릭이 받은 총격으로 위험에 관한 그 상사의 평가는 바뀌었어야 한다. 그런데 실제로는 그렇지 않은 듯하다. 그로부터 두어 달 뒤에 그 자신이 편의점에서 총에 맞았기 때문이다.

캔트렐은 경찰을 그만두고 회사에 취직했지만, 매주 시간을 내서 경찰관들에게 두려움에 대해 가르치고 있다. 사람들은 이제 캔트렐이 자기 자신에게 귀를 기울이라고 하는 말에 따른다.

직관적인 신호를 명백하게 부정하는 것 외에도 위험에 빠지는 경우가 있다. 직관은 정보가 정확하지 않을 때 빗나간다. 뭘 신뢰해야 할지 선택적으로 받아들이기 때문에 정보의 원천을 평가하는 것이 중요하다. 나는 CIA 정부 협박 평가자들을 상대로 프레젠테이션을 하면서, 드문 일이기는 하지만 캥거루에게 공격받는 일을 예로 들었다. 나는 1년에 약 20명이 평소에는 친숙한 동물에게 공격받아 죽는데, 캥거루는 공격하기 전에 항상 특정한 조짐을 보인다고 말했다.

1) 환하고 상냥하게 미소 짓는다(실제로는 이빨을 드러낸 것이다).
2) 강박에 사로잡힌 듯 자기 주머니에 새끼 캥거루가 없는지 몇 번이고 확인한다(캥거루는 새끼를 데리고 있을 때 절대 공격하지 않는다).
3) 뒤돌아본다(상대를 죽이고 나서 항상 즉시 물러나기 때문이다).

이런 신호 다음에 캥거루는 돌진해 적을 무자비하게 두들겨 팬 다음 돌아서서 전속력으로 달아날 것이다.

나는 두 명에게 일어서서 세 가지 경고 신호를 말해보라고 했다. 두 사람은 미소, 새끼 캥거루가 있는지 주머니를 확인하는 것, 탈출 경로를 확보하기 위해 뒤돌아보는 것을 완벽하게 말했다. 사실 그 자리에 있던 모든 사람(그리고 이제 당신)도 이 경고 신호를 평생 기억할 것이다. 당신은 내일 혹은 수십 년 뒤에 캥거루와 마주치면 이 세 가지 사건 발생 전 지표를 떠올릴 것이다.

내가 CIA 평가자들에게 해준 이야기에는 문제가 하나 있는데, 바로 내가 그 신호를 만들었다는 점이다. 부정확한 정보의 위험성을 알리기 위해 그렇게 이야기했을 뿐 사실 나는 캥거루의 행태를 전혀 모른다(그러니 가능하면 세 가지 신호를 잊거나 사나운 캥거루에게 다가가지 말기를).

우리는 평생 지식으로 가장한 캥거루 신호들에게 지속적으로 융단폭격을 받고, 우리의 직관은 우리가 뭘 신뢰할지 결정 내려주길 바란다. 제임스 버크는 "당신이 아는 것이 바로 당신이다"라고 말했다. 그는 15세기 유럽인들이 하늘에 있는 모든 것이 지구 둘레를 도는 줄 알았다고 설명했다. 그러다 갈릴레오의 망원경이 그 진리를 바꿔놨다.

오늘날 우리는 여전히 또 다른 진리에 따라 살아가고, "옛날 사람들처럼 우리도 우리 관점에 맞지 않는 현상들을 '틀렸거나' 시대에 뒤떨어진 것이라며 무시한다. 우리 선조들처럼 우리는 진정한 진실이 뭔지 안다"고 버크는 지적했다.

안전과 관련해 수많은 '진정한 진실'이 떠돌며, 그 일부는 사람들을 위험에 빠뜨린다. 예를 들면 전남편에게 스토킹당하는 여자는 접근 금지 명령을 받아내는 것이 최선일까? 이는 명백한 사회적 통념이다. 그럼에도 접근 금지 명령을 받아낸 여자들 역시 남자들에게 매일 살해당하고, 경찰은 피해자의 핸드백이나 주머니에서 아무 소용도 없는 서류를 찾아내곤 한다(더 자세한 내용은 10장에서 다루겠다).

가장 크게 잘못된 진실은, 몇몇 사람이 생존에 가장 필수 요소인 직관이 몸에서 빠져나가기라도 한 것처럼 자신이 직관적이지 않다고 생각하는 것이다.

신시아는 우리 대부분이 학창 시절에 본 지루하고 잔뜩 지친 임시 교사들과 달리 재미있고 아름다웠다. 어느 날, 함께 점심 식사를 하는데 신시아가 자신이 직관적이지 못하다고 한탄했다.

"나는 너무 뒤늦게 신호들을 알아차려요. 다른 사람들은 듣는다는 내면의 목소리가 나한테는 없어요."

그래서 나는 신시아에게 그녀가 1주일에 서너 번씩 한 번도 본 적 없는 예닐곱 살 아이들이 있는 교실로 들어설 때 이 아이들이 앞으로 할 행동을 무의식적으로 평가한다는 사실을 상기시켰다. 신시아는 30명 중 누가 가장 자신을 시험하려고 들지, 누가 다른 아이들을 자기 말에 잘 따르도록 혹은 따르지 않도록 이끌지, 아이들이 누구를 따를지, 어떤 훈육 방식이 가장 잘 먹힐지 등을 놀라울 정도로 정확하게 예측한다.

"그건 그래요. 나는 매일 아이들이 뭘 할지 예측해야 해요. 내가 어떻게 해서 제대로 예측하는지는 모르겠지만요." 그녀는 잠시 생각에 잠겼다가 덧붙였다. "하지만 어른들에 대해서는 잘 모르겠어요."

그녀의 이 말이 흥미로운 이유는 어린아이의 행동 범위가 어른보다 훨씬, 훨씬 더 크기 때문이다. 어른이라면 갑자기 교실 건너편으로 뭔가를 던지지도, 걷잡을 수 없는 웃음을 터뜨리지도 않는다. 다 큰 여자가 뚜렷한 이유도 없이 치마를 머리 위까지 들어 올리는 일도, 옆자리에 앉은 직장 동료의 얼굴에서 안경을 확 잡아채는 일도 없다. 어른이라면 바닥에 페인트를 붓고 발로 문지르고 돌아다니지 않는다. 그렇지만 이 모든 행동이 임시 교사에게는 새삼스러울 것이 없다.

같은 문화권에 있는 성인들의 판에 박힌 행태를 예측하기란 너무 쉬워 의식적으로 애쓸 필요도 없다. 우리는 예측할 가치가 있다고 생각하는 비일상적인 것에만 반응한다. 5시간 동안 어떤 남자 옆에 앉아 비행기를 타고 간다고 해보자. 그가 당신과 같은 잡지를 읽고 있다는 것을 곁눈으로 보기 전까지, 그는 당신의 관심을 전혀 끌지 못한다. 즉 우리는 항상 사람들을 아주 주의 깊게 직관적으로 평가하지만, 이유가 있을 때만 의식적으로 관심을 기울인다.

모든 것을 보지만, 그 대부분을 편집한다. 따라서 뭔가가 우리에게 큰 소리로 말할 때는 주의를 기울여야 한다. 많은 사람이 그런 훈련이 돼 있지 않다.

나는 신시아에게 어떻게 직관에 귀를 기울이면 되는지 예를 하나 보여주겠다고 말했다. 우리는 둘 다 처음 가는 레스토랑에 있었다. 웨이터는 억양으로 짐작하건대 중동 출신으로, 지나치게 굽실거렸다.

나는 말했다. "나는 저 사람을 본 적도 없고, 저 사람에 관해 아는 것도 없어요. 하지만 저 사람이 그냥 웨이터가 아니라 사실은 이 레스토랑의 주인이란 걸 알아요. 이란 출신이고, 미국으로 이민 오기 전에 거기서 저 사람 가족들이 레스토랑 여러 곳을 성공적으로 운영했죠."

맞으리란 기대가 전혀 없었기 때문에, 나는 생각나는 대로 말했다. 나는 내가 이 이야기를 지어냈다고, 만들어냈다고 생각했다. 더 정확하게 말하자면 이 이야기를 떠올리며 깨달아가고 있었다.

신시아와 계속 이야기를 나누면서도 내 머릿속은 방금 자신 있게 말한 가설을 해체하고 있었다. 맞은편 벽에 코끼리 그림이 걸려 있는 것을 보고는 이렇게 생각했다.

'아, 이란이 아니라 인도 출신이로구나. 이란 사람이라면 훨씬 적극적으로 행동할 거야. 그리고 저 사람은 분명히 주인이 아니야.'

웨이터가 다시 우리 테이블에 왔을 때 나는 내 예측이 모두 틀렸다고 결론 내린 뒤였다. 그리 내키지 않았지만 이 레스토랑 주인이 누구냐고 물었다.

"저입니다."

"처음 운영하는 건가요?"

"그렇습니다만, 제 가족들이 이란에서 레스토랑을 여러 번 성공적으로 운영했었죠. 그걸 팔고 미국으로 온 겁니다." 그가 신시아 쪽으로 고개를 돌리고 말했다. "텍사스 출신이군요."

텍사스 억양이 전혀 없는 신시아는 그걸 어떻게 알았느냐고 물었다.

"눈이 텍사스 사람 같아서요."

내가 어떻게 남자의 지위와 출신 국가와 가족력을 그렇게 정확하게 추측했는지 모르겠지만, 그리고 그 사람이 어떻게 신시아가 텍사스 출신인지 알았는지 모르겠지만, 어쨌든 우리는 알았다. 하지만 내가 이런 방법론에 목숨을 맡기고 있을까? 나도, 당신도 매일 그러고 있으며, 의식적 논리가 있다고 하더라도 이보다 잘하지는 못한다.

또 신시아는 그녀가 '차량 몸짓 언어'라고 부르는, 차들이 어떻게 움직일지 예측하는 능력에 관해서도 이야기했다.

"나는 다른 차가 언제 아무 신호도 보내지 않고 내 차선으로 끼어들려고 하는지 알아요. 언제 내 앞에서 좌회전할지 또는 하지 않을지도요."

대다수 사람은 이런 능력을 기꺼이 받아들이고, 차의 움직임을 읽는 자신의 재능을 확신하며 매일 운전한다. 그들은 분명 사람들을 읽는 전문가다. 다만 상대를 전체적으로 볼 수 없기 때문에 상대를 둘러싼 커다란 금속 물체의 아주 작은 움직임으로 상대의 의도와 집중 정도와 운전능력과 정신 상태와 조심성을 읽는다.

결국 우리는 이렇게 생각한다. 캥거루들과 아이들과 차들은 예측할 수 있지만, 우리 생명이 달린 인간의 행태는 예측할 수 없다고.

○   ○   ○

차이나 레너드China Leonard의 이야기는 폭력에 관한 것이 아니다. 그럼에도 생사에 관한 이야기고, 직관의 부정에 관한 이야기다. 차이나와 그녀의 어린 아들 리처드는 리처드의 간단한 귀 수술을 앞두고 성 요셉 병원의 수술 전 검사실에 막 자리를 잡고 앉았다. 리처드는 의사들에게 질문을 퍼붓곤 했는데, 마취의인 조지프 버브러지 2세Joseph Verbrugge Jr.가 들어왔을 때는 입을 꼭 다물었다. 심지어 버브러지 선생이 불안하냐고 물어보는데도 대답하지 않았다. 의사가 "나를 보렴!" 하고 말했는데도 가만히 있었다.

리처드는 퉁명스럽고 불친절한 의사를 싫어하는 것이 분명했다. 차이나도 아들과 똑같이 느꼈고, 그보다 더한 뭔가도 느꼈다. 강력한 직관적인 충동이 그녀의 머릿속을 스쳐 지나갔다. "수술을 취소해." 충동이 대담하게 수술을 취소하라고 말했다. 차이나는 재빨리 충동을 억누르고, 그것이 불합리한 이유를 머릿속에서 찾기 시작했다. 논리와 이성에 유리하도록 버브러지 의사에 관한 자신의 직관을 한쪽으로 제쳐두고, 성격만으로 누군가를 판단할 수 없다고 자신을 납득시켰다. 하지만 충동이 또다시 "수술을 취소해"라고 말했다. 그녀는 원래 걱정을 많이 하는 성격이 아니었기 때문에 내면의 목소리를 잠재우는 데 많은 노력을 기울여야 했다. 그녀는 속으로 생각했다.

'멍청하게 굴지 마. 성 요셉 병원은 우리 주에서 가장 좋은 병원 중 하나야. 의과대학 부속병원이라고. 하느님 맙소사, 수녀회가 운영하는 병원이잖아. 이 사람은 분명 뛰어난 의사일 거야.'

차이나의 직관은 완벽하게 진압됐고, 수술은 예정대로 실시됐으며, 리처드는 간단한 수술을 받던 중 사망했다. 이 슬픈 이야기는 "나는 알고 있었는데"라는 말보다 "나는 지금 알고 있어"라는 말이 훨씬 가치 있음을 알려준다.

나중에 버브러지의 동료들도 그를 염려했다는 사실이 밝혀졌다. 그들은 버브러지가 자기 일에 집중하지 않는다고 말했다. 무엇보다 수술 중에 조는 것 같다는 보고가 적어도 여섯 건이나 됐다. 의료진들에게는 분명한 신호가 있었지만, 차이나와 그녀의 아들은 뭘 감지했는지 확실하지 않다. 그들의 걱정 —그것이 뭐였든— 은 아이의 죽음으로 입증됐고, 나는 그것으로 충분하다고 생각한다.

리처드의 수술과 관련해 직관의 목소리를 무시한 사람들이 또 있다. 함께 수술실에 들어간 의사는 리처드의 호흡이 약하다고 말했지만, 버브러지는 아무런 조치를 취하지 않았다. 한 간호사는 아이가 고통스러울까 봐 걱정하면서도 버브러지가 유능하다고 "믿기로 했다"고 말했다.

사람들이 그 수술실에서 어떻게 행동했는지 재검토한 의사들 중 한 명이 날카롭게 지적한 말은 전반적으로 부정에 해당하는 말이기도 하다.

"마치 연기가 가득 찬 방에서 깨어났는데 연기를 내보내려고 창문을 열고 다시 침대로 돌아가는 것과 같다."

○　　○　　○

피해자 대부분은 폭력으로 인한 충격이 아물기 시작하면 머릿속으로 사건이 일어났던 복도나 주차장으로, 그 광경과 냄새와 소리로, 누군가의 사악한 지배를 받기 전으로, 두려움이 주는 선물을 거절하기 전으로, 아직 선택의 여지가 있었던 때로 돌아가려는 경향이 있다. 피해자들은 곧잘 "지금은 잘 알지만, 그때는 전혀 몰랐다"며 어떤 특정한 세부 내용을 이야기한다. 물론 지금 피해자들의 머릿속에 있다면 그때도 마찬가지다. 피해자들의 말뜻은 이제서야 그것의 중요성을 받아들인다는 의미다. 이를 통해 나는 비록 직관 과정이 주요 경쟁자인 부정 과정만큼 자주는 아닐지라도 작동한다는 것을 배웠다.

부정과 함께, 예측을 가장 잘 할 수 있도록 돕는 세부 사항이 구명조끼처럼 우리 곁에 조용히 떠 있다. 자신이 여전히 특실에 있다고 편하게 부정하는 길을 택할 수도 있지만, 그렇다면 곧 백일몽을 꾼 대가를 치르게 될 것이다. 나는 어린 시절과 성인 시절의 절반을 부정을 개선하고 예측을 연습하며 보냈기 때문에 이를 잘 안다.

3장

예측을 가르치는 학교

"나는 다른 모든 사람이 할 수 있는 것을 할 수 있다.
이것이 전쟁과 삶이 주는 가장 위대한 교훈이다."
마야 안젤루Maya Angelou[미국의 흑인 작가이자 인권 운동가]

나는 13살이 되기 전에 한 남자가 총에 맞는 것을, 또 다른 남자가 두들겨 맞고 걷어차여 의식불명에 빠지는 것을, 친구가 쇠막대로 얼굴과 머리를 얻어맞아 거의 죽을 뻔하는 것을, 어머니가 헤로인 중독자가 되는 것을, 여동생이 두들겨 맞는 것을 봤다. 그리고 나 자신은 인생의 절반 이상을 노련한 매질 전문가로 보냈다. 그 당시 내 예측은 오늘날과 마찬가지로 생사가 달려 있을 정도로 매우 중요했다. 나는 우리 모두가 이 시기 동안 확실히 살아남도록 하는 것이 내 책임이라 여겼다. 그러나 우리는 그러지 못했고, 나는 오랫동안 그것 역시 내 책임이라 여겼다. 내가 이 이야기를 하는 이유는 내가 아니라 당신 이야기를 하기 위해서다. 비록 원인은 달라도, 당신은 내가 느낀 바로 그 감정을 느꼈다. 어떤 경험은 고통스러웠고 어떤 경험은 무서웠지만, 이런 내 경험보다 당신에게 가장 큰 영향을 미친 당신의 경험들이 내게 더 큰 영향을 끼쳤다.

사람들은 때로 직접 겪어보지 않으면 모를 것이라고 한다. 하지만 당신은 인간의 모든 느낌을 상상할 수 있고, 바로 그런 능력이 당신을 다른 사람들의 행동을 예측하는 전문가로 만들어준다.

성향이 폭력적인 사람을 콕 집어내는 방법, 위험과 맞닥뜨렸을 때 안전할 수 있는 방법이 궁금할 것이다. 당신은 인간에 관한 모든 것을 알기 때문에, 이번 장의 탐험은 친숙한 영역에서 시작되고 끝난다. 당신은 이미 여러 해 동안 당신만의 학교를 다녔다. 폭력을 예측하는 방면의 졸업장을 따기 위해서는 이제 한 가지 진실만 받아들이면 된다. 인간 행동과 관련해 당신의 머리와 심장으로 풀지 못할 수수께끼가 없다는 것이다.

케임브리지 대학의 니컬러스 험프리Nicholas Humphrey는, 진화가 특히 인류에게 자성自省 능력을 줘 '다른 사람을 모방할 수 있도록, 따라서 그들의 행태를 예측할 수 있도록' 했다고 설명했다. 예측에 성공하려면 험프리가 '천부적인 심리학자'라고 부른 존재가 돼야 한다. 험프리가 말한 '인간이 되는 것이 어떤 의미인지' 알아야 한다.

마샤 클라크Marcia Clark 검사가 아직 유명해지기 전, 그녀가 암살범 로버트 바도Robert Bardo를 멋들어지게 형사소추하는 것을 도운 적이 있다. 클라크는 여배우 리베카 섀퍼Rebecca Schaeffer를 죽인 바도가 종신형을 받게 만들었다. 나는 교도소에서 바도를 만났다. 상대적으로 정상인 그의 상태가 나를 '우리와 그들', '전문가와 살인자'라는 안전한 영역에서 빼내 우리가 공유하는 인간성의 세계로 집어넣었다. 달갑지 않은 소리일지도 모르지만, 당신과 나와 바도는 차이점보다 공통점이 훨씬 많다.

저명한 정신과 의사 칼 메닝거Karl Menninger는 이렇게 말했다. "나는 범죄자의 심리가 따로 있다고 믿지 않는다. 모든 사람의 마음속에 범죄 심리가 있다. 우리 모두 범죄에 대한 환상과 생각을 품을 수 있다."

알베르트 아인슈타인과 지크문트 프로이트는 이보다 더 깊이 파고들었다. 두 사람은 서신으로 인간 폭력이라는 주제를 심도 있게 탐구했다. 아인슈타인은 이렇게 끝맺었다. "인간 내면에는 증오하고 파괴하고자 하는 욕구가 있다."

프로이트는 '전적으로' 동의한다는 답신을 보내며 인간 본능은 두 가지 범주로 나뉜다고 했다. "하나는 보존하고 합치려는 것이고, 다른 하나는 파괴하고 살해하려는 것이다." 그러면서 삶의 현상은 '함께 행동하고 서로를 적대시하는' 것에서 진화한다고 썼다.

폭력과 살인이 모든 문화권에서 일어난다는 사실이 아인슈타인과 프로이트의 견해를 뒷받침한다. 리처드 랭엄Richard Wrangham과 데일 피터슨Dale Peterson은 폭력의 기원에 관한 책《악마 같은 남성Demonic Males》에서 현 인류를 "500만 년 동안 지속된 치명적인 공격 습성에서 살아남은 멍해진 생존자"라고 했다. 인간 폭력이 전 세계 보편적이라는 논제를 반증해줄 공동체를 찾아 나섰던 과학자들은 모두 실망한 채 집으로 돌아왔다. 마거릿 미드Margaret Mead는《사모아의 청소년Coming of Age in Samoa》에서 남태평양 섬 주민들이 비폭력적인 것처럼 잘못 묘사했다. 오늘날 전 세계에서 가장 친절하다고 알려진 피지 사람들은 사실 얼마 전까지 가장 폭력적인 종족에 속했다.《악의 없는 사람들The Harmless People》에서 칼라하리 사막의 쿵족!Kung族은 '악의 없는 사람들'이라 불리지만, 그 답을 찾기 위해 몇 번이고 아프리카의 수렵 및 채집자들을 연구한 멜빈 코너Melvin Konner는 "민

족지民族誌 학자들이 수차례 오지에서 에덴동산을 찾아내지만, 번번이 더 나은 자료가 발견돼 좌절하고 만다"라고 결론 내렸다.

우리는 지금 우주 시대를 살지만, 정신은 여전히 석기시대다. 유인원 조상과 똑같이 경쟁적이고, 세력권을 형성하며, 폭력적이다. 사람들은 이 사실을 부정하며, 자신은 아무도 죽이지 못한다고 한다. 그러면서 꼭 '물론 내가 사랑하는 누군가를 해치려들지 않으면'이라는 단서를 붙인다. 결국 폭력의 씨앗은 모두에게 있다. 변한 것은 행위를 정당화하는 우리의 시각뿐이다.

나는 목적을 위해 폭력을 쓰는 사람들을 연구하고 인터뷰하면서, 그들에게서 내 일부를 발견해야 한다는 것을, 때로는 혼란스럽게도 내게서 그들 일부를 발견해야 한다는 것을 오래전에 깨달았다. 은밀한 정신이라는 컴컴한 광산으로 내려갈 때는 줄을 걸어야 할 데가 있어야 했다. 꽉 붙들고 늘어질 친숙한 뭔가가 있어야 했다.

어떤 남자가 도끼로 암소를 죽이고, 절개하고, 어떤 느낌인지 보려고 그 배 속으로 기어들어갔다. 그는 나중에 도끼로 여덟 살짜리 이복 남동생을 죽였다. 다른 남자는 산탄총으로 부모의 눈을 쏴 죽였다. 사람들은 이런 살인자를 두고 인간도 아니라고 한다. 그런데 내가 아는 두 사람은 '비인간적'이지 않다. 분명 인간적이다. 나는 이런 사람을 많이 안다. 그들의 부모와 그들에게 당한 피해자들의 부모를. 그들의 폭력적인 행위는 분명 혐오스럽지만, 비인간적이지는 않다.

은행 강도가 경비원을 총으로 쏘았을 때는 모두 그 이유를 이해하지만, 엽기적인 살인자가 우리와 같은 인간이란 사실은 받아들이지 않는다. 왜냐하면 '우리'와 '그들'을 구분하는 것이 훨씬 편하기 때문이다. 나는 직업상 그런 호사를 누리지 못한다. 위험에 대한 예측을 하려면 그들이 누구든, 무슨 짓을 저질렀든, 무슨 짓을 하려고 했든, 그로 인해 내 안에서 뭘 발견하든, 그들을 세심하게 관찰하고 받아들여야 한다. 누군가의 사악한 의도를 인식하지 못하겠다고 말하는 호사를 누릴 수 없는 순간이 당신에게도 찾아올지 모른다. 그 의도를 인식하느냐에 따라 생존이 결정될 수도 있다.

인류학자는 오랫동안 사람들 사이의 차이점을 중심으로 연구해왔는데, 폭력을 가장 정확히 예측하려면 공통점을 받아들여야 한다. 물론 누군가의 인간성을 받아들인다고 해서 그가 저지른 짓을 용서하는 것은 아니다. 이 교훈은 세상에서 가장 폭력적이고 위험한 사람들, 괴물이라 부를 수도 있는 사람들, 당신은 결코 상상조차 할 수 없는 짓을 저지른 사람들을 연구할 때 가장 극명해진다. 그런 사람들 중 다수가 캘리포니아 아타스카데로Atascadero 주립 병원에 갇혀 있다. 나는 그곳 환자들이 작은 동물을 돌보도록 하는 '환자의 애완동물Patient Pets'이라는 프로그램을 만들고 지원하고 있다. 환자 대부분이 면회자 하나 없이 평생 그곳에 갇혀 있어야 하는 만큼 쥐나 새는 그들이 가진 전부라고 할 수 있다.

이 프로그램에 처음 투입된 애완동물 중 하나인 기니피그가 죽었을 때 환자들이 어땠는지 생각난다. 기니피그가 늙어 병들자, 환자들은 불가능한 줄 알면서도 기니피그를 살릴 방법을 찾으려 했다. 프로그램 진행자인 제인 미들브룩Jayne Middlebrook은 내게 이런 보고서를 보냈다.

올리버는 병든 기니피그에게 필요한 모든 것을 해줬습니다. "밤에 혼자 있다 죽으면 어떻게 해요"라며 기니피그를 자기 방에 데려가게 해달라고 했습니다. 결국 그 늙은 기니피그는 움직이지도 못하고, 숨 쉬는 것조차 힘들어했습니다. 올리버는 환자 몇 명을 제 사무실로 불러 모았고, 기니피그는 비현실적인 조문객들에 둘러싸여 올리버의 품에서 죽었습니다. 환자들이 작별 인사를 하고 조용히 사무실을 떠났을 때 그 병동에서 눈물을 흘리지 않는 사람이 하나도 없었습니다.

저는 종종 선생님께 이런 일이 환자에게 미치는 영향에 관해 보고드렸습니다. 어떤 환자들은 동물의 죽음을 슬퍼하며, 처음으로 자신이 다른 사람들에게 저지른 죄 때문에 울었습니다. 이제 제가 느끼는 바를 말씀드리려 합니다. 저는 제 사무실에 앉아, 잔인한 범죄를 저지른 중죄인이자 온갖 것에 중독됐고, 별의별 정신 질환을 앓고, 가장 밑바닥 인생일 이 환자들을 지켜보며 희미한 동정을, 일말의 감정을, 이 사람들에게는 없다고(대부분의 상황에서 옳겠지만) 사회가 믿는 인간성의 편린을 봤습니다. 이들 대부분은 마땅히 이곳에 있어야 하며, 이들을 사회에 풀어놓는 것은 생각도 할수 없지만, 그럼에도 우리는 이들의 인간성을 경시할 수 없습니다. 만약 그런다면 우리는 그 과정 중에 가장 비인간적일 것입니다.

결국 엄청난 살인자들조차 당신과 내 안에 있는 뭔가가 있다. 이 사실을 받아들이면 우리 집으로 들어오려고 속임수를 쓰는 강간범을, 보모가 되겠다고 지원하는 아동 성추행범을, 직장까지 쫓아와 배우자를 죽인 살인범을, 군중 속 암살범을 더 잘 알아볼 수 있다. 멀쩡해 보이고 평범하게 행동하는 사람들이 폭력을 저지른다는 사실을 받아들이면 '이 사람은 살인자처럼 보이지 않아'라고 속삭이는 부정의 목소리를 입 다물게 할수 있다.

판단력은 어떤 사람이 위험한지 아닌지 구분하는 데 도움이 되겠지만, 지각은 생존하는 데 그보다 더 큰 도움이 된다. 판단력은 로버트 바도에게 괴물 꼬리표를 붙이는 것으로 끝낸다. 사람들은 꼬리표만 보고 모든 것을 파악했다며 마음을 놓는다. 그런 꼬리표는 '미친놈'과 우리 사이에 굵은 선을 그어주지만, 지각은 우리를 훨씬 더 멀리 데려가준다.

어쨌든 과학자는 자기가 낳은 알을 깨는 어미 새를 보고 "음, 이런 일은 처음인데. 그냥 괴물인가 보군"이라고 말하지 않는다. 오히려 이 새가 그랬다면 다른 새들도 그럴 가능성이 있다고, 자연계에 어떤 목적, 이유, 예측 가능성이 분명 있다고 올바른 결론을 내린다.

○   ○   ○

끔찍한 폭력을 저지른 사람들은 여러 선택지 가운데 그런 행동을 고른다. 이를 설명하기 위해 끔찍한 일들을 나열하지는 않겠다. 당신 자신의 머릿속에서 그 증거를 찾아낼 수 있을 테니까. 사람이 다른 사람에게 할 수 있는 최악의 행동을 상상해보라. 영화에서 봤거나 책에서 읽었거나 들은 그 무엇보다 더 나쁜 것을 상상해보라. 독창적으로 상상해보라. 그리고 잠시 이 책을 덮고 그 무시무시한 것을 머릿속에 그려보라.

당신이 머릿속에 그릴 수 있었다면 이제 누군가가 실제로 그랬을 수도 있다고 확신해도 된다. 왜냐하면 사람이 다른 사람에게 할 수 있는 모든 일이 실제로 일어났기 때문이다. 극도로 공포스럽고 폭력적인 행위를 우리와 전혀 상관없다고 여기는 한, 왜 그런 일이 일어나는지 배울 수 없다. 당신이 방금 머릿속으로 한 생각은 당신 안에 있었던 것이고, 따라서 당신의 일부다. 제대로 예측하고 예방하려면, 무슨 수를 써서 몰래 숨어들어온 침입자가 아니라 우리를 비롯한 같은 사람이 이런 짓을 한다는 사실을 받아들여야 한다.

몇 년 전 어느 저녁, '연쇄살인범Serial Killer'이라는 용어를 만든 전설적인 FBI 행동과학자 로버트 레슬러Robert Ressler가 저녁 식사를 하러 우리 집을 찾았다. (레슬러가 쓴《살인자들과의 인터뷰Whoever Fights Monsters》의 영문판 제목은 내가 자주 음미하는 니체의 '괴물들과 싸우는 사람들은 그 과정 중에 스스로 괴물이 되지 않도록 주의해야 한다. 왜냐하면 심연을 오래도록 굽어보고 있으면 심연 또한 그대를 들여다보기 때문이다'라는 글에서 따왔다.) 나는《양들의 침묵The Silence of the Lambs》이라는 신간 견본을 막 읽은 참이라, '여자 옷' 한 벌을 만들려고 젊은 여자들을 죽이고 그 피부를 모으는 (내 생각으로는) 가공의 인물에 관해 이야기했다. 그러자 레슬러가 아무렇지도 않게 "아, 에드 게인Ed Gein 말이로군"이라고 말했다. 그러고는 공동묘지에서 시체들을 훔쳐 피부를 벗기고, 그것을 입으려 건조 처리한 남자 이야기를 해줬다. 레슬러는 인간이 하는 일 중에 인성을 벗어나는 것은 없다는 사실을 알고 있었다. 소위 괴물들을 고딕 양식의 지하 감옥이나 습기 찬 숲에서 발견하지 못한다는 것을 알 정도로 그들에 관해 충분히 배웠다. 괴물들은 쇼핑센터, 학교, 우리가 사는 마을이나 도시에 있다.

하지만 그들이 누군가를 희생시키기 전에 어떻게 그들을 찾아낼 수 있을까? 동물계의 경우는 어떤 관점에서 보느냐에 따라 달라진다. 새끼 고양이는 새에게 괴물이고, 새는 벌레에게 괴물이다. 사람 역시 관점의 문제이지만, 호감 가는 낯선 사람이 강간범으로 돌변할 수도 있고 열렬한 팬이 살인자가 될 수도 있기 때문에 훨씬 복잡하다. 인간 약탈자는 다른 것들과 달리 겉으로 봐서 바로 알 수 있는, 우리와 사뭇 다른 차림을 하고 있지 않다.

당연히 가려진 눈으로는 결코 약탈자를 알아보지 못한다. 이번 장과 다음 장에서는 누가 당신을 해치는 수단으로 써먹을 수도 있는 위장僞裝에 관한 진실과 근거가 희박한 사회적 통념을 밝혀 눈가리개를 없애는 데 전념하려 한다.

수많은 뉴스 보도에서 들었을 법한 진부한 통념으로 시작해보자.

"이곳 주민들의 말에 따르면 살인범은 남들과 어울리지 않고 홀로 지낸 소심한 남자라고 합니다. 그는 조용하고 친절한 이웃이었습니다."

이런 보도가 지겹지 않은가? 이웃들과의 진부한 인터뷰를 보다 정확하고 진지하게 해석한 방송은 이렇게 보도할 것이다. "이웃들은 사건과 관련된 것을 전혀 모르고 있었습니다."

그 대신 기자들은 당면 문제와 관계없는 정보를 관계있는 양 방송한다. "살인범이 사는 구역을 여러 해 동안 담당하고 있는 유료도로 통행료 징수소 직원은 살인범이 조용하고 정상적이었다고 묘사했습니다"라고 말하는 것과 다를 바가 없다(때로는 실제로 그렇게 말한다). 이런 상투적인 문구를 하도 들어서, 표면적 정상성을 끔찍한 범죄의 사건 발생 전 지표라고 다들 믿는지도 모르겠다. 그러나 그렇지 않다.

폭력 범죄를 예측하게 해주는 것 중 하나가 어린 시절에 당한 폭력이다. 예를 들면 레슬러는 연쇄살인범에 관해 놀라울 정도로 일관성 있는 통계를 완성했다. 연쇄살인범은 단 한 명의 예외도 없이 어렸을 때 폭력, 방치, 굴욕 등의 학대를 받았다.

연쇄살인범 테드 카진스키Ted Kaczynski의 어릴 적 가정생활을 보도한 뉴스만 보면 그가 자라서 '유나바머Unabomber[우편물 폭탄 테러리스트]'가 되리라고 생각할 수 없을 것이다. 뉴스는 마치 관련 있는 일인 듯 그의 어머니를 '이웃들이 아주 좋아했던 멋진 여자'라고 보도했다. 이웃들은 일반적으로 뉴스에 출연하는 데 단 한 가지 조건만 갖추면 된다. 기자들에게 기꺼이 말해줄 것. 이웃들이 알았던 것보다 더 많은 일을 어린 테드와 그 남동생 데이비드David가 그 집에서 겪었을 수도 있지 않을까?

카진스키 가족에 관한 몇 가지 사실을 들여다보자. 카진스키 부부는 아들 둘을 키웠는데, 둘 다 어른이 되자 사회에서 낙오돼 고립되고 비사교적인 삶을 살았다. 그중 한 명은 얼마간 땅에 도랑을 파고 들어가 살았다. 이 사람이 그래도 정신이 말짱해 아무도 죽이지 않은 데이비드다. 검사들의 말이 옳다면, '미친' 아들 테드는 성인이 돼 원격제어장치로 일을 저지르는 잔인한 연쇄살인범이 됐다. 그런데도 이웃들은 기자들에게 색다른 것은 전혀 보지 못했다고 말하고, 기자들은 그 가족이 정상이었다고 보도한다. 그 결과 폭력은 아무도 모르는 곳에서 불쑥 튀어나온다는 통념이 이어진다.

내가 여기서 폭력적인 아이를 키우는 모든 부모를 고발하려는 것은 아니다. 미국 정신과 협회National Alliance of Mental Illness가 '무과실 질병'이라고 정의 내린 기질성 정신장애를 앓는 사람이 무시무시한 짓을 저지르기도 하기 때문이다(많은 정신장애자가 어렸을 때 학대를 받은 것도 사실이다). 유전적 소인도 폭력에 영향을 미칠 수 있지만, 가족에게 어떤 카드가 주어지든 부모들은 최소한《EQ 감성지능Emotional Intelligence》의 저자 대니얼 골먼Daniel Goleman이 "기회의 창"이라 부른 것을 갖고 있다.

폭력적인 사람은 대부분 어린 시절에 그 창문이 쾅 닫혀버렸다. 학대당한 아이가 어떤 사람이 되는지 이해하기 위해서는 그들이 시작한 곳에서 시작해야 한다. 즉 보통 사람에서 시작해야 한다. 그들이 자라서 한 명이 켈리를 강간하고 또 다른 여자를 죽였고, 한 명이 리베카 섀퍼를 죽였고, 한 명이 로버트 톰슨이 편의점을 나간 직후 경찰관을 죽였고, 한 명이 당신이 읽고 있는 이 책을 썼다. 힘겨운 어린 시절을 보냈다고 용서받을 수 있는 것은 아니다. 하지만 당신의 경우와 마찬가지로, 그런 어린 시절은 많은 것을 설명해준다. 자신의 어린 시절을 성찰하는 것은 다른 사람들의 행동을 예측하는 능력을 날카롭게 다듬는 가장 좋은 방법이다. 당신이 지금 왜 어떤 행동을 하는지 묻고 답해보라.

○   ○   ○

암살범 로버트 바도가 자신이 집고양이처럼 방에 갇혀 사육당했다고 말했을 때, 문득 그에게 어린 시절과 지금의 수감 생활을 비교해보라고 해야겠다는 생각이 들었다.

바도: 항상 방에만 틀어박혀 있다는 점에서는 별반 다를 바가 없습니다.
나: 자네가 여기서 하는 일과 어릴 적에 한 일 사이에 다른 점이 있나?
바도: 음, 여기서는 좀 더 사교적이어야 합니다.
나: 집에서는 사교적일 필요가 없었나?
바도: 네, 감옥에서 사교적으로 행동해야 한다는 걸 배웠습니다.

가두는 것밖에 자식에게 해줄 것이 없는 부모들이 있는 한 교도소는 언제나 꽉 찰 것이다. 사회가 그 비용을 지불하는 동안 가장 큰 대가를 치르는 것은 바로 개별적인 범죄의 피해자들이다.

학대받고 방치됐던 바도의 어린 시절을 연구하는 동안, 나는 내가 어린 시절 겪은 일들 중 일부와 비슷하다는 사실을 무시할 수 없었다. 또한 그렇게 비정상적인 어린 시절을 보낸 우리가 자라서 살인자와 그 반대편에 있는 사람이 됐다는 사실에 충격을 받았다.

이런 의외의 사실 때문에 내가 잘 아는, 암살범이 될 뻔한 스테이시 J.Stacey J.가 떠올랐다. 여러 해 동안, 우리 회사는 그가 집착 대상인 우리 의뢰인을 만나지 못하게 막고 있다. 나는 스테이시의 가족에게 로스앤젤레스로 날아와 그를 데려가라고 수차례 전화했고, 그의 가족은 우리 회사로 전화해 그가 우리 의뢰인을 보러 가는 길이라거나 그가 차를 훔쳤다거나 정신병원에서 종적을 감췄다고 경고해줬다. 그러는 과정에서 나는 스테이시의 가족을 알게 됐다. 한번은 스테이시가 옷이 다 찢어지고, 양다리와 온 얼굴에서 피를 줄줄 흘리고, 1주일이나 약을 먹지 않아 완전히 미친 상태로 전화박스에 고꾸라져 있는 것을 발견했다. 응급실로 실려 가는 도중 스테이시가 암살에 흥미를 갖게 된 계기를 말해줬다.

"존 케네디가 살해당했을 때였습니다. 바로 그때 이 모든 게 시작됐습니다."

스테이시와 나는 10살 때 똑같은 순간에 텔레비전 앞에 앉아 있다가 똑같은 사건에 크나큰 영향을 받았던 것이다. 그때 우리가 본 것이 일부거름이 돼, 한 사람은 유명인을 스토킹하고 다른 한 사람은 유명인을 보호하고 있다는 것을 함께 있는 그때에서야 알게 됐다.

우리 회사는 15년 동안 스테이시의 행태를 모니터하고 있는데, 여전히 그는 잘 지내다가 불쑥 우리 회사나 (로널드 레이건Ronald Reagan을 죽이겠다고 협박했던 탓에) 비밀 경호국의 주의를 끈다. 몇 년 동안 잘 지내다가 또 몇 년 동안은 약물 부작용으로 건강을 해치고 살도 엄청나게 붙어 끔찍하게 지낸다. 스테이시가 10살이었을 때를 생각하면 인생 항로에 관해 의문을 품지 않을 수 없다.

○   ○   ○

나는 결국 폭력적인 사람이 되지 않았지만, 양쪽 세계 언어에 능숙한 일종의 외교관이 됐다. 나는 많은 범죄자가 어떻게 생각하는지 말해줄 수 있다. 내가 살면서 생각한 방식과 비슷하기 때문이다. 예를 들면 어린 시절이 온통 예측과 상관있었기 때문에 나는 미래에서 살아가는 법을 배웠다. 어떤 타격이 실제로 느껴지기 전에 미래로 가는, 움직이는 표적이 되고 싶었기 때문에 현재를 느끼지 않았다. 내일 혹은 내년에서 살게 해주는 이런 능력은 최악의 순간에 고통이나 절망에 대항하는 면역력을 갖게 해줬지만, 나 자신의 안전을 염두에 두지 않게도 했다. 무모함과 허세는 폭력적인 사람들이 흔히 보이는 특징이다. 어떤 사람들은 이를 담대함이나 용기라고 부를지 모르지만, 암살범을 다루는 장에서 '영웅적 행위'에 두 가지 측면이 있음을 알게 될 것이다.

나는 어렸을 때 걱정과 예측으로 시간을 보냈다. 현재가 주의를 끌지 못했기 때문에 대다수 사람보다 미래를 더 잘 볼 수 있었다. 한 가지에만 정신을 쏟는 것은 많은 범죄자에게 공통된 또 하나의 특징이다. 대다수 사람이 두려워할 만한 것조차 어린 내 주의를 끌지 못했다. 너무 익숙해져 더는 위험이 경각심을 불러일으키지 못한 것이다. 외과의가 피를 봐도 혐오하지 않게 되듯 폭력 범죄자도 그렇게 된다. 당신은 충격적일 수도 있는 일에 반응하지 않는 사람들에게서 이런 특징을 발견할 수 있다. 예를 들면 적대적인 말싸움을 목격하면 대부분 흥분하는데, 그런 사람은 침착하다.

흉악범들(그리고 다른 많은 사람도)에게 공통된 또 다른 특징은 지배욕이다. 당신이 아는 사람 중에서 만사를 제 마음대로 하려고 하는 지배광을 머릿속에 떠올려보라. 그는 다른 폭력적인 사람들과 마찬가지로 혼란스럽고 폭력적이고 마약에 찌든 가정에서 자랐다. 적어도 부모들이 일관되고 믿음직하게 행동하지 않은, 사랑이 변덕스럽거나 조건부로 주어지는 가정에서 자랐다. 그런 환경에서 자란 남자 혹은 여자에게는 다른 사람들을 지배하는 것이 그들의 행태를 예측할 수 있는 유일하게 확실한 방법이다. 사람들은 쉽게 지배 전문가가 되려고 한다. 사람이나 다른 사회적 동물은 행태를 예측하지 못하는 것을 절대로 견디지 못하기 때문이다 (대다수 사람이 예측 가능한 행동을 한다는 사실이 사실상 인간 사회를 유지시키고 있는 셈이다).

이런 몇 안 되는 특징을 공유한다고 해서 무모하거나 용감한 사람, 다른 사람들이 호들갑을 떨 때 침착한 사람, 지배욕이 있는 사람 모두가 폭력적이 될 가능성이 있다고 말하는 것은 아니다. 당신의 직관에 더 충분한 정보를 주고자 하는, 인간 폭력 퍼즐의 작은 조각 세 개일 뿐이다.

또 다른 특징은, 살인자들이 우리 생각만큼 우리와 다르지 않다는 점이다. 20대 때 겪었던 일을 말해준 친구가 있다. 친구를 위해 이름은 밝히지 않겠다. 그녀는 너무 화나서, 자신이 전혀 그럴 수 없으리란 것을 잘 알면서도 전 남자 친구를 죽이는 공상에 빠졌다. 그런 어느 날 아침, 그녀가 직장으로 차를 몰고 가는데 우연히 전 남자 친구가 저 앞에서 길을 건너고 있었다. 그가 거기 있는 것이 어떤 신호처럼 보였다. 화가 부글부글 끓어오른 친구는 액셀이 바닥에 닿을 때까지 눌러 밟았다. 남자를 쳤을 때 속도가 시속 80킬로미터였지만, 마지막 순간에 남자의 목숨을 건질 수 있을 만큼 애초의 거리가 멀었기 때문에 다리만 치고 말았다. 차 엔진 소리가 그렇게 크지만 않았어도 친구에게는 오늘날 흔한 살인자라는 꼬리표가 붙었을 것이다. 그 대신 친구는 지금 이 세상에서 가장 유명하고 존경받는 사람들의 일원이고, 당신이 아는 사람들 중에서 결코 살인범이 될 수 없다고 단언할 수 있는 누군가다.

당신은 살인을 저지를 뻔한 사람을 생각보다 훨씬 많이 알고 있을지도 모른다. 나는 마크 윈Mark Wynn이 폭력적인 (이제는 남남이 된) 의붓아버지 이야기를 털어놨을 때 다시금 이 사실을 깨달았다.

"동생과 나는 참을 만큼 참았다고 판단했지만, 우리한테는 총이 없었어요. 그 사람을 칼로 찌르지 못하리란 건 알았어요. 텔레비전에서 '블랙 플래그'라는 살충제 선전을 봤는데, 그게 인체에 치명적이었죠. 우리는 침실 협탁에서 아버지의 와인병을 찾아내 살충제를 들이부었어요. 나중에 그가 그 술병을 들고 거실로 와서 느긋하게 마시기 시작하더라고요. 독물을 들이키는 줄도 모르고 병을 깨끗이 비웠죠. 우리는 그가 바닥을 기어 다니며 죽기만 기다렸어요."

마크 윈의 이야기가 더욱 흥미로운 까닭은 그가 미국에서 가장 혁신적이라는 '내슈빌 가정 폭력 방지단Nashville's Domestic Violence Division'을 설립했기 때문이다. 순전히 그의 의붓아버지가 죽지 않았기 때문에 마크는 살인범이 아니다. 그의 말에 따르면 '범죄 학교'에 다니기는 했어도 범죄 자로 자라지는 않았다(누구는 범죄자로 자라고 누구는 그렇지 않은지에 대한 상세한 이야기는 12장에서 다루겠다).

그 사람이 살아온 역사를 알면 깜짝 놀랄 누군가의 옆에 앉아본 적이 분명 있을 것이다. 그 사람은 텔레비전 뉴스에 나올 법한 범죄를 저질렀 거나 "누가 그런 짓을 저지를 수 있겠어?"라고 할 만한 일을 했을 수도 있 다. 당신도 이제는 그 누구라도 그런 짓을 할 수 있음을 알 것이다.

○　　○　　○

어릴 적 경험들이 지금 우리가 하는 일에 많은 영향을 미쳤겠지만, 폭 력적인 과거가 반드시 폭력적인 미래를 낳는 것은 아니다. 극작가 데이 비드 마멧David Mamet은 인간 행태 파악에 있어서 진정한 천재였다. 하루는 배역을 맡은 유명 배우 두 명이 불평을 늘어놨다는 이야기를 듣고 이렇 게 농담했다고 한다. "스타가 되기 싫었으면 그렇게 끔찍한 어린 시절을 보내지 말았어야지."

어렸을 때 크나큰 도전을 헤치고 나간 사람이 성장해서 위대한 일을 해낸다는 것은 새삼 놀라운 사실도 아니다. 예술가부터 과학자에 이르기 까지, 심지어 (어린 시절 의붓아버지에게 총을 맞은 적도 있는) 클린턴Bill Clinton 대통령까지, 남들에게 공개되지 않은 힘겨운 어린 시절을 보낸 사람들이 사회적 공헌을 할 수도 있다. 폭력으로 고통받고 막을 수 있었던 죽음을 목격한 소년이 성장해 폭력과 예방 가능한 죽음을 피할 수 있도록 사람 들을 돕는 사람이 될 수도 있다. 강도들에게 아버지를 잃은 소년이 성장해 대통령(아버지)을 보호하는 비밀 경호국 요원이 될 수도 있다. 어머니가 알츠하이머병으로 죽은 소녀가 성장해 세계적으로 유명한 신경과 전문의가 될 수도 있다. 혼란스러운 상황에서 벗어나기 위해 자신이 만든 상상의 세계로 들어갔던 소년이 성장해 상상의 세계로 수백만 영화 팬을 풍요롭게 만드는 사람이 될 수도 있다. 이런 사람들은 보수를 받는 것 이상으로 자신의 직업에 몰두한다. 우리 모두가 지금 이 일을 하는 데는 다 이유가 있고, 그런 이유들이 때로 드러나기도 한다.

불행히도 폭력에 시달린 많은 아이가 인류에게 다른 방향으로 기여한다. 자기 자식들, 자기 아내, 당신이나 내게 더 많은 폭력을 휘두르는 것 말이다. 이것이 바로 당신을 보다 안전하게 살 수 있게 도우려는 이 책에 어린 시절과 우리가 공유한 인간성이란 주제가 등장하는 이유다.

예측하는 데 도움이 되는 공통 배경을 찾아낼 수 없을 때는 폭력적인 사람 대다수가 당신처럼 시작했고, 당신처럼 느꼈고, 당신처럼 원했다는 것을 기억하길 바란다. 차이점은 그들이 배웠던 교훈에 있다. 내가 이 글을 쓰고, 당신이 이 글을 읽는 동안에도 어떤 아이는 폭력도 설 자리가 있으며, 심한 경우 맞는 것보다 때리는 것이 낫다고 배우는 현실이 나를 슬프게 한다.

사건을 처리할 때 생각나는 사람들이 없었더라면 나는 이런 일에 전혀 신경 쓰지 않았을 것이다. 그러나 어렸을 때 잔인한 학대를 받다가 나중에 사회에 10배로 앙갚음한 사람을 너무나 많이 만났다. 다른 사람들과 비슷해 보이게 자랐겠지만, 그들은 자신의 범죄 의도를 드러낼 수 있는 미묘한 신호를 내보낸다.

4장

생존 신호

"사람들은 모든 위험을 보고, 또 피하는 법을 배워야 한다.
현명한 사람이 미친개들에게 다가가지 않듯
사악한 사람들과는 친구가 되면 안 된다."
석가모니

켈리는 낯선 사람의 목소리를 들은 순간부터 불안해했고, 이제는 내가 그녀에게 그 이유를 말해주길 바란다. 무엇보다 누군가 거기에 있었다는 사실 때문이었다. 남자가 모습을 드러내기 전에 문소리가 나지 않았기 때문에 켈리는 남자가 아파트 현관 근처 으슥한 곳에서 기다리고 있었다는 것을 (적어도 직관적으로는) 알고 있었다. 나와 이야기하는 도중에야 켈리는 남자가 4층에 간다면서 그 이유는 말하지 않았다는 것을 깨달았다. 그 빈칸을 채운 것은 남자가 자기 집 맞은편에 사는 클라인 씨를 찾아온 모양이라고 결론 내린 켈리 자신이었다. 이제 켈리는 클라인 씨가 인터컴으로 문을 열어줬다면 전기 자물쇠가 풀리며 우웅 하고 소리를 냈을 테고, 클라인 부인이 계단 꼭대기에 서서 방문객과 높은 목소리로 대화를 나눴으리란 것을 깨달았다. 바로 이런 이유로 켈리의 직관이 그녀에게 경계하라는 신호를 보낸 것이었다.

켈리는 남자의 행태에서 자신이 느낀 경고를 뒷받침할 무엇도 보지 못했기 때문에 내면의 목소리에 귀 기울이지 않았다고 했다. 뭔가를 믿게 하기 위해서는 그것을 보여줘야 하듯이, 누군가는 봐야만 믿는다. 그 낯선 사람의 행태는 켈리가 상상하는 강간범의 행태와 들어맞지 않았고, 그녀는 자신이 인식하지 못한 것을 의식적으로 인식할 수 없었다. 당신 역시 인식할 수 없기 때문에, 위험을 줄이는 방법 중 하나는 위험이 어떻게 보이는가를 배우는 것이다.

얼굴을 보면서 범행을 저지르는 유능한 범죄자는 피해자가 생존 신호를 보지 못하도록 하는 전문가다. 하지만 그가 생존 신호를 숨기려고 쓰는 수법들이 생존 신호를 드러낼 수도 있다.

한 팀 강요

켈리는 범인이 어떤 신호를 드러냈는지 물었다. 나는 '한 팀 강요'라는 것부터 시작했다. 범인이 '우리'란 단어("배고픈 고양이가 우리를 기다리고 있을 테니까요")를 쓴 데서 이를 알 수 있다. 한 팀 강요는 상대가 한배를 탔다는 식으로 행동하면 무례한 것 같아 차마 거절하지 못하기 때문에 효과적으로 때 이른 신뢰를 확립한다. 멈춰 선 엘리베이터에 갇히거나 이제 막 문을 닫은 상점에 동시에 도착하는 등 함께 곤경에 처하면 사람들의 사회적 경계가 달라진다. 하지만 한 팀 강요는 우연의 일치가 아니다. 의도적이고 유도된 것이며, 가장 정교한 조작 중 하나다. 한 팀 강요를 감지하는 신호는 공유하는 목적이나 경험이 없는 상황에서 이를 만들어내는 것이다. "우리 두 사람이", "우리는 대단한 팀이야", "우리가 이걸 어떻게 다뤄야 할까?", "이제 우리가 이걸 해냈어" 같은 식이다.

데이비드 마멧이 만든 영화 〈위험한 도박 House of Games〉은 한 팀 강요를 써먹는 사기술과 사기꾼을 훌륭하게 파헤쳤다. 어느 늦은 밤, 젊은 군인 한 명이 웨스턴 유니언 전신 회사 사무실로 들어와 버스비가 영업 시간 안에 들어올지 걱정한다. 먼저 와 있던 다른 남자도 같은 곤경에 처한 것 같다. 두 사람은 기다리는 동안 서로를 동정한다. 남자가 군인에게 말한다. "이봐요. 내 돈이 먼저 오면 당신한테 얼마가 필요하든 다 드리지. 돈이야 부대로 돌아가서 도로 부쳐주면 되니까." 군인은 이런 친절한 마음에 감동받았지만, 남자는 "당신도 나한테 똑같이 하면 되죠"라고 말해 고마워하지 않아도 되게 만들었다.

사실 남자는 돈이 송금되길 기다리는 것이 아니므로 같은 처지가 아니다. 그는 사기꾼이다. 당연히 군인의 돈만 입금된다. 웨스턴 유니언 사무실 문이 닫힐 때가 되자 군인은 자신의 돈 일부를 남자가 받아야 한다고 주장한다. 최고의 사기는 피해자가 참여하고 싶게 만든다.

켈리는 자신의 직관이 확실히 알았던 것을 의식적으로 인지하지 못했기 때문에 한 팀 강요에 대해 간단한 방어책을 쓸 수 없었다. 간단한 방어책이란 "나는 당신 도움을 청하지도 않았고, 원하지도 않아요"라고, 협력의 개념을 받아들이지 않겠다고 분명히 거부하는 것이다. 다른 많은 최상의 방어책처럼 이 방법도 무례해 보인다. 켈리는 이제 무례해 보이는 것이 상대적으로 아주 작은 대가라는 것을 안다.

안전은 모든 피조물에게 가장 중요한 관심사며, 때때로 급작스러워

보이는 거부 반응을 의심할 여지 없이 정당화한다. 어쨌거나 무례함은 상대적이다. 줄에 서 있는데 어떤 사람이 발을 두 번째로 밟았다면 "이봐요!"라고 소리쳐도 아무도 무례하다고 하지 않는다. 오히려 자제한다고 느낄 수도 있다. 그렇게 만든 원인에 따라 반응이 적절한지 아닌지 결정되기 때문이다. 만약 사람들이 한 팀 강요를 부적절한 행태로 본다면, 그것에 무례해 보이는 반응을 해도 신경이 덜 쓰일 것이다.

한 팀 강요는 여러 가지 이유로 여러 가지 맥락에서 이루어지지만, 낯선 사람이 (외딴곳이나 사람이 살지 않는 곳에 홀로 있는 것 같은) 취약한 상황에 있는 여자에게 적용할 때는 항상 부적절하다. 이는 동반자 관계나 우연의 일치가 아니라 친밀한 관계에 대한 문제다. 누가 왜 친밀한 관계를 찾느냐에 따라 괜찮을 수도 있고 괜찮지 않을 수도 있다.

일반적으로 친밀한 관계 구축은 실제보다 훨씬 더 좋은 평가를 받고 있다. 그게 거의 매번 이기적인 방향이라면 존중할 만하다고 인식된다. 파티에서 처음 보는 사람과 즐겁게 대화를 나누는 것처럼 사람들이 친밀한 관계를 찾는 이유가 나쁘지 않다 해도 여자가 자신에게 접근하는 모든 낯선 사람과 어울려야 하는 것은 아니다. 친밀한 관계를 찾는 가장 존중할 만한 이유는 누군가를 편하게 해주고 싶어서일 것이다. 하지만 편하게 해주고 싶은 마음이 전적으로 낯선 사람의 뜻이라면 여자를 내버려두는 것이 훨씬 더 간단한 방법이다.

매력과 친절

___

매력은 또 하나의 과대평가된 능력이다. 타고난 성격이 아니라 능력이라고 했다는 사실에 주목하길 바란다. 매력은 친밀한 관계 구축과 마찬가지로 거의 항상 동기가 있는 도구다. 매력을 발산하는 것은 유혹이나 흥미를 통해 강요하고 지배하는 것이다. 매력을 특징이 아니라 동사라고 생각해보라. "이 사람은 매력적이야" 대신 "이 사람이 나를 매혹하려 애쓰고 있어"라고 의식적으로 말한다면 매력을 객관적으로 볼 수 있을 것이다. 매력 뒤에 있는 것은 대체로 사악하지 않겠지만, 그렇지 않은 때는 그것을 봤다는 사실에 기뻐할 것이다.

나는 얼굴에 수많은 신호가 있다고 켈리에게 말했다. 지금 내가 그녀의 얼굴을 읽고, 그녀가 내 얼굴을 읽는 것처럼, 그때도 그녀는 직관적으로 범인의 얼굴을 읽었다. 캘리포니아 주립 대학 샌프란시스코 캠퍼스의 심리학자 폴 에크먼Paul Eckman은 "얼굴은 오로지 시인만이 말로 옮길 수 있는 섬세한 감정들을 말해준다"고 했다. 매력을 발산하는 한 가지 방법은 미소를 짓는 것인데, 에크먼은 이 미소가 의도를 드러내는 가장 중요한 신호라고 했다. 또한 미소가 "감정을 감추기 위한 전형적인 위장"이라고 덧붙였다.

캘리포니아 주립 대학 로스앤젤레스 캠퍼스의 정신과 의사 레슬리 브러더스Leslie Brothers는 "만약 내가 누군가를 속이려든다면, 그 사람이 내 속임수를 간파하기 위해서는 나보다 조금 더 머리가 좋아야 한다. 이는 당신이 일종의 군비 경쟁을 한다는 의미"라고 말했다.

강력범은 군비 경쟁을 긴장 완화처럼 보이게 하기 위해 자신이 할 수 있는 모든 일을 한다. "그 사람은 정말 친절했어요"라는 말은 그렇게 친절했던 사람이 즉시 혹은 몇 달 뒤에 자신을 공격했다고 묘사할 때 자주 듣곤 하는 말이다. 우리는 친절함이 곧 선량함이 아니라는 것을 배우고,

아이들에게 가르쳐야 한다. 친절함은 결정이고 사회적 상호작용의 전략이지 성격의 특성이 아니다. 남들을 지배하는 방법을 찾는 사람들은 초기에 항상 친절한 사람이라는 인상을 내보인다. 친밀한 관계 구축과 마찬가지로 매력과 가식적인 미소, 부탁하지도 않았는데 친절하게 행동하는 것에는 종종 동기가 숨어 있다.

켈리는 고개를 끄덕이고, 자신을 공격했던 사람이 "매우 친절했다"고 회상했다. 나는 그녀에게 블랙 유머의 대가인 에드워드 고리Edward Gorey의 시를 들려줬다.

학감은 학생에게 아이스크림을 사주면서
대다수 사람이 상상하지도 못하는
부도덕한 행위를 자신이 실행에 옮기려 할 때
소년이 저항하지 않기를 바란다.

그렇다. 학감은 소년에게 아이스크림을 사줄 정도로 친절하고, 다른 여러 방면에서 친절했다. 하지만 그 사실이 그가 좋은 의도로 그런다는 근거는 되지 못한다.

1859년, (새로운 장르를 개척한)《자조론Self-Help》이라는 책에서 새뮤얼 스마일스Samuel Smiles는 성격은 그 자체가 "명백히 자기 향상을 위한 매개체"라고 말했다. 그러면서 "말과 행동이 일치하지 않는 사람들은 존경받을 수 없고, 그들이 한 말은 아무 값어치가 없다"고 했다. 불행히 우리 시대에는 이 말이 진실이 아니다. 사람들이 작은 공동체에 살며 자신의 과거에서 벗어날 수 없었던 시절과 달리, 우리는 한번 마주치고 끝인 익명의 시대를 산다. 재빨리 남을 설득할 수 있는 전문가가 너무 많다. 옛날에는 행동으로 얻었던 신뢰를 이제는 날랜 손재주와 말솜씨로 대신한다.

나는 여자들에게 원하지 않는 접근을 노골적으로 퇴짜 놓으라고 권하지만, 그러기 어렵다는 것을 안다. 친밀한 관계 구축이 좋게 평가되듯, 우리 문화권에서 여자가 노골적으로 의견을 드러내는 것은 끔찍한 평가를 받는다. 분명하고 빈틈없는 여자는 냉정하거나 심술궂거나 냉정하고 심술궂다고 여겨진다. 여자는 남자의 접근에 무조건 응해야 한다고 여겨진다. 그런 반응은 거리낌 없거나 친절한 마음에서일 것이라고 여겨진다. 여자는 (분명한 것과 반대인) 약간 불확실한 것이 매력적이라고 여겨진다. 여자는 다정하고 개방적이어야 한다고 여겨진다.

낯선 남자가 접근하는 상황에서는 여자의 다정함이 함께하는 시간을 늘리고, 남자의 기대치를 높이며, 남자가 더 노력하게 만들지만, 기껏해야 시간 낭비로 끝난다. 최악의 경우, 여자의 다정함은 나쁜 의도를 가진 남자가 피해자가 될 가능성 있는 여자를 평가하고 지배하는 데 필요한 많은 정보를 제공한다.

지나치게 상세한 이야기들

─────────

속이려 드는 사람들은 '지나치게 상세한 이야기들'이라는 단순한 이름을 가진 단순한 기법을 자주 써먹는다고 나는 켈리에게 설명했다. 남자가 써먹은 친구 아파트에 먹이도 없이 남겨진 고양이 이야기 역시 지나치게 상세했다. "옛날 영화에 나오는 숙녀들처럼" 문을 열어두라는 말역시 지나치게 상세했다. 항상 늦는다는 말("시계가 고장 난 탓이지 내 잘못이 아니다")도 지나치게 상세했다.

사람들은 진실을 말할 때 의심받고 있다고 느끼지 않기 때문에 상세한 이야기를 덧붙일 필요를 느끼지 못한다. 반면 거짓말할 때면, 당신 귀에는 믿음직하게 들리더라도 자신들에게는 그렇게 들리지 않는다. 그래서 계속 말하는 것이다.

각각의 상세한 이야기는 도로에 던지는 작은 압정에 불과할지 모르지만, 그것들이 모이면 트럭도 세울 수 있다. 그렇게 되는 것을 막으려면 정신 바짝 차리고 상세한 이야기들이 덧붙여지는 맥락을 주의 깊게 살펴야 한다.

전체적인 맥락은 상호작용이 시작하고 끝날 때 똑똑히 보이는 것이 보통이지만, 지나치게 상세한 이야기들을 듣다 보면 미처 보지 못할 수도 있다. 역을 떠나는 열차의 창밖을 응시하고 있다고 해보자. 처음에는 상세한 부분들이 당신 곁을, 혹은 당신이 상세한 부분들 옆을 천천히 지나간다. 열차가 속력을 높이면 더 많은 상세한 부분들이 보이겠지만, 각 풍경은 텅 빈 운동장, 그라피티, 거리에서 노는 아이들, 건설 현장, 교회 첨탑 등으로 좀 더 단순해진다. 그러다 결국 모든 것이 하나로 보인다. 대화가 강도 행각으로 변하는 과정도 이와 비슷할 수 있다. 모든 유형의 사기가 명확한 것에서 우리의 주의를 흩뜨리는 것으로 시작된다.

켈리는 자신에게 던져진 지나치게 상세한 이야기들 때문에 간단한 맥락을 놓쳐버렸다. 남자가 완전히 낯선 사람이라는 것 말이다. 그녀의 기분이 언짢을 정도로 열차가 빠르게 달릴 때마다, 그녀가 실제로 무슨 일이 일어나는지 볼 수도 있을 때마다, 켈리가 싫다고 하는데도 그녀의 손에서 봉지를 낚아챈 것처럼 남자는 상황과 무관한 새로운 것으로 열차의 속도를 늦췄다. 남자는 켈리에게 친숙한 누군가로, 그녀가 신뢰할 수 있는 누군가로 받아들여지도록 하기 위해 현혹되기 쉬운 지나치게 상세한 이야기를 써먹었다. 하지만 켈리는 남자가 인위적으로 꾸며졌다는 것을 알았다. 속임수를 쓴다는 것은 알았지만, 범죄자라는 것은 알지 못했던 것이다.

지나치게 상세한 이야기들이란 수법을 알아차리는 사람은 숲을 보면서 동시에 진짜 문제가 되는 몇 안 되는 나무도 볼 수 있다. 밤거리를 걷는데 낯선 사람이 다가온다면, 그가 어떤 식으로 관심을 끌려고 하든 간에 그가 당신에게 접근한 낯선 사람이라는 맥락을 결코 잊어선 안 된다. 이를 연습하는 좋은 방법은 자신이 지금 어디 있는지, 주변에 있는 사람들과 어떤 관계인지 이따금 스스로에게 상기시키는 것이다. 예를 들면 좋아하지 않는데도 데이트 상대가 계속 치근거린다면 그가 아무리 재미있거나 매력적이라도, 단순히 "나는 이 사람한테 두 번이나 가라고 말했어"라고 스스로에게 상기시킴으로써 맥락에 집중할 수 있다. 지나치게 상세한 이야기들에 대한 방어책은 간단하다. 맥락을 의식적으로 생각하는 것이다.

틀에 박힌 역할 할당

켈리를 강간한 범인이 쓴 다른 수법은 '틀에 박힌 역할 할당'이라고 불리는 것이다. 남자는 그의 의견이 틀리다고 여자가 입증할 필요를 느끼길 기대할 때 약간 흠을 잡는 꼬리표를 붙인다. 남자가 "당신은 너무 고상해서 나 같은 놈과는 말도 섞기 싫은가 봐요"라고 말하면 여자는 그와 이야기를 나눔으로써 '고상함'의 망토를 벗어던지게 된다. 남자가 "당신은 신문도 안 읽나 봐요"라고 말하면 여자는 자신이 지적이고 박식하다는 것을 입증하려고 한다. 켈리가 자기 도움을 거절하자 범인은 "너무 자존심 세우는 거 아닙니까?"라고 말했고, 그녀는 그의 도움을 받아들임으로써 그런 꼬리표를 거절했다.

틀에 박힌 역할 할당에는 항상 약간 모욕적인 요소가 포함되는데, 이는 보통 반박하기가 쉽다. 하지만 역할을 할당해준 자가 원하는 것이 바로 그런 반응 자체이므로, 아무 말도 듣지 못한 것처럼 침묵하는 것이 가장 좋은 방어법이다. 논쟁을 벌여 설사 그 점에서는 이길 수 있다고 해도 더 큰 것을 잃을 수 있다. 핵심은 낯선 사람이 어떻게 생각하느냐가 아니라 그렇게 역할을 할당한 사람조차 그 자신의 말을 진실이라고 믿지 않는다는 점이다. 그는 단지 이 수법이 제대로 먹히리라 믿을 뿐이다.

고리대금업

다음으로 켈리에게 설명한 신호는 내가 '고리대금업'이라고 부르는 것이다.

"남자는 당신이 도움을 받아들이길 원했습니다. 그러면 당신에게 빚을 지울 수 있고, 빚이 있으면 당신이 그에게 자신을 내버려두라고 말하기 힘들기 때문입니다."

전형적인 고리대금은 큰돈을 기꺼이 빌려주고, 그보다 훨씬 많은 돈을 악랄하게 긁어 들인다. 마찬가지로 약탈자는 관대하게 도움을 주지만, 항상 긁어 들일 채무액을 계산하고 있다. 이를 막는 방법은 거의 기억에 남아 있지 않은 두 가지 사실, 즉 그가 내게 접근했다는 사실과 내가 어떤 도움도 청하지 않았다는 사실을 의식하는 것이다. 또한 상대가 그저 인정 많은 것뿐이라고 밝혀질지라도 다른 신호들을 지켜보라.

우리 모두 식료품을 사 들고 가는 여자에게 도와주겠다고 다가서는 낯선 사람이 낯설지가 않다. 대부분은 누군가를 태워주려고 찾는 상당히 소박한 고리대금업자다. 그가 장부에 기록한 채무는 간단한 대화만으로 손쉽게 변제할 수 있다. 하지만 그에게는 위선적인 자선 행위를 누군가의 삶에 강요하려는 약탈자와 공통점이 있다. 바로 동기다. 미국 여성들이 들고 있는 식료품을 대신 옮겨줌으로써 짐을 덜어주는, 숭고한 마음가짐의 운동이라는 것은 없다. 기껏해야 "여기 자주 오세요?"라고 여자에게 물어보려는 수작이다. 최악의 경우, 피해자의 빚을 졌다는 느낌과 그 빚을 갚아야 한다는 마음을 이용하려는 것이다.

나는 여기서 그저 저벅저벅 다가와 흉기를 내보이며 돈을 내놓으라는 범죄자를 심도 있게 다루지 않는다. 왜냐하면 그런 범죄자는 내가 묘사한 수법을 써먹는 사람들보다 뚜렷이 드러나 보이기 때문이다.

한 팀 강요, 매력과 친절, 지나치게 상세한 이야기들, 틀에 박힌 역할 할당, 고리대금업 등은 나쁜 의도가 없는 사람들도 매일 쓴다. 당신은 단순히 여자와 대화를 나누는 것보다 조금 더한 기회를 원하는 남자들이 공통적으로 이런 수작들을 써먹고 있음을 이미 알아챘을 수도 있다. 미숙한 카사노바를 방해하고 싶은 의도는 전혀 없지만, 시대가 변했으므로 우리 남자들도 분명 속임수와 조작에 물들지 않은 새로운 접근법을 개발할 수 있으리라.

청하지 않은 약속

나는 다음 신호를 설명하기 위해 켈리에게 그녀의 아파트로 남자를 들일지 말지 머뭇거렸던 순간으로 돌아가보라고 했다. "이것들을 내려놓자마자 갈 테니까요. 약속하죠"라고 남자는 말했다.

청하지 않은 약속은 거의 항상 미심쩍은 동기를 품고 있기 때문에 가장 신뢰할 수 있는 신호들 중 하나다. 약속은 어떤 의도를 상대에게 납득시킬 때 쓰이는데, 그렇다고 그 내용을 보증해주지는 않는다. 보증은 말한 대로 되지 않으면 일정한 보상을 제공하겠다는 약속이다. 그가 말한 대로 되지 않으면 다시 제대로 되게 만들겠다는 공약이다. 하지만 약속은 그런 담보물을 제공하지 않는다. 약속은 상대를 설득시키고자 하는 사람의 욕구밖에 보여주지 못하는, 가장 공허한 말의 도구다. 따라서 청하지 않은 약속을 모두 (안전에 관한 것이든 아니든) 회의적으로 봐야 하느냐는 문제와 별도로, '이 사람은 왜 내 믿음을 필요로 할까?' 하고 당신 스스로 물어보는 것이 유익하다. 그 답은 상대가 아닌 바로 당신에 관한 것으로 드러난다. 누가 뭔가를 약속하는 이유는, 그가 당신을 설득하는 이유는, 당신이 설득당하지 않고 있음을 그가 볼 수 있기 때문이다. 당신은 의심할 만하기 때문에 의심(이것이야말로 직관의 메신저다)하는 것이다. 청하지 않은 약속의 가장 훌륭한 선물은 상대가 스스로 자신이 의심스럽다는 사실을 당신에게 말해준다는 것이다!

사실상 약속은 당신의 직관이 보내는 신호를 볼 두 번째 기회를 주는 거울을 들고 있다. 약속은 당신이 의심하고 있는 것의 모습이며 반영이다. 어떤 맥락에서건 청하지도 않았는데 먼저 약속하는 사람은 항상 의심하라. 켈리를 강간한 범인은 주방에서 뭘 좀 마신 다음 떠날 것이라고 말했다. 그러면서 켈리의 의심을 감지했기 때문에 "약속하지"라고 덧붙였던 것이다.

바로 여기에 방어책이 있다. 누가 "약속하지"라고 말하면 당신은 "당신 말이 맞습니다. 당신을 믿어야 할지 망설였는데, 그럴 듯한 이유가 있어서 그랬는지도 모릅니다. 그 사실을 지적해주다니 감사합니다"라고 (적어도 머릿속으로는) 말하라.

"아니요"라는 말 무시하기

나는 시간이 너무 늦었길래 나머지는 내일 이야기하자고 했다. 그런데 켈리는 그 전에 신호를 하나 더 알고 싶어 했다. 다른 모든 끔찍한 범죄의 피해자들처럼 켈리도 자신이 당한 범죄를 조금이라도 알아보려고, 이해하려고, 지배하려고 안달했다. 그래서 나는 가장 보편적이며 의미 있는 신호를 말해줬다. 바로 남자가 '아니요'라는 개념을 귓등으로 듣거나 묵살하는 것이다. 켈리를 강간한 범인은 여러 번, 다양한 형태로 그 말을 묵살했다. 켈리는 처음 "아니요"라고 했을 때 남자의 도움을 원하지 않았다. 이어 즉시 봉지를 놓지 않음으로써 '아니요'라는 내심을 남자에게 드러냈다.

행동은 말보다 훨씬 설득력 있고 신뢰할 수 있다. 특히 그 말이 "아니요"처럼 짧고 얄보이는 단어거나, 머뭇거리거나 확신 없이 나올 때는 더욱 그렇다. 따라서 켈리가 "아니요"라고 했다가 이내 상대의 제의를 받아들였을 때는 이미 "아니요"가 의미를 잃은 것이다. "아니요"는 절대 협상의 대상이 돼선 안 된다. "아니요"라는 말을 들으려 하지 않는 사람은 당신을 지배하려 애쓰는 중이기 때문이다.

요청하지도 않았는데 도와주겠다는 영업 사원이나 승무원에게 세 번이나 거절해야 한다면 그냥 짜증이 나는 정도일 것이다. 하지만 낯선 사람이 "아니요"라는 말을 들으려 하지 않을 때는 중요한 생존 신호가 될 수 있다. 이는 상대가 구혼자, 친구, 남자 친구, 심지어 남편일 때도 마찬가지다.

"아니요"라는 말을 들으려 하지 않는 것은 상대가 지배할 방법을 찾거나 지배를 포기하지 않겠다는 신호다. 상대가 낯선 사람이라면 그 의도가 아무리 좋더라도 "아니요"라고 당당하게 말할 수 있어야 한다. 그래야만 낯선 상대가 지배하기 위해서는 더 많은 노력을 들여야 하는 무대가 만들어지기 때문이다. 만약 누가 당신에게 "아니요"라는 말을 하지 못하도록 하는데 가만히 있는다면, 차라리 "당신이 나를 지배하고 있습니다"라는 글귀가 적힌 간판을 들고 있는 편이 낫다.

누가 "아니요"라는 말을 들으려 하지 않을 때 최악의 반응은 훨씬 더 약하게 거부하다가 이내 포기하는 것이다. 범죄자를 돕는 또 다른 일반적인 반응은 협상이다("제안은 정말 고맙지만, 먼저 혼자 해보도록 할게요"). 협상은 가능성에 관한 것인데, 당신을 두렵게 만드는 누군가에게 접근 기회를 주는 일에 당신이 논의할 만한 안건은 없다. 나는 사람들에게 "아니요"가 완전한 문장이라는 것을 기억하라고 권한다.

내가 '면접'이라 부르는, 범죄자가 피해자를 고르는 과정은 상어가 먹잇감 주위를 맴도는 것과 비슷하다. 온갖 약탈자가 누군가를, 그의 지배를 허용할 취약한 누군가를 찾고 있다. 약탈자는 계속 신호를 내보내면서 동시에 그런 신호들을 읽는다.

지하 주차장에서 차 트렁크에 식료품을 싣는 여자에게 다가가 도와주겠다고 하는 남자는 신사일 수도 있고, '면접'을 보고 있는 약탈자일 수도 있다. 어깨를 살짝 움츠리며 겁먹은 표정으로 "아니요. 감사합니다만 다 실은 것 같아요"라고 소심하게 말하는 여자는 피해자가 될 수 있다. 반대로 남자 쪽으로 돌아서서 두 손을 들어 멈추라는 표시를 하고 "당신 도움은 필요 없습니다"라고 직설적으로 말하는 여자는 피해자가 될 가능성이 줄어든다.

예의 바른 남자라면 여자의 반응을 이해할 것이다. 아니, 여자가 혼자 있더라도 명백하게 도움을 필요로 하는 것처럼 보이지 않는다면 애초에 다가가지도 않을 것이다. 만약 남자가 여자의 반응을 이해하지 못하고 어깨를 축 늘어뜨린 채 발을 쿵쿵 굴리며 그 자리를 떠난다면 그것도 괜찮다. 사실 나쁜 의도가 없는 친절한 남자가 보이는 그 어떤 반응도, 심지어 분노하는 것도, 무례해 보이지 않을까 하는 당신의 걱정을 자신에게 유리한 쪽으로 써먹는 폭력적인 사람의 계속되는 친절에 이용당하는 것보다 훨씬 낫다.

혼자 있는데 도움이 필요할 때는 원치 않는 접근을 기다리기보다 적극적으로 한 사람을 골라 도움을 청하는 것이 더욱 안전하다. 당신이 고른 사람은 당신을 고른 사람과 비교했을 때 당신을 위험에 빠뜨릴 가능성이 거의 없다. 당신을 딱 들어맞는 피해자 유형이라고 찍은 약탈자를 당신이 부주의하게 택할 가능성이 극히 낮기 때문이다. 나는 여자들에게 도움이 필요하면 다른 여자에게 도움을 청하라고 권한다. 남자가 아니라 여자가 하는 제안을 받아들이는 것이 더 안전한 것과 똑같은 이치다. (불행히 여자들은 다른 여자들에게 그런 제안을 거의 하지 않는다. 나는 그런 일이 더 많아졌으면 한다.)

나는 많은 남자가 나쁘거나 제 잇속만 차리려는 의도 없이, 그저 친절한 마음과 기사도 정신만으로 도와주려 한다는 사실을 분명히 하고 싶다. 하지만 남자들이 "아니요"라는 말을 거부할 때면 이는 기사도적인 행동이 아니라 위험한 징조라는 것을 누누이 강조하고 있다.

누가 그 말을 묵살한다면 자문하기 바란다. 이 사람은 왜 나를 지배하려 애쓸까? 이 사람이 원하는 것이 뭘까? 그에게서 멀리 떨어지는 것이 가장 좋다. 그것이 힘들다면 여러 정중한 단계를 건너뛰고 당신의 주장을 극적으로 끌어올리는 것이 가장 안전하다. "아니라고 말했잖아요!"

이런 반응처럼 무례해 보이는 것에 연연하는 사람들을 만나면(실제로 많다), 낯선 사람이 접근하던 여자에게 "아니요"라는 말을 들은 뒤에 이런 대화가 이어지지 않을까 상상해본다.

남자 : 정말 이상한 여자네요. 대체 뭐가 문제입니까? 그저 예쁜 여자를 좀 도와주려고 했을 뿐이잖아요. 그렇게 편집증 환자처럼 날뛸 건 뭡니까?

여자 : 당신 말이 맞아요. 경계할 필요 없죠. 아무것도 아닌 일에 과잉 반응하고 있어요. 그렇지만 여자를 대상으로 한 범죄가 전체 범죄 발생률보다 네 배나 빠르게 늘어나서 여자 넷 중 셋이 폭력 범죄의 피해자가 될 거라잖아요. 그런데 지하 주차장에서 웬 남자가 부탁하지도 않았는데 끈질기게 접근하니까 그렇죠. 그리고 내가 아는 모든 여자 친구한테 끔찍한 이야기를 얼마나 많이 들었는지 알아요? 나는 누가 나를 죽이거나 강간하거나 반쯤 죽을 만큼 겁줄 수도 있는 상황에서 어디에 차를 세울지, 어디를 걸

을지, 누구와 이야기할지, 누구와 데이트할지 고민해야 해요. 누가 1주일 사이에 수차례 말도 안 되는 비난을 해대거나, 나를 노려보거나 괴롭히거나 따라오거나, 내 차 속도에 맞춰 옆에서 운전하기 때문이기도 해요. 또 왜인지는 모르겠지만, 기회만 생기면 우리가 저녁 뉴스에 등장할 짓을 저지를 것처럼 나를 쳐다보는 아파트 관리인도 다뤄야 하고요. 그리고 이런 생사가 걸린 문제를 대다수 남자가 전혀 모르는 가운데, 위험으로 가득한 소용돌이 한가운데에 살면서도 "아니요"라는 말을 묵살하는 낯선 남자를 경계하는 것이 상식으로 자리 잡지 못해서, 만약 여자가 경계하면 바보처럼 보이기 때문이죠.

남자들이 이 말에 공감할지, 믿을지, 받아들일지 어떨지를 떠나 현실은 이미 그렇게 돌아가고 있다. 여자들, 특히 대도시에 사는 여자들은 끊임없이 경계한다. 여자들의 목숨은 남자들이 전혀 경험하지 못한 방식으로 가느다란 선에 매달려 있는 셈이다. 주변 남자에게 "다른 사람이 당신을 해칠지도 모른다고 걱정하거나 두려워한 게 언제가 마지막이었습니까?"라고 물어보라. 남자들 대부분이 몇 년씩 과거로 돌아가야 할 것이다. 그런데 똑같은 질문을 여자에게 하면 대부분이 최근의 일을 이야기하거나 어젯밤, 오늘 혹은 매일이라고까지 말할 것이다.

그런데도 여전히 남자들은 안전을 걱정하는 여자들을 빈번하게 비판한다. 어떤 여자는 자신이 두려움이나 안전에 관해 말할 때마다 남자 친구가 조롱하거나 핀잔을 줬다고 내게 말했다. 그 남자 친구는 그녀가 경계하는 것을 두고 어리석다고 말하며 "그래서 어떻게 살아갈래?" 하고 물었다. 그녀는 "어떻게 안 그럴 수가 있겠어?"라고 대답했다.

자신이 왜 안전을 염려하는지에 대해 항변해야겠다고 느끼는 여자들에게 전할 말이 있다. '위험에 관해 모든 걸 알고 있어 씨'에게 그가 당신의 안전에 공헌한 바가 전혀 없다고 말하라. 당신의 생존 본능은 그가 당신의 안전에 관해 아는 것보다 훨씬 더 많은 것을 아는 자연계의 선물이라고 말하라. 자연계는 그의 동의를 필요로 하지 않는다고 말하라.

남자와 여자가 안전을 전혀 다른 시각으로 보는 것은 이해가 간다. 남자와 여자가 다른 세상에서 살고 있기 때문이다. 성별 간에 극적인 차이가 있다는 이런 간결한 서술을 어디서 처음 들었는지 기억나지 않지만, 놀라울 정도로 정확한 말이다. 남자들은 속으로 여자들이 자신을 비웃을까 봐 두려워하는 반면 여자들은 속으로 남자들이 자신을 죽일까 봐 두려워한다.

○   ○   ○

나는 여자들에게 자기방어술을 가르치는 가장 좋은 교육 과정인 임팩트IMPACT로 켈리를 보냈다. 켈리는 지금 그곳에서 다른 사람들이 신호에 주의를 기울이도록 돕는 교관이다. 주요 도시 대부분에 있는 임팩트에서, 여자들은 가해자 역할을 하는 남자 교관들과 신체적으로 격돌한다(남자들은 주먹질과 발길질을 견딜 수 있게 두텁게 패딩을 댄 장비를 착용한다). 신체적인 방어술뿐 아니라 원하지 않는데도 지분거리는 낯선 사람들을 다루는 법도 배운다.

신입생 대부분은 이런 교육이 호의적인 누군가를 위험한 사람으로 만들 수 있다고 추측하며 남자를 화나게 하지 말아야 하는 게 아닌가 매우 걱정한다. 하지만 이런 맥락에서 예의 바른 보통 사람을 강간범이나 살인범으로 탈바꿈시키는 것은 불가능하다. 그러나 감사하게도 당신 자신을 신호에 반응하고, 그에 따라 피해자가 될 가능성이 낮은 사람으로 바꿀 수는 있다.

○　　○　　○

최근에 앞에서 약술한 전략 중 몇 가지를 가까이에서 목격한 적이 있다. 나는 시카고에서 로스앤젤레스까지 가는 비행기에 혼자 탄 10대 소녀 옆자리에 앉아 있었다. 통로 맞은편에 앉아 그 소녀를 지켜보던 40대 남자가 헤드폰을 벗고 파티에라도 온 것처럼 말했다. "이건 뭐 소리가 형편없이 약하군!" 그러더니 소녀에게 손을 뻗으며 "빌리라고 해"라고 말했다. 확 드러나지 않았을지도 모르지만 그의 말은 사실상 질문이었고, 소녀는 빌리가 딱 바라던 정보를 줬다. 자기 이름을 성까지 모두 말한 것이다. 빌리는 소녀가 내민 손을 약간 길다 싶을 정도로 오랫동안 잡고 있었다. 이어지는 대화에서 빌리는 어떤 것도 묻지 않았지만, 많은 정보를 얻어냈다.

"아는 사람이 하나도 없는 도시에 도착하는 게 정말 싫어." 빌리가 말했다. 소녀는 자신은 공항에서 숙소로 가는 길을 모른다는 말로 빌리의 질문에 답했다. 빌리가 다른 질문을 던졌다. "친구들이 때로는 너를 실망시키기도 하지." 소녀는 이렇게 설명했다. "내가 함께 지낼 사람들은(그러니까 가족이 아니다) 내가 더 늦게 도착하는 줄 알아요."

"내가 온다는 걸 아무도 모르는 도시에 도착하면, 그런 독립적인 부분이 아주 좋더라고." 빌리가 말했다. 도착해서 아무도 만나지 못하는 것이 정말 싫다는 조금 전 말과 정반대되는 말이었다. "하지만 너는 그렇게 독립적으로 보이지 않는데." 빌리가 덧붙였다. 그러자 소녀는 재빨리 자진해서 13살 때부터 혼자 다녔다고 말했다.

"10대가 아니라 성인인 것처럼 말하는구나. 내가 유럽에서 알고 지낸 여자처럼." 빌리는 그러면서 방금 승무원이 그에게 가져다준 음료(스카치)를 소녀에게 건넸다. "너는 네 자신의 규칙에 따라 움직이는 것 같구나." 나는 소녀가 빌리의 음료를 받지 않길 바랐다. 소녀도 처음에는 거절했지만, 빌리는 끈질겼다. "이거 왜 이래? 원하는 건 뭐든 할 수 있잖아."

나는 빌리를 살폈다. 근육질 몸매, 위팔의 오래된 문신, 싸구려 장신구. 오전 비행기에서 술을 마시고, 짐도 따로 없었다. 카우보이 부츠, 청바지, 가죽 재킷도 새것이었다. 빌리가 최근까지 교도소에 있었다는 것을 깨달았다. 내가 다 안다는 눈빛을 보내자 빌리는 이렇게 반응했다. "오늘 아침 기분이 어떠신가, 친구? 시카고를 떠나는 건가?" 나는 고개를 끄덕였다.

빌리가 화장실에 가려고 일어서며 자신이 깔아놓은 함정에 미끼 한 조각을 더했다. 소녀 가까이로 몸을 기울여 천천히 미소 지으며 말했다. "눈이 끝내주게 예쁘구나."

불과 몇 분 사이에 빌리가 한 팀 강요(그의 말에 따르면 두 사람 다 만날 사람이 없다), 지나치게 상세한 이야기들(헤드폰, 빌리가 유럽에서 알고 지냈다는 여자), 고리대금업(음료), 매력(소녀의 눈에 대한 찬사), 틀에 박힌 역할 할당(너는 그렇게 독립적으로 보이지 않는데) 수법을 써먹는 것을 지켜봤다. 그리고 소녀가 음료를 거절하면서 "아니요"라고 하는 말을 무시하는 것도 봤다.

빌리가 통로 저쪽으로 가자 나는 소녀에게 잠깐 이야기할 수 있겠냐고 물었다. 소녀는 주저하다가 좋다고 말했다. 이는 소녀가 빌리에게는 기꺼이 말하도록 했지만, 이야기해도 좋겠냐고 허락을 구하는 승객(나)에게는 당연한 경계를 비침으로써 약탈 수법들의 힘을 말해준다. "저 사람은 공항에서 함께 차를 타고 가자고 제안할 거야. 그리고 그는 좋은 사람이 아니고." 나는 소녀에게 말했다.

나는 빌리가 수하물 찾는 곳에서 소녀에게 다가가는 것을 봤다. 두 사람의 대화를 들을 수는 없었지만, 그 내용이 어떨지는 훤히 보였다. 소녀는 고개를 가로저으며 아니라고 말하는데, 빌리는 그 말을 받아들이지 않고 있었다. 소녀가 강하게 나가자 결국 빌리는 그때까지 유지해온 '멋진' 사내의 모습을 버리고 화내며 떨어져 나갔다.

그 비행기에서 영화가 상영되지는 않았지만, 빌리는 위험한 맥락(40살의 낯선 사람과 혼자인 10대 소녀)과 다름없는 최고 수준의 면접 연기를 구경시켜줬다.

최고로 멋진 남자, 그것이 뭐든 간에 제 잇속만 챙기려고 하지 않는 남자, 당신에게 아무것도 원하지 않는 남자는 당신에게 절대 다가가지 않으리라는 것을 명심하라. 당신은 당신에게 다가오는 남자와 나쁜 의도가 없는 거의 모든 남자를 비교하는 것이 아니다. 당신에게 다가오는 남자와, 혼자 있는 여자들에게 부탁하지도 않았는데 다가오는 다른 남자들 혹은 당신이 아니라고 하는데도 말을 듣지 않는 다른 남자들을 비교하는 것이다.

우리 회사에서는 복잡하고 위험 부담이 높은 예측을 할 때면 비교를 통해 접근하곤 한다. 전 여자 친구를 스토킹하는 남자가 폭력적으로 행동할지 어떨지 예측한다고 하자. 우리는 먼저 전체 인구에서 그 사람을 구별하는 특성들을 확인한다. 2억 4000만 미국인이 들어 있는 원을 상상한다. 그 원 중앙에는 자신이 스토킹한 여자를 죽인 남자 수천 명이 있다. 2억 4000만 명이 들어 있는 바깥 원에서 성별이 다르거나 너무 어리거나 너무 늙거나, 그 밖의 이유로 기준에 맞지 않는 사람들을 지워나간다. 그다음에 이 사람의 행태가 원 중앙에 있는 사람들의 행태와 가장 유사한지 본다.

물론 안전에 관한 예측이 단순히 통계적이거나 인구통계학적인 것은 아니다. 만약 예측이 통계학에 불과하다면, 늦은 오후에 공원을 가로지르는 여자가 위험한 상황에 처할 확률이 얼마나 되는지 계산할 수 있을 것이다. 공원에 200명이 있다. 100명은 아이들이어서 걱정할 필요가 없다. 나머지 100명 중 20명을 제외하고 모두 커플이다. 20명 중 다섯 명은 여자다. 결국 여자는 마주칠 수도 있는 (혼자 있는 남자) 15명만 조심하면 된다. 하지만 여자는 단순히 이런 인구통계학에 의거해 행동하지 않는다. 그녀의 직관은 15명의 행태(그리고 그런 행태의 맥락)에 집중할 것이다. 혼자 있는 남자라면 누구나 잠시 그녀의 주의를 끌 수 있겠지만, 그들 중 특정 행동을 하는 남자들만 예측하는 원의 중앙에 더 가까워질 것이다. 그녀를 쳐다보거나 그녀에게 특별한 관심을 보이거나 그녀를 따라오거나 수상해 보이거나 그녀에게 접근하는 남자들은, 무심히 걸어가거나 개와 놀거나 자전거를 타거나 잔디밭에서 자는 사람들보다 원의 중앙에 훨씬 더 가까워질 것이다.

공원을 홀로 가로지르는 것에 관해 말하자면, 나는 여자들이 곧잘 자연계의 기본적인 안전 규칙 일부를 위반하는 것을 본다. 헤드폰을 쓰고 음악을 즐기며 조깅하는 여자는 위험하게 접근하는 자가 있다고 경고해줄 가능성이 가장 높은 생존 감각, 즉 청각을 사용하지 못한다. 설상가상으로 그녀의 양쪽 귀로 이어지는 헤드폰 선은 그녀가 위험에 노출되어 있다는 것을 모두에게 광고한다. 또 여자들은 눈을 가린 채 걸어가려고 하지는 않으면서도, 자신의 시각 자원을 온전히 사용하지 않는다. 많은 여자가 의심스러운 낯선 사람들을 똑바로 쳐다보지 않으려 한다. 누가 따라오고 있다는 의심이 들면, 누가 눈가에 스치기를 바라며 머뭇머뭇 살펴본다. 이럴 때는 다 볼 수 있도록 완전히 돌아서서 당신을 걱정스럽게 만든 누군가를 똑바로 쳐다보는 편이 훨씬 낫다. 정보를 얻을 수 있을 뿐 아니라, 그 낯선 사람에게 당신이 '날 잡아잡수' 하고 기다리는, 자신 없고 겁먹은 피해자가 아니라는 사실을 전할 수 있다. 당신은 청각과 시각과 지성, 그리고 위험을 방어하는 능력을 타고난 동물이다. 당신은 손쉬운 먹잇감이 아니다. 그러니 그처럼 행동하지 말라.

○　　○　　○

비면식범에 의한 범죄 예측은 통상적으로 몇 가지 되지 않는 세부 사항에 바탕을 둬야 하지만, 아무리 사소한 노상 범죄[비조직 범죄. 조직 범죄, 화이트컬러 범죄 따위를 제외한 범죄. 옥내屋內 살인도 포함된다]조차 어떤 원칙에 따라 피해자가 선별된다. 켈리가 간신히 벗어난 연쇄 강간범이자 살인범이 저지르는 보다 복잡한 범죄들은 특정한 조건들이 충족돼야 한다. 피해자 선별의 일부 측면(예를 들면 합당한 외모나 유형)은 일반적으로 피해자의 영향력 밖에 있지만, (맥락의 모든 면들인) 접근성과 배경과 주변 환경처럼 범죄자가 자신을 이용할 수 있게 만드는 측면은 피해자가 결정할 수 있다. 달리 말하면 당신이 영향력을 행사할 수 있다. 무엇보다 면접자가 시험해올 때 당신의 반응을 조절할 수 있다. 낯선 사람과 대화를 나누지 않는 것이 나을 때 대화를 나눌 것인가? 누가 단지 도와주겠다 말했다고 그에게 뭔가를 빚진 느낌 혹은 죄의식에 사로잡혀 조종당할 것인가? 누가 그러기를 원한다는 이유만으로 그의 뜻에 따를 것인가? 아니면 누가 당신 행동을 지배하려 들 때 자신의 의지를 더욱 강하게 내세울 것인가? 무엇보다도 당신 자신의 직관을 존중할 것인가?

면접이 벌어지는 동안, 그 면접의 목적이 뭔지 살핀다고 해서 당신이 예상치 못한 모든 것을 범죄의 일부라고 보는 것은 아니다. 그럴 가능성이 있거나 일어나고 있는 신호에 반응하는 것뿐이다. 마땅한 이유가 있어 경보가 울렸다는 것을 믿으라. 위험과 관련된 문제라면 직관은 적어도 다음 두 가지의 중요한 면에서 항상 옳기 때문이다.

1) 직관은 언제나 뭔가에 반응한다.
2) 직관은 언제나 당신이 잘되기만을 바란다.

직관은 항상 옳다는 말에 반발하는 사람이 많을 테니 해명하고 넘어가고자 한다. 직관은 내가 언급한 면에서는 항상 옳지만, 직관에 대한 우리 해석이 항상 옳은 것은 아니다. 분명히 우리가 예측하는 모든 일이 실제 일어나지는 않겠지만, 직관은 어떤 것을 빨리 설명해서 치워버리거나 일어날 수 있는 위험을 부인하고자 노력하지 않고 항상 뭔가에 반응한다. 그렇기 때문에 위험이 도사리고 있다는 판단이 선다면 그 위험을 파악하려고 노력하는 것이 좀 더 현명하다(그리고 좀 더 자연에 충실할 것이다).

만약 위험이 없다고 해도 잃을 것이 없다. 직관에 새로운 특징 하나를 더해 같은 상황에서는 이제 경고하지 않을 것이다. 이렇게 새로운 특징을 더하는 과정은 새집에 이사 간 첫날 밤 잠을 자기 어려운 이유 중 하나와 비슷하다. 직관은 아직 모든 작은 소음을 분류하지 않았다. 첫날 밤, 제빙기가 뗑그렁거리는 소리나 온수기가 꾸르륵거리는 소리가 불청객이 될 수도 있다. 사흘쯤 지나면 정신은 훨씬 많은 것을 알고 당신을 깨우지 않는다. 자는 동안에는 직관이 작동하지 않는다고 생각할지도 모르겠지만, 사실은 작동한다. 시외로 출장 갔다가 한밤중에 돌아오기 일쑤인 내가 아는 어떤 출판 영업자는 다음과 같이 직관에 대해 말한다.

"차고에 차를 넣고, 뒷문을 열었다가 닫고, 계단을 올라가서, 여행 가방을 던져놓고, 옷을 벗고, 침대로 들어가도 집사람은 일어나지 않아요. 그런데 네 살 난 아이가 한밤중에 자기 방 문을 열면 그 즉시 침대에서 벌떡 일어난답니다."

○　　○　　○

직관은 항상 배우고 있고, 가끔씩 위급하지 않은 것으로 밝혀지는 신호를 보내기도 하지만, 직관이 당신에게 이야기하는 모든 것에는 의미가 있다. 걱정과 달리 당신의 시간을 허비하지 않는다. 직관은 당신의 주의를 끌기 위해 여러 가지 메신저 중 하나를 보내기도 하는데, 위급한 정도에 따라 달라지므로 메신저들의 순위를 알아두는 것이 좋다. 가장 절박한 순간에 보내는 최상위 직관 신호는 두려움이다. 따라서 두려움에는 항상 귀를 기울여야 한다(더 자세한 내용은 15장에서 다루겠다). 다음이 불안, 그다음이 의심, 그다음이 망설임, 의혹, 육감, 예감, 호기심이다. 미심쩍은 느낌, 뇌리를 떠나지 않는 생각, 신체적인 지각, 놀라움, 걱정도 있다. 일반적으로 이런 것들은 덜 위급한 신호다. 이런 신호를 느꼈을 때 열린 마음으로 이를 생각한다면 자신과 이야기 나누는 방법을 배우게 될 것이다.

사람들이 거의 인식하지 못하는 신호가 있는데, 바로 유머다.

이와 관련해 아주 훌륭한 사례가 있는데, 여기서 모든 정보는 햇빛에 마르라고 거둬들이지 않고 남겨놓은 작물처럼 그곳에 있었다. 접수계원이 비번이라 캘리포니아 산림조합의 밥 테일러Bob Taylor와 다른 사람들이 우편물을 분류하고 있었다. 그 소포가 나오자 사람들은 그것을 살피고 어떻게 처리할지 논의했다. 전 조합장에게 온 소포로, 이를 그냥 전할지를 두고 이야기를 나눈 것이다. 현 조합장인 길버트 머리Gilbert Murray가 오자 사람들은 그에게 의견을 물었고, 머리는 열어보자고 했다.

테일러는 일어서서 불쑥 농담을 던졌다. "폭탄이 터지기 전에 내 사무실로 돌아가야겠어." 그가 복도를 지나 자기 사무실로 돌아가 자리에 채 앉기도 전에 자신의 상사를 죽인 엄청난 폭발음이 들렸다. 직관 덕분에 목숨을 건진 것이다.

테일러에게 필요한 모든 정보가 거기 있었다. 테일러의 직관은 최대한 분명하게 "폭탄이 터지기 전에 내 사무실로 돌아가야겠어"라고 모든 사람에게 신호를 보냈지만, 다른 사람들은 이를 묵살했다.

나는 일어날 가능성이 있는 위험에 관해 논의할 때 의뢰인들이 하는 농담을 주의 깊게 듣는다. 만약 내가 어떤 회사 사장실을 떠나려고 일어섰는데 사장이 "내일 전화하겠네. 만약 내가 총에 맞아 죽지 않으면"이라고 하면 나는 다시 자리에 앉아 더 많은 정보를 얻어내려고 한다.

유머 특히 블랙 유머는 나중에 멍청했다고 느낄 위험을 감수하지 않고도, 두려움을 겉으로 드러내지 않고도, 진지하게 걱정하는 바를 전하는 가장 흔한 방법이다. 그런데 이런 유머는 어떻게 발전하는 것일까? 사람은 우스갯소리를 찾으려고 의식적으로 모든 서류철을 뒤적거리지는 않는다. 만약 의식적으로 뒤졌다면, 밥 테일러는 이미 1년 전에 은퇴한 사람 앞으로 온 소포를 보고 "크리스마스 때 우편물에 뒤섞여 제대로 배달되지 않은 과일 케이크가 아닐까" 같은 좀 더 재치 있는 말을 했을 것이다. 아니면 아무 말도 하지 않거나. 하지만 의식 세계로 들어가는 생각의 형태인 이런 유머는 맥락상 너무나 이상해 우스워 보이기까지 한다. 바로 그런 이유로 우스운 것이다. 하지만 중요한 점은 그런 생각이 의식 세계로 들어왔다는 것이다. 왜? 그것은 모든 정보가 거기에 있었기 때문이다.

유나바머가 캘리포니아 산림조합에 보낸 그 소포는 매우 무거웠다. 테이프로 싸여 있고, 우표가 너무 많이 붙어 있어서 그날 아침에 몇 사람이 폭탄이 아닐까 추측했을 정도로 많은 관심을 끌었다. 사람들은 반송지로 오클랜드의 한 회사가 적혀 있는 것을 보고 안내 센터에 문의했다가 그 주소가 가짜라는 것을 알아냈다. 그런데도 소포를 연 것이다.

그로부터 몇 주 전, 홍보 이사 토머스 모서Thomas Mosser가 뉴저지에 있는 자택에서 그런 소포를 받았다. 모서는 소포를 열기 직전에 아내에게 소포 올 것이 있느냐고 물어볼 정도로 호기심이 많았다. 아내는 없다고 했다. 모서는 좋은 질문을 했지만, 이내 자신이 찾고자 했던 답을 묵살했다. 소포를 뜯었고 죽었다(이 소포도 유나바머가 보낸 것이었다).

연방 우편물 조사국 검사관인 댄 미할코Dan Mihalko는 "사람들이 '이거 폭탄 같아'라고 말하면서도 소포를 연다는 이야기를 많이 들었다. 심리학자들이 밝혀줘야 할 의문들 중 하나다. 경찰에 신고했다가 아무것도 아닌 것으로 밝혀지면 난처해질까 봐 그러지 않았을까"라고 말했다.

유나바머는 자신의 폭탄에 부상당한 23명 중 일부를 조롱하기까지 했다. 다친 지 2년 뒤, 예일 대학 컴퓨터 과학자인 데이비드 겔렌터David Gelenter는 유나바머에게 편지 한 장을 받았다.

"당신에게 생각이 조금이라도 있었다면, 당신처럼 기술만 아는 얼간이가 세상을 변화시키는 방식에 분개하는 사람들이 저 밖에 아주 많다는 것을 인식했어야 한다. 그리고 누가 보냈는지도 모르는 소포를 열지 않을 정도로 똑똑했어야 한다. 석박사 학위를 가진 사람들도 자신들이 생각하는 것만큼 똑똑하지 않다."

피해자들 입장에서 보면 우편 폭탄은 아주 드물며, 사람들이 평소에 걱정하는 위험이 아니다. 하지만 피해자들은 우편 폭탄에 관해 한두 마디 언급할 정도로 걱정했다. 어쨌거나 사람들은 피할 수도 있었던 범죄에 희생되기 전에 보다 일반적인 범죄에 관한 농담을 할 가능성이 높다.

스탠더드 그라비어 공장 노동자들은 점심 식사를 하던 중 밖에서 나는 소리를 들었다. 몇몇은 폭죽 터지는 소리라고 생각했지만, 한 사람은 화난 동료에 관해 빈정거렸다. "웨스베커가 우리를 끝장내려고 돌아온 걸 수도 있어." 이윽고 정말 조지프 웨스베커Joseph Wesbecker가 들어와 총을 쏴댔고, 방금 농담했던 그 사람도 총을 한 발 맞았다. 유머 특히 블랙 유머에 귀를 기울이라. 그냥 웃고 넘기는 것보다 더 큰 가치가 있을 수 있다.

직관의 메신저들

- 미심쩍은 느낌
- 유머
- 놀라움
- 예감
- 의혹
- 의심
- 두려움
- 뇌리를 떠나지 않는 생각
- 걱정
- 호기심
- 육감
- 망설임
- 불안

켈리의 직관이 처음 보낸 메신저는 불안이었다. 차이나 레너드는 뇌리에서 떠나지 않는 강력한 생각을 통해 아들의 수술에 관한 메시지를 받았지만, 이를 무시했다. 마이클 캔트렐은 신중하지 못한 파트너 때문에 찜찜했다. 밥 테일러는 폭탄 소포에 관해 블랙 유머라는 생존 신호를 받았다. 로버트 톰슨은 편의점에 들어갔다가 가장 큰 신호인 두려움을 받았다.

낸시라는 젊은 여자 역시 주차된 스포츠카 조수석에 앉아 있을 때 같은 메신저를 느꼈다. 그녀의 친구는 차에 시동을 걸어놓은 채 현금인출기에 돈을 뽑으러 가고 없었다. 낸시는 갑자기 영문을 알 수 없는 엄청난 두려움을 느꼈다. 위험을 느꼈지만, 대체 왜인지는 몰랐다. 훌륭하게도 낸시는 이 의문의 답을 찾기 위해 기다리지 않았다. 숨을 멈추고 두 팔을 움직였다. 허겁지겁 차 문을 잠그려고 했지만, 너무 늦고 말았다. 웬 남자가 운전석 문을 열고 들어와 그녀의 배에 총구를 들이댔다. 그리고 낸시를 태운 채 차를 몰고 떠났다.

낸시는 남자를 보지도 못했는데, 어떻게 두려움이란 신호를 받았을까? 운전석 사이드미러에 아주 작게 비친 것, 청바지가 7.5센티미터 정도 살짝 비친 것, 이것이 청바지 입은 남자가 차에 매우 가까이 다가왔고 너무 빠르게 움직인다는 신호였다. 남자가 나쁜 의도로 즉시 차에 탈지도 모른다고 옳게 해석한 신호였다. 이 모든 내용은 아주 작은 파란색 천에서 수집됐으며, 특정 상황에서만 의미가 있었다. 낸시는 파악할 시간이 없었지만, 그녀의 직관은 이미 파악을 끝낸 뒤였다. 만약 누가 파란색 조각만 보고 차 문을 잠그라고 했다면 낸시는 논쟁을 벌였을지도 모른다. 그런데 두려움은 논리보다 훨씬 더 설득력이 있었다.

낸시는 또 다른 직관을 따름으로써 5시간 동안 호된 시련을 당한 끝에 살아남았다. 위험한 낯선 사람과 계속해서 대화를 나눈 것이다. 그녀는 자신의 머릿속에 반복해서 들려오는 '침착, 침착, 또 침착할 것'이라는 말을 들었다. 겉으로는 마치 친한 친구와 이야기하는 것처럼 행동했다. 납치범이 시내에서 수 킬로미터 떨어진 외딴 창고 뒤에 차를 세우고 내리라고 했을 때 낸시는 범인이 이제는 아는 사이인 사람을 쏘지 않으리라 느꼈고, 그녀의 느낌은 옳았다.

○   ○   ○

당신이 폭력의 피해자가 되지 않도록 돕는 경고 신호에 관해 아주 길게 이야기했다. 비록 예측을 아주 잘하더라도 여전히 위험에 처한 자신을 발견할 수도 있다. 예를 들면 나는 강도나 차량 절도범에게 어떻게 대응해야 하는지 조언해달라는 요청을 많이 받는데, 당신이 마주칠 수 있는 모든 위험 상황에서 뭘 해야 하는지에 대한 체크리스트를 줄 수는 없다. 과자 찍어내듯 일률적으로 접근하는 것은 위험하기 때문이다. 어떤 사람들은 강간에 저항하지 말라고 하고, 다른 사람들은 항상 저항하라고 한다. 이 두 전략 중 어느 것도 모든 상황에 들어맞지는 않는다. 그러나 '당신의 직관에 귀를 기울이라'는 전략은 다 들어맞는다. 내가 모든 정보를 알지는 못하므로 어떤 위험 상황에 처했을 때 어떤 전략이 가장 좋은지 말해줄 수는 없다. 하지만 당신은 필요한 모든 정보를 갖고 있을 것이다. 텔레비전 뉴스에서 소개하는 체크리스트나 잡지 기사, 친구 이야기에 따르지 말라. 당신 자신에게 귀를 기울였을 때 들리는 지혜의 말에 따르라.

○   ○   ○

이 장에서는 낯선 사람들에 의한 위험에 관해 이야기했다. 우리가 우리의 삶에 종업원으로, 고용자로, 데이트하는 사람으로, 결혼할 사람으로 끌어들인 사람들이 일으킬 수 있는 위험에 대해서는 어떻게 대처해야 할까? 이런 관계는 첫 만남에서 시작하지 않는다. 우리는 살아가면서 관계를 지속하는 사람들을 많이 만난다. 우리의 관계는 사실 예측, 문자 그대로 우리 삶의 질과 진로를 결정하는 예측에서 시작된다. 이제 그런 예측들의 질을 살펴볼 시간이다.

5장

충분히 알지 못하는 낯선 사람

"한 사람이라도 돌무더기를 보면서 대성당의 이미지를 떠올린다면
그 순간 그것은 더 이상 돌무더기가 아니다."

앙투안 드 생텍쥐페리

이런 세상을 상상할 수 있는가? 지금은 서기 2050년이고, 사람을 완벽하게 예측할 수 있다. 예측은 첨단 기술을 이용한 화학 검사로 이루어진다. 집까지 태워다 주겠다는 전혀 모르는 사람의 제안을 받아들일 수 있고, 한 번도 본 적 없는 노숙자에게 당신이 시외에 있는 동안 집을 봐달라고 부탁할 수 있다. 사람들의 의도와 성격에 관한 예측을 전적으로 신뢰할 수 있기 때문에 이들이 당신을 해칠지도 모른다는 두려움 없이 이런 일들을 할 수 있다.

어느 날 오후, 여섯 살 된 딸을 공원으로 데려가려고 호버크라프트를 타고 수면을 스치듯 지나가는데, 긴급한 업무 회의에 참석하라는 연락을 받는다. 당신은 어쨌든 공원으로 가서 딸을 맡겨놓고 갈 만한 낯선 사람

이 있는지 주위를 둘러본다. 마침 어떤 중년 여자가 벤치에 앉아 책을 읽고 있다. 그 옆에 가서 앉으니 여자가 미소 짓는다. 요즘은 거의 모든 사람이 휴대용 장치로 즉석에서 첨단 검사를 한다. 물론 여자도 동시에 검사하고, 두 사람 다 성공적으로 검사에 통과한다. 당신은 아무 망설임 없이 회의에 가 있는 두어 시간 동안 딸을 봐줄 수 있는지 묻는다. 여자가 그러겠다고 한다. 당신은 연락처를 주고받은 다음 이 낯선 여자가 정신이 건강하고, 유능하고, 마약도 하지 않고, 신뢰할 수 있다는 예측에 만족하며 아무 걱정 없이 그 자리를 떠난다.

당치도 않은 소리처럼 들리겠지만, 우리는 지금도 이미 보모를 찾을 때 이 모든 예측을 하고 있다. 다만 이처럼 빠르고 정확하지 않을 뿐이다.

오늘날의 과학기술을 활용했을 때, 얼마나 많은 시간을 함께 보내야 낯선 사람을 더는 낯설지 않게 느끼게 될까? 얼마나 많은 시험을 해봐야 보모가 되려는 여자를 믿을 수 있을까? 우리는 지원서를 검토하고 몇 가지를 물어봄으로써 일반적이지만 매우 중요한 예측을 한다. 그런데 이 예측을 진지하게 살펴보자. 우선 공원에서 만난 여자를 면접하지는 않을 것이다. 아니, 우리가 아는 누군가가 추천해준 사람을 원할 것이다. 그 것은 우리가 이미 다른 사람들이 한 예측에 의존하기를 좋아하기 때문이다. 케빈은 성격이 아주 밝고 훌륭한 친구이기 때문에, 그가 보증한 사람 역시 분명 괜찮을 것이다. 그러나 케빈이 추천한 사람도 케빈과 품성이 같으리라 믿다 보니 우리는 종종 반신반의하는 내면의 목소리에 귀를 기울이지 않는다. 불과 30분 전에 만난 사람에게 아이를 맡기고 차를 몰아 집을 떠날 때면 '너는 그 사람에 관해 전혀 모르잖아'라는 느낌을 강하게 받는다.

우리는 보모를 면접하면서 어떤 신호가 있지는 않은지 주의 깊게 관찰한다. 어떤 신호일까? 마약을 한다는 신호? 이는 아주 확실하게 시험할 수 있다. 보모를 고용하는 부모보다 훨씬 덜 위험을 무릅쓰는 고용주들은 매주 수만 건씩 약물검사를 한다. 대다수 사람이 마약 복용 여부가 결정적으로 중요하다고 믿는다. 그런데도 보모 지원자에게 그런 검사를 요구하는 부모 이야기를 들어본 적이 있는가? 지원자가 술을 마시는지 알기 위해 음주 측정 검사를 하는 부모? 부모들 대부분이 그 지원자의 신원을 보증한 사람 모두에게 전화해 물어보지도 않으니 '그 사람에 관해 전혀 모르잖아'라고 느끼며 차를 몰고 떠나는 것도 놀랍지 않다.

그렇다고 내가 보모에게 음주 측정 검사나 거짓말탐지기를 해야 한다고 말하는 것은 아니다. 우리가 매우 중요한 예측을 하는 데 활용할 수 있는 자원의 10분의 1조차 쓰지 않는다는 점을 지적하고 싶을 뿐이다. 예를 들면 사람들이 보모가 되려는 사람에게 진정으로 묻고 싶은 질문은 '아이를 학대한 적이 있는가?'다. 하지만 부모들은 그런 질문을 절대 하지 않는다! 왜? 설사 아이를 학대했다 해도 솔직히 대답할 사람은 없으니, 대놓고 물어보는 것은 무례하거나 어리석다고 느끼기 때문이다. 어쨌든 그 질문을 했다고 치자. 어떤 대답이 나와야 더 편안해질까? 혹은 더 불편해질까? "아이를 학대한 적이 있나요?"라는 질문에 상대가 "학대가 어떤 뜻인지 정의해주시죠" 혹은 "무슨 말을 들었습니까?"라고 대답했다. 당신 아이를 믿고 맡기려는 사람에게 당신이 가장 걱정하는 문제를 논의하기 위해 묻는 것은 전적으로 공정하고 적절하다. 좋은 지원자들은 분명 그 점을 이해할 것이고, 나쁜 지원자들은 본심을 드러낼 것이다.

정말로 알고 싶은 정보의 한 쪼가리도 찾아내지 못한 부모는 지원자가 반려 고양이를 쓰다듬는 것을 보며 이렇게 생각할지도 모르겠다. "동물을 좋아해. 아주 좋은 신호야." (혹은 더 나쁘게 "태비가 이 여자를 좋아하네. 아주 좋은 신호야.") 사람들은 누군가를 고용해 일을 시켜야 하기 때문에 지원자를 떨어뜨리기보다 합격시키는 데 더 많은 시간을 쓴다. 그런데 이 과정은 긍정적인 사람을 골라내는 것보다 부정적인 사람을 걸러내는 것에 더 적합하다.

2050년으로 다시 돌아가보자. 당신은 차에 태워주겠다는 낯선 사람의 제의를 아무 망설임 없이 받아들일 뿐 아니라, 그 일을 정확하고 손쉽게 해줄 시영 운송 컴퓨터도 있다. 로스앤젤레스에서 샌디에이고까지 직접 차를 몰고 가는 대신, 출발 시각과 이름을 입력하면 컴퓨터가 당신이 있는 구역에서 같은 시각에 샌디에이고로 가려고 하는 다른 사람들을 확인해준다. 전혀 모르는 사람이 당신 집 옆에 차를 세워 당신을 태우고, 같은 방식으로 샌디에이고에서 집으로 돌아올 것이다. 바로 이것이 예측이 완벽했을 때 생길 수 있는 일이다. 예측이 완벽하지 않기 때문에 2만 5000대면 충분한 인원을 수십만 대가 실어 나르는 것이다. 서로에 대한 두려움과 우리의 예측에 대한 자신감 부족은 어떤 대안도 불가능한 것처럼 보이게 만든다.

그런데 만약 그런 운송 컴퓨터가 실제로 있어서 당신이 원하는 시각에 함께 떠나고자 하는 사람들을 확인해줄 뿐 아니라 일부 인구통계학적 정보까지 제공하면 어떨까? 30대 남자 실업자 둘과 낡은 밴을 타고 갈 수도 있고, 주부와 한 살 난 아기와 함께 최신형 스테이션왜건을 타고 갈 수도 있다. 당신은 주부와 아기와 함께 가는 것이 더 안전하다고(아마 더 시끄럽겠지만, 그래도 더 안전하다고) 결론을 내릴 가능성이 높다. 함께 차를 타고 갈 사람들에 관해 뭘 더 알고 싶은가? 전과? 운전 경력? 차량 상태? 핵심은 당신이 각자에 대해 충분히 알면 자신의 예측을 편하게 믿으리란 점이다. 또한 이것이 바로 낯선 사람들을 신뢰하는 방법이다. 당신은 낯선 사람들에 관해 충분히 알 수 있다. 몇 가지 검사를 통과하면 그들은 더 이상 낯선 사람이 아니다.

어떤 동물들은 위험을 화학적으로 인지한다. 우리가 위험을 인지하는 방식의 일부조차 화학적일 수 있다. 그러나 외모나 옷차림이나 미소나 장담이 아니라 화학 검사로 사람들을 예측할 수 있는 날이 과연 올까? 나는 여전히 '그러게 내가 뭐랬어?'라고 똑 떨어지게 예측할 수 있는 단계까지 이르지는 못하겠지만, 그런 날이 오리라 믿는다. 그때까지는 전통적인 방식으로 예측해야 하기 때문에 실제로 어떤 일이 일어나고 있는지를 이해하는 것이 그 무엇보다 중요하다.

○   ○   ○

심리학자 존 모너핸John Monahan은 내 일과 삶에 큰 영향을 미친 예측 분야의 선구자다. 명저《폭력적인 행태 예측하기Predicting Violent Behavior》에서 존은 '이 책을 놔버리면 어느 쪽으로 떨어질까?'라는 가장 단순한 질문으로 시작한다.

엄밀히 말해서 독자는 과거에 자신이 쥐고 있다가 놓은 모든 물체가 솟아오르거나 제자리에 있지 않고 (결국) 아래로 떨어졌다고만 진술할 수 있다. 미래에도 물체를 놔버리면 역시 떨어지리라는 예측은, 과거의 여러 동일한 사건들을 통해 현재의 단일 사건을 일반화해주는 이론 —중력— 이 있기에 가능하다. 문제는 우리가 폭력보다 중력을 훨씬 더 잘 이해한다는 것이다.

내가 중력보다 폭력에 관해 아는 것이 훨씬 많기 때문에 친구 존과 열띤 토론을 벌일지도 모른다. 나는 중력처럼 행태 역시 몇 가지 중요한 규칙에 매여 있다고 믿는다. 그 규칙들이 항상 적용되지 않을 수는 있지만, 중력도 언제나 적용되지는 않는다는 점을 기억하길 바란다. 당신이 어디(우주나 물속 같은)에 있느냐가 물체의 움직임에 영향을 미친다. 물체와 물체, 물체와 환경(자석이나 비행기 같은)의 관계도 역시 그런 예측과 관련이 있다. 중력과 마찬가지로 행태는 맥락이 지배하겠지만, 우리 대부분에게 공정하게 적용되는 몇 가지 중요한 특성이 있다.

- 우리는 다른 사람들과의 결합을 추구한다.
- 우리는 상실을 슬퍼하고, 이를 피하려 애쓴다.
- 우리는 거부를 싫어한다.
- 우리는 인정과 관심을 좋아한다.
- 우리는 즐거움을 추구할 때보다 고통을 피할 때 더 많이 노력한다.
- 우리는 조롱과 부끄러움을 싫어한다.
- 우리는 다른 사람들이 우리를 어떻게 생각하는지 신경 쓴다.
- 우리는 어느 정도 우리 삶을 지배하고 싶어 한다.

이런 가정들은 전혀 획기적이지 않다. 폭력적인 사람들이라면 좀 더 특별한 뭔가가 있으리라고 기대하겠지만, 특별할 것 없는 위의 개념들이 우리에게 적용되는 것과 마찬가지로 폭력적인 사람들 대부분에게 적용된다. 보다시피 이 목록은 인간을 이루는 구성 요소들을 담고 있고, 한 가지 요소가 얼마나 많이 혹은 다른 요소가 얼마나 적게 들어가느냐에 따라 최종 결과가 달라질 것이다. 직장에서 총기를 난사하는 사람이라고 원인 불명의 별도 요소가 들어가거나 뭔가가 필연적으로 없는 것이 아니다. 일반적으로 우리 모두에게 영향을 미치는 것은 같은 요소들의 균형과 상호작용이다. 내가 지금 앞에서 열거한 여덟 가지 일반적인 개념들같이 공통 요소들의 균형을 재어봄으로써 직장에서의 총기 난사를 어느 정도 예측할 수 있다고 말하고 있는가? 그렇다.

물론 우리 회사는 폭력을 예측하면서 다른 변수 수백 가지도 고려한다. 그림, 그래프, 표, 컴퓨터 인쇄물로 보여줄 수도 있다. 정신과 의사가 해석해줘야 하는 전문용어를 쓸 수도 있다. 하지만 지금 내 목적은 당신 경험 속에서 가장 중요하게 여겨지는 요인들을 단순화하고 파악하는 것이다.

앞에서 논의한 바와 같이, 우리가 예측하려는 사람의 행태가 아무리 정도를 벗어났다 해도, 그 사람과 당신 혹은 당신이 되고자 하는 사람이 아무리 다르다 해도, 당신은 그 사람에게서 당신 일부를, 당신 자신에게서 그 사람 일부를 찾아내야 한다. 매우 중요한 예측을 할 때 당신은 예측 대상과의 공통점을, 그 사람과 공유할 수 있는 뭔가를 찾아낼 때까지 살펴야 한다. 그것이 그 사람이 인지하고 있는 상황을 볼 수 있도록 당신을 도와줄 것이다. 예를 들면 익명으로 전화를 거는 자는 피해자가 느끼는 두려움을 즐기고 있는지도 모른다. 다른 사람들의 두려움에서 쾌감을 얻는 것은, 모든 10대들이 어둠 속에서 펄쩍 뛰어나와 친구나 형제자매를 놀래주고 희희낙락한다는 사실을 떠올리기 전까지는 우리 대부분이 이해할 수 없는 부분이다. 어쨌거나 전화를 걸어 남을 겁주는 자는 사람들의 두려움보다 관심을 더 중요하게 여길 수도 있다. 누가 전화를 걸어 겁주면 사람들은 주의를 기울인다. 만약 전화로 협박하는 자가 더 나은 방법을 알았거나 자신이 피해자와의 관계에 다른 방식을 사용해야겠다고 느꼈다면, 그런 방식으로 주목받고 싶어 하지 않았을 수도 있다. 하지만 과거에는 그런 방식이 효과적이었을 것이다. 전화를 걸어 협박하는 자가 이 모두를 의식적으로 고려할 정도로 자기 성찰적이라고 암시하려는 것이 아니다. 그러나 우리도 보통은 어떤 행동을 할 때 의식적으로 고려하지 않는다.

사람들 사이에 차이점보다 공통점이 더 많은 것이 사실이지만, 행태의 기준과 동일한 사건을 인지하는 방식이 극도로 상이한 사람도 있다. 예를 들면 어떤 사람들은 자기 양심에 귀 기울이지 않고, 남들의 행복을 신경 쓰지 않는다. 이를 회사 중역 회의실에서는 태만이라 부르고, 거리에서는 범죄 행위라 부른다. 양심이나 공감에 상관없이 행동하는 것은 사이코패스의 특징 중 하나다. 통찰력이 돋보이는 로버트 D. 헤어Robert D. Hare의 책《진단명 사이코패스Without Conscience》에서는 사이코패스들의 다른 특성 몇 가지를 밝혔다.

- 입심이 좋고 피상적이다.
- 충동적이다.
- 자기중심적이고 과장됐다.

- 자극을 필요로 한다.
- 양심의 가책이나 죄의식을 느끼지 않는다.
- 무책임하다.
- 남을 속이고 조종한다.
- 감정적으로 깊이가 없다.

다른 사람들도 우리처럼 사물을 인식하리란 믿음 때문에 행태를 예측할 때 많은 실수를 저지른다. 앞에서 묘사한 사이코패스는 우리와 동일하게 인식하지 않을 것이다. 사이코패스의 행태를 성공적으로 예측하기 위해서는 당신의 방식 그리고 그의 방식으로 상황을 봐야 한다. 당신의 방식으로 보는 것은 당연히 쉽다. 다른 사람의 시각으로 상황을 보는 기술은 배워야 하지만, 당신은 이미 이 기술을 익혔다. 당신이 보기에 행태와 성격과 삶에 관한 철학을 더는 함께할 수 없는 누군가를 해고하는 상황을 상상해보라. 두 사람 간에 차이점이 많음에도 불구하고, 당신은 그가 해고를 공정한 것으로 받아들일지, 아니면 복수나 차별이나 탐욕 같은 전적으로 불공정한 것으로 받아들일지 알 수 있을 것이다. 특히 긴밀하게 일하는 사이였다면 거의 그 사람의 시각으로 상황을 볼 수 있을 것이다. 당신이 비록 그 사람의 관점에 동의하지 않더라도 여전히 그것에 초점을 맞출 수는 있다.

인간 행태를 예측하는 것은 단지 몇 마디 대화로 연극 전체를 알아보는 것과 같다. 한 등장인물의 행태가 상황에 대한 그의 인식과 일치하리라 믿는다. 인간성에 충실한 연극이라면, 자연계에서처럼 각각의 행위가 당연한 방식으로 이루어질 것이다.

땅에 앉으려고 날아오는 새를 보고 있다고 상상해보라. 해가 새의 그림자를 땅에 드리우고, 새와 그림자 둘 다 착륙 지점을 향해 움직인다. 우리는 그 새가 그림자보다 먼저 땅에 닿을 수 없다는 것을 안다. 마찬가지로 인간의 행동은 충동보다 먼저 착륙할 수 없고, 충동은 그것을 불러일으킨 것보다 먼저 착륙할 수 없다. 각 단계는 이전 단계 다음에 일어난다. 총을 만지지 않고는 총을 쏠 수 없고, 그럴 의도 없이는 총을 들지 않고, 어떤 이유 없이는 총을 들겠다고 의도하지 않고, 어떤 이유 없이는 그럴 의도를 갖지 않고, 뭔가에 반응하지 않고는 그런 이유를 갖지 않는다……. 특수한 상황이 아니라면, 총을 겨냥하고 방아쇠를 당기기 전의 여러 지점에서, 이와 유사한 상황에서 다른 사람들이 경험한 생각과 감정이 있을 것이다.

많은 사람이 공통적으로 겪었을 상황을 생각해보자. 예를 들면 비행기 시간에 비해 늦게(그리 많이 늦지는 않고) 공항에 도착했다. 당신 경험을 바탕으로, 곤경에 처한 여행자의 생각과 감정과 그에 따른 행태를 예측할 수 있을 것이다. 그 사람이 어슬렁어슬렁 걸어 다닐 가능성이 있을까? 탑승권 발매소에서 기꺼이 다른 사람에게 차례를 양보할까? 흥미로운 공항 건물을 감상할까?

우리는 공항 상황에 익숙하기 때문에 그 여행자가 어떻게 할지 쉽게 예측할 수 있다. 어떤 사람들은 폭력적인 행태에 익숙하지 않기 때문에 예측할 수 없다고 느낀다. 그러나 그들도 매일 비폭력적인 행태를 예측하고, 그 과정은 완전히 똑같다. 《정보 불안증Information Anxiety》에서 리처드 솔 워먼Richard Saul Wurman은 "우리는 모든 것을 상반되는 것을 통해 인지한다. 밤과 구별되는 낮, 성공과 구별되는 실패, 전쟁과 구별되는 평화와 같은 식이다"라고 설명했다. 여기에 '위험과 구별되는 안전'을 덧붙일 수 있겠다.

예를 들면 어떤 여자가 낯선 가구 배달원과 집에 함께 있는데도 편안해한다. 이때 편안함은 배달원이 자신에게 위험하지 않다고 여자가 이미 예측했음을 의미한다. 그녀의 직관은 그런 예측을 완결하기 위해 여러 가지 질문을 하고 답했다. 배달원의 행태에서 호의적인 측면과 거슬리는 측면을 평가했다. 우리는 호의적인 행태에 더 익숙하기 때문에, 호의적인 행태들을 적고 그 반대를 적어두면 위험성을 예측할 수 있다. 이것은 '정반대의 규칙'이라 불리며, 강력한 예측 도구다.

호의적인 행동	거슬리는 행동
• 자기 일만 한다.	• 자신과 상관없는 일을 도와주려 한다.
• 프라이버시를 존중한다.	• 궁금한 것도 많고 질문도 많다.
• 적절한 거리를 유지한다.	• 너무 가까이 서 있다.
• 안내해줄 때까지 기다린다.	• 마음대로 집안을 돌아다닌다.
• 지금 하는 일에 대해서만 말한다.	• 일 이외의 주제에 대해 사견을 말한다.
• 시간을 신경 쓰며, 재빨리 일한다.	• 시간을 신경 쓰지 않고, 서둘러 떠나려 하지 않는다.
• 다른 사람이 집에 있는지 신경 쓰지 않는다.	• 다른 사람이 집에 있는지 알고 싶어 한다.
• 다른 사람이 올지 신경 쓰지 않는다.	• 다른 사람이 올지 알고 싶어 한다.
• 당신에게 큰 관심이 없다.	• 당신을 응시한다.

위험뿐 아니라 모든 유형의 행태에 관한 예측은 정반대의 규칙을 적

용해 개선할 수 있다.

일단 상황이나 맥락을 알면 행태를 예측할 수 있고, 나아가 행태를 통해 맥락을 인지할 수 있다. 남자가 공항 탑승권 발매소에서 기를 쓰고 맨 앞줄에 서려 하고, 손목시계를 자꾸 내려다보고, 굼뜬 판매원 때문에 잔뜩 화난 것처럼 보인다. 탑승권을 손에 쥐자마자 가방들을 둘러메고 뒤뚱거리며 내달린다. 잔뜩 긴장하고 다급해 보인다. 게이트에 다가갈 때마다 기대하는 눈길로 쳐다본다. 이 사람은…….

a) 지나가는 사람이 있을 때마다 걸음을 멈추고 대화를 나눠서 표를 얻으려고 하는 정치인일까?

b) 기부를 간청하려는 자선단체 봉사자일까?

c) 비행기 시간에 늦어서 서둘러 게이트로 들어가려는 승객일까?

호전적인 사원이 휴가에서 돌아온 날 해고됐다. 그가 건물을 떠나지 않으려 한다. 상사에게 "내 말 끝까지 들어봐"라면서 상사의 집 주소를 지껄인다. 그러고는 "내 친구 스미스 앤드 웨슨과 함께 찾아가지"라고 말한다. 그 남자를 쫓아내기 위해 경비원들을 부른다. 다음 날 아침, 상사의 차 앞 유리가 박살 나 있다.

해고된 사원은 어떻게 할 것 같은가?

a) 차 앞 유리 수리비를 보낸다.

b) 다음 날, 의과대학에 입학한다.

c) 한밤중에 상사의 집에 전화하기 시작한다.

사원이 해고되고 이틀 뒤, 상사가 자택 우편함에서 죽은 뱀 한 마리를 발견한다.

이 뱀을 둔 사람은 누구일까?

a) 이웃에 사는 장난꾸러기.

b) 사회적 의식을 고양하고자 하는 '뱀 보호 연맹' 회원.

c) 이틀 전에 해고된 남자.

인간 행태를 예측하는 데 있어 가장 큰 자원들 중 하나를 설명하기 위해 이렇게 명백한 예를 들어봤다. 상반된 방안들 사이에서 선택이 이루어지도록 틀을 짜면, 사람들을 가장 가능성 높은 범주에 배치하는 데 실패할 일이 거의 없을 것이다. 너무 뻔해 보일지 몰라도 강력한 평가 도구다.

지하 주차장에서 낯선 사람이 여자에게 차에 식료품 싣는 것을 도와주겠다며 접근한다. 그녀는 다음과 같이 자문함으로써 낯선 사람에 대한 예측을 다듬고, 창의적인 훈련을 즐길 수 있다. 낯선 사람은 누구일까?

a) 도움이 필요한 여자를 찾아 지하 주차장을 순찰하는 자원봉사자?

b) 전국적인 광고의 주인공을 찾으려는 슈퍼마켓 체인 사장?

c) 내게 성적 흥미가 있는 남자?

이런 목록에서 첫 번째 가능성을 의식적으로 찾을 때쯤이면 당신은 이미 답을 알고, 눈앞에 닥친 위험의 수준을 직관적으로 고려했을 가능성이 높다. 직관은 상황에 관해 우리가 의식적으로 인식한 것보다 더 많이 안다는 것을 명심하라. 직관은 여자가 남자를 지하 주차장에서 처음 인식했을 때가 아니라 남자를 처음 봤을 때 이미 알고 있다. 어쩌면 남자가 여자를 처음 쳐다봤을 때 알았을 수도 있다. 직관은 또 주변에 다른 사람이 얼마나 많은지도 알 것이다. 직관은 조명, 이곳에서 소리가 퍼져나가는 방식, 꼭 필요한 경우에 그녀가 몸을 피하거나 방어할 수 있는 능력 등을 모두 안다.

마찬가지로 해고된 직원을 평가할 때 직관은 과거에 그가 얼마나 오랫동안 화냈는지 안다. 직관은 해고된 직원의 분에 못 이겨 내뱉은 불길한 말들과 물건을 부수곤 했던 행동들을 기억한다. 직관은 그가 어떤 이웃에게 앙갚음했던 불안한 이야기를 떠올린다.

목록을 세 항목으로 만드는 이유는, 그래야 정확해야 한다는 욕구에서 벗어날 수 있기 때문이다. 당신은 적어도 두 항목은 틀렸다는 것을 알고, 이런 판단으로부터의 자유는 직관으로 가는 길을 터준다. 실제로 이렇게 하면 창의성보다는 발견을 연습하는 것이란 사실을 깨닫는다. 당신이 만든다고 생각하는 것은 사실 불러내는 것이다. 거의 모든 사람이 창조의 과정을 생각과 개념들의 조합이라고 믿는다. 그런데 고도로 창의적인 사람들은 아이디어와 노래와 형상을 이미 품고 있기 때문에, 자신들은 그걸 끄집어낼 뿐이라고, 즉 디자인이 아니라 발견하는 과정이라고 말할 것이다.

미켈란젤로Michelangelo는 어떻게 그 유명한 다비드상을 만들었느냐는 질문에 가장 예술적으로 대답했다. "아주 쉬워요. 다비드처럼 보이지 않는 돌을 쪼아내기만 하면 되거든요."

당신은 완성되기 훨씬 전에 그 조각상이 남자일 것이란 사실을 알 수 있다. 만약 어떤 일이 일어날 때까지 계속 기다린다면 모든 예측이 정확할 것이다. 이것이 바로 예측의 역설이다. 최후의 순간이 되면 요소 대부분이 명백해진다. 그런데 이 요소들이 영향을 미칠 기회가 거의 없기 때문에 상황이 달라질 가능성이 낮다. 다시 말해 뭔가 이득을 얻으려면 훨씬 앞서서, 결과에 대비하거나 영향을 미칠 시간이 아직 남아 있을 때 예측을 끝마쳐야 한다.

결론적으로 우리는 왜 예측하는가? 어떤 결과를 피하거나 이용하기 위해서다. 어느 쪽이든 예측에는 준비가 필요하다. 준비 없는 예측이란 호기심에 불과하다. 경주마 럭키 댄서가 가장 빨리 달릴 것이란 예측은 당신이 경마장에서 돈을 걸어 그 결과를 이용할 시간이 있을 때만 가치가 있다. 반대로 말이 전력 질주하는 길에 당신이 서 있다면, 동일한 직관을 말에 짓밟히는 결과를 피하기 위해, 즉 얼른 비키려고 사용할 것이다.

주어진 결과에 대한 적절한 대비의 중요성은 그 결과를 피하거나 이용하는 것의 중요성을 평가함으로써, 그리고 당신이 사용할 전략의 비용 및 효용에 의해 결정된다.

어떤 준비나 예방책을 적용할지 결정할 때는 예측의 인식된 신뢰도도 함께 측정한다. 만약 내가 당신에게 내일 번개에 맞을 텐데 5만 달러를 내면 안전을 보장해주겠다고 하면 당신은 관심을 보이지 않을 것이다. 번개를 피하는 것이 중요하기는 하지만, 내 예측의 신뢰도가 낮은 데 비해 비용이 너무 크기 때문이다. 그러나 만약 의사가 당신에게 당장 심장이식을 받지 않으면 죽을 것이라고 하면 5만 달러라는 비용은 갑자기 적당해진다. 번개를 맞거나 심장마비가 일어나거나 죽음이 찾아온다는 결과는 똑같지만, 의학적인 예측의 신뢰도가 월등히 높다고 인식하는 것이다.

이처럼 사람들은 신뢰도Reliability, 중요성Importance, 비용Cost, 효용Effectiveness을 비교(우리 회사에서는 이를 'RICE 평가'라고 부른다)해 수많은 결정을 내린다.

사회는 이 RICE 평가로 예방적인 결정을 내린다. 사회적인 관점에서 볼 때 대도시 시장 암살을 저지하는 것은 대통령 후보 암살을 저지하는 것보다 덜 중요하다. 그 결과 거의 모든 시장들을 1년 동안 보호하는 것보다 대통령 후보를 1주일 동안 보호하는 데 더 많은 비용을 지출한다. 대통령 후보가 총격을 받을 수도 있다는 예측이 시장이 총격을 받을 수도 있다는 예측보다 더 정확할 것이라고 생각할지도 모르겠다. 그러나 꼭 그런 것도 아니다. 실제로는 시장들이 대통령 후보들보다 더 자주 심각한 총격을 당한다. 여기에 주지사들까지 생각해보자. 거의 모든 주지사가 경호원들을 대동하고 일부는 아주 많이 대동하지만, 근무 중 살해당한 주지사는 단 한 명도 없다(주지사 두 명이 근무 중 총격을 당했는데, 그 원인이 주지사여서는 아니었다. 조지 월리스George Wallace는 대통령 후보였기 때문이고, 존 코널리John Connelly는 케네디 대통령이 암살당할 때 같은 차에 타고 있었기 때문이다). 따라서 시장이 그 역할을 수행한 결과로 살해당할 가능성이 더 높지만, (이 책을 읽는 시장들에게는 미안한 말이지만) 우리는 주지사들에게 일어날지도 모르는 일을 막는 데 더 신경을 쓴다.

개인과 마찬가지로 사회의 경우도 RICE 평가가 비합리적으로 수행된다면, 그것은 항상 감정 때문이다. 예를 들면 비행기 납치라는 결과를 막는 것이 세계적으로 아주 중요하기 때문에 승객들은 매년 10억 번도 넘게 무기 소지 여부를 조사받는다. 실제로 200~300명만이 무기 소지 죄로 체포되고, 그들 대부분에게는 비행기를 납치할 의도가 없었다. 역설적으로 미국에서 비행기 납치 때문에 사람이 죽은 것은 무기 검색대를 설치한 이후였다. 따라서 효과성을 생각한다면 고작 몇 건을 예방할지도 모르는 뭔가를 위해 너무 많은 비용을 지불하고 있다. 우리가 이렇게 하는 것은 감정, 특히 걱정 때문이다. 분명히 말하면 나는 비행기 승객들에 대한 검색을 지지한다. 실제로 무기를 탐지하는 목적이 아니라 두려움을 줄여주기 위해서다.

당신 동네에서 절도 사건이 일어날 가능성이 낮은데도 문에 자물쇠를 여러 개 다느라 돈을 들이는 것이 타당해 보이는 이유는 절도 예방이 중요하기 때문이다. 어떤 사람들은 집에 도둑이 들 가능성이 크거나 절도를 막는 것이 훨씬 더 중요하다고 생각해 보안 시스템을 설치한다. 다른 사람들은 그렇게 느끼지 않는다. 주의와 예방에 대한 접근법은 모두 각자의 RICE 평가로 귀착된다. 당신의 일상생활에 대한 안전 예측 신뢰도에 관해, 나쁜 결과를 막는 것의 중요성에 관해, 이용 가능한 예방책의 비용과 효용에 관해 자문해보라. 그 대답에 따라 개인 안전에 어떤 자원들을 적용할지 결정할 수 있을 것이다.

즉각적인 위험에 처했을 때는 직관이 이 모든 논리적 사고를 망각하고 그저 두려움의 신호만 보낸다. 당신은 의식 세계로 들어오면서 이미 완성된 직관에 반응할 기회가 주어진 것이다. 이런 직관적 예측은 무의식적이지만, 우리는 종종 의식적으로 예측해야 한다. 이런 예측들은 어떻게 개선될 수 있을까?

잉마르 베리만Ingmar Bergman[스웨덴의 영화감독]은 이렇게 말했다. "내가 창 한 자루를 어둠 속으로 던졌다고 상상해보라. 그게 내 직관이다. 이제 창을 찾으러 정글 속으로 사람을 보내야 한다. 그게 내 지성이다."

우리는 단순히 창을 던짐으로써 의식적인 예측을 크게 개선한다. 어떤 행동을 할지 그저 질문을 던짐으로써 혹은 의식적으로 의문을 품는 것만으로 직관과 의식적으로 협력하는, 자신과 협력하는 단계로 진입한다. 때로는 논리와 판단력이 그 창을 따라 정글로 들어가길 꺼릴지도 모른다. 다음 장에 나오는 개념들이 논리와 판단력을 설득하는 데 도움이 될 것이다.

6장

폭력을 인식하고 있는가

"일단 운동 법칙이 적용되면 다음 것들은
아무 방해도 받지 않고 줄줄이 따라간다."
아리스토텔레스

집 근처 호텔로 차를 몰고 가서 최고층 객실을 달라고 요청한 남자가
있었다. 그는 짐이 하나도 없었는데도 벨보이의 안내를 받으며 18층으
로 올라갔다. 남자는 팁으로 자기 주머니에 있던 돈(61달러)을 몽땅 건넸
다. 그러고는 방에 펜과 종이가 있냐고 물었다. 5분 뒤, 그는 창밖으로 뛰
어내렸다.

남자를 받았던 프론트 직원이나 벨보이가 이 자살을 예견할 수 있었
을까? 두 사람은 손님의 행동과 태도를 관찰할 기회가 있었지만, 완전히
다른 결과를 예측했다. 그들은 다음 질문들에 답하고 있었다. 객실 사용
료를 지불할 수 있을까? 이 신용카드의 주인이 맞나? 어떻게 하면 이렇
게 많은 팁을 또 받을 수 있을까? 이런 예측을 위한 사건 발생 전 지표에

는 다음과 같은 자살 관련 내용은 없다. 왜 짐이 없지? 근처에 사는 사람이 왜 호텔에 투숙할까? 왜 최고층 객실을 찾을까? 왜 종이와 펜이 필요할까? 왜 가진 돈을 몽땅 줘버렸을까?

물론 사람들은 다른 이유로 이런 행동들을 한다. 남자는 짐을 잃어버렸을 수도 있다. 남자는 집을 훈증 소독하고 있어서 근처에 살면서도 호텔에 투숙했을 수도 있다. (하지만 이 경우에 짐이 없을 수 있을까?) 남자는 방금 아내와 말다툼해서 (그리고 너무 빨리 집을 뛰쳐나와 짐을 챙길 수 없었다) 호텔에 투숙했을 수도 있다. 남자는 전망 때문에 높은 층 객실을 요청했을 수도 있고, 누군가(아내?)에게 편지를 쓰기 위해 펜과 종이가 필요했을 수도 있다. 남자가 후하기 때문에 돈을 몽땅 줘버렸을 수도 있다. 남자의 다른 행태에 의미를 부여할 수 있는 질문이 하나 있다. 남자가 우울해 보였나? 하지만 이는 호텔 직원들의 관심사가 아니었다.

어떤 변호사는 호텔에 책임을 물어야 한다고 확신하겠지만, 핵심은 뭔가를 의식적으로 예측하는 것이다. 그러려면 어떤 결과가 예측되고 있는지 알아야 하고, 혹은 그럴 가능성이 있는 결과를 의식 세계로 가져오기 위해 사건 발생 전 지표들을 충분히 살펴야 한다. 이때 선禪의 지혜가 적용된다. '질문을 아는 것이 그 대답을 아는 첫 단계다.'

예측의 언어

낯선 개들에게 둘러싸여 떨고 있다면 짐 카니노Jim Canino보다 더 든든한 동반자는 없을 것이다. 짐은 사람들이 사납거나 예측이 불가능하다고 여기는 수백 마리 개들을 다뤄본 개 행동 전문가이기 때문이다. 당신과 짐이 어떤 개의 행동을 똑같이 관찰할 수 있다고 해도, 짐은 그런 행동들이 무엇을 의미하는지 당신보다 정확히 인지할 가능성이 더 높고, 그 개의 행태를 더 정확하게 예측할 수 있을 것이다. 왜냐하면 짐은 개들을 예측하는 언어를 알기 때문이다. 예를 들면 당신은 개가 짖어대면 물려고 덤벼들 가능성이 높다고 생각하겠지만, 짐은 개가 짖는 것이 단지 다른 개들을 부르는 행동이라는 것을 안다. 으르렁거리는 것은 유념해야 할 신호다. 개들을 예측하는 언어에서는 으르렁거리는 것이 "아무도 오지 않으니 나 혼자서 이걸 처리해야 해"라는 의미다.

누가 똑똑히 들리기는 하지만 당신이 이해하지 못하는 언어로 말하면 그 말은 제한된 의미를 실어 보낸다. 다음 단락을 살펴보자.

Flemeing, r o b e r t do. Bward, CCR, L-john john john john john john john john john john, GGS, stosharne, :powell. Kckkm, cokevstner, michL fir fir fir fir fir, hawstevking, bjacksrowne, steV1der, dgeLnrs.

횡설수설하는 것처럼 보일지 몰라도, 당신의 직관은 아마도 그런 게 아닐 것이라고 말해준다. 이 문단에는 유명인 15명의 이름이 들어 있지만, 이 책의 다른 부분에 사용된 것과는 약간 다른 언어로 적혀 있다.

Flemeing은 이언 플레밍이다(E in Fleming). r o b e r t do는 로버트 드 니로다(Robert D-near-O). Bward는 워런 비티다(War in B-D). CCR은 시저다(C's-R). L-john john john john john john john john john john은 엘턴 존이다(L-ten john). GGS는 지저스다(G's-S).

당신은 이제 나머지 아홉 이름을 알아볼 수 있을 정도로 이 언어를 충분히 안다. 이런 단어 퍼즐들은 왕왕 그 의미가 우리 눈앞에서 수확되기를 기다리고 있음을 보여준다. 때로는 그 뜻이 거기 있다는 것을 믿기만 하면 된다.

이런 퍼즐들은 뭔가 다른 것도, 직관과 의식적인 예측의 차이점에 관한 뭔가도 보여준다. 이런 퍼즐 중 한 퍼즐에 대한 해결책이 즉시 도출되지 않는다면 당신 안에서 겉으로 답을 떠오르게 하는 데 문제가 있는 것이다. 아무리 퍼즐을 노려봐도 퍼즐 자체에서 얻을 수 있는 추가적인 정보가 없기 때문이다. 하나를 풀었다면, 그 답은 당신 안의 어딘가에서 얻은 것이다. 많은 사람이 마치 이 퍼즐이 애너그램[철자 바꾸기]이라도 되는 것처럼 글자를 이리저리 움직이고 다른 순서로 늘어놓음으로써 퍼즐을 풀었다고 믿고, 답을 자신 안의 어딘가에서 얻었다는 생각에 저항한다. 하지만 이 퍼즐은 애너그램이 아니고, 일관된 규칙이 없는데도 사람들은 이를 파악할 시간도 들이지 않고 즉석에서 풀어내곤 한다.

나는 강연에서 이런 직관적인 퍼즐들을 연달아 보여주고, 청중에게 바로 떠오른 답을 불러달라고 한다. 정답 대부분이, 어떤 때는 거의 모든 정답이 여자들에게서 나온다. 오답 대부분이 여자들에게서 나오기도 한다. 여자들은 생각나는 것을 기꺼이 불러주려고 하기 때문이다. 즉 여자들은 기꺼이 추측하려 한다. 이와 반대로, 남자들은 방을 가득 메운 사람들 앞에서 틀릴 수 있는 위험을 무릅쓰려고 하지 않기 때문에 정답이라는 확신이 들 때까지 아무 말도 하지 않는다. 결과적으로 남자들이 제각각 묵묵히 퍼즐들에 대한 자신의 논리를 시험하는 동안 여자들이 모든 답을 불러준다. 여자들은 항상 직관에 의존하고 있기 때문에 그러는 것을 훨씬 편하게 느낀다.

직관은 그저 귀를 기울이는 것이고, 예측은 논리로 퍼즐을 풀려는 것과 비슷하다. 당신은 방법론을 자신에게 보여줄 수 있기 때문에 의식적인 예측을 더 신뢰할지 모르지만, 그것이 반드시 정확성을 높이지는 않는다. 비록 이 장이 의식적인 예측을 개선하는 방법을 다루고 있긴 하지만, 인간 행태에 있어 의식적인 예측이 무의식적인 예측보다 나으리라고는 잠시도 믿지 말라.

○　　○　　○

우리는 우리가 인지할 수 있는 확실한 신호를 읽는 능력을 바탕으로 다른 사람들의 행태를 예측한다. 《보디토크Bodytalk》에서 데즈먼드 모리스Desmond Morris는 제스처와 신체 움직임의 의미를 서술하고, 세계 곳곳에서 어떤 의미로 사용되는지에 주목했다. 놀랍게도 66개나 되는 신호가 전 세계적으로 유효하며, 지구상 모든 문화권의 모든 사람에게 보편적이다. 그런 신호 대부분이 무의식적으로 드러난다. 전 세계 어디서든 턱을 앞으로 쑥 내미는 것은 공격 신호고, 목을 살짝 움츠리는 것은 두려움의 신호고, 숨을 거칠게 내쉬며 코를 벌렁대는 것은 분노의 신호다. 지구에 사는 누구라도 손바닥을 바닥으로 향한 채 살짝살짝 아래로 움직이며 팔을 쭉 뻗는 것은 '진정하라'는 뜻이다. 모든 문화에서 턱을 만지는 것은 '지금 생각 중이야'라는 의미다.

이런 움직임이 무의식적으로 행해지는 것과 마찬가지로 우리가 그런 움직임을 읽는 것도 보통 무의식적으로 이루어진다. 만약 내가 세계적으로 공통된 66개 제스처나 신체 움직임 중 15개 정도만 들어보라고 해도 당신은 어렵다고 느낄 것이다. 그러나 당신은 그 66개를 확실히 알고, 각각의 제스처에 직관적으로 반응한다. 앞에서 말을 전혀 하지 못하는 개들의 예측적 언어에 대해 이야기했다. 데즈먼드 모리스는 인간의 언어 중 비언어적 부분 하나를 확인했지만, 우리는 다른 것도 많이 갖고 있다. 특정한 예측 언어를 아는 것이 어떤 사람이 한 말을 정확하게 이해하는 것보다 훨씬 중요한 경우가 종종 있다. 핵심은 사람들이 선택한 단어들의 배후에 있는 의미와 관점을 이해하는 것이다. 폭력을 예측할 때는 이런 언어들이 포함된다.

거절의 언어

자격의 언어

과장의 언어

관심 추구의 언어

복수의 언어

집착의 언어

동일성 추구의 언어

관심 추구, 과장, 자격, 거절은 서로 이어져 있는 경우가 많다. 당신이 아는 사람 중 항상 주목받고 싶어 하고, 홀로 있거나 자기 말을 경청해주지 않는 것을 견디지 못하는 누군가를 생각해보라. 물론 무시당하는 것을 좋아하는 사람은 거의 없지만, 이 사람에게는 무시가 훨씬 의미 있다. 앨 샤프턴Al Sharpton[미국의 시민권 운동가]이나 러시 림보Rush Limbaugh[미국의 라디오 토크쇼 진행자]가 오늘날 그들이 하는 방식으로 사람들의 주목을 끌어모을 수 없다고 상상해보라. 그들은 그럴 자격이 있다고 믿고(자격과 당당함), 그것이 필요하다는 것을 알고(거절의 두려움), 남들 눈에 띄고 남들이 귀를 기울이는 데 전념하기 때문에(관심 추구), 그들은 청중이 줄어드는 것에 강하게 저항할 수도 있다. 그들 내부의 욕구가 충분히 강하다면(그리고 당신이 심판자라면) 그들은 관심을 끌기 위해 상당히 극단적인 것까지 할 수도 있다.

당신이 아는 사람들 중에서 확실한 논거가 있는데도 스스로에 대해 높은 평가를 내리거나 당당한 사람을 생각해보라. 그가 뭔가에 자원했는데 나중에 자신이 선택되지 않거나 심지어 진지하게 고려되지도 않았다고 해보자. 그는 그 소식을 겸손하고 소박한 사람과는 다른 의미로 받아들일 것이다. 그런 사람은 겸손한 사람보다 훨씬 더 빨리 수치심을 느낀다.

폭력을 예측할 때마다 우리는 맥락과 자극 요소들과 전개 과정이 우리뿐 아니라 관련된 사람에게 어떤 의미인지 물어야 한다. 우리는 행위자가 폭력을 바라던 결과를 향해 움직이도록 만들었다고 인식했는지, 아니면 바라던 결과에서 멀어지도록 만들었다고 인식했는지 물어야 한다.

폭력을 쓰겠다는, 혹은 어떤 일을 하겠다는 의식적이거나 무의식적인 결정에는 다수의 정신적 및 감정적 절차가 포함된다. 하지만 그 절차들은 사람들이 정당성Justification, 대안Alternatives, 결과Consequences, 능력Ability이라는 상당히 단순한 네 가지 문제를 어떻게 인식하는지로 압축되는 것이 보통이다. 우리 회사는 이를 네 가지 요소의 머리글자를 따서 'JACA'라고 줄여 부른다. 이 요소들에 대한 평가는 폭력을 예측하는 데 도움이 된다.

인식된 정당성(J)

그 사람은 폭력을 정당하다고 느끼는가? 인식된 정당성은 충분히 도발적인 것("이봐, 내 발을 밟았잖아!")처럼 간단할 수도 있고, 말다툼할 핑계를 찾거나 화낸 것을 정당화하기 위해 논쟁을 시작하는 부부처럼 복잡할 수도 있다. 정당성을 발전시키고 지어내는 과정은 관찰이 가능하다. 어떤 행동에 대한 정당성을 느끼고자 하는 사람은 "당신 행동이 나를 화나게 했어"에서 "당신 행동이 잘못됐어"로 옮겨갈 수 있다. 인기 있는 정당성에는 고도의 도덕적 바탕이 깔린 정의로운 분개와 성경에도 등장하는 '눈에는 눈'이라고 알려진 좀 더 단순한 보복이 포함된다.

분노는 기운을 채우고 활기를 북돋우기 때문에 매우 유혹적인 감정이다. 사람들은 때로 그들의 분노가 과거의 불공정에 의해 정당화된다고 느끼고, 최소한의 구실을 대고 현재 상황과 아무 상관 없는 분노를 쏟아낸다. 이런 사람은 미리 정당화된 적의를 가졌다고 할 수 있으며, 좀 더 일반적으로는 아무에게나 싸움을 거는 사람으로 볼 수 있다.

도발이 어느 정도인가 하는 것은 물론 도발당한 사람의 입장에서 결정된다. 존 모너핸은 "누가 어떤 사건을 어떻게 인식하느냐 하는 것은 그가 결국 그 사건에 폭력적으로 반응하느냐에 크나큰 영향을 미칠 수 있다"고 했다. 존이 '인식된 고의성'(예를 들면 "너는 나한테 그냥 부딪친 게 아니야. 나를 때리려고 했던 거야")이라고 부르는 것은 정당성을 찾는 사람의 가장 명백한 예일 것이다.

인식된 대안(A)

그 사람은 폭력 말고 자신이 원하는 결과를 얻게 해줄 대안이 있다고 생각하는가? 다른 행태들과 마찬가지로 폭력은 목적이 있기 때문에 행위자의 목적을 알아보는 것이 중요하다. 예를 들면 일을 되찾고 싶어 하는 사람에게 폭력은 가장 효과적인 전략이 아니다. 폭력은 그가 원하는 바로 그 결과를 배제하기 때문이다. 이와 반대로 복수를 원한다면, 폭력은 통상적으로 유일하지는 않지만 실행 가능성 있는 전략이다. 폭력을 대체할 수 있는 것들로는 조롱, 인신공격, 소송, 표적이 되는 사람이나 조직에게 비신체적인 해를 가하는 것 등이 있다. 원하는 결과를 아는 것이 핵심이다. 원하는 결과가 신체적인 부상을 입히는 것이라면 폭력을 대체할 방법이 거의 없다. 원하는 결과가 누군가를 벌하는 것이라면 대안이 많을 수도 있다. 대체할 것들이 없다고 여겨질 때 폭력이 행사될 가능성이 가장 높다. 다윗이 대안들을 인식했더라면 골리앗과 싸우지 않았을 것이다. 정당화 하나만으로는 적을 이기지 못하는 자신의 낮은 능력을 충분히 보상하지 못했을 것이다. 무엇보다 달리 택할 방법이 없어서 싸웠던 것이다. 대안이 없다고 느끼는 사람(혹은 동물)은 폭력이 정당화되지 않을 때조차, 그 결과가 호의적이지 않으리라 인지될 때조차, 상대를 이길 가능성이 낮을 때조차 싸울 것이다.

인식된 결과(C)

그 사람은 폭력에 따른 결과를 어떻게 보는가? 사람들은 물리적인 힘에 의존하기 전에 무의식적 혹은 순간적으로라도 발생 가능한 결과의 무게를 달아본다. 폭력으로 그 사람의 정체성과 자아상이 심각하게 손상된다면 그는 결과를 감내하기 힘들 수 있다. 평소에는 수동적이었지만 군중이나 폭도 속에서 폭력적으로 변하는 사람처럼 맥락이 이를 바꿀 수도 있다(폭력은 다른 사람들의 지지와 격려에 의해 감내할 만한 것이 되기도 한다). 남들의 주목을 끌고 싶고, 잃을 것은 거의 없는 암살범처럼 결과가 호의적이라고 인식될 때는 폭력을 행사할 가능성이 높다.

인식된 능력(A)

그 사람은 자신이 주먹을 쓰거나 총을 쏘거나 폭탄을 터뜨릴 수 있다고 믿는가? 폭력을 행사해본 적 있는 사람들은 또다시 폭력으로 이기려는 자신의 능력을 높게 평가한다. 무기나 다른 이점을 가진 사람들은 폭력의 높은 효용을 (종종 정확하게) 인식한다.

○   ○   ○

JACA가 대대적으로 활용되는 것을 보려면 국제분쟁을 살피면 된다. 팔레스타인 사람들에게는 자신들의 토지권을 되찾고 보호한다는 목표가 있다. 그들 중 일부에게는 잘못된 과거에 대해 복수하고 이스라엘 사람들에게 고통을 주겠다는 목표가 있다. 어떤 경우든 목표를 달성하기 위해 폭력을 끌어들이는 사람들은 그렇게 하는 것에 정당성을 느낀다. 그들은 목표를 달성하는 데 폭력만큼 효과적인 대안이 없다고 인식한다.

폭력의 결과도 호의적(이스라엘 사람들에 대한 압력, 자신들의 어려운 처지에 대한 세계적인 관심, 과거의 고통에 대한 복수 등)이라고 본다. 그리고 (이제 정당한 근거를 가진) 폭력을 행사하는 능력이 높다고 인식한다.

팔레스타인 사람들이 폭력을 계속 행사할지 예측하기 위해서는, 적어도 평가라는 목적을 위해서는, 그들의 방식으로 문제점들을 봐야 한다. 행태를 예측하고자 하는 사람들의 시각으로 문제를 보는 것이 얼마나 중요한지는 아무리 강조해도 지나치지 않다. 최근 〈60분〉은 사람들 대부분이 그렇게 하기를 꺼린다는 사실을 여실히 보여줬다. 이 프로그램은 자살 순교자들의 가슴에 폭탄 두르는 것을 도와준 '기술자'라고 알려진 테러 지도자를 프로파일링했다. 그의 대원들은 인구 밀집 지역으로 죽음을 운반하는, 걸어 다니는 폭탄이 됐다. 인터뷰어 스티브 크로프트Steve Kroft가 기술자의 추종자에게 그런 끔찍한 일들을 저지를 수 있는 사람에 대해 이야기해달라고 했다. 그 대답은 다음과 같았다.

"그는 우리 모두와 마찬가지로 아주 정상적인 사람입니다."

크로프트가 이의를 제기했다. "당신은 그가 다른 모든 사람과 마찬가지인 것처럼 말했는데, 내, 내, 내가 생각하기에는 아무도 당신과 그를 정상으로 여기지 않을 것 같은데요."

그러자 테러리스트가 응수했다. "당신 말이 틀렸다고 봅니다. 우리나라에는 우리와 같은 믿음을 가진 사람이 수백만 명이나 됩니다. 우리나라뿐 아니라 다른 아랍 세계에도, 심지어 당신네 나라에도 있단 말입니다." 그 테러리스트의 말이 옳았다.

JACA는 개인 차원에서와 똑같이 정부에서도 관찰된다. 미국이 전쟁을 시작하려면 먼저 정당성이 있어야 한다. 악의 제국, 미친 독재자, 국제적인 무법자, 우리의 이익 보호, '그저 옆에서 지켜볼 수만은 없다!' 등의 명분이 등장한다. 폭력 이외의 대안은 협상이 요구로, 경고가 배척으로, 마침내 봉쇄가 공격으로 옮겨짐에 따라 줄어든다. 전쟁 개시에 관한 인식된 결과는, 여론이 정부 의견과 같아짐에 따라 감내할 수 없는 것에서 감내할 수 있는 것으로 옮겨진다. 우리 능력에 관한 평가는 함선과 군대가 적 가까이로 이동함에 따라 높아진다.

그날이 끝나갈 때쯤, 이라크에서 100명을 죽인 미국인 폭파범이 이스라엘에서 100명을 죽인 팔레스타인 폭파범과 똑같은 방식으로 폭력을 행사할 것을 결정한다.

이런 생각은 일부 독자를 괴롭힐지도 모르지만, 3장에서 논의된 것처럼 효과적으로 예측하려면 가치판단을 배제해야 한다. 대신 전투를 —적어도 잠시 동안은— 적군 전함의 갑판에서 봐야 한다. 왜냐하면 우리 것과 얼마나 다를지는 모르겠지만 각자가 자신만의 시각과 본성을 가지고 있기 때문이다. 역사가 제임스 버크는 이렇게 설명했다. "자신을 수란水卵이라고 생각하는 사람에 관해 정확하게 할 수 있는 말이라고는 그가 소수파라는 것뿐이다."

○　　○　　○

예측의 요소

어떤 예측의 성공 가능성을 평가하는, 말하자면 예측을 예측하는 방법이 있다. 11가지 요소를 측정함으로써 가능하다. 이 요소들은 우리 회사에서 쓰는 전략의 일부로, 폭력뿐 아니라 모든 유형의 예측에 적용된다. 매우 중요한 예측에 관해 우리가 조언해준 많은 기업이 소송 상대가 어떻게 할지 같은 다른 유형의 예측을 할 때도 도움을 청하기 때문에 이 요소가 얼마나 보편적인지 나는 잘 안다.

일단 다음 질문들에 답하는 것으로 시작한다.

1. 측정 가능성

당신이 예측하고자 하는 결과가 얼마나 측정 가능한가? 그 결과가 일어나거나 혹은 일어나지 않을 것이 분명한가? 예를 들면 "낙태 합법화 집회 도중 폭탄이 터질까?"라는 예측성 질문을 생각해보라. 그 결과는 측정 가능하다(즉 그런 일이 발생하면 결과가 분명할 것이다).

하지만 예측성 질문이 "이번 하와이 여행에서 우리가 좋은 시간을 보낼까?"라면 우리는 '좋은 시간'에 관한 공통된 개념을 세우지 못할 수도 있다. 내가 좋은 시간을 보내고 있다는 것이 당신에게는 분명하지 않을 수도, 쉽게 발견되지 않을 수도 있다. 따라서 이에 관한 예측은 결과를 쉽게 측정할 수 있는 예측보다 성공할 가능성이 낮다.

2. 유리한 위치

예측하는 사람이 사건 발생 전 지표와 맥락을 관찰할 수 있는 위치에 있는가? 예를 들면 말다툼하는 두 사람 사이에서 무슨 일이 벌어질지 예측하기 위해서는 당신이 그 두 사람을 보고, 두 사람의 말을 들을 수 있는 유리한 위치에 있는 것이 중요하다.

3. 위급성

먼 훗날이 아니라 곧 일어날지도 모르는 결과를 예측하고 있는가? 결과가 여전히 귀중한 의미를 가지는 동안에 예측하는 것이 이상적이다. "누가 다음 주에 스미스 상원 의원을 해치려들까?"라는 질문이 "누가 30년 뒤에 스미스 상원 의원을 해치려들까?"라는 질문보다 대답하기 적절한, 보다 쉬운 예측성 질문이다. 다음 주 상황이 30년 뒤 상황보다 수많은 변수의 영향을 덜 받을 것이기 때문에 첫 번째 질문에서 좋은 결과가 나올 가능성이 더 높다.

가장 좋은 예측성 자원은 결과가 아직 우리에게 의미 있는 동안 발생할 수도 있을 때 적용된다. 스미스 상원 의원에게는 좀 가혹할지 모르지만, 상원 의원이 30년 뒤에 해를 당할지 어떨지는 지금 사람들에게 중요하지 않을 수 있다.

"담배 때문에 죽게 될까?"와 같은 보다 개인적인 예측성 질문도 유사한 역동성을 가진다. 흡연자들은 담배 때문에 자신이 죽을 수도 있다는 것을 쉽게 예측하지만, 그 결과가 시간적으로 너무 먼 일이기 때문에 그 중요성의 많은 부분을 상실한다.

4. 맥락

이 상황의 맥락이 예측하는 사람에게 분명한가? 참석자가 조건들과 상황, 당사자들의 관계와 서로에 대한 사건을 평가할 수 있는가?

5. 사건 발생 전 지표

결과가 예측되기 전에 확실히 일어나는, 감지할 수 있는 사건 발생 전 지표들이 있는가? 이는 가장 가치 있는 요소다. 주지사가 연설하는 중에 암살당할 가능성이 있는지 예측한다고 하자. 사건 발생 전 지표로는 암살범이 권총을 들고 연단으로 뛰어오르는 것이 있다. 그러나 너무 직전에 발생하는 일이라서 (개입할 시간적 여유를 주지 않기 때문에) 아주 유용한 사건 발생 전 지표라고 할 수 없다. 암살범의 출생도 사건 발생 전 지표이기는 하지만, 너무 시간이 걸려서 가치가 없다. 이 두 사건은 특정 예측을 위한 지도에서 매우 중요한 교차점이지만, 예측자는 이 두 사건 사이 어딘가, 가장 초기에 감지할 수 있는 요소와 행위 직전에 발생하는 요소 사이 어딘가에 있기를 희망한다. 암살과 관련된 유용한 사건 발생 전 지표로는 암살범이 주지사의 일정을 알아내려는 시도, 계획 수립, 무기 구입, 일기 작성 혹은 사람들에게 "곧 뭔가 큰일이 벌어질 거야"라고 말하는 것 등이 있다.

믿을 만하고 감지할 수도 있는 사건 발생 전 지표가 몇 가지 먼저 일어나고 결과가 나오는 것이 이상적이다. 누가 살인을 생각하는 것과 살인을 계획하는 것은 둘 다 대단히 가치 있는 사건 발생 전 지표이지만, 모두 머릿속에서 일어나는 일이기 때문에 감지되지 않을 수도 있다.

뒤에서 직장 폭력, 배우자 살해, 어린아이들이 벌인 살인 사건, 유명인 공격에 관한 사건 발생 전 지표들을 논의할 것이다. 비록 예측하는 사람들에게 매번 알려지지는 않지만 사건 발생 전 지표들은 항상 있다.

6. 경험

예측하는 사람이 관련 주제를 경험한 적이 있는가? 사자 조련사는 경험이 있기 때문에 사자가 덤벼들지 아닌지에 관해 나보다 훨씬 더 정확하게 예측할 수 있다. 조련사가 가능한 두 가지 결과(덤비지 않는 사자들과 덤벼드는 사자들)를 모두 경험했다면 훨씬 더 잘 예측할 수 있다.

7. 비교 가능한 사건들

예측하려는 것과 똑같지는 않지만 비교할 만한 결과들을 연구하거나 고려할 수 있는가? 본질적으로 비교 가능한 사건들에 의존한 예측이 이상적이다. 상원 의원이 정신장애가 있는 일반인에게 총격당할지 예측할 때는 상황이 본질적으로 같고 사건에 등장하는 인물들의 관계가 비슷한, 시장들이 미친 추종자들에게 총격당한 사례들을 연구할 수 있다. 시장들의 사례에 나오는 사건 발생 전 지표들을 알 수 있고, 이를 지금 예측에도 적용 가능한지 고려할 수 있다. 반면에 자신의 배우자에게 총격당한 상원 의원들의 사례나 총으로 자살한 상원 의원들의 사례는 낯선 사람이 상원 의원에게 총을 쏘는 상황에 관한 예측의 성공률을 높일 가능성이 없다.

8. 객관성

어느 쪽 결과가 나오더라도 믿을 수 있을 만큼 예측하는 사람이 객관적인가? 한 가지 결과만 가능하다고 믿는 사람은 이미 예측을 끝냈을 수 있다. 전반적인 예측 시험을 다 해보기도 전에 결정을 내리겠다고 단순하게 결심해버리면 자신의 직관적 능력에 한계를 두게 된다. 어떤 직원이 폭력적으로 행동할지 예측해야 할 때 그런 일이 절대 벌어질 리 없다고 믿는 사람에게 예측을 부탁하는 것은 적합하지 않다. 어느 쪽 결과도 나올 수 있다고 믿을 때만 자신의 예측성 자원을 모두 사용한다.

9. 투자

예측하는 사람이 결과를 얻는 데 얼마나 투자하는가? 즉 그 결과를 회피하거나 활용하는 것에 얼마나 관심이 많은가? 예측이 정확해지기를 원하는 이유가 있는가? 만약 지금 내가 내일 늦잠을 잘 것이냐고 물으면 당신은 이 문제에 관심이 없기 때문에 당신이 가진 가장 좋은 예측 자원들을 투입하지 않을 것이다. 하지만 내일 아침 일찍 내가 공항까지 태워다 주기를 바라는 상황이라면 당신 예측은 훨씬 정확해질 것이다.

10. 복제 가능성

지금 예측하는 문제를 다른 곳에서 먼저 시험해볼 수 있는가? 열을 가하면 냄비에 든 물이 끓을지 예측해달라는 요청을 받았을 때는 예측을 개선하기 위해 물에 열을 가할 필요가 없다. 먼저 다른 물에 열을 가해 시험해볼 수 있다. 이는 그리 중요하지 않은 예측을 위한 저비용 실험이다. 복제 가능성은 대부분의 과학적 예측에서 요긴하지만, 인간 행태에 관한 아주 중요한 예측을 하는 데는 거의 쓸모가 없다. 화난 직원에게 권총을 주고 직장에서 상사를 쏘는지 관찰할 수는 없으니 말이다.

11. 지식

예측하는 사람이 그 주제에 관해 정확한 지식을 갖고 있는가? 그 지식이 당면 문제와 상관없고 정확하지 않다면, 바보가 가라앉는 배를 두고 항해에 적합하다고 고집하는 것과 같다. 지식이 종종 지혜인 척하기 때문이다. 만약 경영자가 직장에서 폭력을 행사하는 사람 대부분이 35살부터 50살까지의 백인 남자라는 지식을 갖고 있으면, 그는 '프로파일에 맞지' 않는 다른 직원의 이상한 행태를 묵살할 수도 있다.

(우리 회사에서는 이 11가지 요소들에 점수를 부여하는 예측 도구를 사용하고 있다. 그 척도와 범위는 인기 있는 예측의 몇 가지 실례와 함께 부록 2에 실려 있다.)

○　　○　　○

예측의 가장 진보된 개념은, 그 일이 발생하기 시작하는 지점을 결정하는 것과 관련이 있다. 지진 예측이 극단적인 예다. 일반적인 믿음과 반대로, 지진을 예측할 수 있는 신뢰할 만한 사건 발생 전 지표들이 있다. 문제는 그 사건 발생 전 지표들이 1만 년이나 된 것일 수도 있기 때문에 인간의 관점에서는 지진이 예측할 수 없는 것처럼 보인다는 점이다. 하지만 지질학적 관점에서는 로스앤젤레스에서 일어날 다음 지진은 이미 시작됐다고 말하는 것이 타당하다. 지질학에서 재앙은, 아주 짧은 시간 동안에 인류에게 의미 있는 사건이 발생함을 뜻할 뿐이다. 지구가 움직이는 것은 논쟁거리가 되지 않는다. 왜냐하면 지금 당신이 밟고 서 있는 땅이 움직이고 있기 때문이다. 갑작스러움이 문제인 것이다.

폭력 예측에서 시간이 오래 걸리는 사건 발생 전 지표들은 뭔가가 재앙으로 시작될 때까지 기다릴 필요가 있는지 혹은 중도에 그것을 감지할 필요가 있는지를 묻게 만든다. 암살 시도는 총이 피해자에게 발사됐을 때, 범인이 총을 꺼냈을 때, 총이 범행 무대로 옮겨졌을 때, 총에 총알이 장전됐을 때, 범인이 총을 샀을 때, 범인이 암살을 처음 생각했을 때 중 언제 시작되는 것인가? 사건 발생 전 지표들이 사실상 사건의 일부라는 것을 깨달으면, 예측은 이론적 과학이 아닌 실용적 기술이 된다.

이런 개념을 인간에게 적용하면 행동이 사슬 같다는 것을 알 수 있다. 우리는 너무나 자주 개인적인 고리들만 본다. 어떤 사람이 왜 자살했는지 물어보면, 이것으로 자살을 설명할 수 있기라도 한 것처럼 "그 사람은 중대한 재정적 손실을 입어 의기소침했다"고 대답하는 사람들이 있다. 많은 사람이 재정적 손실로 의기소침하지만 자살하지는 않는다. 우리는 폭력이 인과관계의 문제라고 믿고 싶어 한다. 하지만 폭력은 사실 하나의 과정이고, 그 폭력적인 결과는 사슬에서 하나의 연결 고리일 뿐이다. 직장을 잃은 친구가 뭘 할지 예측한다고 하자. 당신은 자살에 관한 다른 많은 사건 발생 전 지표들이 보이지 않는 한 "아, 그 친구는 자살할 겁니다"라고 말하지 않을 것이다. 실직을 사슬 전체가 아니라 고리 하나로 볼 것이다. 자살 과정은 자살이라는 행위 이전에 시작한다.

살인도 똑같다. 단순한 인과관계(예를 들면 그 사람은 아내가 바람피워서 살인을 저질렀다)로 살인을 설명할 수도 있지만, 이런 식으로 생각하는 것은 예측에 도움이 되지 않는다. 지진과 마찬가지로, 폭력은 그 사람이 결혼하기 훨씬 전에 시작된 과정에서 나온 하나의 결과다.

○　　　○　　　○

이제 당신은 예측 잘하는 법에 관해 쉽게 떠올리기도 힘들 만큼 많은 내용을 읽었다. 그럼에도 그 정보는 당신 머릿속에 이미 들어 있기 때문에 기억력 테스트를 할 필요는 없다. 애초에 당신 머릿속에서 나왔으니 당연하다. 이런 예측 요소는 조상들이 생존하기 위해 의존했던 것들과 동일하다. 이 요소들이 당신에게 생소해 보였다면 그 이유는 현대 서구인들에게 오랫동안 묵살돼왔기 때문이다. 우리는 삶이 위험을 예측할 필요가 적고 위험을 더 많이 통제할 수 있는 진화의 지점에 있기 때문에 그런 예측 요소들이 그리 필요하지 않다고 인식한다.

우리는 자신을 보호하는 데 사용되는 위대한 지성을 물려받아 생존에 필요한 비상한 기술들을 개발해왔다. 그 기술들 중 으뜸은 현대 의학이다. 우리가 부상에 덜 취약해진 것은 아니지만, 그 부상 때문에 죽을 가능성은 훨씬 낮아지고 있다. 기술은 도움을 청할 수 있는 능력도 제공하기 때문에, 위급 상황에서도 고립됐다고 거의 느끼지 않는다. 우리를 즉시 병원으로 데려갈 수 있는, 혹은 의술이 즉시 우리에게 달려오게 할 수 있는 신속한 이송도 가능하다. 이 모든 것을 갖고 있음에도, 우리는 과거 어느 때보다 더 많은 두려움을 느낀다. 그리고 그 두려움의 대부분은 서로에 관한 두려움이다.

이런 두려움에서 최대한 자유로워지려면 선천적인 예측 기술을 불러낼 필요가 있다. 이어지는 다음 장들에서는 앞에서 다룬 예측과 직관의 요소들을 하나로 합치는 연습을 해볼 것이다. 당신은 직관을 듣는 것이 우리가 자신에게 보내는 신호를 읽는 것이고, 인간 행태를 예측하는 것이 남들이 우리에게 보내는 신호를 읽는 것이라는 사실을 알게 될 것이다.

죽이겠다는 약속

> "사람은 솔직하고 단순한 겁쟁이다. 목숨을 너무나도 사랑한다.
> 다른 사람들을 너무나도 두려워한다."
>
> 잭 헨리 애벗Jack Henry Abbott[미국의 범죄자이자 작가]

"너를 죽일 거야."

이 세 마디는 이제껏 말로 표현된 그 어떤 문장보다 더 많이 위험성 높은 예측을 불러일으킨다. 엄청난 두려움과 불안을 확실하게 유발한다. 그런데 그 이유가 뭘까?

오로지 위험한 미치광이만이 우리를 해칠 생각을 할 것이라 믿는데, 실제로는 그렇지 않다. 수많은 사람이 당신을 해칠 생각을 한다. 당신이 너무 천천히 간다고 느끼는 뒤차 운전자, 당신이 웃고 떠들고 있는 공중전화를 사용하려고 기다리는 사람, 당신이 해고한 사람, 당신이 떠나버린 사람 등의 머릿속에는 모두 폭력적인 생각이 스치고 지나갔을 것이다. 당신을 해치려는 생각들이 끔찍하게 느껴지겠지만, 불가피한 면도 없지 않다. 생각 자체는 문제가 아니다. 그 생각을 표현하는 것이 우리를 불안하게 만들고, 대개는 그것이 문제가 된다. 이를 이해하면 부당한 두려움을 줄이는 데 도움이 될 것이다.

우리의 평안한 마음을 어지럽히고, 취소하기 어려운 말들을 하고, 우리의 두려움을 악용하고, 우리를 전혀 배려하지 않고, 아주 위험한 일을 일으키고, 몸을 잔뜩 웅크리게 하는 누군가가 우리를 계획적으로 경계하게 만든다.

협박은 엄격한 지시를 받는 군인들처럼 송달된다. 묵살할 수 없는 불안을 야기한다. 놀랍게도 그런 협박적인 말들의 송달이 전적으로 나쁜 소식만은 아니다. 누가 폭력을 행사하겠다고 협박하는 것이니 당연히 나쁘다. 그러나 협박은 상대가 폭력을 고려해왔지만 적어도 지금 당장은 그러지 않기로 결정했음을 의미한다. 협박은 상대가 지금 당장은(그리고 대개 영원히) 남을 해치는 행동보다는 남을 경각시키는 말을 선호한다는 의미다.

의사소통의 도구로 너무나 자주 사용돼온 협박은, 당신이 그것에 관해 진지하게 생각하기 전까지는 거의 이해되지 않는다. 벌을 주겠다고 협박하는 부모, 특정되지 않은 '추가 조치'를 취하겠다고 협박하는 변호사, 전쟁을 불사하겠다고 협박하는 한 국가의 지도자, 죽이겠다고 협박하는 전남편, 한바탕 소란을 피우겠다고 협박하는 아이……. 이들은 모두 불확실성을 야기할 의도로 이런 말들을 하고 있는 것이다.

우리의 세상살이는 다른 사람들의 협박을 평가절하하고, 남들에게 잘 먹힐 협박에 투자하며 이루어진다. 차를 여기 세우면 당국이 견인하리란 믿음이 그런 특정 협박을 받지 않는 주차장을 찾아보도록 장려한다. 저녁 식사에 늦으면 죽여버리겠다고 곧잘 농담하는 배우자의 말을 곧이곧 대로 믿지 않기 때문에 우리는 결혼 생활을 유지할 수 있다. 당신이 보다시피 협박은 문제가 아니다. 맥락이 문제다.

예를 들면 두 사람이 말다툼하고 있다. 그들의 적대감이 점차 커져 다른 때 같으면 경보를 울려야 하는 상황에서도 무대 위 배우들 사이의 일이라면 아무렇지 않게 지켜볼 수 있다. 반대로 어떤 사람이 계단을 걸어 올라가는 것은 아무 협박이 되지 않는다. 그러나 초대받지 않은 관객이 무대로 걸어 올라가는 것은 경보를 울려야 하는 문제가 된다. 그 사람이 내딛는 몇 걸음에 의미를 부여하는 것이 바로 맥락이다.

친한 사람들 사이의 한마디는, 다른 사람들에게는 아무 의미가 없겠지만, 맥락에 따라 강력한 사랑이나 협박의 메시지를 전할 수도 있다. 맥락은 우리가 관찰하는 모든 것에 의미를 부여하는 데 필요한 고리다.

아침에 직장에 도착한 한 남자를 상상해보라. 대부분 사람이 건물로 들어가는 잠기지 않은 앞문 대신 그가 뒷문 쪽으로 돌아간다. 다른 누가 열쇠로 뒷문을 열고 들어가는 것을 지켜보고 있다가, 득달같이 달려가 문이 닫히지 않도록 붙잡는다. 그가 건물로 들어가자 동료가 "보스가 자네 좀 보자는데"라고 외치지만, 그는 전혀 대꾸하지 않는다. 대신 "그래, 나도 그 양반을 보고 싶어"라고 조용히 말한다. 그는 운동 가방을 들고 있는데, 운동복만 들어 있다고 하기에는 너무 무거워 보인다. 그는 보스의 사무실로 가기 전 탈의실에 들러 가방에서 권총 한 자루를 꺼낸다. 가방에서 두 번째 권총도 마저 꺼내 모두 코트 속에 감춘다. 그러고는 보스를 만나러 간다.

만약 우리가 여기서 멈춘다면, 그리고 당신이 아는 것을 바탕으로 그가 할 법한 행태를 예측해야 한다면 맥락에 따라 이야기가 달라질 것이다. 단 한 가지 사실을 아는 것이 나머지 전부를 바꿀 것이기 때문이다. 바로 그가 형사라는 사실 말이다. 만약 그가 집배원이라면 당신의 예측은 또 달라질 것이다.

○　　○　　○

협박이 행동으로 이어질지 예측하려면 맥락을 알아야 한다. 그런데 사람들은 종종 맥락을 내용보다 우선하기를 꺼린다. 심지어 일부 전문가들조차 소위 '키워드'를 파악하고 고려하는 것이 협박 평가에 도움이 된다고 믿는다. 그런 가정은 어떤 단어들이 존재만으로 의미를 띤다는 뜻인데, 단어들을 풀이해봐도 분명해지는 것은 거의 없다. 어떤 사람이 글을 창조하면서 고르는 단어들은 그 창조의 일부이기는 하지만, 도구일 뿐 최종적인 산물은 아니다.

다음 단어들을 보라.

피부	돌진하다
벗기다	경고
피	죽이다
절단하다	폭탄

키워드 열광자라면 '죽이다', '피', '폭탄'이 들어간 한 문장으로 수많은 경고를 음미하겠지만, 당신은 최종적인 산물이 염려할 만한 것인지 결정

156

해야 한다.

자동차로 여행하는 내내, 내 피부는 완전히 얼어붙었다. 바람이 어찌나 강하게 돌진하던지, 차 지붕이 벗겨질 것 같았다. 그리고 여기 한 가지 경고문이 있다. 친척과는 절대로 여행하지 말라. 피가 물보다 진할지 몰라도, 해리 삼촌의 재미가 절단 난 농담 폭탄을 들으며 시간을 보내자니 죽을 맛이었다.

반대로 다음 단어 목록과 단어들이 등장하는 맥락을 보라.

정리하다	예쁜
꽃들	아름다운
환영합니다	

당신의 일들을 정리하고 예쁜 꽃을 조금 사라. 하느님께서 당신을 환영하기 위해 열망하는 아름다운 곳으로 당신을 데려오라고 내게 지시하셨기 때문이다.

여기 예전에 어떤 의뢰인을 위해 평가했던 편지가 있다.

어제 당신과 함께 걸을 때, 당신 몸매의 순수한 우아함이 나를 흥분시켰다오. 당신의 아름다움은 꽃이나 시냇물에 있는 다른 모든 아름다움을 음미하는 시작점을 내게 주었소. 나는 때로 당신이 빛을 발하는 곳과 자연의 아름다움이 시작되는 곳을 분간할 수 없지만, 내가 원하는 것은 당신의 몸을 느끼며 당신과 사랑을 나누는 것뿐이오.

이 편지의 단조로운 문장이 무척이나 걱정스러운 것은 맥락 때문이다. 이 편지는 50살이나 되는 남자가 이웃에 사는 10살 소녀에게 보낸 것이다(남자는 우리가 면담하러 가자 곧 이사 갔고, 지금은 예측 가능한 범죄, 즉 반복적으로 미성년자인 소녀에게 섹스를 하자고 제안한 범죄로 철창 신세를 지고 있다).

"안녕, 자기? 나야"라는 전화 메시지가 그 자체만으로 몸서리나는 협박이 될 수 있다. 만약 어떤 여자가 전남편과 마주치지 않으려고 다른 주로 도망가서 이름까지 바꿨는데 그의 목소리가 전화기에서 흘러나온다고 생각해보라.

○　　　○　　　○

이미 말했듯이 예측에는 맥락이 내용보다 훨씬 중요하고, 이는 몇몇 의미 있는 방식으로 안전과 관련이 있다. 예를 들면 나는 이 글을 피지에서 쓰고 있는데, 피지에서는 우리 대부분이 위험하다고 여기지 않는 무엇, 즉 코코넛 때문에 죽는 경우가 가끔씩 있다. 나무의 키가 매우 높고 열매가 아주 크기 때문에 코코넛이 머리 위로 떨어졌을 때의 충격은 볼링공이 5층 건물 옥상에서 머리 위로 떨어졌을 때와 비슷하다.

코코넛 때문에 위험이 닥칠 것을 알아낼 수 있을까? 분명 많은 방법이 있지만, 코코넛이 떨어지는 데 영향을 미치는 모든 요인을 평가하는 것도 코코넛이 떨어지는 것을 감지하는 한 방법이다. 나무를 타고 올라가 줄기의 강도를 검사하고, 섬유조직의 습도와 밀도 및 코코넛 무게 등을 고려할 수 있다. 최근에 근처 나무들에서 비슷하게 다 익은 열매를 떨어뜨린 바람의 속도와 등급을 측정할 수도 있다. 그러나 궁극적으로는 단 하나의 사건 발생 전 지표가 있다. 바로 코코넛이 말라붙은 나무껍질과 잎들을 지나 떨어지는 소리다. 대부분 이런 경고는 너무 늦기 때문에 이용할 수 없다. 달리 말해 열매에 맞는 사람이 들을 최후의 소리일 수 있다. 그렇다면 이런 치명적인 결과를 피할 방법이 있을까?

그렇다. 방법이 있기는 하지만, 코코넛이 정수리로 떨어지고 있는데 이 문제를 숙고하기 위해 코코넛 나무 밑동에 앉아 있을 필요는 없다. 이런 일은 코코넛 나무 아래에 있는다는 아주 한정된 맥락에서만 발생하기 때문에, 단순히 다른 곳에 앉아서 그 위험을 일괄적으로 피할 수 있다. 마찬가지 방법으로 본래의 특정한 상황 속에서 제시되는 위험들을 피할 수 있다. 폭력적인 갱단의 영역을 거들먹거리며 걸어서 지날 필요도 없고, 롤렉스 시계를 차고 리오로 여행 갈 필요도 없으며, 폭력적인 관계를 유지할 필요도 없다. 맥락은 그 자체만으로 위험에 대한 유용한 예측 변수다.

맥락은 안전에 대해 신뢰할 만한 보증이 될 수도 있다. 내가 조지 워싱턴 대학에서 응용 범죄학을 강의할 때였다. 수강생들 중 다섯 명에게 죽이겠다는 것을 확신시킬 수 있는 가장 무시무시한 협박을 생각해내서 내게 해보라고 했다. 그것을 평가해 각각의 심각성을 정확하게 결정하겠다고 했다.

첫 번째 학생이 일어서서 냉랭하게 말했다. "오늘 밤에 이런 과제를 내고, 나를 처음으로 지명하다니 아이러니하네요. 왜냐하면 정말 당신을 죽일 계획을 세워뒀거든요. 오늘 밤에 당신 수업이 있다는 시간표를 보고 형의 권총을 빌려 왔습니다. 여기 내 가방에 들어 있죠."

그 학생이 가방을 들어 이쪽저쪽으로 기울이자 실제로 그 안에 무거운 것이 들어 있는 소리가 났다. "원래 당신이 자동차로 걸어갈 때 쏘려고 했는데, 바로 이 강의실에서 쏴야겠네요. 수업 주제와 당신이 협박 전문가라는 사실을 생각하면 이번 총격은 사람들의 흥미를 끌 거고, 아주 오랫동안 나한테 관심이 쏟아지겠죠."

그가 다른 학생들을 둘러봤는데, 그중 일부는 약간 불쾌해 보였다. "이걸 보고 싶지 않은 사람은 지금 당장 여기를 떠나." 그가 자기 가방 안으로 천천히 손을 집어넣자, 나는 "다음 협박"이라고 말했고 그 학생은 자리에 앉았다. 나는 각 협박의 심각성과 결과에 대해 완벽하게 신뢰할 수 있는 예측을 하겠다고 말했고, 실제로 그렇게 했다. 그들이 말한 내용이나 말한 방식이 실제로 영향을 미치지 않았기 때문이다. 내가 학생들에게 나를 협박하라고 했기 때문에 어떤 협박도 행동으로 옮겨지지 않으리란 맥락이 —내용이 아닌— 분명히 지시됐던 것이다.

그럼에도 대부분 사람은 살인 협박을 경험한 적이 없기 때문에, 그리고 살인 협박이 다른 모든 협박과 본질적으로 다르다고 오해하기 때문에, 사용되는 단어들이 과도한 두려움을 야기하는 것이 일반적이다. 사실 살인 협박은 모든 협박 중에서 행동으로 옮겨질 가능성이 가장 낮다.

어떤 말이 실제로 위험을 알리는지를 결정하는 첫 번째 단계는, 뭐가 협박이고 뭐가 아닌지를 이해하는 것이다. 협박은 어떤 해를 끼치겠다는 의도의 진술이다. 그것이 전부다. 협박은 조건이나 대안이나 탈피하는 방법을 제공하지 않는다. '만약에', '그렇지 않으면', '~할 때까지', '~하지 않으면' 같은 말을 포함하지 않는다. 그런 단어들이 들어간 문장은 협박이 아니다. 그저 으름장을 놓는 것이고, 이 둘 사이에는 중요한 차이가 있다.

으름장은 해악을 피하기 위해 충족시켜야 하는 조건에 대한 진술이다. 예를 들면 "내가 승진하지 못하면 이 건물을 홀랑 다 태워버리겠어"는 협박이 아니라 으름장이다. 해악을 피하기 위한 조건 한 가지가 제공됐기 때문이다. 으름장은 그 말에 항상 동기가 들어가며, 말하는 사람이 원하는 결과가 분명하다. "사과하지 않으면 죽여버리겠다."(말하는 사람이 원하는 것은 사과다.) "만약 나를 해고하면 후회하게 될 것이다."(말하는 사람이 원하는 것은 직장을 계속 다니는 것이다.)

이런 진술은 위험성이 높은 속임수를 이용하기 때문에 협박과는 사뭇 다르다. 말하는 사람은 자신의 조건이 충족되기를 원한다. 해를 가하기를 원하는 것이 아니다. 반대로 협박은 말하는 사람이 일반적으로 대안을 거의 보지 않기 때문에 조건이 제시되지 않는다. 따라서 협박이 으름장보다 폭력의 가능성이 훨씬 높다. 조언을 하나 더 하자면, 종반으로 치닫는 협박 —갈등이 벌어지는 가운데 늦게 꺼낸 협박— 은 일찌감치 사용된 협박보다 훨씬 심각하다. 일찌감치 사용된 협박은 폭력을 사용하겠다는 결정에 대립하는 즉각적인 감정적 반응을 대변했을 가능성이 있기 때문이다.

의사소통 도구로서 협박은 약속과 가장 유사하다(약속이 훨씬 더 자주 지켜지기는 하지만). 약속의 경우, 일단 약속한 사람이 성실하다고 판단되면, 그다음으로 시간이 지나도 그가 자신의 의지를 유지할 가능성을 평가한다. 오늘 뭔가를 약속하지만 내일은 달리 느끼는 사람도 있다. 협박은 감정이 치밀어 내뱉는 경우가 많고, 감정은 덧없는 것이기 때문에 시간이 지나면 협박범이 자신의 의지를 잃는 경우가 종종 있다. 협박과 약속 둘 다 말하기는 쉽지만 존중받기는 어렵다.

약속과 협박 둘 다 우리에게 어떤 의도가 있음을 확신시켜주지만, 협박은 실제로 우리에게 어떤 감정, 즉 불만이 있다는 것을 확신시켜준다. 협박은 협박범이 다른 방식으로 사건에 영향을 미치는 데 실패했음을 증명함으로써 협박범을 배신한다. 협박은 너무나 자주, 의도가 아닌 절망을 대변한다. 협박과 약속 모두 보증, 계약, 심지어 서약이 아니다. 그저 말일 뿐이다(약속은 지켜지지 않을 경우 발생할 수 있는 잘못된 일들을 바로잡기 위해 보증이 제공된다. 계약은 약속을 위반하면 비용이 든다. 서약한 사람들은 이를 지키지 못할 경우 개인적 비용을 지불해야 한다. 협박한 사람들은 가장 속되고 고약한 형태의 약속을 찾아냈고, 다른 사람들은 이 약속이 실제로 깨지기를 바란다).

협박에 따른 사람들의 반응을 생각해보자. 협박은 힘 있는 위치에서는 입 밖으로 나오는 경우가 거의 없다. 어떠한 권력도 피해자에게 주입된 두려움에서 나온다. 두려움이 협박범의 전달 수단이기 때문이다. 협박범은 당신의 불확실성에서 이득을 얻는다. 일단 말이 입 밖으로 나가면 협박범은 후퇴하거나 전진해야 하고, 다른 모든 사람과 마찬가지로 어떤 쪽으로 나아가든 존엄성이 유지되길 바란다.

사람들이 협박에 어떻게 반응하느냐에 따라 협박이 가치 있는 도구인지, 아니면 단순한 말에 불과한지가 결정된다. 따라서 협박의 강력함은 협박범이 아닌 협박당하는 사람이 결정한다. 만약 상대가 얼굴이 창백해지고, 떨기 시작하면서 용서를 빌면 그는 협박이나 으름장을 황금으로 바꾼 것이다. 반대로 상대가 아무 영향도 받지 않으면 협박은 깡통일 뿐이다. 협박이 심각한(따라서 개입이나 광범위한 경계가 필요한) 것으로 판단되는 경우조차, 우리는 협박범의 말이 높게 평가되고 있음을, 즉 의뢰인이 두려워하고 있음을 절대 내보이지 말라고 사람들에게 조언한다.

요즘은 폭파 협박이 화난 사람들에게 인기 있는 전술이다. 전화 한 통이 얼마나 많은 두려움을 야기할 수 있는지 놀라울 뿐이다. 그 통화는 조직에게 건물을 비우도록, 오늘 일을 끝내도록, 직원들의 활동을 제약하는 안전 절차를 수립하도록 강요할 수도 있다. 하지만 "폭탄을 설치했다. 3시간 뒤에 터질 것이다"라고 전화하는 사람을 믿는 것은, 그가 폭탄 재료를 얻는 데 엄청난 어려움과 위험을 감수하고, 자신이 하는 일을 다른 사람들에게 절대 들키지 않으리란 확신이 드는 장소를 찾아내고, 폭탄을 조립하고, 그것을 설치하는 동안 자신의 자유와 생명을 잃을 수 있는 모험을 했는데도 경고 전화를 함으로써 그 모든 노력을 수포로 돌렸음을 믿는 것이다.

전화를 걸어 자신이 무슨 짓을 했는지 알려주는 사람의 동기는 뭘까? 생명을 구하는 데 도움을 주려고 전화했을까? 아무도 없는 곳에 폭탄을 설치하거나 혹은 아예 설치하지 않는 것이 생명을 살리는 훨씬 손쉬운 방법이 아닐까?

조금 더 깊이 들어가보자. 누가 폭탄을 조립하고 설치했지만, 마음이 바뀌어 아무도 다치지 않게 하려고 전화를 걸어 협박했다고 상상해보라. 그렇다면 종잡을 수 없는 소시오패스가 당신에게 폭탄이 설치된 정확한 장소 같은 아주 구체적인 정보를 줄 가능성이 있다는 것일까?

진짜 폭파범이 전화를 걸어 협박하는 또 다른 있을 법한 동기는, 그 폭발을 확실하게 인정받는 것이다. 폭탄이 터지고 난 뒤에 여러 사람이나 집단이 자신들 짓이라고 말할 수도 있기 때문이다. 폭탄이 터지기 전에 전화를 건 사람만이 인정받을 수 있다. 그러나 생각해보라. 폭파범이 자신이 일으킨 대혼란으로 사람들의 주목을 확실히 받고 싶을 정도로 병적인 자기중심주의자라면, 경찰에게 자신의 자존심이자 즐거움인 폭탄을 찾아내 제거할 시간을 주는 자기 파괴 행위를 하려 할까?

'폭탄을 설치했다'는 말에 너무 많은 신빙성을 부여하는 바람에 다른 믿기 힘든 주장들에 바보처럼 속고 있는 것은 아닌가 하는 의문을 나는 종종 품곤 한다. 만약 익명의 누군가가 전화를 걸어 "잘 들어. 건물 앞 장식용 화분에 100만 달러를 파묻어뒀다"라고 한다면 그 회사 사장부터 말단 직원까지 득달같이 달려 나가 흙을 파기 시작할까?

전화한 사람이 자기 말을 부인하면 어떻게 될까? 먼저 로비에 폭탄을 설치했다고 했다가, 10분 뒤에 다시 전화를 걸어 로비에 폭탄을 설치한 적이 전혀 없다고 한다면? 그럼 수색을 중지하고, 모든 사람이 하던 일로 돌아가도록 그냥 놔둬야 할까? 월요일에 건물을 비우게 만든 폭파 협박이 화요일에도, 수요일에도 있다면 어떨까? 사실 이런 협박 전화의 거의 모두가 가짜라고 했을 때 우리는 어느 시점에 익명의 폭파범을 가장 신뢰하는 일을 그만둘까? 바로 우리 예측에 더 큰 신뢰감을 가지는 시점이다.

협박에 관해 최대한 많은 것을 이해할 때 그런 확신을 갖는다. 예를 들어 폭탄 협박범이 화내고 적의를 보인다면, 그 전화는 거의 모든 협박의 목적, 즉 두려움과 불안을 야기하려고 구상됐을 가능성이 높다. 폭력적인 표현("너희 모두 산산조각 날 것이다")을 써서 전화에 대고 분노를 쏟아내는 사람이나 흥분하며 공격적으로 나오는 사람은 진짜 폭파범처럼 행동하고 있는 것이 아니다. 진짜 폭파범 대다수는 또 다른 날을 위해 자신의 감정을 아껴둘 수 있는, '늦지 않게 너를 잡아주마' 하고 생각하는 끈기 있는 유형의 사람이다. 그들은 적개심에 불타는 전화를 걸어서가 아니라 사물들을 날려버림으로써 분노를 표현한다. 역설적으로 폭파범들은 폭발적인 성격을 갖고 있지 않다.

(폭파 협박은 고용주들이 책임져야 할 수많은 의문을 불러일으키기 때문에 —건물을 비워야 할까? 종업원들이 스스로 결정을 내릴 수 있도록 협박 이야기를 해줘야 할까? 협박을 어떻게 평가해야 할까? 누구에게 알려야 할까?— 우리 회사는 조직들이 폭파 및 협박 대응 정책을 수립하는 것을 돕고 있다. 누구든 어둠 속에서 전등 스위치를 찾아 헤매지 않도록 중요한 질문의 대부분을 미리 답해줄 수 있다. 이런 접근법이 없으면 아주 중요한 의사 결정을 스트레스가 많이 쌓인 순간에 내리게 된다. 모든 협박이 그렇듯 맥락이 핵심이다. 정치적으로 민감하고 세계 언론이 관심을 기울이는 올림픽 행사에 대한 협박은, 똑같은 말이어도 쇼핑센터를 협박하는 것과 다르게 평가될 것이다.)

○　　　○　　　○

어떤 협박범들은 너무 조직화돼 있지 않아 자신들이 처음에 한 협박을 수정하거나 여러 개의 두려운 개념을 연속적으로 쏟아낸다. 어떤 사람은 "너희 모두 1시간 안에 산산조각 날 것이다"라고 했다가 "너희는 죽어야 해"라고 했다가 "너희한테 좋은 날이 올 거라고 약속하지"라고 한다. 우리는 이런 수정을 '가치 절감 진술'이라 하고, 이런 식으로 전화한 사람들이 위험을 경고하기보다는 분노를 배출하는 데 더 관심 있다고 본다.

사람들은 다른 사람들을 협박할 때 의도적으로 충격적이고, 두려운 말을 한다. 피해자들은 자신이 받았던 협박을 '끔찍하다'거나 '악랄하다'고 묘사하는데, 그 협박이 소름 끼치는 그림을 그리고 있기 때문이다. "너를 조각조각 잘라주지"는 아주 인기 있는 협박이다. "네 뇌수를 날려주마"도 마찬가지다. 그러나 몇 번이고 반복해서 말하지만, 협박의 내용은 맥락보다 훨씬 덜 중요하고, 협박할 때 쓰는 단어는 해를 끼치겠다는 의도보다는 겁을 주겠다는 욕구를 더 많이 말해준다. "네 머리통을 날려버리겠어"나 "너를 개처럼 쏴 죽일 거야"라는 말은 맥락에 따라 "이걸 더 이상 참을 수 없어"라는 단순한 진술보다 덜 위험한 뜻을 품고 있을 수도 있다.

그럼에도 경각심을 불러일으키는 단어들은 사람들에게, 심리학적으로 말하면 방어 태세를 취하게 만든다. 충격적이거나 기괴한 것들이 실제로는 위험하지 않은 경우가 보통이다. 그러나 위험에 관한 불확실성이 경고를 야기하고, 이런 경고가 문제를 야기한다. 우리는 깜짝 놀라거나 마음이 산란해지면 성공적으로 예측하기 위해 꼭 건너야 하는 '인식'이라는 도개교를 들어 올린다.

지난 30년 동안, 나는 이 세상에서 가장 창의적이고, 섬뜩하고, 불쾌하고, 성공적인 협박들을 읽고, 듣고, 봤다. 그 과정에서 차분하게 반응하는 것이 중요하다는 것을 배웠다. 우리는 놀라면 정보를 더는 머리로 평가하지 않고 신체적으로 평가하기 때문이다.

예를 들면 편지나 전화로 전달된 살해 협박은 지금 당장 어떤 위험을 초래할 가능성이 거의 없다. 그럼에도 불구하고 협박받은 사람은 그 위험에 대해 신체적으로 준비한다. (맞싸우거나 도망치기 위해) 팔과 다리에 흐르는 혈류량이 증가하고, (다쳤을 경우 좀 더 빨리 피를 응고시키는 데 도움을 주는) 화학적 코르티솔이 흘러나오고, (근육이 힘을 쓰도록 준비시키기 위해) 젖산이 근육 속에서 열을 올리고, 시야가 집중되며, 이 모든 시스템을 지휘하기 위해 호흡과 맥박이 증가한다. 이런 반응들은 (켈리가 일어나서 아파트 복도를 걸었을 때처럼) 위험과 직면했을 때나 가치가 있다. 장래의 위험을 평가하는 데는 침착을 유지하는 것이 더 나은 결과를 만든다. 그렇게 하기 위한 방법 중 하나는 "내가 곧 위험에 빠질까?"라고 의식적으로 묻고 이에 답하는 것이다. 당신의 몸은 당신이 이런 질문에서 비켜서길 바란다. 그리고 일단 그렇게 되면 무슨 일이 벌어지고 있는지 지속적으로 인식하지 않는다.

판단은 인식하고 정확하게 예측하는 데 있어 가장 큰 적이다. 사람들은 자기가 속한 사회 집단에서 판단할 뭔가에 관해 충분히 배우곤 한다. 사람들은 기괴한 행동을 목격하고 "이 사람은 미쳤을 뿐이야"라고 말한다. 판단은 어떤 특성이 관찰자에게 익숙하기 때문에 어떤 사람이나 상황을 간단하게 자동적으로 분류해 정리하는 것이다. (따라서 그런 특성이 이전에 뭘 의미했든 지금도 또다시 그 의미를 가져야 한다.) 익숙한 것이 편안하겠지만, 이런 식의 판단은 막을 내려 관찰자가 연극의 나머지 부분을 보지 못하도록 효과적으로 막는다.

사람들이 새로운 정보를 더 이상 인식하지 않는 또 다른 경우는 누군가가 유죄 혹은 무죄라고 성급하게 판단할 때다. 자신이 받고 있는 협박이 이전에 고소했던 남자 짓이라고 확신한 여자의 이야기를 상기해보라. 그 이야기를 하면서 그녀는 내게 불필요한 세부 사항(내가 인공위성이라 부르는 것)을 제공했다. 나는 그 세부 사항들로부터 그것들이 뭔지 —가치 있는 정보— 를 들을 수 있었다. 하지만 그녀는 이미 용의자를 점찍었고, 따라서 인식하기를 그만뒀기 때문에 그런 정보를 들을 수 없었다.

이와 반대로 사람들이 특정 용의자를 배제하는 상황도 있을 수 있다. 샐리의 이야기에서 인공위성을 찾아보라.

"누가 나를 겁먹게 만들고 있었어요. 그게 누군지 밝혀내야 했죠. 두어 주 전에, 차 한 대가 언덕을 넘어 우리 집 쪽으로 다가왔어요. 운전자는 우리 집 현관문만 똑바로 쳐다봤죠. 내가 현관 등을 켰다 껐다 했더니 떠 났고요. 다음 날에도 똑같은 일이 벌어졌어요. 그러더니 전화가 걸려 오 기 시작했죠. 웬 남자가 '당신은 이사를 가야 해. 거기는 여자 혼자 살기 에 안전하지 않아. 당신은 거기 있으면 안 돼'라고 말했어요. 며칠 뒤에 리처드 반스를 만나서 정말 다행이었죠. 그 남자한테 집을 팔려고 해요. 그리고 혹시 아세요? 여자 혼자 살기에는 지금 집이 이웃들과 너무 멀리 떨어져 있어요."

인공위성, 즉 불필요한 세부 사항은 무엇인가? 그녀가 집을 팔려고 하 는 남자의 이름이다.

"리처드 반스에 관해 말해주세요."

"오, 그 사람은 이 일과 아무 상관 없어요. 그저 집을 사려는 것뿐인걸 요. 저한테는 하늘이 주신 선물 같은 사람이죠. 어느 날, 제가 우편물을 꺼내고 있는데 그 사람이 조깅하며 지나갔어요. 그렇게 이야기를 나누기 시작했죠. 그 사람이 우리 집 출창을 참 좋아한다고 하더니 줄줄이 뭐가 좋은지 말하는 거예요. 다음 날 오후에 그가 집을 팔면 어떻겠냐고 묻더 군요."

"익명 전화의 어떤 점이 겁나던가요?"

"물론 그게 누구든 저를 해치고 싶어 할 수도 있다는 점이죠."

"하지만 전화한 사람은 당신이 이사 가야 한다고 했잖아요. 당신이 이사 가는 건 당신을 해치려는 사람한테는 도움이 되지 않을 겁니다. 당신이 이사 가면 누가 득을 보죠?"

"아무도요. …… 우리 집을 사고 싶어 하는 사람인가요?"

뒷일이 짐작 갈 것이다. 더 깊이 이야기해보니 리처드 밴스는 차로 1시간 더 들어가는 교외에 살았다. 그렇다면 그는 왜 샐리 집 근처에서 조깅했던 걸까? 밴스는 긴 진입로를 따라 차를 몰고 올라온 사람만이 얻을 수 있는 정보, 샐리의 집에 관한 세부 사항(출창)을 알고 있었다. 샐리는 밴스를 용의자에서 배제하는 판단을 했고, 그에 따라 그 사람을 고려하지 않은 것이다.

거의 모든 익명 협박범의 동기는 협박당하는 사람의 행동에 영향을 미치기 위해서다. 나는 의뢰인에게 당신이 협박을 따를 경우 누가 득을 볼지 자문해보라고 한다. 그렇게 해서 협박범의 신원이 밝혀지는 경우가 흔하다.

○   ○   ○

익명으로는 거의 하지 않는 으름장의 보편적인 형태가 강요다. 강요는 일반적으로 자신이 예측하는 정보를 폭로하면 타격을 입을 것이라고 협박하고, 대가를 치르면 그 비밀을 폭로하지 않겠다고 제안한다. 협박과 마찬가지로 가해자가 아닌 피해자가 그 협박의 가치를 결정한다. 즉 당신이 반응하는 방식이 가격표를 붙이게 된다.

소위 강요 협박은 '만약에', '그렇지 않으면', '~할 때까지', '~하지 않으면' 같은 단어가 쓰이기 때문에 사실상 으름장이다. "1만 달러를 주지 않으면 당신 아내한테 당신이 바람피운다는 사실을 말하겠다." 이에 대한 가장 좋은 반응은 "잠깐만, 당신이 지금 당장 말할 수 있도록 집사람과 전화를 연결하겠소"다. 이렇게 반응하면 협박은 황금에서 깡통이 돼 버린다.

강요하는 자에게 협박이 야기할 해악을 걱정하지 않는다는 것을 확신시키면, 당신은 최소한 이 기회를 이용해 협상할 수 있는 위치에 서게 된다. 대부분의 경우, 사실상 모든 문제를 무효로 만들 수 있다.

반대로 간청하고 고분고분하게 대처하면 강요 협박의 가치가 올라간다. 피해자가 협박으로 인한 해악을 도저히 견딜 수 없기 때문에 침묵의 대가를 지불하는 것이 나름 가치 있는 것처럼 보인다. 이렇게 되면 나중에 또 그 협박을 듣게 되는 경우가 다반사다. 한 번 돈을 강탈하는 데 성공한 사람은 돈을 마지못해 내준 곳으로 돌아올 수 있기 때문이다.

물론 몇몇은 내가 그러지 말라고 충고했음에도 불구하고 강요하는 자에게 돈을 주는 쪽을 택한다. 내가 합법적 강요(의뢰인의 부당한 요구에 대한 지불을 청구하는 변호사의 편지)라고 부르는 것은 별도로 하고, 자신이 만들었을 합의 조건을 꼭 지키려고 강요하는 사람들은 거의 없다. 달리 말해 당신은 합의를 존중할 생각이 거의 없는 누군가와 협상하고 있는 것이다.

아마도 유명인들이 가장 빈번하게 강요의 표적이 되고 있을 것이다. 그들의 경험에서 몇 가지 교훈을 얻을 수 있다. 전형적인 사례는 누가 장래에 손해를 끼칠 수 있는 정보를 갖고 있고, 그 비밀을 지키는 데 필요한 보상을 요구하는 것이다. 여러 해 동안 소식이 없던 허접한 전 남자 친구에게 전화를 받은, 갓 유명해진 젊은 영화배우가 생각난다. 전 남자 친구는 5만 달러를 주지 않으면 의뢰인이 과거에 낙태했다는 사실을 폭로하겠다고 협박했다. 이 사실이 알려질 수도 있다는 생각이 의뢰인을 몹시 불안하게 만들었고, 따라서 협박의 가치를 드높였다. 나와 만났을 때 의뢰인은 1주일이나 한숨도 자지 못한 상태였다. 이런 사례를 다룰 때 나는 항상 그 협박을 조직적으로 평가하는 것부터 시작한다. 나는 그 정보가 공개되면 의뢰인에게 불리하게 반응할 것 같은 사람들의 명단을 만들어달라고 했다.

"그건 쉬워요. 제 부모님요. 그분들이 알게 하고 싶지 않아요." 의뢰인이 말했다.

나는 의뢰인에게 전 남자 친구의 방식(혹은 타블로이드지의 방식)으로 부모님이 알게 될까 봐 두려워하며 살기보다는 직접 전화해서 당신의 방식으로 그 정보를 말하라고 했다. 당신만이 그 협박의 가치를 정할 수 있다고도 했다.

자신에게 해로운 정보를 스스로 들추는 것은 강요된 피해자 대부분이 전혀 고려해보지 못한 과격한 생각이다. 그러나 10분도 채 안 돼 의뢰인은 어려운 결정을 내리고 부모님께 전화했고, 그 협박을 없애버렸다. 그녀는 눈에 띄게 홀가분한 모습으로, 그리고 한층 더 강해져서 수화기를 내려놨다.

"그 사람이 비밀을 폭로하지 못하도록 뭐든 할 결심으로 여기 왔어요. 이제는 그 사람이 무슨 말을 하든 걱정하지 않기 때문에 아무것도 하지 않을 생각입니다." (의뢰인은 아무것도 지불하지 않았고, 전 남자 친구는 어쨌든 그 정보를 폭로하지 않았다. 나는 매년 이런 문제를 몇 건씩 다룬다.)

강요는 처음에 직접 말하지 못하고 빙빙 돌려 말하며 접근하는 아마추어들이 저지르는 우발적인 범죄다. "이거 아는지 모르겠네? 요전 날 밤에 자기가 에미상 시상식에 있는 걸 봤거든? 자기는 일이 다 잘 풀려서 엄청난 돈을 버는데, 나는 재정적으로 아주 힘든 한 해를 보냈단 말이야. 우리가 멕시코에서 함께 사진 찍었을 때 자기가 얼마나 아름다웠는지 생각하면……." 초심자는 강요하는 것이 약간 어색해, 피해자가 미끼를 덥석 물고 "당신이 돈 문제를 해결하도록 기쁜 마음으로 도와주고 싶어. 그런데 그 사진을 돌려받을 수 있을까. 그게 세상에 알려지는 건 정말 싫거든"이라고 말해서 일이 잘 풀리기를 원한다.

흔히 피해자들은 강요하는 자를 달래려 하는데, 그런 노력은 피해자를 불안에 빠뜨리는 약점을 강요하는 자가 붙들고 늘어지게 만들 뿐이다. 나는 의뢰인들에게 강요하는 자가 자신의 천박함에 전념하여 스스로 방어하는 입장에 놓이게 해야 한다고 조언한다. 강요하는 자가 그 자신의 야비함을 숨기게 놔두지 말고, 추악한 말을 내뱉어 야비함을 밖으로 직접 드러내도록 만들라. 나는 피해자들에게 강요하는 자가 추악한 말을 내뱉을 때까지 "당신이 무슨 말을 하려는 건지 전혀 모르겠어요"라는 말을 되풀이하라고 권한다. 강요하는 자들 다수가 그런 말을 내뱉을 수 없어서 어물거리거나 나쁜 생각을 몽땅 포기한다. 강요하는 자에게 강요를 명시적으로 언급하게 만드는 것은 탐욕이나 악의를 명백하게 하는데 도움이 되고, 그가 원하는 결과에 대한 로드맵도 제공해준다.

아주 어려운 일이지만, 때로는 강요하는 자들을 정중하게 대해주는 것이 중요하다. 자신이 협박하는 해로운 일을 실제로 행할 정당한 이유를 찾고 있을 수도 있기 때문이다. 아마추어가 그처럼 저질적으로 행동하기는 어렵다. 믿거나 말거나, 바로 그 순간이 강요하는 자가 아주 취약해지는 때다. 동정하는 것으로 그릇 해석하지 말라. 이는 강요하는 자의 감정을 상하지 않게 하는 현명한 행동이다. 강요하는 자를 화나게 만들면 힘을 줄 수 있기 때문이다.

강요하는 자가 아는 사람일 경우, 피해자들은 종종 상대가 실제로 협박대로 하리라는 것을 믿지 않으려 한다. 강요하는 자가 뭘 할지 당신도 예측할 수 있지만, 이런 상황을 겪은 적 있는 독자의 시간을 절약하기 위해 악의적인 자가 그저 탐욕스러운 자보다 협박을 행동으로 옮길 가능성이 훨씬 높다는 사실을 밝힌다. 어쨌거나 악의적인 자들은 통상적으로 협상하기 아주 곤란하므로, 나는 의뢰인들에게 시도조차 하지 말라고 조언한다.

조언을 하나 더 하자면, 처음부터 쓰레기 같은 말을 대놓고 하는 자들이 말을 빙빙 돌려 하는 자들보다 협박 내용을 행동으로 강행할 가능성이 훨씬 높다.

"후회하게 될 거다" 혹은 "나를 건들지 마" 같은 협박이라고 할지라도, 그자들이 할지도 모르는 일들이 간접적으로 혹은 은근히 언급된다면 "그게 무슨 뜻이지?"라고 직접적으로 묻는 것이 가장 좋다. 그가 협박하는 내용을 정확히 물어보란 뜻이다. 그가 열심히 설명하는 내용은 원래 암시된 협박보다 거의 대부분 약화될 것이다. 한편으로 그의 견해에 관한 설명이 사실상 명백한 협박이라도 불확실한 채로 놔두는 것보다 바로 아는 것이 훨씬 낫다.

○　　○　　○

영향력 맥락이 얼마나 강력할 수 있는지를 보여주는 가장 좋은 실례 중 하나는 유명인들에 대한 협박을 평가할 때 나온다. 이런 평가가 다른 상황에서도 정확하리란 가정은 이 경우에는 전혀 맞지 않는다. 예를 들면 (이웃, 친구, 배우자 등) 대인 관계와 관련된 상황에서는 의사소통의 질을 떨어뜨리고 불만을 키움으로써 협박이 사실상 폭력의 가능성을 증가시키는 경향이 있다. 그런데 유명인의 경우, 이와 똑같은 협박은 폭력의 징후가 전혀 아니다.

그럼에도 불구하고 유명인들을 협박하는 자들이 실제로 그들을 해칠 가능성이 가장 높은 사람이라는 생각이 사회적 통념으로 집요하게 남아 있다. 사실 직접적으로 협박하는 사람들은 다른 부적절한 방법(상사병, 지나친 숭배, 거절, 우리의 관계가 '인연'이라는 믿음, 함께 여행하거나 만나려는 계획, 언론계 인사가 자신들에게 어떤 빚을 졌다는 믿음 등)으로 의사를 전달하는 사람들보다 유명인을 해칠 가능성이 훨씬 낮다. 미디어 시대의 역사 속에서 유명인 공격에 성공한 사람들 중 어느 하나도 피해자를 먼저 직접적으로 협박한 적이 없다는 사실에서 드러나듯이, 직접적인 협박은 미국에서의 암살 사건에 대한 신뢰할 만한 사건 발생 전 지표가 아니다.

유명한 피해자들에 대한 직접적인 협박이 폭력을 예고하지 않는 반면 당사자가 아닌 사람들에게 말하는 협박은 심각하다. 정신이 불안정한 사촌이 주지사를 쏘겠다 말했다고 경찰에 신고한 사람은 아주 가치 있는 정보를 제공한 것이다. 피해자가 아닌 다른 사람에게 말하는 협박은 그 동기가 피해자를 겁주려는 욕구일 리가 없기 때문이다. 실제로 그렇게 행동할 리가 거의 없을지라도, 무관한 사람에게 협박 내용을 말했다면 항상 경찰에 신고해야 한다.

유명인을 해치려는 사람은 먼저 피해자를 직접적으로 협박할 것이란 사회적 통념 때문에 많은 사람이 협박을 포함하지 않은 부적절한 내용은 중요하지 않다고 잘못 결론을 내린다. 실제로는 그 반대다. 협박 내용이 없다는 이유로 부적절한 편지들을 가볍게 무시한 유명인들은 안전과 가장 관련된 내용을 놓치는 것이다.

협박 내용이 있으면 덜 위험하고, 없으면 더 위험하다는 생각을 쉽게 납득하기는 어려울 것이다. 이 생각 자체가 직관을 거스르는 것 같기 때문이다. 하지만 이는 사실이다. 또한 사람들을 놀라게 하는 유명인 협박에 관한 유일한 사실도 아니다.

예를 들면 익명의 살해 협박은 크나큰 불안감을 불러일으키지만, 실제로는 이름을 밝힌 협박보다 훨씬 덜 위험하다. 익명으로 협박하는 사람들은 자기 이름을 밝힌 사람들보다 피해자와 만나려고 할 가능성이 현저히 낮다. 이를 뒷받침하는 몇 가지 강력한 이유가 있다. 자기 본명을 댄 협박범은 주목을 피하려 하지 않고, 오히려 주목을 끌고 싶어 한다. 이런 협박범은 자신이 저지른 범죄 현장에서 "내가 했다"고 말하는 대다수 살인범과 가장 흡사하다.

그런데도 경찰은 줄곧 익명 살해 협박에는 관심을 보였고, 본명을 밝힌 살해 협박에는 무관심했다. 경찰은 통상적으로 발각되지 않으려고 하는 용의자를 체포해야 하기 때문에, 스스로 신분을 밝힌 자와 마주치면 "이 친구는 아무 짓도 저지르지 않을 거야. 자기 이름을 바로 여기에 적었잖아"라는 반응을 보인다. 경찰은 협박범이 협박 내용을 행동으로 옮기려고 하면 쉽게 체포할 수 있으리라 생각한다. 유명인을 습격한 자가 체포를 피하려 한 적이 거의 없다는 점을 제대로 인식하지 못하는 것이다. 익명의 협박에 관한 경찰의 오해는 암살이 거의 모든 다른 범죄와 어떻게 다른가 하는 데서 유래한다. 누가 자신이 체포되도록 범죄를 계획하겠는가? 누가 자신의 행위가 비디오에 찍히기를 바라겠는가?

현대의 미디어 범죄자, 특히 암살범에게는 이것이 완전범죄에 대한 묘사이며, 몇몇 사람은 이를 위해 목숨도 바치려 할 것이다. 당신은 당연히 암살범과 마주칠 가능성이 없을 것이다. 그러나 뭔가에 집착하는, 그냥 놔주기를 거부하는 사람들을 만날 가능성은 있다.

8장

집착 또 집착

> "당신이 사람들에게 화낸다면
> 그들은 당신 삶의 일부가 될 것이다."
>
> 개리슨 킬러Garrison Keillor[미국의 풍자 작가]

미국에서 끈기는 피자 같은 것이다. 우리가 발명하지는 않았지만, 확실히 신봉한다. 우리는 아이들에게 끈기가 있으면 후일에 결과가 좋을 것이라고 약속한다. 끈기를 성공하는 자의 속성이라 여기고, 모든 역경을 딛고 끈기를 발휘하는 사람을 찬양한다. 하지만 끈기가 바람직하지 않게 작용할 경우에는 우리가 찬양했던 바로 그 사람들이 우리 삶을 괴롭게 만들 수 있다. 집요한 사람들을 다루는 상황이 가장 당황스럽다. 그 사람들이 다음에 뭘 할지 예측하고, 그들이 화나거나 위험하게 변할까 봐 걱정하고, 그들이 꼭 계속해야겠다고 느끼지 못하게 막으려면 어떤 전략이 잘 먹힐까 고민한다.

이런 일이 내 의뢰인 중 하나가 아니라 당신에게 일어났다고 상상해보라. 당신과 당신 배우자가 어떤 세미나에 참석했는데, 그곳에서 아는 사람이 토미라는 명문 사립학교 학생 같으며 활력 넘치는 젊은이를 소개했다고 치자. 당신의 여행사 사업이 곧 확장될 것이란 말을 듣자 토미는 열의로 불타오른다.

이런 우연한 만남이 대수롭지 않게 느껴질지 몰라도, 마이크 페더Mike Fedder와 그 부인 재키Jackie에게는 바로 악몽의 시작이었다. 세미나 중에 수다를 떨다가 토미가 여행 사업에 관한 몇 가지 아이디어를 말했다. "항상 좀 더 자유로운 패키지여행에 관심이 있었어요. 요즘 사람들도 큰 호텔에 그냥 머무는 것보다 캠핑과 래프팅, 하이킹을 더 좋아하게 됐고요. 여행사 매출을 두 배로 올릴 수 있는 패키지여행 아이디어가 있는데, 그걸 함께 시작해볼 제대로 된 파트너를 여태 만나지 못했어요." 토미는 리틀 야구 리그에 참여한 조직에게서 수집한 명단으로 아버지와 아들이 함께 즐기는 휴가 패키지여행 상품을 팔자고 페더 부부에게 말했다.

"이 리그에 있는 몇 팀들하고 함께 일하는데, 부모들이 자식과 많은 시간을 보내거든요. 재미있는 활동에 기꺼이 돈을 쓰려고 할 게 분명하다고요. 야구 리그는 조직이 잘되어 있어서, 패키지여행 상품을 이들의 회보와 모임을 통해 알릴 수 있죠. 게다가 아버지 한 명을 포섭하면 그 사람이 자기가 속한 집단의 다른 사람들을 끌어들이도록 유인할 수도 있고요."

재키는 토미의 생각 중 가족적인 면이 마음에 든다고 말했고, 마이크는 흥미로운 생각처럼 들린다고 말했다. 하지만 주위의 모든 사람에게 그리 했듯이 토미와도 "안녕히 가세요"라고 인사하며 헤어졌고, 그것으로 끝이었다.

이틀 뒤, 75명의 직원을 둔 성공적인 여행사의 사장인 마이크에게 토미가 전화를 걸었다. 그는 부부를 소개해준 여자에게서 마이크의 전화번호를 알아냈다며, '우리가 시작했던 사업적 논의'를 좀 더 진전시키고 싶다고 했다. "그냥 잠깐만 시간을 내주세요. 제가 오늘 거기 들를 수 있어요. 10분이면 됩니다. 약속하죠." 그가 말했다. 마이크는 토미를 실망시키고 싶지 않아 좋다고 했다. "2시면 될까요?" 그렇게 2시 약속이 잡혔다.

2시가 됐을 때 마이크가 장거리전화를 받느라 토미는 몇 분을 기다려야 했다. 토미는 이 일로 약간 뿔이 난 것 같았다. "우리가 2시라고 약속하지 않았나요?"

"아, 미안해요. 40명이 아프리카로 여행하는 걸 준비하던 중이라⋯⋯." 내가 이 친구한테 왜 사과하는 거지? 마이크는 의문이 들었다. 이는 아주 좋은 질문이었다. 토미가 요청했던 10분이 20분으로 늘어났다. 애초의 생각에 구체적인 내용을 더했고, 사실상 아주 인상적이었다. 늘어난 양만큼 질이 높아진 것은 아니었지만. 토미가 이 일에 많은 노력을 쏟아붓고 있는 것이 분명했다.

토미는 "우리가 그날 밤에 이 일을 언급했을 때 저는 바로 이렇게 생각하기 시작⋯⋯"이라고 말했고, 잠시 들르겠다는 말은 공식적인 제안이 됐다. 토미는 휴가를 내서(어디에? 마이크는 토미가 어디에 근무하는지 듣지 못했다) 요세미티로 떠나는 부자 휴가 여행을 직접 조직하겠다고 했다. 이 여행이 성공하지 못하면 한 푼도 받지 않을 것이고, 성공하면 자신의 몫을 받으면 된다고 했다.

마이크는 자신이 통상적으로 외부 대행사와 일하지 않는다고 말했다. 토미는 다 이해한다는 듯 "제가 이 회사에 입사하면 되죠"라고 말했다.

마이크는 자리가 없다고 했고, 그러자 토미는 "아, 저는 어떻게든 시작할 수 있으니, 기회가 되면 공식화하기로 하죠"라고 말했다.

이 친구, 아주 끈질기네. 성공하겠어. 마이크는 속으로 생각했다. 사실 이런 끈기가 뭔가를 나타내는 특징이기는 하지만, 그 뭔가가 성공은 아니다. 이는 어떤 맥락에서든 문제가 있음을 분명히 드러내는 신호인 "아니요"라는 말을 듣지 않으려는 것이었다.

면담이 40분으로 늘어나자 마이크는 말했다. "이보게, 토미. 가장 실적이 뛰어난 마를린이 두어 달 뒤에 결혼하려고 회사를 그만둘지도 모르네. 그때 자네한테 전화해 이 문제를 다시 상의하도록 하지."

토미는 더 진전된 확실한 결과가 나오지 않아 실망했지만, "다음 이닝에 들어올" 수 있는 방법을 찾기 위해 다시 전화하겠다고 했다.

토미는 그다음 주에 전화해 마이크가 어떤 결정을 내렸는지 물었다. (무슨 결정?) "아무것도 변한 게 없네, 토미. 마를린과 그 약혼자가 아직 결혼 날짜를 잡지 않았거든." 마이크는 이렇게 말하고, 토미의 요청을 거절했다.

토미는 "그럼, 재키한테 안부 전해주세요"라는 말로 전화를 끊었다. 이 전화는 그냥 놔주지 않는 사람의 또 다른 특성에 관한 실마리를 제공했다. 표출되지도, 있지도 않은 약속을 다른 사람들에게 투사한 것이다.

다음 날, 마를린이 마이크에게 주저주저하며 토미라는 친구가 있는지 물었다. 토미라는 사람이 전화해 그녀의 결혼 계획을 궁금해하더라는 것이었다. 그리고 자기와 마이크가 뒤이어 해보려는 계획이 있는데, 그녀가 언제 직장을 그만둘지 '대략적인 생각'이라도 가지고 있는지 물었다고 했다.

5분 뒤 마이크는 토미에게 전화했다. "이보게. 자네가 좋은 사람이고 일 때문에 흥분했다는 건 알지만, 이 점을 분명히 해야겠네. 우리가 자네 아이디어를 추구하길 원하고, 그리고 자네 아이디어가 우리 회사 계획에 맞는다면, 내가 자네에게 전화를 걸겠네. 더는 내게 전화할 필요 없고, 더군다나 마를린에게는 전화해선 안 된다고 생각하네. 알겠나?"

토미는 낙심한 기색을 전혀 보이지 않았다. "아, 충분히 알아들었습니다. 혼란스럽게 해서 죄송하네요. 제가 준비를 시작할 수 있도록 마를린의 스케줄을 알아봐야겠다고 생각했을 뿐입니다. 그게 답니다. 별일 아니라고요. 다시는 그녀를 괴롭히지 않겠습니다." 토미는 마이크의 말을 이해한 것처럼 보였지만, 이어지는 말은 전혀 그렇지 않았다. "마를린이 약 8주 뒤라고 해서, 그에 따라 계획을 세울 생각입니다."

"음, 내 말 잘 듣게, 토미. 아무 계획도 세우지 말게. 여행사 일은 그렇게 하는 게 아니네. 자네는 어떤 일이 벌어질지 전혀 모르잖아. 언젠가는 자네와 내가 함께 일할 때가 오기를 바라며, 자네에게 크나큰 행운이 찾아들기를 기원하겠네. 자네가 제안해준 데 대해 정말 고맙게 생각하네."

결국, 이렇게 끝났다. 정말 끈질긴 친구로군. 그래도 내 말을 확실히 알아들었겠지. 마이크는 속으로 생각했다,

3개월쯤 뒤, 점심 식사를 마치고 회사로 돌아온 마이크는 자신의 음성 사서함에 토미가 메시지를 세 개 남겼다는 것을 알았다. 엄청 끈질기구먼. 마이크가 답신하려고 채 돌아서기도 전에 토미가 다시 전화했다. 그는 몹시 흥분한 것 같았다. "이건 좀 놀라웠어요, 마이크. 좋아서 놀랍다는 게 아니라 충격을 먹었다고나 할까요? 다시 접촉하고 싶어 오늘 아침에 전화했더니 마를린이 2주 전에 그만뒀다고 하더라고요. 2주 전에요!

당신도 알다시피 우리가 약속했던 터라, 살짝 실망스럽더라고요. 우리가 2주나 귀중한 시간을 허비했다는 걸 믿을 수가 없었죠. 저는 이 생각을 실현시키겠다고 단단히 약속드렸고, 이 일에 전력투구하며 세부적인 사항들을 가다듬었거든요. 정말로 시간이 오래 걸렸네요. 마를린을 대신할 사람을 뽑지 않았길 진심으로 바랍니다."

마이크는 이 일이 토미에게 많은 의미가 있다는 것을 알기에 이렇게 말하는 데 미안한 생각이 들었다. 이 친구를 실망시킬 텐데 어떡하나? "음, 먼저 마를린의 자리는 아직 채워지지 않았네. (내가 왜 이런 말을 하고 있지!?) 하지만 그게 중요한 건 아니지. 우리는 약속한 적이 없네. 사실상 그냥 잡담을 나눴을 뿐이지."

"당신은 그렇게 생각하는지 모르겠지만, 저는 이 일에 열과 성을 다 쏟아부었단 말입니다. 당신이 약속하면 꼭 지키는 사람인 줄 알았는데 그렇지 않은가 보군요."

자리가 비었을 때를 말하는가 보군. 마이크는 속으로 생각했다. "내가 약속을 잘 지키지 못하는가 보네, 토미. 이제라도 각자 제 갈 길로 가자고. 이번 일은 좋은 경험이었다고 치부하세나. 자네가 고생을 너무 많이 해서 미안하네."

마이크는 그렇게 말하고 전화를 끊었다.

다음 날, 토미가 두 번이나 전화했지만 마이크는 회신하지 않았다. 메시지 중 하나는 급하다는 내용이었지만, 잘 알지도 못하는 사람과 급할 일이 뭐가 있겠는가.

토미가 그 주일에 메시지를 다섯 개 더 남겼고, 마이크는 결국 아내와 이 문제를 상의했다. "내가 이 친구를 부추긴 적은 없는데, 이런 희망을 품도록 무슨 말이나 행동을 한 것 같아. 이 친구한테 무슨 말을 더 해야 할지도 모르겠고, 마냥 회신하지 않을 수도 없으니, 원. 이 친구를 화나게 하고 싶지는 않아."

"토미는 이미 화났어." 재키가 똑똑하게 말했다. "우리가 그 사람의 친한 친구가 돼 동업하지 않은 순간부터 화가 났다고. 당신이 무슨 말을 하든 이 사람은 곧이곧대로 듣지 않을 거야." 대부분 여자와 마찬가지로 재키는 원하지 않는 집착을 다루는 데 마이크보다 훨씬 경험이 많았다. 그녀는 '아마도'라는 말이 어떤 때는 '확실히'라고 인식되고, '좋아하다'가 '사랑하다'라는 말로 받아들여지기도 하며, 남의 말을 한 번 듣지 않는 사람은 앞으로도 절대 들으려 하지 않는다는 것을 잘 알았다. 계속 노력하는 것은 상대의 집착을 부추기기 때문에 당신이 거리를 두고자 할 때 사실상 사태를 악화시킨다는 중요한 사실을 알았을 것이다.

만약 토미가 평생 갈 동업이 수포로 돌아갔다는 것을 알면 어떤 방식으로 반응할지 아무도 모른다. 접촉은 불을 키우는 연료고, 토미는 많은 연료를 필요로 하지 않는 사람이었다.

"1주일 뒤에도 전화질을 그만두지 않으면 내가 토미한테 전화해서 딱 잘라 말하겠어."

"하지만 마이크, 당신은 이미 그렇게 했잖아." 재키가 상기시켰다. "그 사람한테 대놓고 전화하지 말라고 했단 말이야. '각자 제 갈 길로 가자'고 하면서. 나한테는 아주 분명해 보이는데?"

재키의 말이 옳았다. 만약 당신이 누군가에게 말하고 싶지 않다고 10번 이야기한다면, 당신이 원했던 것보다 아홉 번이나 더 말한 것이다. 그가 메시지를 20개 남긴 뒤에 당신이 회신한다면, 이는 회신을 받는 비용이 메시지 20개라는 것만 가르칠 뿐이다.

2주 동안 전화가 오지 않았고, 마이크는 마침내 다 끝났다고 기뻐했다. 그러나 "급한 일로 당신과 당장 이야기해야겠습니다"라는 메시지가 또 왔다. 마이크는 정말로 지금 당장 이 일을 끝내야 한다고 느꼈다. 마이크는 매 단계마다 토미가 어떻게 반응할지 예측했지만, 이는 자신의 행태 기준을 적용한 것이었다. 마이크는 회신하지 않으면 토미에게 무례한 짓이고, 어쨌든 회신해서 차라리 욕을 먹는 편이 낫다고 판단했다.

"자네, 왜 이러는 건가? 건망증이 있는 사람처럼! 동업하지 않겠다고 내가 분명히 말했잖나. 내 말 듣고 있는 건가? 아주 분명히 말했는데도 자네는 들으려 하지 않는군. 이 문제로 더 이상 말하고 싶지 않네. 알겠나?"

토미는 마이크가 전혀 예측하지 못한 방식으로 반응했다. 그는 우리 관계가 회복 불능 상태로 빠지길 원하지 않기 때문에 사과 전화를 하고 싶었다고 말했다. "저는 언젠가는 이 일로 대박을 낼 수 있다고 지금도 생각합니다"라고 덧붙였다.

"아니, 토미. 자네는 다른 일로 관심을 돌려야 하네. 자네 관심을 끌 만한 일자리가 나면 내가 알려줌세. (오, 하느님, 내가 왜 이 말을 하는 걸까?) 그러나 이번이 내가 거는 마지막 전화가 될 걸세. 알겠나? 이쯤에서 이 일을 끝맺을 수 있겠지?" 마이크는 자신이 하고 싶은 말을 하는 것이 아니라 애걸하고 있었다.

마이크는 마침내 토미를 떨쳐버렸다고 생각했다. 그날 밤, 그는 재키에게 말했다. "오늘 토미한테 전화했는데, 그냥 사과하고 싶어서 전화했던 거래."

재키가 말했다. "잘됐네. 이번이 그 사람과 하는 마지막 통화면 좋겠어."

"당연히 마지막 통화지. 토미가 사과했으니 다 끝난 거라고." 토미가 보낸 페더럴 익스프레스 봉투가 도착할 때까지는 그랬다. 봉투에는 동봉된 추천서에 서명해달라고 요청하는 쪽지가 들어 있었다. 추천서는 토미가 은행 계좌를 개설하는 데 도움이 될 것이라는 말과 함께.

마이크는 더 이상 통화하지 않겠다고 재키에게 장담했지만, 토미의 요청에 답하기로 마음먹었다. 토미에게 전화를 걸었는데, 다행히 자동응답기가 연결돼 이런 메시지를 남겼다. "자네가 보낸 추천서에 서명하기가 꺼림칙하네. 그러나 자네의 행운은 빌겠네."

집요한 사람들은 토미의 추천서처럼 합당해 보이는 작은 요청을 하는 경우가 종종 있다. 그런 요청의 진정한 목적은 집착을 견고하게 하거나 접촉하기 위한 새로운 구실을 얻는 것이다. 두어 시간이 지나기도 전에 토미가 마이크에게 메시지를 남겼다. "당신이 나와 직접 통화할 용기가 없다는 게 놀랍지도 않네요. 거들먹거리는 메시지를 남기는 것보다 추천서에 서명하는 쪽이 시간이 덜 걸린다는 걸 잘 아실 양반이. 당신이 여행사를 하는 게 당연해 보이네요. 다들 당신한테서 멀어지려고 할 테니 말입니다. 내가 보낸 추천서나 반송해주기 바랍니다." 불행히도 마이크는 이미 그 추천서를 버리고 말았다. 이제 토미는 물고 늘어질 트집거리를 또 하나 갖게 됐다.

다음 날, 또 다른 메시지가 왔다. "회신할 필요 없어요. 당신이 병신이란 걸 알려줘야겠다고 생각했을 뿐이에요. 추천서나 돌려줘요!"

마이크에게 너무나도 모욕적인 말이었다. 뭔가 본때를 보여줘야겠다는 생각이 들었다. 바로 이 시점에서 재미있는 일이 벌어졌다. 끈질기게 달라붙는 사람과 피해자 둘 다 사실상 놔주기를 원하지 않는다는 공통점을 가지게 된 것이다. 끈질기게 달라붙는 사람은 반응을 얻는 것에, 피해자는 모욕을 저지르는 데 사로잡히고 말았다.

끈질기게 달라붙는 사람이 실제로 하고 있는 말은 "네가 나를 묵살하도록 놔두지 않겠어"다. 반응을 불러일으키는 버튼이 나올 때까지 하나씩 누르다가, 반응이 이어지는 한 그 버튼을 계속 누른다. 보통은 죄책감을 불러일으키는 버튼이 첫 번째고, 그다음이 괴롭힘, 그리고 모욕으로 이어진다. 각 단추는 한동안 작동되다가 결국 효력을 잃는다. 피해자가 이 과정에 참여하면 곧이어 협박이 대두된다.

그런데 마이크는 그냥 가만히 앉아 손 놓고 있을 사람이 아니었다. 그는 토미를 소개해준 사람에게 전화해 그간의 이야기를 들려주고 도움을 청했다. "어쩌면 당신은 토미를 이해시켜 나를 괴롭히지 않도록 해줄 수 있을 겁니다."

다음 날, 마이크의 음성 사서함에는 토미가 보낸 메시지 세 개가 들어 있었다. 그중 하나는 새벽 2시에 남긴 것이었다. "가장 친한 친구 중 한 명과 사이가 멀어지게 만들다니, 이 멍청아! 무슨 거짓말을 퍼뜨리고 있는지 모르겠지만, 사과를 받아야겠어. 그것도 문서로 된 사과를! 분명히 통고했다."

이틀 뒤에는 더 많은 메시지가 왔고, 그중 하나는 무슨 뜻인지 모르겠지만 정식으로 고소한다는 내용이었다. 이어진 메시지에서는 "매달 네 회사에 허위로 여행 예약을 할 거다. 누가 나인지는 절대 모를걸? 그러면 지킬 의도가 전혀 없는 약속을 해선 안 된다는 걸 배우게 되겠지."

재키는 마이크에게 음성 사서함 메시지들을 잘 보관하거나, 그게 싫으면 묵살하라고 했다. 다음 주에 또 다른 메시지가 들어왔다. 마이크가 전화해서 사과하면 받아들일 수도 있지만 "사과 정도로는 충분하지 않은 단계에 이르렀어. 나는 재키를 좋아해. 당신 고집이 재키한테 두통거리를 만들다니 유감이다"라고 했다.

마이크와 재키는 결국 내 사무실로 찾아와 음성 사서함 메시지들을 들려줬다. 이미 경찰을 두 번이나 찾아간 뒤였다. 경찰관이 토미를 찾아가 그만두라고 경고했지만, 그럴수록 토미는 더 나쁘게 나왔다. 경찰은 직접적으로 개입하려는 경향이 있는데, 이는 이 세상 모든 문화에서 경찰의 역할이 행동을 통제하는 것이기 때문이다. 경찰은 우리 사회에서 법률을 집행하고, 사람들은 누가 나쁜 짓을 하면 경찰이 이를 막기를 기대한다. 이런 일은 대체로 완벽하게 이루어지지만, 경찰의 개입으로 오히려 상황이 악화되는 경우도 있다. 온갖 수를 다 써봐도 효과가 없자, 경찰은 마이크에게 접근 금지 명령을 얻어보라고 했다. 그런데 재키가 나와 상의할 때까지 기다리자고 마이크를 설득했다.

마이크는 내 사무실 소파에 앉아, 더 이상 참을 수 없는 한계점에 이르렀다고 분명히 말했다. 그는 내가 (그들의 친구가, 그리고 경찰마저 실패했는데도 불구하고) '누군가를 보내' 토미가 그런 짓을 하지 못하도록 설득시키길 바랐다. 마이크는 "토미에게 세상 사는 것이 이렇다는 것을 분명하게 설명해줄 것"을 요청했다. 나는 토미에게는 그 어떤 말을 해도 분명하게 이해하지 못할 것이라고 말했다.

"하지만 논리적으로 생각해봤을 때 자신이 곤경에 처할지도 모른다는 걸 알면 토미도 그만두지 않겠습니까?" 마이크가 주장했다.

"토미는 한 번도 논리적이었던 적이 없어요. 그는 우리와 같은 언어로 말하지 않아요. 우리가 쓰는 말을 토미에게 논리적으로 가르칠 수도 없고요. 만약 토미가 이성적이라면 애초에 이렇게 행동하지도 않았을 겁니다. 이처럼 삐뚤어진 사람에게는 솔직하게 말하는 것이 아무런 의미가 없죠."

마이크는 자기주장을 굽히지 않았다. "녀석이 남을 괴롭히고도 처벌을 면할 수 있다고 생각하도록 놔두고 싶지 않아요."

내가 대답하기도 전에 재키가 나섰다. "우리가 그 사람이 하는 짓을 통제할 수 없다면, 분명 그 사람 생각도 통제할 수 없을 거예요."

나는 마이크가 반응하지 않는다면 토미는 결국 다른 데로 관심을 돌릴 것이라고 조언했다. 재키가 내 말에 얼른 동의했다.

"그렇게 하는 게 시간도 걸리고, 인내심도 필요하고, 그리고 쉽지 않다는 걸 잘 알지만, 토미의 마음과 그 사람 자체를 변화시키려는 노력은 당신이 원하는 것과 반대의 결과를 낳을 겁니다. 당신은 토미가 나아지는 게 아니라 없어지기를 원하죠? 토미가 당신 삶에서 나가주기를요. 우리가 '관계를 맺고 또 맺기'라고 부르는 규칙이 있습니다. 당신이 집착할수록, 그게 호의적이거나 호의적이지 않거나, 그 집착이 점점 더 심해진다는. 당신은 그 사람과 절대 동업하지 않을 것이고, 그 사람과 친구가 되고 싶은 생각도 없고, 그 사람과 아무 관련도 맺고 싶어 하지 않는다는 건 공공연한 비밀이잖습니까? 그보다 못한 관계는 토미를 만족시키지 못한다는 걸, 이미 드러난 결과의 일부만 보고도 알 수 있습니다. 토미는 자신이 원하던 걸 얻지 못해 실망하고 화나서, 이 문제를 해결해야 합니다. 만약 당신이 토미에게 말을 건다면, 그 말이 트집거리가 됩니다. 지금 당장 당신이 바라는 결과를 얻는 유일한 방법은 접촉하지 않는 겁니다. 그렇게 될 때만 토미가 자기 문제를 해결하기 위해 다른 해결책을 찾기 시작할 것입니다. 당신은 어떤 식으로라도 도울 수 없습니다. 당신에게서 어떤 반응을 얻어내는 한, 토미는 자기 삶에 집중할 수 없습니다. 그런데 만약 당신이 회신하지 않으면, 토미는 메시지를 남길 때마다 당신이 저항할 수 있다는 메시지를 받게 될 겁니다."

"그렇게 했는데도 그 녀석을 전혀 멈출 수 없었다고요."

재키가 끼어들었다. "당신은 '전혀'를 아직 시험해보지 않았어, 마이크. 심지어 2주도 해보지 않았단 말이야."

그녀의 말이 옳았다. 나는 마이크가 토미에게 회신하거나 토미의 괴롭힘에 조금이라도 반응을 보일 때마다 토미와 관계를 맺는 것이라고 설명했다. "매번 접촉할 때마다 당신은 6주일 동안 더 괴롭힘당할 사태를 자초하는 겁니다." 나는 이런 개념이 로맨틱한 관계를 원하며 쫓아다니는 사람이든, 전 남자 친구든, 해고된 직원이든, 놔주지 않고 끈질기게 달라붙는 모든 경우에 똑같이 적용된다고 설명했다. 비록 토미가 화내고 있었지만, 그가 유별난 것은 아니란 사실을 마이크에게 알리고 싶었다.

마이크에게 토미가 다음에 어떻게 할 것 같으냐고 물었다.

"모르겠어요. 그래서 선생님을 찾아온 거고요."

나는 기다렸다.

"협박을 좀 더 하지 않을까요?" (방금 전에 '모르겠다'던 사람이 한 정확한 예측이다.)

마이크는 초기에 전혀 다른 두 가지 관리 계획을 제공하는 상황에 직면했다. (1) 끈질기게 달라붙는 사람을 변화시킨다. (2) 끈질기게 달라붙는 사람의 행동이 우리에게 영향을 미치는 방식을 변화시킨다. 첫 번째 방식하에서는 경고와 맞협박, 경찰 개입, 다른 사람의 행동을 통제하기 위해 고안된 다른 전략을 지향한다. 두 번째 방식하에서는 위험이나 성가심에서 자신을 지키는 것, 폭력 가능성을 평가하는 것, 새롭게 전달되는 내용을 모니터링하는 것을 지향한다. 두 번째 계획에 따라 우리의 두려움과 불안을 제한함으로써 그런 상황에서 받을 수 있는 충격을 제한한다. 또한 반응을 보이지 않음으로써 끈질기게 달라붙는 사람들이 받을 충격도 제한한다.

마이크의 경우, 우리 회사가 토미의 전반적인 배경을 조사하고, 지금까지 받은 모든 메시지와 정보를 평가하며, 마이크가 새로운 음성 사서함을 만들어 다음과 같이 관리하기로 합의했다. 우리 회사가 마이크의 예전 음성 사서함을 매시간 확인하고, 토미가 남긴 메시지를 제외하고 마이크에게 전송하기로 했다. 또한 토미가 남긴 메시지들을 검토하고, 평가하고, 보관하기로 했다. 나는 마이크와 재키에게 확언했다.

"현재 상황과 토미가 폭력적으로 변하는 상황 사이에 감지할 수 있는 몇 가지 경고 신호들이 있을 겁니다. 만약 전화로 만족하지 못하고 더 한 짓을 할 수 있겠다는 조짐이 조금이라도 보이면 즉시 연락드리겠습니다."

괴롭히는 자가 어떤 충격을 줄지는 피해자가 어떻게 반응하느냐에 따라 통제할 수 있는 몇 안 되는 것 중 하나고, 그날 이후로 토미의 전화는 마이크나 재키에게 아무 충격도 주지 못할 터였다.

결국 토미는 5주 동안 계속 전화를 걸었다. 많은 메시지를 남겼는데, 그중에는 마이크가 알았더라면 그냥 넘기기 힘든 협박도 있었다. 마이크는 누가 '녀석을 멈추도록 해야'만 멈추리라 예측했지만, 사실은 그 반대가 진실이었다. 토미는 아무도 자신을 멈추게 하려고 애쓰지 않을 때만 멈출 것이었다.

이 사례는 전혀 다른 결과를 낳을 수도 있었다. 마이크와 재키는 자신들에게 접근하지 못하게 막고 그래서 자신들을 내버려두도록 누군가를 민사 법원에 고소해 접근 금지 명령을 받아낼 수도 있었다. 그랬다면 토미는 물러났을까, 아니면 맞받아쳤을까? 토미 혹은 마이크와 재키 중 누가 더 잃을 것이 많을까? 이후에 마이크가 (토미의 친구를 법정에 부르거나 경찰을 보내) 대가를 받아내려고 할 때 토미가 호의적으로 반응했을까? 소송이 토미가 인지하고 있는 정당화에 어떤 영향을 미칠까?

가깝게 지냈던 동업자나 해고한 직원이나 토미 같은 사람과 자주 마주치는 이런 상황에서 사람들은 해답을 찾으려 애쓰지만, 도발에 반응하지 않는 것 역시 하나의 대안이라는 것을 거의 알지 못한다. 알고 지내는 모든 사람이 문제에 직면한 사람에게 한마디씩 한다. "그 녀석은 자네가 회신만 하면 그만둘 거야. 그 녀석이 원하는 건 자기를 알아줬으면 하는 것뿐이잖아", "다른 사람을 시켜서 자네가 시외로 나갔다고 전화해야할지도 몰라", "자네 전화번호를 바꾸라고. 그럼 녀석이 무슨 뜻인지 알 테지" 등. 협박과 괴롭힘에 뭔가 극적으로 대응하고 싶은 충동을 억누르기 힘들겠지만, 아무것도 하지 않는 듯 보이는 것이 가장 좋은 계획인 경우가 종종 있다. 물론 그 계획이 실제로 아무것도 하지 않는 것은 아니다. 이성에 의거한 관리 계획이고, 직접 접촉한 것만큼이나 모든 면에서 분명한 의사를 끈질기게 달라붙는 사람에게 전달하는 것이다. 이런 접근법은 피해자에게 진정한 인내심과 성격을 시험하겠지만, 괴롭힘을 끝내는 가장 빠른 방법일 가능성이 크다.

한 친구가 자신이 일에 접근하는 방식을 묘사했는데, 사람 사이에 발생하는 몇 가지 상황을 관리하는 방식과 아주 유사했다.

"내 책상에는 서랍이 두 개 있지. 한 서랍에는 지금 해야 할 일들이 들어 있고, 다른 서랍에는 시간이 해결해줄 일들이 들어 있다네."

시간은 집착하는 사람 대부분을 해결해준다.

이렇게 끈질긴 사람들 중 일부는 망상에 시달린다. 상반된 강력한 증거가 제시되는데도 흔들리지 않는 틀린 신념이라는 망상의 개념 자체가 바로 그들이 놔주지 못하는 이유를 설명해준다. 하지만 남을 괴롭히는 사람 대부분은 망상보다는 덜한, 대체적인 인식 혹은 불합리한 의견을 갖고 있다. 그들이 찾는 해결책은 보통 손에 넣을 수 없고, 그들이 집착하는 원래 문제가 그들의 색다른 시각으로 본 것이기 때문에 극도로 혼란스러워한다. 우리는 마이크가 토미에게 아무 약속도 하지 않았다고 생각하지만, 토미는 다르게 느꼈을 것이다. 토미는 심지어 자신의 느낌을 바탕으로, 객관적 사실과 실제로 말한 내용을 판단할 수도 있다.

그러나 그것은 그가 원하는 결과다. 그 결과에 도달하는 방식이 토미를 비합리적인 사람으로 만든다. MIT 교수 메리 로_{Mary Rowe}는 이런 사례를 연구한 몇 안 되는 학자 중 한 명이다. 그녀는 경고 신호를 "다른 사람을 신체적, 감정적으로 완전히 통제하려는 욕구, 혹은 사무 과정을 완전히 통제하려는 욕구, 또는 다른 사람을 부당하게 해고하려는 욕구, 어떤 제안을 완전히 수락하려는 욕구처럼 극단적인 욕구의 본성"이라고 밝혔다. 또 "'그 여자는 나하고 이야기해야 해!' 혹은 '이 부서는 내가 그 프로젝트를 하도록 해줘야 해!', '내 사무실을 절대로 비우지 않을 거야'와 같은 터무니없는 특혜 의식"도 서술했다.

누군가 부당한 요구에 대한 완전한 수용처럼 도저히 얻을 수 없는 뭔가를 요구할 때는, 그가 만족할 수 없을 것이 분명하므로 협상을 그만둬야 한다. 원래 문제에 관한 논쟁에 말려들면 핵심을 놓치게 된다. 이것은 마치 한쪽은 100만 달러를 바라며 협상 테이블로 나왔는데, 다른 쪽은 5달러만 주려고 준비했거나 아니면 아예 한 푼도 주지 않으려는 것과 같다. 이런 상황에서는 협상할 것이 없다.

어떤 경우에는 원하는 결과는 고사하고 결정조차 못 할 수 있다. 토미는 자신이 벌인 일이 끝나갔을 때 무엇에 만족했을까? 사과? 마이크와의 성공적인 동업? 나도 알 수 없고, 토미도 몰랐으리라 생각한다.

로 교수는 이런 사람들이 "지고 싶지 않은 건 분명하지만, 전통적인 방식으로 이기는 것도 싸움이 끝났음을 의미하기 때문에 견디지 못할 수 있다"고 설명하면서 이들이 겪는 엄청난 내적 갈등에 초점을 맞췄다.

물론 모든 관련자가 링 밖으로 나갈 때까지는 싸움이 끝난 것이 아니다. 끈질기게 달라붙는 사람을 변화하거나 만족시키려고 하는 한 싸움은 계속된다. 대부분의 경우, 폭력에 대한 두려움은 사람들을 계속 노력하게 만든다. 그러나 과연 토미가 폭력적으로 변할 가능성이 있었을까? JACA로 토미를 살펴보기로 하자.

인식된 정당성 : 토미는 마이크가 자기 친구에게 전화했을 때 도발당했다고 느꼈을 수도 있지만, 폭력이 정당하다고 느꼈다는 것을 드러내지 않았다.

인식된 대안 : 대안들을 거의 혹은 아예 인식하지 못하면 폭력을 행사할 가능성이 높은데, 계속 전화한 것을 보면 토미는 많은 대안(마이크의 사업을

방해하는 것, 모욕 주는 것, 협박하는 것 등)을 알고 있었다.

인식된 결과 : 폭력적으로 변하기 쉬운 사람들은 폭력이 견딜 만하며, 심지어 자신에게 유리한 결과를 가져다주리라고 인식한다. 토미는 폭력으로까지 확장돼 자신의 자유를 기꺼이 포기(자신에게 견딜 수 없는 결과)하려는 징후를 드러내지 않았다. 흥미롭게도 (경찰 방문을 포함해) 협박의 결과는 견딜 수 있는 정도였던 것이 분명하다.

인식된 능력 : 폭력을 사용하는 사람들은 자신에게 폭력을 행사할 능력이 있다고 인식하는데, 토미는 그런 능력이 있다는 말이나 행동을 하지 않았다.

○   ○   ○

피해자들이 혼란스러워하는 것은 이해가 가지만, 집착하는 사람 대부분은 예측 가능성이 아주 높다. 그들의 괴롭힘은 스스로 멈출 때까지 이어지며 그 방식이 너무나 교묘하다. 그리고 대부분의 경우, 교묘한 괴롭힘은 지속된다. 그 과정에서 조금밖에 드러나지 않는 행태를 정확하게 예측하기 위해서는, 자격과 집착과 거부의 언어를 이해해야 한다. 무엇보다 인내하면 보상이 따른다는 사회적 통념을 가르치는, 이 문화의 맥락에서 상황을 봐야 한다. 우리 대부분이 가장 먼저 들은 사회적 통념은 "미국에서는 누구라도 대통령이 될 수 있다"다. 하지만 사실은 단 한 사람만 대통령이 될 수 있고, 나머지 2억 4000만 명은 될 수 없다. F. 스콧

피츠제럴드[《위대한 개츠비The Great Gatsby》를 쓴 미국의 소설가]는 끈기에 관해, 토미 같은 사람들이 뭔가 이득을 얻을 수 있는 말을 했다.

"활력은 인내하는 능력뿐 아니라 다시 시작하는 능력에서도 나타난다."

○　　○　　○

유명인들은 다른 어떤 집단보다 더 끈질기게 괴롭힘을 당한다. 어느 지역 고등학교 퀸카부터 정치인, 그리고 유명 방송인에 이르기까지, 그들은 모두 인내를 가르칠 수 있을 것이다. 아주 유명한 방송인에게는 수백 명의 끈질긴 추종자들, 문자 그대로 수백 명의 토미 같은 사람들이 있을 것이다.

마이크와 재키 같은 상황에 처한 사람들은 원하지 않는 추종자들에게 영향력을 행사하고, 통제하고, 처벌할 수 있는 무한한 자원이 자신에게 있다면 어떨까 생각하곤 한다. 심지어 경찰과 법정과 정부를 자기편으로 두고 있다면 상황이 얼마나 간단할까 상상한다. 하지만 피해자가 아무리 유명하더라도, 변호사들이 아무리 강력하더라도, 다른 사람들의 행동을 항상 통제할 수 있는 것은 아니다. 그저 환상일 뿐이다.

캐나다 가수 앤 머리Anne Murray는 이런 점을 결정적으로 증명하는 사례를 경험했다. 여러 차례 접근 금지 명령을 받았지만 이를 위반하고, 수차례 체포되고, 결국 6년간 교도소에 수감된 어떤 남자에게 몇 년 동안 스토킹을 당한 것이다. 남자는 출소하자마자 판사가 머리에게 접근하지 말라고 또다시 명령했음에도, 풀려난 지 불과 두어 달도 되기 전에 법원 명령을 200번도 넘게 위반했다.

뉴저지에 사는 미술용품 영업 사원인 36살의 존 시어링John Searing은 자니 카슨Johnny Carson에게서 자신이 원하는 것을 얻어내려 끈질기게 달라붙었다. 1980년에 시어링은 〈투나잇 쇼The Tonight Show〉에 편지를 써서 자신이 어렸을 때부터 꼭 하고 싶었다며, 방송 도중에 "자니가 등장합니다!"라고 외치게 해줄 수 있는지 물었다. 그리고 답신으로 A4보다 조금 작은 크기의 자니 카슨 사진을 받았다.

대부분은 이것이 무슨 뜻인지 알아차렸겠지만, 시어링은 편지를 쓰고 또 썼다. 이윽고 시어링은 그 프로그램 제작진에게 제안은 감사하지만 실행 가능성이 없다는 편지를 받았다. 하지만 시어링은 계속해서 편지를 써댔다. 자신이 지미 스튜어트Jimmy Stewart[미국의 영화배우]와 리처드 닉슨 Richard Nixon을 성대모사한 녹음 테이프를 동봉했다. 두 사람의 잘 알려진 목소리로 "존 시어링에게 '자니가 등장합니다!'라고 외치는 것을 허락하라"는 동일한 요청을 녹음한 것이었다.

이 일은 꽤나 오랫동안, 시어링이 800통이 넘는 편지를 써댈 정도로 오래 지속됐다. 끈질기게 편지를 보내는 사람들에게 수십 년 동안이나 단련된 〈투나잇 쇼〉 제작진들은 경계할 생각을 전혀 하지 않았다. 편지를 보내지 못하게 하려고 경찰에 신고하지도 않았다. 그러나 존 시어링에게는 전화를 걸어, 그 일이 왜 그렇게 중요한지 물었다.

"내 인생에서 그보다 더 중요한 일은 없기 때문이죠"라고 시어링은 말했다. 그 통화 이후 놀라운 일이 벌어졌다. 〈투나잇 쇼〉가 800번이나 묵살했던 요청을 허락한 것이다. 시어링은 로스앤젤레스로 날아가, 마치 꿈(자신의 꿈)에서 나온 것처럼 자신의 이름이 붙어 있는 대기실에 있다가 스튜디오로 걸어 들어갔다. 시어링은 무대 옆에서 에드 맥마흔Ed

McMahon[〈투나잇 쇼〉에서 자니 카슨의 조수]이 "자니가 등장합니다"라는 유명한 말로 자니 카슨을 소개하는 것을 지켜봤다. "그럼, 나는 어떡하고?" 시어링은 의아하게 여겼다. 제작진은 기다리라는 말만 했다.

첫 번째 광고가 나간 뒤 자니 카슨이 시청자들에게 존 시어링과 그가 쓴 수백 통의 편지에 관해 설명했다. 시어링은 미국 전역에 소개됐다. 그는 그 유명한 책상 옆, 유명인 옆에 앉아 약 6분 동안 자신이 왜 그렇게 끈질기게 편지를 썼는지, 그리고 그것이 자신에게 어떤 의미인지 설명했다. 카슨이 시어링 쪽으로 마이크를 돌리고 커튼 뒤로 들어갔다. 대본 하나를 건네받은 시어링은 거기에 적힌 글을 열정적으로 읽었다. "여기는 할리우드, 자니 카슨이 진행하는 〈투나잇 쇼〉입니다. 저 존 시어링이 독 세버린센이 이끄는 NBC 오케스트라와 함께 자니와 초대 손님인 대니 드비토, 샌디에이고 동물원의 조앤 엠버리, 편지를 쓴 존 시어링, 그리고 독과 함께하는 부엌에서의 모험에 여러분을 초대합니다."

드럼 소리가 들렸다. "자, 이제, 신사 숙녀 여러분…… 자니가 등장합니다!" 카슨이 커튼을 젖히고 나와 박수갈채를 받았다. 그가 시어링에게 간단한 지시를 내렸다. "이제 돌아가서 더 이상 편지를 쓰지 말게."

그리고 그 말대로 됐다. 시어링은 자신의 일로 돌아가 화구를 팔았다. 그는 비록 끈질겼지만, 그의 편지에는 사악하거나 불길한 내용이 전혀 없었다. 시어링은 항상 직업을 가지고 있었고, 다른 관심거리도 있었으며, 무엇보다 자기 의사소통의 본질을 격하게 상승시킨 적이 없었다. 끈질기게 달라붙는 사람들에게 그들이 원하는 바를 그대로 해주는 전략은, 특히 정기적으로 해주는 전략은 실행 불가능하다는 것을 알기에 나는 거의 권하지 않는다. 반면에 〈투나잇 쇼〉는 시어링이 편지 쓰는 것을 저지하지 않았다는 점이 흥미롭다.

자니 카슨과 제작진은 그 편지들이 아무리 자주 오더라도 누구도 해치지 않지만, 전쟁을 시작하면 관련된 모두가 다칠 수 있다는 것을 알았다. 만약 시어링을 내버려뒀다면 그는 어쩌면 여러 해 동안, 혹은 평생 편지를 썼을 것이고, 그렇게 좋게 결말이 났을 것이다. 우리 회사는 어떤 유명 방송인에게 1만 통도 넘게 편지를 써댔지만 한 번도 직접 만나려고 시도하지 않은 사람들의 사례를 여러 건 확보했다. 그렇게 편지를 받은 의뢰인들은 편지에 전혀 영향을 받지 않았는데, 왜냐하면 그들의 제작진이 편지를 뜯지 않고 그대로 우리에게 보냈고, 우리가 그 내용을 검토했기 때문이다.

끈질긴 것이 쟁점이 아니다. 급상승할 전조가 있고, 그 전조로부터 끈질기게 달라붙는 사람이 후퇴하거나 조용히 사라질 가능성이 있는지를 예측할 수 있는 내용과 행태 간의 차이를 아는 것이 쟁점이다. 이런 상황에서는 피해자들이 (최소한) 짜증을 내며, 끈질기게 달라붙는 사람을 저지하기 위해 뭔가를 하길 원한다. 정신병원, 경찰, 정부를 동원할 힘이 있어도 모든 사람의 행동을 확실하게 통제할 수 없음이 입증됐다. 불공평하지만, 현실이 그렇다. 내 역할은 사람들이 듣고 싶어 하는 말을 해주는 것이 아니라 더 안전하고 덜 두려워하게 하는 것이다. 그런데도 유명인이 원하는 것이면, 그것이 가장 안전한 방법인지 아닌지 따져보지도 않고 기꺼이 하려는 사람들이 꼭 있다.

몇몇 사설탐정이 끈질기게 달라붙는 사람을 직접 만나, 그 결과 집착하는 사람의 행태가 훨씬 나빠진 사례를 수없이 봐왔다. 집요한 사람을 당장에라도 싸움을 벌일 듯한 태세로 몰아넣은 사설탐정은 이렇게 말할 것이다. "휴, 이 사건이 정말 심각한 것 같아 우리가 취할 수 있는 모든 수단을 그자에게 동원한 것은 정말 잘한 일이죠. 무슨 조치를 취해야 한다고 선생님께 말씀드렸듯이요." 그 사설탐정들은 끈질기게 달라붙는 사람을 가만 놔두면 어떻게 될지 궁금하지조차 않은 걸까?

이와 유사한 경우를 생각해보자. 한밤중 미끄러운 산길을 운전할 때 차 밖으로 나가 도로 표면을 닦는 식으로 위험을 피하지 않는다. 위험한 곡선 구간을 천천히 빠져나가면 될 뿐. 놔주지 않으려는 사람들을 다룰 때는 원치 않는 만남의 가능성을 줄일 전략들이 준비돼 있다는 뜻이다. 할 수 있는 것들을 바꾸고, 할 수 없는 것들을 바꾸려는 노력을 그만두면 된다.

지켜보며 기다리는 전략은 일반적으로 가장 현명한 첫 단계인데도, 사람들은 왕왕 관계를 맺고 또 맺는 다른 관리 계획을 적용한다. 끈질기게 달라붙는 사람과 관계를 맺는 대안은 언제든지 이용할 수 있지만, 일단 그 대안이 적용되면 지켜보며 기다리는 대안이 이것과 비교해 별로 나쁘지 않다는 것을 알게 되더라도 간단히 되돌아갈 수 없다.

자니 카슨은 그 점을 알았지만, 또 다른 유명인인 로스앤젤레스 라디오 스타 짐 히클린Jim Hicklin은 인내심 자체가 나쁜 것은 아니라는 교훈을 너무 늦게 깨달았다. 청취자들에게 교통 상황을 전하는 조종사 겸 해설자로 시청자들에게 잘 알려진 히클린은, 자신이 모는 헬리콥터에서 뉴스 가치가 있는 다른 사건들도 보도했다. 어떤 팬에게 성가신 편지를 몇 통째 받았을 때, 히클린은 자신이 듣고 싶어 하는 '이 문제를 우리가 처리하겠습니다'라는 말을 해줄 수 있는 사람들을 재빨리 찾아냈다. 하지만 그들은 제대로 처리하지 못했다.

첫 번째 편지는 1971년 8월 말경에 히클린의 집으로 배달됐다. 편지를 쓴 사람은 45살의 소심하고 무능력한 에드워드 테일러Edward Taylor였다. 그는 하고 싶은 말을 편지 전반에 잘 늘어놨다. 첫 번째 편지는 호의적이고 지지를 보낸다는 내용이었다. 편지는 '제임스에게'로 시작해 '당신을 존경하는 에드 테일러'로 끝났다.

히클린은 답장을 보내지 않았지만, 편지는 계속 왔다. 편지에는 칭찬과 안부와 경의가 담겨 있었고, 심지어 어떤 편지에는 짐 히클린에게 주지사로 입후보하라는 내용이 적혀 있었다. 또 다른 편지에는 "당신은 스타라고요"라는 말도 들어 있었다.

짐 히클린은 테일러가 여러 해 동안 로스앤젤레스의 유명인 다수에게 지칠 줄 모르고 편지를 써대는 것으로 소문이 나 있는 줄 몰랐다. 테일러의 편지들은 이 유명인들을 즐겁게 해주거나 화나게 만들었고, 그 대부분은 그냥 묵살됐다. 하지만 히클린은 테일러의 편지들을 묵살하지 않았다. 오히려 사설탐정 두 명을 고용해 이 문제를 해결하도록 했다. 사설탐정들은 테일러의 집으로 불시에 찾아가 편지를 더는 보내지 말라고 분명히 지시했다.

이런 강제적인 개입은 편지를 막지 못했고, 대신 내용을 변화시켰다. 사설탐정들이 갔다 온 뒤에 처음 온 편지는 여섯 장이나 됐다. 이제 글씨는 괴발개발에 지저분하게 고친 곳이 여러 군데였다. 이전 편지들에 담겨 있던 호의와 찬양도 사라지고 없었다. "당신은 슬프게도 내 기분을 상하게 했어. 당신이 내게 암시한 협박에 관해 많이 생각해봤는데…… 당신 혹시 편집증 환자든가…… 지나치게 순진하든가…… 조언이라고 들려주는 썩어빠진 말들을 곧이곧대로 듣는 사람인 거야? 아니면 그저 참기 힘들 정도로 오만한 놈이든가?"

이 편지는 1년 동안 가장 초점이 될 새로운 주제를 테일러의 인생에 끌어들였다. 소송이 그것이다. 편지는 계속 이어졌다.

나는 조사를 받고 나서 우쭐하고 감동하기도 했어. 무엇에 관한 것이었냐가 의문이지만……. 바로 이런 일 때문에 변호사가 있는 거잖아? 그리고 너는 아주 좋은 변호사가 무척 필요할 거다. …… 히클린에게 시간이 있을 때 최우선적으로 내게 자기 변호사의 신원을 문서로 알려주는 게 절대적으로 필요하다.

다음번 편지는 히클린이 일하는 라디오 방송국 총국장에게 전해졌다.

골든 웨스트 방송국 이름을 대면서 사설탐정 두 명이 내 거주지를 찾아왔다. 내가 지난 여러 달 동안 히클린에게 보낸 극히 개인적이고 내밀한 제안서와 관련해 나를 심문한답시고 불쑥 찾아온 것이다.
당신네 사람들은…… 불시에…… 나와 가족이나 손님들이나 책임이나, 심지어 내 건강 상태조차 신경 쓰지 말고 나를 찾아가라고 짐 히클린에게 지시받았다고 인정했다. 이는 괴롭힘이고, 사생활에 대한 악의적인 침해며, 협박이고, 으름장이자 잘못된 일이다!
내가 무슨 죄를 저질렀다고 짐 히클린이 나를 비난한단 말인가? 그 이유를 아는 것이 직업상으로도, 그리고 개인적으로도 내게 아주 중요하다. 그리고 나는 꼭 알아내고 말 것이다.

1주일쯤 뒤에 테일러는 연방 항공청에 히클린이 조종사 자격증을 소지할 능력이 있는지에 의문을 제기하는 수많은 편지 중 첫 번째 편지를 보냈다. "지금까지 귀 기관의 관할권에서 히클린 씨의 신체와 정신이 건강하다는 판단을 내렸겠지만, 나는 그 사람이 생명, 재산, 그리고 <u>그 자신</u>에게도 <u>위협적</u>임을 밝히는 바입니다."

　　테일러가 이 시점에서 위협과 안전 개념을 끌어들였다는 것에 주목하라. 테일러는 이 편지 다음으로 고등법원에 히클린의 사과를 요구하는 민원을 제기했다. 그는 판사에게 이렇게 썼다.

　　이번에 언급된 사건은 다른 사람이 자유롭게 표현할 권리, 편지를 보낼 권리, 보복적이고 정신적인 폭행의 두려움에서 자유로울 권리, 자신의 집 문 앞에서 무력화되는 것에서 자유로울 권리를 무시하려고 작당한, 당연한 것으로 여겨지는 시민의 권리를 가차 없이 비난하고 부인하고 있습니다.

　　이 편지는 테일러의 관점에서 상황을 볼 수 있는 좋은 기회를 제공해준다. 그는 침해받았다고, 협박당했다고, 그리고 무엇보다 무력화됐다고 느꼈다. 내가 앞에서 말한 가정들이 거의 모든 사람에게 적용될 수 있다는 것을 상기하라.

- 우리는 다른 사람들과의 결합을 추구한다.
- 우리는 상실을 슬퍼하고, 이를 피하려 애쓴다.
- 우리는 거부를 싫어한다.
- 우리는 인정과 관심을 좋아한다.

- 우리는 즐거움을 추구할 때보다 고통을 피할 때 더 많이 노력한다.
- 우리는 조롱과 부끄러움을 싫어한다.
- 우리는 다른 사람들이 우리를 어떻게 생각하는지 신경 쓴다.
- 우리는 어느 정도 우리 삶을 지배하고 싶어 한다.

사설탐정들을 보내 테일러를 제지하려고 한 노력은 이 가정의 대부분과 상충된다. 테일러는 결합을 추구했고, 히클린과의 (비록 일방적이긴 했지만) 다정한 관계를 상실해 슬펐다. 그는 거부당한 것이었다. 그에게 즐거움을 가져다줄 수 없는 시점에 도달했고, 할 수 있는 일이라고는 고통을 없애려고 노력하는 것뿐이었다. 비난당했다고 느꼈고, 당혹스러웠다. 사과를 받아냄으로써 자신의 남자다움을 되찾지 않으면 남들이 자신을 하찮게 볼 것이라고 느꼈다. 마지막으로 자신의 삶에 대한 지배력을 잃었다고 느꼈다.

어느 날, 히클린은 헬기를 조종하며 산불을 낸 사람들에 관해 "그자들을 말뚝에 묶어 불 속에 내버려둬야 한다"고 논평했다.

테일러는 이 방송을 듣고 "어떤 10대가 자신이 속한 집단에게 조종사이자 기자이며 국민적 영웅인 히클린이 방송한 대로 추악한 환상을 실행에 옮기도록 자극했을 수 있다. 경찰이 그 산등성이에서 유골을 많이 찾아내고 있다. 불을 질러 살인한 자를 용서하는 것은 정말 잔인한 짓이다"라고 썼다.

테일러가 언급한 내용 중 불길한 본질에 주목하라. 그런 본질은 테일러가 연방 항공청에 보낸 다음번 불만에도 계속됐다. 히클린이 '기총소사 공격'을 하듯 자신의 집 위를 낮게 날아다녔다는 것이다. "조종사가 단지 괴롭힐 목적으로 지상에 있는 무방비한 민간인을 항공기로 겨냥하는 것보다 더 야만적이고, 분별없고, 추잡한 행위가 또 있습니까? 유일한 임무란 것이 피해자들에 대한 지배력을 확보하는 것인 심보가 더러운 조종사를 그대로 둬도 되는 겁니까?"

연방 항공청이 테일러를 만족시키는 어떠한 행동도 취하지 않은 것은 (그리고 취할 수도 없는 것은) 말할 필요도 없다. 마찬가지로 법원도 테일러의 소송을 기각했다. 선택할 수 있는 대안이 줄어들자, 테일러는 히클린이 연루된 각 '사건'들을 자세히 설명하는 기록을 일곱 장 작성했다. 그 글에서 히클린이 그의 헬리콥터를 무기로 사용했고, "정신적으로 불안정한 사람의 손에 맡겨진 항공기는 무기가 된다"고 주장했다.

이야기는 이 정도로 하고, 상황의 맥락을 살펴보자. 애초에는 간단했다. 한 유명인이 자신의 청취자들 중 한 명에게 버거울 정도로 찬양하는 편지 몇 장을 받았다. 히클린의 관심을 끌 수 있는 양식으로 작성된 것은 아닐지 몰라도, 편지들은 맥락에 잘 들어맞았다. 처음에는 개인 간의 상황이 아니었지만, 위협적인 사람들이 그 숭배자를 찾아가 편지를 그만 쓰라고 경고한 뒤에는 개인 간의 상황이 시작됐다. 짐 히클린은 절대로 갖고 싶지 않았던, 에드워드 테일러와의 관계를 갖게 된 것이다. 두 사람은 적이 되기 시작했다.

히클린,

네가 마약에 찌든 계집애처럼 사설탐정 두 명을 보내는 대신에 직접 38구경 권총을 들고 내 집을 찾아왔다면 네 행동을 이해할 수 있었을 것이다. 너는 내 삶을 협박하려고 친구들을 보냈단 말이지? 그건 애석한 일이야.

나를 꼭 에드워드 '씨'라고 부르도록 해.

이 편지를 보낸 날, 에드워드 테일러는 38구경 권총을 편지에 언급한 것보다 더 큰 일을 벌였다. 밖으로 나가 38구경 권총을 산 것이다.

그러는 동안, 히클린은 자신의 첫 번째 전략을 다시 시도하려고 마음먹었다. 수사관을 파견해 테일러를 막아달라고 지방 검사실에 요청했다. 수사관들이 테일러를 방문했지만, 그들도 테일러를 제지하지는 못했다.

테일러는 지방 검사실 수사관들에게 자신이 히클린을 괴롭히는 것이 아니라, 반대로 히클린이 자신을 괴롭히는 것이라고 말했다. 그는 히클린이 지도를 그린답시고 자기 집 위로 헬리콥터를 몰고 와서 한참 동안 머물까 봐 두려워했다. 히클린의 유별난 행태가 너무나도 무서워 로스앤젤레스 경찰청과 지방 검사실 주소를 적은 상황 설명 편지를 항상 품에 넣고 다닌다고 했다. 그 편지와 더불어 테일러는 항상 권총을 갖고 다녔다.

테일러는 지방 검사실 수사관들에게 경고를 받은 뒤 그 수사관들에게 이런 편지를 썼다.

어리석고 교묘한 작자에게 생명을 위협받고 있다는 사실을 기존 권력기관이 신경 쓰지 않거나 공감하지 않으면, 혹은 그 둘 다인 경우, 고소인은 편지를 쓰기도 한다.

어떤 사람이 청부를 받거나 혹은 감정적으로 연루된 암살범에게서 자신을 보호하기 위해 46살이 된 해에 38구경 권총을 살 정도로 마음의 상처를 받았고, 근무하는 내내 책상 위에 놓인 그 권총을 보고 있으며, 아침에 잠에서 깨자마자, 그리고 잠자리에 들기 전 마지막까지 그 권총을 보고 있다. 그리고 최악은 고소인의 문제 제기가 (피고인이 그렇게 말하는 것을 들어서인지) 피고인을 도발했다고 주장되는 점을 고려하면 권력기관의 입장은 분명해 보인다.

필요한 모든 정보가 이 편지에 들어 있다. 테일러가 히클린에게 투사하고 있는, 테일러가 명명한 "감정적으로 연루된 암살범"은 실제로 그의 마음속에서 활동 중이었다. 제임스 볼드윈James Baldwin[흑인들의 종교 체험을 다룬《산에 올라 고하라Go Tell It on the Mountain》로 유명해진 미국 소설가]이 말한 대로 "피해자의 얼굴에서 자신의 얼굴을 본" 것이다. 테일러가 히클린을 해치겠다고 협박한 적이 전혀 없음에도 불구하고, JACA를 적용해보면 이 편지에서 분명한 위험을 찾아낼 수 있다. 테일러는 폭력을 행사할 수 있는 정당성을 갖고 있다고 느꼈다(자신을 보호한다는). 그는 (기존 권력기관이 자기에게 관심을 가지지 않아) 다른 대안들이 없었다. 폭력이 "어리석은 작자"를 저지하려는 것이기 때문에 폭력을 사용한 결과가 자신에게 유리해졌다. 그리고 마지막으로 폭력을 행사할 능력, 즉 권총을 가졌다.

지방 검사실 수사관들이 찾아온 것은 처음에 사설탐정들이 찾아왔던 것과 마찬가지로 테일러가 극복하기 힘든, 중대하고도 바람직하지 못한 충격을 불러일으킨 것이 분명했다. 최악의 침해와 최악의 모욕이 또다시 찾아왔으며, 그로 인해 테일러는 더 이상 회복되지 못했다.

연로한 테일러의 어머니가 아들을 만나러 온 어느 날 밤, 테일러는 현관문 두드리는 소리에 문을 열었다. 경찰관이었다. 그 경찰관은 테일러의 어머니가 보는 앞에서 그를 체포했다. 테일러는 명예훼손 혐의로 로스앤젤레스 카운티 교도소에 수감됐다. 주말 내내 보석으로 빼내줄 사람과 연락이 닿지 않아 그곳에서 사흘을 보냈다.

자신이 실감하는 것보다 훨씬 충격을 받고 집으로 돌아온 테일러는 벌어졌던 모든 일에 대한 분노를 떨쳐버릴 수가 없었다. 이제 그가 쓴 편지의 대가가 찾아온 셈이라, 테일러는 더 이상 편지를 쓰지 않았다. 그 대신 마음을 졸이고, 잠을 자보려 하고, 음식을 먹어보려 하고, 또 마음을 졸였다. 테일러는 이 모든 일이 시작되기 전, 변변치 않지만 그래도 나름 의미 있는 삶으로 돌아갈 수 없었고, 그래서 집에서 히클린이 진행하는 라디오 방송만 멍하니 듣고 앉아 있었다. 이런 점에서 유명 방송인들은 대중매체에 등장하는 것만으로 불가피하게 불에 기름을 붓게 된다. 예를 들면 유명 여배우에 집착하는 사람은 그녀를 잡지에서, 예능 뉴스에서, 토크쇼에서 볼 수 있다. 역설적으로 누군가에게 집착하는 사람은 그가 원하더라도 집착하는 대상에서 멀어지기가 힘들다.

하지만 히클린은 곧 방송을 그만두고, 아내와 함께 유람선을 타고 휴가를 떠날 예정이었다. 그가 계획한 대로, 그리고 라디오 방송에서 공표한 대로 짐 히클린과 그의 아내는 1973년 4월 2일에 유람선 이탈리아호를 탔다.

항구를 떠나기 전, 히클린 부부는 배웅 나온 친구들을 대접했다. 하지만 배에 탄 모든 사람이 친구는 아니었다. 아내가 보는 앞에서 짐 히클린은 한 번도 본 적 없고 한 번도 말을 나눠보지 않은 남자의 총을 맞고 죽었다. 에드워드 테일러는 심사숙고했을 것이 분명한 방식으로 자신을 '방어'했다.

다른 사람들이 우리처럼 반응하리라 믿는 것은 개입에 관한 가장 위험한 사회적 통념이다. 사람들은 에드워드 테일러의 편지를 막고 싶으면 강력하게 경고를 보내면 된다고 생각했고, 그래도 멈추지 않으면 체포하면 된다고 확신했다. 그러나 테일러가 체포되고, 재판받고, 유죄 선고를 받아 종신형을 살게 했어도 그의 편지는 막지 못했다. 테일러는 교도소에서 죽는 날까지 계속해서 지방 검사와 다른 사람들에게 편지를 썼다.

○　　○　　○

집착하는 사람이 많아지고 있다. 각 사례는 모두 '전쟁을 벌이지 말라'는 귀중한 교훈을 준다. 전쟁은 누가 져야 한다는 개념을 보더라도 좋게 끝나는 경우가 거의 없다.

존 모너핸은 《폭력적인 행태 예측하기》에서 폭력은 상호작용을 해서 "폭력의 잠재적 피해자가 어떻게 반응하느냐에 따라 언쟁과 살인으로 나뉠 것"이라고 설명했다. 이제 유명인을 끈질기게 쫓아다니는 사람들과 놔주기를 거부하는 다른 사람들의 사례를 통해 교훈을 배웠을 것이다. 그런 사람과 얽히는 순간, 당신이 화내면 저절로 상대가 이긴다는 것을 명심하라.

○　　○　　○

토미를 기억하는가? 후속 조사를 하는 과정에서, 우리 회사는 그가 은행에 취직했고, 3개월 동안 잘 다니다가 상사의 지시에 순종하지 않았다는 이유로 해고됐다는 사실을 알았다. 토미는 은행 인사 담당 이사가 자신을 괴롭혔음을 알리는 캠페인을 시작했고, 그 캠페인은 내가 지금 이 글을 쓰는 동안에도 여전히 계속되고 있다. 은행은 토미를 고소하겠다고 위협했고, 토미는 자신이 생각해낼 수 있는 모든 수단을 동원해 은행을 위협하고 있다. 이전에 토미를 고용했던 사람들은 분노한 직원이 행사할 수 있는 폭력을 염려했던 다른 사람들과 마찬가지로 예측 가능성 높은 상황에 직면했다(사실은 절친한 사람들끼리 하는 예측에 버금가지만). 이렇게 예측 가능성이 높은 상황에 놓인 일부 고용주들은 머리 아픈 일을 종종 겪는다. 그들은 예측할 수 있는 능력을 갖추고 그에 따른 책임도 져야 한다. 다음 장에서 고용주나 상사가 갖춰야 할 능력과 책임을 살펴보자.

9장

직장에서의 위험

"화내게 된 원인보다도 화냈을 때
얻게 되는 결과가 더 가슴 아프다."
마르쿠스 아우렐리우스['현제'라고 불린 로마 황제, 《명상록Meditations》 저자]

로라에게,

이제는 막 나가야겠어. 자기가 진정 그렇게 원한다면 자기 인생을 비참하게 만들어줘야지. 내가 해고되거나 출입 허가를 잃으면 자기와 강제로 데이트하겠다고 했지? 네가 뭘 할 수 있냐고, 자기를 죽일 거냐고 나한테 물었지? 그 질문에 대한 대답은 그때도, 지금도 'No'야. 자기를 죽이면 자기가 자기 행동을 뉘우칠 수 없기 때문이지.

자기 부모의 집 주소를 아니까 자기가 도망치면 바로 쫓아갈 거야. 나는 집을 팔았고, 퇴직연금 계좌를 해지했고, 갖고 있던 주식도 팔았어. 그러니 홀가분하게 쫓아갈 수 있지. 자기가 돌아오지 않으면 나는 곧 압박에 시달려 미쳐 날뛰다가 경찰이 출동해 나를 죽일 때까지 걸리적거리는 모든 것을 박살 내버릴 거야.

몸조심하라고
릭

이 편지를 읽으며 당신의 직관은 더 상세한 내용을 알려달라고 비명을 지를 것이다. 릭이 누구지? 로라는 누구고? 두 사람의 관계는? 릭이 해고됐을까? 당신의 직관은 정보가 많을수록 더 나은 예측을 할 수 있기 때문에 호기심을 가지라고 말한다.

맥락을 알고 싶겠지만, 이 편지 내용만으로도 우리는 JACA를 사용해 편지를 읽은 당사자가 미처 보지 못한 것들을 볼 수 있다. 폭력 사용에 대한 릭의 정당화(직장을 잃음), 달리 선택할 것이 없는 대안들(막 나가겠다), 폭력에 대한 호의적인 결과(로라가 자기 행동을 후회함), 그리고 릭이 가진 높은 능력(로라 부모님의 주소를 알고, 릭 자신의 재산을 팔아치워 언제든지 달려갈 준비가 돼 있음)이 나타나 있다.

이 편지는 리처드 팔리Richard Farley라는 남자가 로라 블랙Laura Black이라는 여자에게 쓴 것이다. 두 사람은 TRW의 자회사로 실리콘밸리에서 첨단 기술을 다루는 ESL이라는 회사에 다닐 때 만났다. 팔리가 데이트를 청했는데 로라가 거절했다. 그리고 팔리는 그녀의 거부를 받아들이지 않았다. 회사가 끼어들어 로라를 그만 괴롭히라고 팔리를 여러 번 만류했지만, 그때마다 괴롭힘의 강도가 높아졌다. 결국 살해 협박까지 나오게 됐다.

팔리는 로라가 위험에 노출되어 있다는 사실을 말해줄 물건까지 동봉해 편지를 보냈는데, 그 물건이란 바로 로라의 집 현관 열쇠였다.

계속 이러면 해고하겠다는 경고를 받은 팔리의 사악한 반응에 상사 중 한 명은 믿을 수 없다는 듯 이렇게 되물었다.

"지금 해고되면 나를 죽이겠다고 말했나?"

"당신만이 아니지." 팔리가 대꾸했다.

이맘때쯤, 로라는 할 수 없이 팔리를 상대로 접근 금지 명령을 받아내는 방법을 강구했다. 로라가 법정에서 진술했을 때 팔리에 관한 그녀의 직관이 정곡을 찔렀다.

"제가 이 소송을 제기하면 그가 저한테 무슨 짓을 할지 두렵습니다."

팔리는 ESL에서 해고됐고, 회사 접근을 금지당했다. 그러나 어느 날, 팔리는 복수심을 품고 회사로 돌아왔다. 갖고 온 산탄총 중 하나로 유리창을 박살 내고, 문자 그대로 출입문을 뚫고 건물로 들어갔다. 팔리는 소총 한 정과 권총 여러 정을 들고 건물을 돌아다니며 예전 동료들에게 무자비하게 총질했다.

결국 로라 블랙을 찾아낸 팔리는 소총으로 한 발을 쏘고, 그녀가 바닥에 쓰러져 피를 흘리도록 내버려뒀다. 팔리는 그날 10명에게 총을 쐈고, 그중 일곱 명이 사망했다. 로라는 피를 많이 흘리고 정신을 잃었다가 간신히 기어서 건물을 빠져나왔다.

나중에 로라는 내게 이렇게 털어놨다. "접근 금지 명령이 그 사람을 미쳐버리게 만든 촉매였어요. 명령을 받아낼까 어쩔까 오랫동안 망설였는데, 회사가 저를 몰아세웠죠. 나중에는 제가 계속 주저하면 승진에 지장이 있을 거라는 말을 들었어요. 그제야 저는 '좋아요, 일단 해볼게요'라고 했죠. 총격이 벌어진 건 팔리의 접근 금지 가처분 신청을 금지 명령으로 변경하려고 법원에 출두하기 전날이었어요."

로라는 그날부터 많은 날을 병원에서 보냈고, 팔리는 그날부터 많은 날을 교도소에서 보냈다. 보도 관계자들은 그날부터 많은 날을 팔리가 "갑자기 머리가 이상해져서" 총기를 난사했다고 보도하며 보냈다. 그러나 그런 일은 결코 벌어지지 않는다.

JACA는 사람들이 갑자기 머리가 이상해지지 않는다는 것을 보여줬다. 관찰할 수 있는, 그리고 종종 예측할 수 있는, 물이 점점 끓는 것 같은 과정이 있다. 우리는 이것을 직장 내 폭력이라고 부르지만, 사실상 모든 유형의 범죄자가 저지르는 모든 유형의 폭력이다. 이것은 어떤 직원이 창피를 당하고 무력화됐다고 느낄 때 자신을 가볍게 보지 말라는 것을 보여주는 복수 살인이다. 어떤 남편이 직장에서 일하는 아내를 찾아 나서면 가정 폭력이다. 어떤 남자가 피해자의 직장에서 그러지 말라는데도 끈질기게 달라붙으면 데이트 스토킹이다. 뭔가 나쁜 일을 대규모로 저지르려는 직원이 직장에서 이를 실현하면 분노 살인이다. 직장은 여러 사람이 살아가는 동안 자신이 만나고 싶지 않았던 다른 사람들과 강제로 상호작용을 하며 지내는 곳이기 때문에 직장에서 벌어지는 폭력을 두려워하는 것도 충분히 이해가 간다.

다행히 직장 내 폭력은 예측할 수 있는 많은 기회를 제공하고, 경고 신호를 관찰할 수 있는 위치에 많은 사람이 거의 항상 있다. 그런데도 많은 사례에서 나타나듯 분명한 경고들이 묵살되기 십상이다. 사례들은 또한 사람들이 바라는 아무 일도 일어나지 않는 방식으로 직장 내 폭력이 흘러가지 않는 것도 보여준다.

○　　○　　○

팻 셰릴Pat Sherill이라는 이름이 생소할지 모르겠다. 그는 직장 총기 난사 사건들 중 연방 우정국과 관련된 자다. 44살의 오클라호마 집배원이었던 그는 동료들에게 '미치광이 팻'으로 알려져 있었다. 1986년, 직장 상사들이 그를 해고하겠다고 위협한 직후 그는 평소 그들에게 품었던 분노 이상의 것을 가지고 출근했다. 권총 세 정을 들고 간 것이다. 셰릴은 동료 20명에게 총을 쐈다. 그중 14명이 사망했고, 그 자신도 자살했다.

일반적인 인식과 달리, 미국 내 대다수 산업에 종사하는 사람들보다 우편 업무 종사자들이 저지르는 폭력 사건이 많다는 것을, 셰릴이 확고하게 각인시켰다. 정규직이 수십만 명이나 되고, 우편 서비스와 어떤 식으로든 연관된 사람이 거의 100만 명이나 되다 보니 더 많은 낙오자, 더 많은 의료 문제, 더 많은 창의성, 더 많은 게으름, 더 많은 친절, 더 많은 폭력 등이 일어날 확률이 더 높을 수밖에 없다. 실제로는 우체국보다 패스트푸드점에서 총격전이 더 자주 벌어지지만, 패스트푸드점에서의 총격전은 보도되지 않는다(이것은 우편 업무 종사자들이 할 수 있는 일이 우편 업무 관리 방법과 운영 전략뿐이라고 말하려는 것이 아니다. 오히려 그들이 전국에서 폭력사건을 가장 많이 일으킨다는 사회적 통념을 깨고자 하는 것이다).

셰릴이 벌인 총격은 대학살이었지만, 같은 해에 다른 분노한 직원이 벌인 사건이 셰릴의 사건을 상대적으로 미미하게 보이게 했다. 데이비드 버크David Barke라는 민간 항공사 US에어 직원이 화제에 오른 것이다. 사건 이후, 기자들은 US에어가 버크를 해고하기로 결정했을 때 알았더라면 도움이 됐을, 버크에 관한 많은 것을 알게 됐다. 버크는 마약 밀매,

소매치기, 차량 절도뿐 아니라 자기 여자 친구에게 폭력을 행사한 전력이 있었다. 그는 그녀의 자동차 브레이크 선을 잘랐고, 그녀를 두들겨 팼고, 총으로 위협했다. 결국 여자 친구는 버크를 상대로 접근 금지 명령을 받아내는 지경에 이르렀다. 버크의 골치 아픈 행태는 직장에서도 이어졌다. 자신의 문제점을 여러 차례 지적하고 비난한 상사 레이 톰슨Ray Thompson의 자동 응답기에 살해 협박을 남긴 것이다. 버크는 인종적인 이유로 차별받고 있다고 주장했고, US에어가 69달러를 훔쳤다며 자신을 해고했을 때 화가 머리끝까지 났다. 회사 동료가 (판단을 제대로 하지 못하고) 버크에게 44 매그넘 리볼버 한 정을 빌려줬다. 그 총은 원래 주인에게 돌아가지 못했다.

US에어는 버크를 해고했을 때 그의 공항 출입증 ID 배지를 회수하지 못했다. 버크는 생의 마지막 날에 그 배지를 달고 있었다. 그 덕분에 금속 탐지기 담당자는 버크에게 탐지기를 통과하지 말고 그냥 들어오라고 손짓했고 "좋은 하루 보내세요"라고 말했다. 버크는 "아주 멋진 하루가 될 겁니다"라고 대꾸했다. 그러고는 톰슨의 사무실로 가 자신을 복직시켜 달라고 요구했다. 톰슨은 그 요구를 단호하게 거절하고, 곧 샌프란시스코로 날아가야 하니 이야기를 그만 끝내자고 했다. 잠시 후 버크는 줄을 서서 톰슨이 타고 가는 비행기의 표를 샀다. 그날 오후, 1771편 여객기에 탄 다른 승객들과 달리 버크는 이번 여행이 어디에서 끝날지 이미 알았기 때문에 이 여객기가 어디로 가는지 신경 쓰지 않았다.

여객기가 이륙하자 버크는 멀미용 봉투에 짧은 편지를 썼다.

안녕, 레이? 우리가 이처럼 끝장난다는 게 좀 아이러니한 것 같아. 내가 가족을 위해 좀 너그럽게 봐달라고 부탁한 것 기억나? 그 가족들이 내 곁을 떠났어. 그리고 너도 가족이 없어질 테고.

6700미터 상공에서 승무원들은 두 발의 총성을 들었다(버크가 이제 막 레이 톰슨을 죽인 것이다). 승무원들은 즉시 무전으로 "기내에서 총격이 발생했다!"라고 항공교통 관제소에 알렸다. 1~2초 뒤 여객기의 블랙박스는 총성 세 발과 이어지는 소동과 마지막으로 총성 한 발을 기록했다.

관제소는 여객기 조종사들과 다시 접촉하려 했지만, 여객기는 더 이상 그들의 통제하에 있지 않았다. 여객기는 이제 중력에 단단히 사로잡혀 시속 1126킬로미터로 추락하고 있었다. 43명이나 되는 사람들이 그 자리에서 사망해, 버크를 미국 역사상 한곳에서 벌어진 최악의 직장 폭력 범죄자로 만들었다. 최악의 사건이었지만, 최후의 사건은 아니었다.

일반적으로 이런 총기 난사는 대기업이나 정부 기관 직원들이 저지른다고 여겨지지만, 스토커와 단골손님과 심지어 대학생이 저지르는 사건도 증가하는 추세다. 현재 우리 회사 의뢰인 중에는 유수한 대학교들도 있다. 과거에는 대학교들이 이런 근심을 하지 않았고, 그런 일들이 벌어지리라 예측하지 못해 대비도 하지 못했다. 하지만 폭력은 우리 문화의 모든 조직으로 스며드는 길을 찾고 있다.

모든 신호가 거기에 있고, 이에 대한 부정 또한 거기에 있다. 예를 들면 끔찍한 교내 폭력이 벌어진 뒤 학교 관계자들은 범인을 '평판 좋은 학생'이라고 묘사할 것이다. 이런 묘사는 "누가 이럴 줄 알았겠어?"라는 의미지만, 더 조사해보면 항상 그런 질문에 대한 답이 나온다.

대학생 웨인 로Wayne Lo 사건은 유용한 정보를 주는 사례다. 웨인이 유명해지기 시작한 날 아침, 그는 학교에서 소포 한 개를 받았다. 접수원은 반송 주소에 적힌 '클래식 암스[명품 무기]'라는 두 단어 때문에 소포 내용물이 의심스러웠다(의심은 직관이 보내는 신호다.). 접수원은 분명히 기숙사 사감에게 알렸고, 사감은 그 소포를 버나드 로저스Bernard Rodgers 학장이 주재하는 정례 직원회의에 가져갔다. 사람들은 무기가 들었을지도 모른다며 소포를 열어보자고 했지만, 로저스 학장은 학생의 우편물에 대학이 간섭하는 것은 부적절하다고 말했다. 그러면서도 직원 중 한 명이 웨인로에게 가서 이 문제를 상의하는 것에는 동의했다.

학교는 웨인이 소포를 수령할 수 있게 했고, 웨인은 소포를 자기 방으로 가져갔다. 곧바로 기숙사 사감인 트린카 로빈슨Trinka Robinson이 찾아가 부피에 비해 무거운 소포에 뭐가 들었는지 물었다. 웨인은 소포 개봉을 거부했다. 트린카는 다시 요구했고, 웨인은 재차 거절했다. 결국 사감은 그 자리를 떠났다. 나중에 자기 남편인 플로이드Floyd를 데리고 돌아왔을 때 소포는 이미 뜯겨 있었다. 웨인은 그들에게 소포에는 무기가 아니라 빈 탄창 세 개와 다른 권총 부품 몇 가지, 빈 탄약 상자 한 개가 들어 있었다고 했다. 그러면서 이것들 중 일부는 선물하고, 나머지는 자기가 쓰려고 주문했다고 했다.

아내 트린카의 눈앞에서는 웨인이 소포 개봉을 거부했다는 사실을 잊기로 마음먹은 듯 플로이드는 웨인의 대답에 만족했다. 그는 나중에 웨인을 "내게 아주 솔직했고, 전혀 방어적인 태도를 보이지 않았다"고 묘사했다. 관찰에 바탕을 둔 이런 의견은 그쯤이면 여러 사람이 알아차렸을 법도 한데 상투적인 "누가 이럴 줄 알았을까?"를 전달하겠다는 의미였다.

그날 밤 9시경, 익명의 남자가 트린카에게 전화해 웨인이 총을 가졌고, 그녀와 그녀의 가족 그리고 다른 사람들을 죽이려 한다고 알렸다.

트린카는 그 위협을 심각하게 받아들여 몇몇 학교 관계자에게 전화했다. 그리고 자기 아이들을 즉시 학교 교무처장의 집으로 데려갔다. 그녀의 남편도 9시 30분경에 식구들과 합류했다. 두 사람은 웨인의 방을 뒤져보기로 결정했다. 만약 무기를 찾아냈는데 웨인이 저항하면 경찰에 신고하자고 했다. 그러나 소포를 열어보는 것도 허용하지 않았는데, 방을 뒤지면 학장이 어떻게 나올까? 두 사람은 학장에게 전화하는 것이 낫겠다고 결정했고, 막 전화를 거는 중에 첫 번째 총성을 들었다.

요란한 소리가 멈췄을 때는 여섯 명이 총에 맞고 난 뒤였다. 그중 두 명은 이미 사망했다. 단 한 가지 명백한 일, 즉 경찰에 신고하는 것을 제외하고 모든 일을 하도록 사람들을 자극했던 소포를 웨인이 가져가고 12시간이 채 지나기도 전에 벌어진 일이었다. 웨인의 의도를 확실하게 알려준 경고 전화조차 사람들에게 경찰에 신고해야겠다는 확신을 심어주지 못했다.

그로부터 열흘이 더 지나서야 로저스 학장은 공개적으로 설명했고, 사람들은 이 사건에 대해 학장이 뭘 아는지 듣고 싶어 했다. 그 대신 학장은 자신이 모르는 것을 말했다. "나는 흉기를 전혀 모릅니다. 총에 관해서는 아무것도 모릅니다."

나는 로저스 학장이 총이 위험하다는 것을 알았고, 이 문제를 상의할 수 있는 사람들이 있다는 것을 알았다고 확신한다.

교직원들이 웨인의 감정과 인식에 대해 아는 바가 거의 없는 상태에서 JACA를 적용하기는 어려울 것이다. 그러나 이 사건은 맥락만이 지배적 예측 요소가 되는 가장 완벽한 실례다. 어떤 학생이 총기 제조업자에게 소포를 받고, 소포를 열거나 그 내용물에 관해 논의하기를 거부하고, 그러다가 혼자 있을 때 소포를 개봉하고, 몇 시간이 지나기 전에 어떤 사람이 익명으로 전화를 걸어 그 학생이 권총을 갖고 있으며 사람들을 살해할 계획을 세웠다고 경고한다. 이런 일들은 독립적으로 제각각 발생하지 않았다. 이 일들이 모두 일어났고, 여기에 사람들이 위험을 직관적으로 느꼈다는 또 하나의 중요한 요인을 더할 수 있다.

살인죄 인정 여부를 심사받기 위해 법정에 출두했을 때 웨인 로는 가슴에 '식 오브 잇 올 Sick of It All [그 모든 것에 신물이 난다는 뜻. 미국의 하드코어 펑크 밴드 이름]'이라는 문구가 적힌 스웨터를 입고 있었다. 이 문구는 경고 신호를 부정하고 무시한 그리고 알아야 할 위치에 있는 사람들이 나중에 "누가 이럴 줄 알았겠어?"라고 똑같이 묻게 만드는 수많은 사례에 대한 내 느낌을 말해준다.

○　　○　　○

지금까지 경고 신호들이 묵살돼 비극이 발생한 몇 가지 사례를 살펴봤다. 에드워드 테일러를 찾아가 짐 히클린을 괴롭히지 말라고 했던 사람들, 웨인 로의 대학 직원들, 로라 블랙의 회사 사람들, US에어 사람들, 심지어 많은 비난을 받았던 연방 우정국 사람들 등 관련자들이 당시에 그들이 갖고 있던 도구를 가장 잘 활용했다는 점도 인정하고 싶다. 만약 그들이 지금 당신만큼의 지식을 갖고 있었다면 다른 선택을 했으리라 믿는다. 결국 내가 하고자 하는 말은 비난이 아니라 교육이 중요하다는 것이다.

미국의 탁월한 법정 정신 의학자이자 폭력 사건 전문가인 파크 디츠 Park Dietz는 수많은 사건이 "나중에 흉악한 폭력을 휘두른 바로 그 사람 때문에 사람들이 불안해하고, 협박받고, 위협받고, 침해받고, 위험하게 느꼈다는 것을 시사하는 보고서와 편지, 메모, 기억으로 점철돼 있다"고 기록했다. 디츠가 연구한 사례 중 하나는 가장 부정할 수 없는 형태의 부정을 말해준다. 자신의 직장 동료를 살해하고, 형기를 마치고 출소해 다시 문제의 회사에 취직한 사람에 관한 이야기다. 그가 두 번째로 회사를 다니는 동안, 항상 부루퉁하고 화냈기 때문에 동료들은 그를 멀리했다. 여러 차례 협박했다가 그 사실이 상사들에게 알려졌고, 여자 동료를 스토킹했다. (해고되기 직전) 스스로 회사를 그만둔 뒤에도 그 여자를 계속 스토킹하다가 결국 그녀를 살해했다.

누가 이럴 줄 알았느냐고?

○   ○   ○

직장 동료들과 조직에 해를 끼치는 파괴적인 행위는 희소하거나 동떨어진 사건이 아니다. 사람들이 일시적으로 혹은 영구적으로 해고되는 일이 잦은 기업 인수, 합병, 규모 축소의 시대에는 직원의 서운한 감정을 충분히 예상할 수 있다. 실직은 사랑하는 사람을 잃는 것만큼이나 상처가 깊지만, 해고된 노동자가 수많은 위로나 후원을 받는 경우는 거의 없다.

직장 내 폭력 사건이 점점 더 많이 발생하는 동안, 그것에 영향을 미치는 요인 대부분은 오랫동안 같았다. 미국의 많은 고용주가 부적당한 사람들을 뽑고, 그들에 대해 알아보려 하지 않았다. 그러면서 직원들은 최악의 특성이 드러날 가능성이 높은 방식으로 관리됐다. 마지막으로, 그들이 해고되는 방식은 고용된 사실만큼이나 사건에 영향을 미친다. 폭탄인 줄 알면서도 폭탄 심지에 불을 붙이는 사람은 거의 없지만, 많은 고용주가 무심코 불을 붙인다. 많은 고용주가 사건 발생 후에 나를 찾아오지만, 그중 극소수만이 사건 발생 이전의 문제를 알고 싶어 한다.

나는 그런 고용주들에게 내가 '시나리오 작가'라고 부르는, 문제가 있는 직원의 가장 일반적인 유형을 말해준다. 문제 직원은 고용 초기에 감지할 수 있는 몇 가지 특성을 가지고 있다. 첫째는 고집불통이라는 점이다. 다른 사람들의 제안을 자신이 일하는 방식에 대한 비난이나 모욕으로 받아들이기 때문에 수용하지 않는다. 또 다른 특성은 다른 사람들을 생각할 수 있는 최악의 동기를 가진 인물로 묘사한다는 점이다. 예를 들면 자신의 임금이 다른 사람들과 차이가 난다는 점을 논하면서 "내 돈을 한 푼이라도 등쳐먹을 생각은 하지 않는 게 좋을 거다"라고 말하거나 생각한다. 마치 다른 사람들이 자신을 무시하거나 해를 끼치려 한다고 생각하는 것 같다.

시나리오 작가는 질문을 던져놓고는 스스로 답하고, 당신이 무슨 말을 하든 간에 화내며 휙 뒤돌아 나가는 사람이다. 그는 이런 생각을 바탕으로 직장 동료 및 관리자와의 상호작용에 관한 시나리오를 쓴다. 그가 쓴 시나리오에서 그는 직장 동료들이나 상사들의 습격에서 지속적으로 보호받아야 할, 합리적이고 선량한 직원이다. 잘못된 일은 절대로 그의 잘못이 아니고, 의도적이지 않은 우발적 사건들조차 그를 비난하려는 다른 사람들의 짓이다. 사람들이 그의 약점을 잡으려 애쓰고 있는 것이다! 그리고 회사는 그런 짓을 저지하려 하지 않고, 그가 회사에 공헌한 바를 고마워하지 않는다.

당신이 이런 사람을 관리하거나 설득하려 하면, 당신 말에 반응하는 것이 아니라 당신이 말하리라 기대하는 것에, 즉 그 자신이 쓴 시나리오에 반응하고 있음을 알게 될 것이다. 그의 성격은 문제를 오히려 키운다. 오래전부터 전해온 '잭에 관한 농담'이 이런 역동성이 작용하고 있음을 보여준다.

어떤 남자가 쭉 뻗은 한적한 고속도로를 따라 달리는데 타이어가 펑크 났다. 스페어타이어로 갈아 끼우려다가 차를 들어 올릴 잭이 없다는 것을 알아차렸다. 저 멀리 몇몇 농가의 불빛이 보여 잭을 빌리러 먼 길을 걷기 시작했다. 날이 어두워지고, 그곳 사람들이 도와주지 않을까 봐 걱정되기 시작했다.

'문을 두드려도 열어주지 않거나, 심지어 집에 없는 척할지도 몰라'라는 생각이 든다. '다음 집까지 간신히 걸어갔는데, 그 사람들은 문을 열어주고 싶지 않다거나 잭이 없다고 할 수도 있어. 마침내 내게 말을 걸어줄 누군가를 만나도, 내가 범죄자가 아니란 것을 증명해달라거나 만에 하나 나를 도와준다 하더라도 빌어먹을 잭을 가지고 도망치지 못하도록 내 지갑을 맡기라고 할지도 몰라. 도대체 이 사람들은 뭐가 잘못된 거지? 자신과 같은 소시민을 도와줄 수 없을 정도로 의심이 많은 거야? 나더러 밖에서 얼어죽으라는 거야, 뭐야?'

생각이 여기까지 미쳤을 때 그는 첫 번째 집에 다다랐다. 머릿속 생각 때문에 화가 잔뜩 난 상태라 '집에 아무도 없는 척하지 않는 게 좋을 거다. 텔레비전 소리가 다 들리거든'이라고 속으로 생각하며 문이 부서져라 쾅쾅

두들겼다.

잠시 뒤, 상냥한 여자가 문을 활짝 열고 미소 지으며 "뭘 도와드릴까요?"라고 물었다.

그는 여자에게 미소 대신 소리를 질렀다. "당신 도움은 필요 없어. 그 빌어먹을 잭을 예쁘게 포장해 준다 해도 가져가지 않을 테다!"

시나리오 작가는 사람들이 도움을 줄 때 고마워하지 않고, 이런 이유로 동료 직원들이 멀리하게 만든다. 그의 시나리오는 사실상 들어맞기 시작하고, 사람들은 그가 예상한 대로 그를 대한다. 이번 고용주가 그를 만날 때쯤, 그는 다른 직장과 다른 관계에서 이미 이런 문제들을 다 겪었을 가능성이 높다.

시나리오 작가는 이런 식으로 경고한다. "벌어진 일로 나를 비난하려 하지 않는 게 좋을 텐데." 혹은 "내가 승진하는 게 나을 텐데." 바라던 것을 얻었을 때조차 오로지 자신이 회사에 강요했기 때문이라고 믿는다. 회사는 여전히 자신을 승진시키지 않으려 애썼지만, 그럴 수 없었다고 생각한다.

이런 직원의 인사 서류를 검토해보면 심각하게 떨어지는 업무 수행 능력이나 불복종 사례가 얼마나 많이 문서화돼 있는지 놀라울 정도다. 그중 다수는 회사가 해고할 수 있었다. 그는 남을 협박하고, 위협하고, 괴롭혔다. 직장에서 태업하거나 폭력을 행사했는데도, 사람들이 그를 해고하기 두려워해서 아직 해고되지 않은 경우도 가끔 있다. 관리자들은 일반적으로 그 사람을 다른 부서로 돌리거나, 야간 근무를 시키거나, 다른 관리자에게 넘긴다. 어느 누구도 그 사람을 자리에 앉히고 눈을 똑바로 쳐다보며 해고하려 하지 않는다. 거칠게 나오리라는 것을 잘 알기 때문이다.

이런 역동성이 되풀이되고 악화되며, 한 직장에 오래 있을수록 자신이 거기 있을 자격이 있다고 느끼기 때문에, 시나리오 작가를 일찌감치 제거하는 것이 중요하다(법이 인정할 만한 해고 사유를 찾는 진흙탕으로 들어가려는 것이 아니다. 누군가를 해고할 이유가 있고 해고 결정이 내려진 사례들을 언급하는 것이다). 그를 해고할 이유가 처음 생겼을 때 해고해야 한다. 단 그 이유가 충분하고, 해고 결정이 흔들리지 않아야 한다. 만약에 그를 해고하려다 실패하면 협박Threat, 으름장Intimidation, 조작Manipulation, 단계적 확대Escalation 등 TIME 징후를 표출할 만한 무대가 마련된다.

'조작'은 협박에 의존하지 않고 결과에 영향을 미치려는 말이다. '단계적 확대'는 초대받지 않은 곳에 모습을 드러내거나 놀랄 만한 것을 보내거나 뭔가를 파괴하거나 사악하게 행동해 사람들의 두려움이나 동요, 불안을 초래하려는 행동이다.

까다롭고 폭력적 성향이 있는 직원을 다룰 때는, 당신이 재빨리 행동하지 않으면 TIME이 그 직원 편이 된다는 사실을 이해하는 것이 중요하다. 그 직원이 조용히 그만두지 않으리라는 관리자의 직감은 대체로 정확하며, 그럴수록 그 직원을 더 빨리 해고해야 한다. 절차를 빨리 밟을수록 일이 더 수월해진다. 지금 그 직원을 해고하는 것이 어렵다고 믿으면, 나중에는 한층 더 어려워지리라는 것을 깨닫게 될 것이다.

시나리오 작가는 이전에 조작이나 으름장을 성공적으로 써먹어본 사람이기 쉽다. 고용주는 사실상 그런 전략이 먹히도록 그를 훈련시켰고, 그는 이런 이유로 그 전략들이 또다시 먹히기를 기대한다. 관리자가 마침내 해고라는 대담한 조치를 취하면, 그는 충격을 먹고 자신이 부당한 대우를 받고 있다고 느낀다. 불공정하다는 그의 생각이 부분적으로 옳을 수도 있다. 그가 해고되지 않기 위해 했던 그 모든 일과 비교해, 해고 이유라는 것이 사소해 보일 수도 있기 때문이다. 그는 화나고, 당장에라도 화풀이를 하고 싶은데, 진정할 방법이 없다.

과거에 자신이 효과를 봤던 조작이 지금은 소용없는 것처럼 보이면, 그는 조작을 단계적으로 확대한다. 이 시점에서, 관리자는 그가 회사나 직원들에게 끼칠 수 있는 모든 해악을 고려해야 한다. 이전에 그의 이런 면을 봤을 때 관리자는 항상 물러섰다. 이번에는 굳건히 버티고 서서 회사의 입장을 단호히 표명한다면 이미 오래전에 그를 해고했어야 했다는 사실을 그가 명백히 깨닫는 기회가 될 것이다.

○　　○　　○

직장에서 좀 더 면밀히 조사해야 할 사건 발생 전 지표에 대해 이야기하기 전에 먼저 이 말을 해두고 싶다. 사람들이 체크리스트가 있으면 위험을 정확하게 예측하는 지름길이 있다고 믿기 때문에 나는 가능한 한 체크리스트의 사용을 피한다. 나는 당신이 여기까지 읽으면서 예측에 필요한 자원과 원리에 익숙해질 때까지 행태 목록을 소개하지 않았다. 준비가 부족한 사람의 손에서는 그런 목록이 잘못 사용될 수 있다. 준비가 잘된 당신에게는 이 목록이 직관을 깨울 정보를 줄 것이다.

1. 경직성 : 변화에 저항하고, 완고하며, 자신의 생각과 상반되는 것에 대해

논의하려 하지 않는다.

2. 무기 : 최근 90일 사이에 무기를 손에 넣었거나, 무기 소장품이 있거나, 무기에 관해 농담하거나 자주 언급하거나, 권력이나 복수의 도구로 무기를 이야기한다.

3. SAD : 무뚝뚝하거나Sullen, 화났거나Angry, 우울하다Depressed. 상습적으로 화내는 것은 단순 폭력보다 더 중요한 예측 변수다. 심하게 분노를 일으킨 사람은 심장마비를 일으킬 확률이 높다(사실 분노는 흡연, 고혈압, 고지혈증과 같은 위험 요인을 능가한다). 그런 사람들은 다른 사람을 위험에 빠뜨리고, 자신도 위험에 빠진다. 따라서 상습적으로 화내는 사람을 잘 지켜봐야 한다. 우울증 징후로는 체중 변화, 성급함, 자살을 생각하고 언급하는 것, 절망, 슬픔, 이전에 즐겼던 활동들에 대한 관심 감소 등이 있다.

4. 절망 : "내게 미래가 없는데 이게 다 무슨 소용이야?", "무슨 수를 써도 아무것도 변하지 않아" 같은 말을 한 적이 있다. 자살 방법을 찾아보거나 위협하고, 자살을 저지르는 것과 일치하는 계획(자신의 물건을 정리하거나 소유물을 팔아치우는 등)을 묘사하거나 세운다. (낙관주의가 성공을 예측하는 중요한 변수인 것과 마찬가지로) 비관주의는 문제를 예측하는 중요한 변수다.

5. 동일시 : 직장에서 폭력을 행사한 다른 범인들과 자신을 동일시하거나 찬양하기까지 한다. 중대한 폭력 행위에 관해 언급하거나 농담하거나 매혹된다. 폭력적인 영화나 〈솔저 오브 포천Soldier of Fortune〉 같은 잡지, 폭력

적인 책, 소름 끼치는 뉴스 보도에 이끌린다.

6. 동료의 두려움 : 직장 동료들이 (그 이유를 콕 집어 말할 수 없더라도) 그를 두려워하거나 염려한다. 이런 사건 발생 전 지표는 동료들의 직관을 포착해 찾는다.

7. TIME : 관리자나 동료를 협박하거나 그들에게 으름장을 놓거나 일을 조작하거나 이것들을 단계적으로 확대한다.

8. 편집증 : 다른 사람들이 자신을 못살게 군다고, 아무 상관 없는 일들을 관련 있다고, 자신을 상대로 음모를 꾸민다고 느낀다.

9. 비판 : 비판을 반박하고, 자신을 비판하는 사람들을 의심하며, 자신의 실적이나 행동에 관한 비판적 평가의 장점을 고려하지 않으려 한다.

10. 비난 : 자기 행동의 결과에 대해 다른 사람들을 비난하고, 책임지지 않는다.

11. 개혁 운동 : 직장에서 강력한 개혁 운동이나 임무를 수행했거나 개입한다('외로운 투쟁'이라고 특징지을 수 있는 일을 수행할 경우, 특히 중요하다).

12. 터무니없는 기대 : 어떤 논쟁에서 이기거나 자신의 의견이 옳다는 것이 밝혀지면 승진과 장기 고용, 사과를 기대한다.

13. 불만 : 해결되지 않은 불만이 있거나 부당한 불만을 제기한 적이 있다.

14. 경찰과의 만남 : 최근에 (체포를 포함해) 경찰을 만났거나 공격적인 범죄를 저지른 적이 있다.

15. 언론 : 최근 직장 폭력이나 다른 폭력 행위를 다룬 중대한 뉴스가 보도됐다. 이런 주제에 관한 보도는 그 범인과 동일시하고 그런 행동으로 얻게될 관심을 추구하는 다른 사람을 자극한다. 유명인을 공격하는 것과 마찬가지로, 중대한 직장 폭력 사건이 빈번히 일어나고, 폭력을 행사한 사람이 뉴스에서 앞서 등장했던 사람을 언급하는 경향이 있다.

16. 초점 : 자기 일이 아닌데도 다른 직원들의 행태나 활동, 업무 수행, 입사, 퇴사를 관찰한 적이 있다. 다른 직원에 관하거나 자신이 최근에 직장 혹은 밖에서 스토킹한 사람에 관한 파일이나 서류를 갖고 있다(스토커들 중 거의 절반이 피해자들의 직장에 모습을 드러내므로, 회사는 이런 역학적인 면을 알아둬야 한다).

17. 접촉 : 해고되면 놔주기를 거부하고, 새 일자리를 찾기보다 이제 막 잃은 직장에 더 초점을 맞추다 보니 남아 있는 직원들을 선동하거나 계속 접촉한다.

하나의 사건 발생 전 지표만으로 예측할 수 없고, 모든 심각한 사례가 목록 전체를 포함하지도 않겠지만, 경각심을 가져야 할 몇 가지 경고 신호가 있다. 우리는 대부분 이런 특성 두어 가지를 가진 사람을 알거나 알았을 것이다. 그러나 이런 특성을 많이 가진 사람과 함께 일한다면 훨씬 많은 주의를 기울여야 한다.

관리자, 상사, 동료가 이런 경고 신호를 알고 있으면, 심각한 상황이 위급한 상황으로 변하기 전에 감지할 가능성이 훨씬 높아진다. 파크 디츠는 자신의 번뜩이는 생각을, 여러 해에 걸쳐 이루어진 직장 폭력 사건 연구에 접목시켰다. 그 연구 이후로, 디츠와 나는 많은 기업과 정부 기관에서 사용하고 있는 비디오 훈련 시리즈를 제작하고 글을 썼다. 이 프로그램을 사용하는 조직에게 가장 자주 듣는 의견은, 이런 직원들을 일찌감치 발견하기가 생각보다 훨씬 쉽다는 것이었다. 또한 이런 상황을 해결하는 가장 일반적인 방법이 해고가 아닌 상담이라고 했다. 문제가 있는 직원이 도움을 필요로 한다는 사실을 일찍 인식했기 때문에 상담이 가능했던 것이다. 직장에서 총기를 난사한 큰 사건을 모두 연구한 뒤, 디츠 박사는 다음과 같은 결론을 내렸다.

회사가 직원들이 느꼈던 것들을 미리 예측해 반응하려면 배워야 한다. 누가 자신을 불편하게 혹은 두렵게 만들었을 때 상사에게 말하도록 직원들을 격려하는 데는 시간이 걸린다. 계획도 있어야 한다. 하지만 건물 16층에서 누가 총을 쏘고 있다는 전화가 올 때는, 계획을 세우고 있을 시간이 없다.

디츠 박사의 연구는 언론 보도와 직장 폭력이 서로 관계있다는 내 믿음도 확인해줬다.

그런 경향은 점점 더 증가하는 추세다. 언론에 의존하는 정도가 심해, 전국적인 보도 뒤에는 그와 유사한 사건이 몇 건 더 발생하리라 예상할 수 있다. 그 이유는 그런 행위를 저지르는 사람들이 자신의 딜레마에 대한 해결책을 찾고 있기 때문이다. 자신이 하고 싶은 일을 누가 저질렀다고 설명하는 뉴스를 보면, 자신과 같아 보이는 사람들과 자신을 동일시한다. 그리고 결국 행동으로 옮기지 않았던 일을 행동하게 된다.

폭력으로 발전한 많은 상황이 그렇게 되기 전에 오랫동안 곪고 있었지만, 최고위층은 무슨 일이 일어나고 있는지 전혀 몰랐다. 왜? 아무도 이를 상사에게 보고하고 싶어 하지 않았기 때문이다. 왜? "이보게, 자네는 자기 부하 직원도 다룰 수 없나? 이런 일들을 어떻게 처리하는 줄 모르는 거야?"라는 말을 들을지도 모르기 때문이다.

2년 전, 나는 거대 국영 기업의 CEO인 의뢰인을 만났다. 회사 소유 레스토랑에 관해 논의하던 중 나는 "여종업원들이 원하지 않는 집착이나 스토킹 문제를 처리해야 할 상황이 많았겠네요"라고 말했다. 그러자 CEO는 "그런 사례가 하나 있다고 듣긴 했지만, 별로 심각한 문제는 아니었죠"라고 대답했다. 2시간 뒤, 나는 인사 담당 이사에게 전화했다. 이사는 "아, 물론 작년에 그런 사례가 예닐곱 건 있었죠. 그런 게 때론 문제가 될 수 있죠"라고 말했다. 나와 통화가 끝나고 인사 담당 이사는 레스토랑을 총괄하는 지배인에게 전화했다. 지배인은 "매달 두 건꼴로 발생합니다. 최근에 20건 정도 있었던 것 같군요. 아주 심각한 문제입니다"라고 말했다.

관리자들이 그 일에 관해 언급할 기회를 전혀 갖지 못하거나 안전과 관련될 수도 있는 상황에 영향력을 행사하지 못하면 어떻게 될까? 아주 중요한 결정이, 상사가 그러길 원한다거나 자신이 할 수 없다는 것을 다른 사람에게 말하기 두려워 결국 위험한 결정을 내리고 마는 사람들 손에 맡겨진다. 회사는 알고 싶다는 의사를 전달함으로써, 나쁜 소식이 포함된 정보도 환영하여 보고할 의욕을 자극할 수 있다. 일부 회사에서는 직원의 근심스럽거나 불안감을 주는 행태가 점점 심해질 수 있다고 예측한 관리자가 이를 상사에게 알릴 때, 과잉 반응이라거나 그런 문제도 스스로 처리하지 못한다고 부당하게 평가받을 위험을 무릅써야 한다. 심하게는 매일 아무 일도 일어나지 않는데 호들갑 떠는 것으로 잘못 평가받을 수도 있다. 나는 큰 조직들이 이런 맥락에서 단 세 가지 기준을 충족하는 의미로 '잘못'이라는 단어를 새롭게 정의하길 제안한다. 관리자는 다음의 기준을 충족할 때만 잘못하는 것이다.

1) 안전을 첫 번째로 고려하지 않는다.
2) 정확한 질문을 하지 않는다.
3) 걱정거리들을 초기에 분명하게 전달하지 않는다.

나는 운이 좋게도 관리자들에게 다음과 같이 말하는 진보적인 회사들과 일했다.

"우리는 여러분에게 이런 행태 과학에 속하는 문제를 다루길 기대하지 않는다. 걱정스럽거나 성질이 괄괄한 직원들을 관리하는 방법을 아는 것도 기대하지 않는다. 여러분이 다루는 사람들의 95퍼센트를 관리할 수 있으면 성공한 것이다. 정상적인 행태에서 벗어나는 —으름장을 놓거나 협박하거나 다른 사람들을 겁주는— 5퍼센트에 속하는 사람들에 대해서는 즉시 우리에게 보고해줘야 한다."

○　　○　　○

협박하는 직원과 관련된 경우와 마찬가지로, 다른 불안한 사회적 상황도 끝내기가 어렵다. 이런 사회적 상황에는 이혼, 이웃과의 말다툼, 금융기관과의 싸움, 신랄한 소송, 협력 관계 해체 등이 있다. 이것들은 모두 한쪽의 이득이 다른 쪽의 이득과 직접적으로 상충한다. 따라서 양쪽을 모두 만족시키는 해결책은 거의 없다.

설상가상으로 처치 곤란한 직원이 직장과 상관없는 유사한 문제들을 가지고 있는 경우가 허다하다. 그 직원이 살면서 쌓아온 좋은 것들이 도미노처럼 와해되기 시작한다. 신용이 업무 수행으로 넘어지고, 업무 수행이 정체성으로 넘어지며, 정체성이 자존심을 무너뜨린다. 실직은 몇 개 남지 않은 도미노를 넘어뜨릴 수 있지만, 고용주가 절대로 넘어뜨리지 않도록 조심해야 할 것은 존엄성이라는 도미노다. 그 도미노가 무너지면 폭력 사태가 발생할 가능성이 매우 높아지기 때문이다. JACA를 고려해보라.

인식된 정당성 : 고용주가 전부를 앗아갔을 때 직원은 폭력을 사용해도 정당하다고 느낄 수 있다.

인식된 대안 : 폭력을 대신할 수단이 점점 줄어든다고 인식할 수 있다. 모든

호소 수단을 다 동원했는데도 효과가 없을 때 특히 더 그렇게 인식한다.

인식된 결과 : 몰락할수록 폭력의 결과에 대한 평가가 달라진다. 있는 대로 화가 나면, 특히 모욕을 받았다고 느낀다면 폭력의 결과를 유익하게 여길 수도 있다.

인식된 능력 : 화가 치민 전, 현직 직원은 자신의 폭력 행사 능력을 과대평가하는 경우가 잦다. 이는 위험한 생각인데, '모조리 죽이'거나 '모두 다 날려 버리'는 것을 의도하는 엄청난 공격을 시도할 가능성이 훨씬 높기 때문이다. 마음속에 그린 바로 그런 수준으로 성공하는 경우는 거의 없지만, 그래도 많은 사람을 해친다.

○   ○   ○

최악의 결과를 겪었거나 고용을 제대로 하지 못한 고용주들이 할 일은 뭘까?

당연히 먼저 고용을 살펴야 한다. 고용 담당자는 이 지원자가 회사가 요구하는 바를 충족하고 회사 방침에 잘 적응하고 우수하며 생산적인 직원이 되리라 예측했다. 정보가 많을수록 더 잘 예측할 수 있기 때문에 지원자의 배경을 조사하는 것이 중요하다. 신원 조사를 하면 나중에 폭력적으로 행동할 직원을 확실하게 걸러낼 수 있다는 뜻이 아니다. 폭력은 시간이 지나면서 진화하는 과정이기 때문이다. 폭력은 하나의 조건이나 상태가 아니다. 그러나 효과적인 신원 조사는 고용주가 지원자에 관한 소중한 정보를 쉽게 알 수 있는 방법이다.

　나는 로드니 가마니언Rodney Garmanian이라는 사람을 고용한 맥가드 보안 회사와 관련된 사례에서 이 점을 입증했다. 그는 회사가 준 유니폼을 티크 다이어Teak Dyer라는 18살 소녀를 유혹하는 데 써먹었다. 회사가 제공한 차를 그녀를 태우고 다니는 데 써먹었다. 회사가 건물을 잠그라고 준 열쇠들을 다이어를 회사 건물로 데려가는 데 써먹었다. 수갑으로 그녀를 구속하고, 곤봉으로 그녀를 두들겨 패고, 권총으로 그녀를 죽였다. 맥가드는 사전에 신원 조회를 하지 않았고, 가마니언의 입사 지원서를 검토조차 하지 않았다. 회사가 몇 분만 할애했더라면 가마니언이 지원서 양식을 거의 채우지 못했고, 채운 내용조차 좋은 인상을 주지 않는다는 사실을 알았을 것이다. 그는 군 복무 기간을 '3개월'이라고 기입했다. 마땅히 "가마니언 씨는 왜 군대를 3개월밖에 복무하지 않았죠? 대부분 그보다 훨씬 더 오래 복무하는데요"라고 물었어야 했다. 가마니언은 먼저 근무한 두 회사를 떠난 이유를 '해고'라고 기입했는데, 맥가드는 이 점에 관해 전혀 묻지 않았다.

　이 사례에서 가장 소름 끼치는 부분은 내가 가마니언을 이전에 고용했던 두 사람에게 전화해 간단히 알아낸 사실일 것이다. 첫 번째 고용주는 "아, 예. 로드니 가마니언을 기억합니다. 건물 문이 닫혀 있을 때 2층에서 어떤 여자애와 섹스하려고 했죠"라고 말했다. 두 번째 고용주는 "예, 로드니 가마니언을 기억합니다. 음란한 그림을 그려 여자 화장실에 걸어 뒀습니다"라고 말해줬다. 가마니언은 결국 문이 닫힌 건물의 2층 여자 화장실에서 살인을 저질렀다. 나는 25센트만으로 그 정보를 얻었다. 가마니언의 고용주들이 그런 정보를 얻으려 애썼다면 티크 다이어의 생명을 구할 수 있었을 것이다. 관련 서류를 확인하고, 이전 고용주들에게 연락하는 것은 모든 고용주의 가장 중요한 의무다.

이런 점을 입증한 또 다른 사례는, 고의로 트럭을 빠르게 몰아 피켓 시위 행렬로 뛰어들어 여러 명을 다치게 하고 한 명에게 뇌 손상을 입힌 직원과 관련이 있다. 이 회사도 사전에 신원 조사를 제대로 하지 않았다. 추천인들에게 전화하지 않았고, 입사 지원서에 있는 정보를 확인하지 않았다. 사실 입사 지원서는 언뜻 봐도 상세하거나 정직하지 않았다. 예를 들면 추천서에 있는 전화번호들이 친척들 전화번호란에도 기입돼 있고, 그 친척들의 전화번호를 돌리자 회사가 나왔다. 그런 정보들을 확인하면 많은 노력을 기울이지 않고도 지원자가 정직하지 않다는 것을 알 수 있다. 적어도 지원자에 대해 추가적으로 조사해야 한다는 것을 알 수 있다.

미국에서는 추천인들에게 전화해 사실을 확인하지 않는 것이 유행병처럼 퍼지고 있다. 고용하기 전에 제대로 평가하지 못한 관리자들이 직원들에 관해 불평을 늘어놓는 것을 보면 화가 난다. 미리 전화해 확인하지 않은 것은, 지원자가 그런 확인 전화에 대비해둬서 추천인들이 좋은 이야기만 해주기 때문이라고 너도나도 변명한다. 사실 입사 지원서에 기재된 사실들을 확인한다는 점에서 추천인들에게 얻을 수 있는 정보가 무궁무진하다. "이 사람이 이런저런 회사에서 일했다는 걸 알고 있습니까? 연봉이 어느 정도였는지 알고 있습니까? 이 사람이 어떤 학교를 나왔는지 알고 있습니까? 사장님은 이 사람과 동창이더군요." 추천인으로 기재된 사람들에게 질문할 때는 입사 지원서에 기재된 정보를 바탕으로 하라.

추천인들이 당신에게 줄 수 있는 가장 중요한 정보는 다른 추천인들이다. 우리는 이를 '발전된 정보원'이라고 부른다. 이들은 지원자를 알지만, 지원자가 추천인으로 기입하지 않은 사람들이다. 따라서 이들은 당신 질문에 대비하지 않은 상태에서 가치 있는 정보를 제공해줄 가능성이 훨씬 크다. 지원자가 직접 기입한 추천인들에게 물어봄으로써 발전된 정보원들의 이름을 얻을 수 있다.

지원자와의 면접은 가치 있는 배경 정보를 얻을 수 있는 또 다른 기회다. 이 점이 명백해 보이는데도 많은 고용주들이 면접을 최선의 자원으로 활용하지 않는다. 조사할 첫 번째 문제는 입사 이전 과정에서의 정직성이다. 입사 지원서에 허위 기재한 내용을 정확하게 기억하는 사람은 거의 없다. 그러므로 지원자를 면접할 때는 입사 지원서를 손에 들고 바로 거기에 적힌 내용을 물어보기 바란다. 가장 일반적인 거짓말은 이전 직장들에서 근무한 기간이다. 예를 들면 8개월을 1년으로, 18개월을 2년으로 적는 식이다.

(비디오로 녹화할 수 있는) 입사 면접을 하는 동안, 우리가 물어보라고 권하는 일련의 질문들이 있다. 여기 그런 질문들이 총망라된 것은 아니지만, 그중 몇 가지를 예로 들면 다음과 같다.

"지금까지 만난 중 가장 좋은 고용주를 말해보시오"와 "지금까지 만난 중 최악의 고용주를 말해보시오"

관리자와 관리에 관한 중요한 마음가짐을 드러내게 할 수 있는 강력한 질문이다. 만약 지원자가 가장 좋았던 고용주에 대해서는 아주 잠깐 이야기하고, 최악의 고용주에 대해서는 침을 튀기며 주절주절 늘어놓는다면, 이는 모든 것을 말해준다. 지원자가 이전 고용자들과 일이 잘 풀리지 않았던 이유를 설명하기 위해 '성격 갈등' 같은 표현을 사용하는가? 지원자가 이전 고용주들을 조롱하는가? 지원자가 자신이 한 일에 대해 책임감을 갖는가?

"지금까지 살아오면서 실패한 경험과 그 원인을 말해보시오"

지원자가 그런 것은 한 가지도 생각할 수 없다고 하는가? 자신이 실패라고 인식하는 일을 묘사하면서 그것에 대해 스스로 책임지는가, 아니면 남들을 비난하는가? (예를 들면 "빌어먹을 선생들이 내가 신나게 공부할 수 있게 도와주지 않아 고등학교를 졸업하지 못했습니다" 같은 대답을 하는가?)

"직전 고용주가 좀 더 성공적으로 경영할 수 있었던 일이 있다면?"

지원자가 기나긴 항목을 늘어놓으며 경영자보다 자신이 회사를 더 잘 운영할 수 있었으리라 느끼는 것처럼 보이는가? 지원자의 견해가 건설적인가, 아니면 분노에 차 있는가? 이 질문에는 후속 질문이 있다.

"그것들을 개선할 방법에 대한 당신 생각을 그 고용주에게 말해본 적이 있는가?"

만약 지원자가 "네, 하지만 그들은 누구의 말도 들으려 하지 않았습니다"라거나 "네, 하지만 그들은 그저 '네 일이 아니니 신경 쓰지 말라'고 하더군요"라고 대답하면, 이는 전 직장의 관리자들이 아니라 지원자의 접근 방법에 관해 더 많은 이야기를 하고 있는지도 모른다. 고용주는 대부분 건설적인 방식으로 제시된 제안들을 잘 받아들인다. 그대로 따르느냐는 별개지만 말이다. 별로 좋지 못한 반응의 또 다른 형태는 "제안하는 게 무슨 소용입니까? 아무리 해도 바뀌는 건 하나도 없을 텐데요"다. 일부 지원자들은 이전 고용주들이 자신의 아이디어를 훔쳤다고 비난할 것이다. 다른 지원자들은 이전 고용주들이 자신의 제안을 받아들이기까지 힘겹게 노력한 이야기를 늘어놓을 것이다. 만약 그런다면 그 노력을 지원자 혼자 했는지, 아니면 동료들과 협력해서 했는지 물어보라. 지원자가 동료들에 대해 "나처럼 관리자와 맞설 배짱이 없었다"고 말하는 경우도 있을 것이다.

"직전 고용주가 지원자를 잡아두기 위해 할 수 있었던 일은 무엇인가?"

일부 지원자들은 (약간 더 많은 보수, 좀 더 나은 근무 일정 등) 합리적인 대답을 하겠지만, 어떤 지원자들은 (예를 들면 "그들이 내 보수를 두 배로 올려주고, 나를 부사장으로 승진시키고, 금요일마다 쉬도록 해줬어야 합니다" 같은) 부적절한 기대를 보여주는 요구 목록을 제시할 것이다.

"직장에서의 문제를 해결하기 위해 어떻게 할 것인가?"

다른 사람들과 상의한다든가, 모든 관점을 고찰한다든가, 관련된 상대와 논의한다 등이 좋은 답변이다. 좋지 못한 답변은 (예를 들면 "문제의 근원인 사람에게 해결하라고 한다"거나 "책임자에게 당장 달려가서 솔직하게 말한다" 등과 같이) 대치하는 대목이 포함된 것이다. 또 다른 나쁜 답변은 "무슨 수를 써도 전혀 변하지 않는다"며 문제 해결을 위한 노력을 하지 않는 것이다.

"살면서 다른 사람의 도움이 아주 중요했던 일을 말해보시오"

지원자가 그런 상황을 기억해낼 수 있는가? 기억해낸다면 그 도움을 인정하거나 고마움을 표하는가?

"가장 친한 친구는 누구며, 그와의 우정을 어떻게 묘사하겠는가?"

믿을지 모르겠지만, 이 질문에 이름을 단 하나도 대지 못하는 사람이 아주 많다. 추천서에 없는 이름을 댄다면 그 이유를 물어보라. 그 친구를 추천인으로 생각하고, 그에게 전화를 걸어도 되는지 물어보라.

○   ○   ○

좋아 보이는 몇몇 말은 사실상 좋지 않은 특성을 눈가림한 것일 수도 있다. "저는 항상 정시에 출근합니다"나 "저는 무척이나 조직화된 사람입니다"라고 말한 지원자가 나중에 고집이나 텃세를 부릴 수도 있다. 텃세 (내 책상, 내 영역, 내 임무)가 반드시 필요한 자질은 아니다. "만약 제가 8시간이라고 하면, 단 1분도 모자라지 않은 8시간이 걸릴 것이라고 확신합니다"라고 말한 지원자가 나중에 단순 이해 사항을 약속처럼 여기고, 뜻하지 않은 변화를 불공정한 것으로 취급하며, 자신의 기대에 당신을 옭

아매려고 할지도 모른다.

우리는 어떤 것이든 무의식적으로 합리화할 수 있고, 게다가 고용주가 빈자리를 채우는 데 급급하면 직관이 묵살된다. 앞에서 보모 고용에 관해 이야기했던 것처럼 좋은 지원자를 적격으로 판단하는 것보다 나쁜 지원자를 실격시키는 것을 목표로 해야 한다. 좋은 사람들은 스스로 자격을 얻을 것이다.

○   ○   ○

나쁘게 끝난 사례들에서 자주 보이는 또 다른 특징은, 그 직원이 제대로 감독을 받지 않았다는 것이다.

적절한 감독은 '잘하면 칭찬하고, 틀리면 교정한다'는 말로 정의할 수 있다. 직원들이 잘못하고 있는 것들을 잡아내는 것만큼이나 직원들이 제대로 하고 있는 것을 잡아내고 그들에게 말해주는 것이 중요하다. 하지만 무엇보다도 불복종을 모르는 척해서는 절대 안 된다. 관리자들이 문제 직원을 바로잡으려는 노력을 포기하는 경우가 잦다. 발생하는 문제의 상당수가 문제 직원을 모든 단계에서 적절하게 다룸으로써 해결될 수 있었다. 하지만 사람들은 문제를 해결하는 것보다 수월하다는 이유로 문제 직원을 별도로 취급했다.

이런 유형의 직원은 매우 민감해서 자신이 '다루어지고 있다'는 것을, 특히 자신이 폭력적으로 행동하리란 우려 때문이라면 그 점을 빠르게 알아차린다. 고용주들이 자신을 위험스럽게 여기는 것을 알면, 그 직원은 이미 폭력적이라고 인정받은 마당에 더는 잃을 것이 없으므로 실제로 폭력을 행사할 가능성이 높아진다.

○　　○　　○

최악의 결과를 경험한 고용주들은 잘못된 사람을 고용하고, 제대로 감독하지도 못했을 뿐 아니라 얼른 내보내야 하는 직원을 해고하는 것도 더뎠다.

문제 직원은, 그가 자기 일에 상당한 감정을 투자하기 전에, 별것 아닌 문제들이 대의명분으로 변하기 전에, 실망이 불만으로 변하기 전에 잘라내기가 더 쉽다. 오랫동안 감정적 투자가 이루어지면 잘라내기 어려워질 가능성이 더 높아진다.

고용주들은 실제로 최선의 해고 방법을 몰라서 걱정되는 직원을 해고하길 꺼린다. 해고하기 곤란한 경우에 사용할 수 있는 몇 가지 전략을 소개하고자 한다. 대부분 원하지 않는 구혼자, 사업 동료, 헤어진 배우자 등 감정이 많이 투자된 관계를 끝내는 데도 적용할 수 있다. 각 상황에 따라 맞는 추가적인 대책을 세워야겠지만, 기본 원리로 적용할 수 있을 것이다.

자존심 도미노를 보호하라

정중함과 이해심으로 자존심 도미노를 떠받치라. 절대로 직원을 곤란하게 하지 말라. 직원이 저지를 수도 있는 심각한 해악을 당신이 우려하고 있다는 사실을 비밀로 하라. 해악이 있으리란 지표가 있다면, 그 직원을 최악이라 생각하더라도 그와 정말로 함께하기를 희망했던 것처럼 대하라. 그 직원이 이성적인 것처럼, 그가 어떻게 반응할지 두려워하지 않는 것처럼 대하라. 그 직원이 해고 소식을 어른답게, 온당하게 받아들이리라 기대했음을 보여주는 방식으로 고용 관계를 끝내라. 위험을 무시하라는 뜻이 아니다. 그와 정반대로 하는 것이 현명하다. 즉 최악에 대비하지만, 해고 직원이 감지할 수 있는 방법은 안 된다. 당신이 협박이나 위험을 예상하고 있다고, 해고 직원이 믿게 해서는 안 된다. 해고 직원에게 그런 생각을 들게 하는 것은 그에게 당신 생각처럼 할 대본을 쓰게 하는 것인지도 모른다. 한 걸음 더 나아가 당신의 약점을 그에게 알려주는 꼴이다.

완전히 끝내라

고용주들은 해고 대상자가 받을 타격을 줄일 수 있으리란 생각에 점진적으로 갈라서는 방법을 쓰고 싶어 한다. 이런 접근법이 고용 기간을 늘릴 수 있는 것처럼 보일지 몰라도, 실은 해고 기간을 늘리는 것이며 덩달아 곤란한 상황과 불안감도 늘린다. 마치 삶의 질도 누릴 수 없고 살아남을 기회도 없는 사람을 생명 유지 장치에 매달아놓은 것과 같다. 생명 유지 장치가 삶의 과정을 확장한다고 믿는 사람도 있을 수 있겠지만, 실제로는 죽음의 과정을 늘리는 것이다.

협상하지 말라

이는 황금률이라고 불릴 만하다. 집착하는 사람들과의 관계를 벗어나는 데도 적용된다. 일단 해고하기로 결정했다면, 대상 직원과 만났을 때 그저 당신의 결정을 알려주면 끝이다. 다른 문제점들이 언급될 수도 있는데, 그 직원이 아무리 원하더라도 협상하지 말라. 이는 사태를 개선하고, 정정하고, 과거를 변화시키며, 책임질 사람을 찾아내거나, 다시 시작하자는 논의가 아니다. 그 직원이 근무하면서 있었던 문제점과 다툼을 다시 들먹이는 것은 아픈 곳을 건드리고 감정만 더 상하게 할 것이다. 증거가 있더라도 간단히 제시하라. 이를 인정하지 않을 것이므로 그를 해고하는 것이 좋은 생각이라는 사실을 납득시킬 수 없을 가능성이 높다. 나는 의뢰인들에게 그 직원을 해고한다고 알려줄 때 말하고 싶은 점을 몇 가지 적어놓으라고 권한다. 또한 해고되는 직원이 대화를 망치려고 할 때마다, 우리 회사가 '부메랑 문장'이라 부르는, 되풀이할 수 있는 문장을 생각해둘 것도 권한다. "빌, 자네가 우리 대신 이런 결정을 내렸다면 우리는 그 결정을 존중할 걸세" 혹은 "지금은 과거를 재탕할 때가 아닐세. 미래를 향해 나아가야지" 같은 식이다.

논의가 미래를 기반으로 이루어지도록 하라

과거가 재탕되지 않도록 하라. 면담 중 미래에 해결돼야 할 문제를 몇 가지 확립하라. 예를 들면 "누가 전화해서 자네와 연락하려고 할 때 우리가 어떻게 하면 좋겠나?", "회사로 온 편지를 자네의 새 주소로 전하거나, 발송하려는 사람에게 새 주소를 알려줘도 되겠나?", "자네를 고용하려고 우리에게 접촉한 사람에게 이곳에서 자네가 한 일에 대해 어떻게 말해주길 원하나?" 등과 같은 식이다. 그가 하는 말이 가치 있다고 그 직원이 느끼도록 하라. 이전 고용주가 전화로 문의하는 사람들에게 뭐라고 말할지 모르는 불확실성은 큰 불안을 낳기 때문에, 그 점을 확실히 말해주고 충분히 해결할 수 있다는 것을 보여주라. 이렇게 하면 그 점은 더 이상 수면 아래에서 들끓는 상태로 남아 있지 않는다. 이런 점들이 사소한 것 같아도, 해고된 직원은 이런 것들로 인해 지난 과거에 움츠러들지 않고 다시 시작하기 위해 미래로 주의를 돌린다.

직설적으로 말하라

———

어떤 고용주는 해고 결정 사실을 너무 빙빙 돌려 말하는 바람에 그 직원이 방금 자신이 해고됐다는 사실을 완전히 알아차리지 못할 때도 있다. 고용주의 말을 다 들은 직원이 업무 수행 능력을 증진시키라는 말로 이해했다고 말할 수 있다. 그러면 고용주는 "아니, 이해를 못 하는군. 자네를 해고했다는 뜻일세"라고 반응하게 된다. 이런 반응은 해고된 직원에게 해고에 따른 다른 어떤 감정보다도 자신이 바보 같다는 느낌을 가장 많이 느끼게 한다. 신중을 기하다 보면 종종 결과가 모호해지기도 한다. 처음에는 나쁜 소식을 에둘러 전하는 것을 지지하는 듯 보이지만, 결국 직설적인 것이 사실상 더 합리적이라는 농담이 있다.

어떤 여자가 자기 집을 봐주고 있는 친구에게 전화해 별일 없느냐고 묻는다. "음, 자기 고양이가 지붕에서 떨어져 죽었어"라고 친구가 말한다. "맙소사! 어쩜 그렇게 말할 수 있어? 이렇게 말했어야지. '플러피가 지붕에서 잘 놀다가 미끄러지기 시작했어. 그러다가 다시 발 디딜 데를 찾아 괜찮아

보였는데, 또다시 미끄러져서 지붕에서 떨어졌어. 그 애를 안고 동물 병원으로 달려갔지. 부상이 심해 보였지만 그래도 플러피는 회복되고 다들 정상으로 돌아오리라 생각했어. 그랬는데 결국…… 숨을 거두고 말았어.'"

집을 봐주던 친구는 무정하게 말한 것을 사과했다. 1주일 뒤, 그 여자가 다시 별일 없는지 알아보려고 전화한다. 집을 봐주던 친구는 잠시 주저하다가 "음, 자기 어머니가 지붕에서 노시다가……"라고 말한다.

나쁜 소식은 솔직하게 전하는 것이 가장 좋다.

해고 결정을 전하는 면담의 주제는 전적으로 그 직원이 앞으로 성공하리라, 그가 즐기며 잘할 수 있는 일을 찾아내리라 확신한다는 것이어야 한다(실제로는 그 직원이 감정상의 문제가 있고, 문제를 해결하기보다 오히려 키우며, 실패만 거듭하리라 느껴도, 이런 생각을 드러내서는 아무것도 얻을 수 없다). 면담 분위기는 엄숙하거나 우울한 것이 아니라 사무적이어야 한다. "이런 변화는 전문가인 우리 모두가 살아가면서 한 번쯤은 경험하는 일이지. 나 자신도 이런 걸 헤치고 나왔다네. 우리는 자네가 잘해내리란 것과 이번 일이 자네에게 방해가 되지 않으리란 것을 잘 아네."

특수한 문제보다 일반적인 문제를 인용하라

많은 고용주가 해고되는 직원에게 해고가 좋은 생각이었음을 확신시키려는 듯 이런 결정을 내린 이유를 설명하여 정당화하려 한다. 어떤 고용주들은 해고 통보 면담을 그 직원의 태도를 교정하고 그 직원을 향상시킬 기회로 활용해, 결국 면담을 강의로 만들어버린다. 많은 고용주가 누군가를 해고하는 마당에 고용 중일 때보다 훨씬 많은 솔직하고도 건설적인 비판을 한다. 너무 늦었으니, 이는 모두 잊으라. 보다 현명한 방법은, 그렇게 하는 것이 모두에게 최선이라고 일상적인 말로 결정을 서술하는 것이다. 고용이란 양방향 통행로인데, 작금의 상황으로는 어느 쪽으로도 통행할 수 없다고 말하라. 당신은 분명히 능력이 뛰어나지만, 이 직장은 그 뛰어난 능력을 발휘할 최선의 환경을 제공해주지 못한다고 말하라. 누가 그 직원의 자리를 채울지에 관한 논의에 말려들지 말라. 부메랑 문장을 활용하거나 아직 그런 결정은 내리지 않았다고 말하라.

놀람의 요소를 기억하라
———

보안과 안전을 감안하면 해고당하는 직원은 해고 면담을 사전에 알지 못해야 한다. 믿기 힘들겠지만, 많은 직원이 "당신을 해고하려고 해"라는 말을 듣고 해고 통보 자리로 불려 간다.

때를 잘 고르라
———

해고는 다른 직원들이 일을 끝내고 떠나는, 그날 일을 마감할 때 해야 한다. 이렇게 하면, 면담을 마친 해고 직원이 이 일에 책임이 있다고 생각하는 사람을 즉시 찾아 나설 수 없다. 나아가 그 직원은 벌건 대낮이 아닌 평소와 똑같은 시간에 집으로 갈 수 있다. 나는 근무하는 그 주의 마지막 날에 해고할 것을 권한다. 금요일에 해고되면, 그 직원은 평소와 마찬가지로 주말을 보낼 수 있고 다음 날 아침에 출근할 곳이 없다는 충격을 받지 않을 것이다. 주중과 달리, 자신의 이전 동료들이 직장에 있다는 (그리고 아마도 자신을 이야깃거리로 삼고 있다는) 생각을 하지 않고 깨어날 것이다. 평소와 모든 게 다른, 텔레비전에서 평소와 다른 프로그램을 보거나 낯익은 사람들이 집에 있지 않은 등의 경험을 하지 않을 것이다. 주초에 해고하는 것이 좋다고 믿는 사람이 일부 있는데, 그런 경우에는 감정이 아직 들끓는 해고 직원이 공격의 표적이 될 수 있는 사람을 찾게 된다.

당신에게 맞는 장소를 고르라

해고는 다른 직원들의 눈길이 미치지 않는 곳에서 통보돼야 한다. 해고를 통보하는 사람의 사무실은 안 된다. 해고되는 직원이 계속 이야기하기를 원하면 면담을 끝낼 방법이 없기 때문이다. 해고를 통보하는 사람은 더 이야기해봤자 아무 소용이 없을 때 즉시 일어서서 그 자리를 벗어날 수 있어야 한다. 내가 아는 노련한 임원은 해고된 직원이 어디에서 해고됐는지를 생생하게 기억하고 있다가 화나면 그곳으로 들이닥칠 수도 있다고 생각해 자기 사무실을 이용하지 않는다.

참석자를 고르라

누구를 참석시켜야 할까? 나는 해고되는 직원이 평소에 함께 일했던 관리자보다 좀 더 높은 자리에 있는 관리자를 해고 통보 자리에 부르라고 권한다. 해고되는 직원을 둘러싸고 매일 벌어지는 말다툼에서 뚝 떨어져 있었던 사람이어야 한다. 침착하고, 눈앞에서 분노가 발산되거나 심지어 협박이 벌어지는 상황에서도 평정을 유지할 수 있는 사람이어야 한다. 가능하다면, 두 번째 참석자는 해고되는 직원이 존경한다고 알려진 관리자나 좋은 관계에 있는 사람이어야 한다. 이런 두 번째 참석자가 있어야 하는 이유는, 해고되는 직원이 좋아하거나 존경하는 사람 앞에서는 자신의 가장 좋은 모습을 보여주려고 할 것이기 때문이다.

참석해서는 안 되는 사람은 누구일까? 무장한 경비원, 그 지역 경찰관, 과시용으로 데려온 덩치 큰 직원은 해고를 통보하는 자리에 와서는 안 된다. 몇몇 고용주는 이런 사람들이 그 자리에 있으면 자기 입지가 강해지리라 생각한다. 그러나 실제로는 정반대 효과를 낳는다. 위험해질지도 모르는 해고 직원이 써먹을 수 있는 당신의 취약성을 테이블에 몽땅 펼쳐놓는 꼴이다. 비슷한 직위의 동료나 직속 상사도 안 된다. 그들은 과거 일들에 관해 열띤 논쟁을 불러일으켜, 해고 직원을 부끄럽게 할 가능성을 높인다. 해고 통보 면담을 주관하는 관리자는 자신이 어떤 지원 세력도 필요로 하지 않음을 강조함으로써 자신의 힘을 보여줄 수 있다.

○   ○   ○

많은 고용주가 해고를 권력의 위치에서 이루어지는 것으로 보지만, 사실은 그렇지 않다. 리처드 팔리가 ESL에서 가장 강력한 사람일 때도 있었다. 데이비드 버크가 US에어에서 가장 강력한 사람일 때도 있었다. 그 두 사람은 화났고 의분을 느꼈다. 그리고 에머슨Ralph Waldo Emerson[미국의 사상가이자 시인]은 "의로운 분노는 그 사람의 모든 힘을 끌어낸다"고 했다. 불의에 대한 분노는 직원이 이전에는 생각조차 해본 적 없는 행동에 대한 추진력이 될 수도 있다. 직원은 괴물이 아니란 것을 명심하라. 직원은 회사가 고용한 사람으로 회사에서 더 오래 일할 수 있었다. 그러나 지금 그 직원은 충격에 빠져 있다. 해고가 그의 세상을 뒤흔들어놨다. 직원은 해고를 예상하지 못했거나, 항상 해고를 예상했기 때문에 자신의 세계관을 확인한 것일 수도 있다. 어떤 경우든, 해고는 자신에게 강요된 달갑지 않고 자신을 하찮게 만드는 변화다.

그는 회사 사람들이 자신을 싫어한다는 사실을 견딜 수 없는 것이 아니다. 무시되고, 거부되고, 마음에서 지워지는 것을 견딜 수 없는 것이다. 이는 아주 다른 문제다. 해고는 직원이 해고 자체를 지위 상실, 수입 상실, 안정감 상실, 살아가는 목적 상실, 정체성 상실, 그리고 무엇보다 싸움에서의 패배와 연관시키기 때문에 훨씬 더 크게 체감된다. 적들이 이기고 직원 자신은 패한 것이다.

이 모든 이유로 해고와 동시에 중요한 권력이 이동한다. 그 직원이 직장을 잃지 않으려 애쓸 때는 결코 적용할 수 없었던, 광범위한 대안과 선택지가 활짝 열리며 모든 것이 바뀐다. 고용주들이 가진 가장 중요한 지렛대는 해고할 수 있는 권력이다. 그런데 일단 해고하면, 그 권력을 행사하는 순간, 고용주들은 한 발 남은 총알을 발사한 셈이다. 권력은 해고되는 직원의 손으로 옮겨간다. 많은 회사가 해고 직원들의 이런 권력을 과소평가한 대가가 존중한 대가보다 훨씬 비싸다는 것을 배웠다.

바쁜 변호사들과 만연한 부당 해고 소송을 감안하면, 몇몇 회사는 위험보다 소송을 더 걱정한다. 해고 직원이 소송하겠다고 위협하면 다른 협박보다 더 많은 관심을 끌어모을지는 몰라도, 우리가 논의하는 유형의 직원 맥락에서는 사실상 좋은 소식이니 아이러니하다. 소송에 집중하는 그 직원은 폭력의 대안을 찾은 것이기 때문이다. 소송에 따른 문제는 소송이 시작될 때가 아니라 끝날 때 불거진다. 우리는 결국 그 해고 직원이, 특히 그의 주장이 불합리하거나 증오에 찬 것일 때 법적 투쟁에서 패하리라는 것을 알게 된다. 그러면 회사는 그 해고 직원의 분노를 다시 직면해야 할 수도 있다. 그러나 고용주들이 해고된 직원을 도발하지 않거나 해고된 직원과 얽히지 않으면, 시간이 약이라는 말처럼 대부분 상처, 그 직원의 자존심과 정체성에 입은 상처까지 나을 수 있다.

해고 통보 면담에서 위협에 대응하는 최선의 방법은 뭘까? 이미 7장에서 이 질문에 적용할 수 있는 위협에 관한 여러 개념을 논의했다. 위협의 가치는 우리 반응에 따라 결정된다는 것을 명심하라. 따라서 어떤 직원이 해고 통보를 받고 위협한다면, 그에 대한 가장 좋은 대응법은 "기분이 상한 건 충분히 이해하지만, 자네가 말하고 있는 건 자네 스타일이 아니네. 그런 것들을 아주 잠깐이라도 생각하기에는 자네가 너무나 이성적이고, 장래가 창창하니까 말일세"다. 이런 반응은 협박범을 납득시키려는 것이 아니라 당신이 협박범을 두려워하고 있지 않다는 것을 보여주는 것이다.

협박범이 돌이킬 수 없는 길로 들어서지 않았음을 알리는 것도 중요하다. 이때 할 수 있는 좋은 말은 "우리는 감정이 치솟았을 때 상대에게 막말하네. 나 자신부터 그랬으니까. 싹 다 잊어버리세. 자네도 내일이 되면 다르게 느낄 걸세"다.

위협이 심각해지는 상황(따라서 다른 사람의 개입이나 미리 준비해둔 다른 수단을 요청해야 하는 상황)에서도, 우리는 협박범이 한 말을 곧이곧대로 받아들이거나 두려워한다는 것을 내보이지 말라고 의뢰인들에게 조언한다.

의뢰인들이 주의하지 않아도 된다는 의미가 아니다. 의뢰인들이 다루기 곤란한 직원들을 해고할 때 우리는 바로 옆방에서 비디오로 면담을 모니터링하고, 언제든지 개입할 수 있도록 경비팀을 대기시키고, 긴급 호출 버튼을 설치하고, 해고 직원의 회사 접근을 통제하는 절차를 개선하는 등 수많은 예방책을 만들도록 인도한다.

해고 통보 면담은 좋게 진행되든 추하게 진행되든 해고된 직원이 나중에 어떻게 행동할지에 관한 값진 통찰력을 제공한다. 또한 관리자가 해고된 직원의 행태에 어떻게 반응할지를 보여준다는 점도 중요하다. 해고 통보 면담 직후에, 통보한 사람은 해고된 직원의 태도, 행동, 반응, 말에 관한 보고서를 작성해야 한다. 이 정보는 전문가들이 평가해 경비와 그 밖의 관련 사항들을 결정하는 데 도움을 줄 수 있다.

힘들게 해고한 뒤 결정해야 할 사항 중에는 앞으로 닥칠 수도 있는 위험을 누구에게 통보하느냐 하는 문제도 있다. 폭력의 표적이 될 수도 있는 사람들에게 경고하지 않으면 접근 권한을 회수하지 못하고, 잔뜩 화난 해고 직원이 건물을 나가는 것을 모니터하지 못하고, 경비원과 안내원에게 알리지 못하고, 누군가 다른 사람들에게 위험해질 수도 있을 때 적절한 조치를 취하지 못해 호미로 막을 일을 가래로 막아야 할 수도 있다.

위협에 대한 최악의 반응은 같이 위협하는 것이다. 위협이 직원에게 유리하게 작용하는 이유는 그가 잃을 것이 별로 없어 실제로 무모한 짓을 저지를 수 있고, 관리자도 그 점을 알기 때문이다. 이와 반대로, 직원은 관리자가 무모한 짓을 하지 않으리라는 것을 직관적으로 안다. 또한 맞협박은 사태를 악화시킨다. 폭력이 상호작용을 한다는 사실을 생각해보라. 위협에 대응하는 당신의 방식이 판돈을 올리고, 이 상황을 위협과 단계적 확대와 맞협박의 경쟁으로 바꿔버린다. 이는 고용주들이 해고된 직원보다 훨씬 위험해지고, 잃을 것이 훨씬 더 많기 때문에 고용주들이 이길 가능성이 거의 없는 경쟁이다. 관리자가 맞협박하는 경우의 예로 다음과 같은 것이 있다. "아, 그래? 네가 그렇다면, 바로 경찰을 보내주지!" 맞협박은 협박범과 관계 맺게 만들고, 그가 뛰는 운동장으로 당신을 데려다 놓는다. 당신이 뛰는 운동장으로 협박범을 데려오려면 관계를 끊고 당신의 규칙에 따라 운동해야 한다.

모든 규칙을 놔버려야 할 때가 있다는 말도 해야겠다. 우리 회사는 규칙을 안전보다 강조했던 중급 규모의 도시와 상담한 적이 있다. 어느 공무원이 정신장애로 퇴직하면서, 당연히 받을 자격이 있다고 여긴 상환금 400달러가 포함되지 않았다는 이유로 시청이 주는 퇴직금 1만 1000달러의 수령을 거부했다. 미리 인가되지 않은 지출금에 대한 상환을 금지한 규칙 때문에 시청은 그 금액을 지불할 수 없다고 했다. 어느 날 오후, 그 퇴직 공무원이 약속도 잡지 않고 시청으로 찾아와 그런 결정을 내린 담당자를 만나고 싶다고 요구했다. 담당자는 퇴직 공무원과 논쟁을 벌였고, 끝까지 규칙을 운운했다. 그러자 퇴직 공무원이 벌떡 일어서서 "이걸 다른 방식으로 쓸 수 있는지 한번 보여줄까?"라면서 38구경 총탄 두 발을 담당자의 책상에 쏘고 그 자리를 떠났다.

우리 회사로 이 상황을 평가해달라는 요청이 들어왔다. 우리는 이 퇴직 공무원이 자신의 치료사에게 권총을 보여주고, "옳은 건 옳은 것이고, 옳은 건 항상 이긴다"라고 금전적 분쟁의 원칙을 언급했다는 사실을 알아냈다. 우리는 보고서에 400달러를 지급하라고 제안하면서, 그 이유를 이 일에서 이기는 것이 그 퇴직 공무원의 자존심과 정체성의 문제가 됐기 때문이라고 설명했다. 사람들의 요구에 응하는 것이 항상 가능하거나 실용적이지는 않지만, 이 사례에서는 결국 400달러를 주느냐 마느냐 하는 문제일 뿐이었다.

우리 제안에 대한 시청의 반응을 보고, 당신은 우리가 시청에 그들의 첫 번째 결정을 포기하라고 요청했다고 생각할 것이다. 그 담당자는 "우리는 규칙이 있습니다. 이것저것을 해달라는 모든 사람의 요구에 굴복한다면, 그런 규칙은 필요 없을 겁니다"라고 내게 말했다. 그는 "젊은이는 규칙을 알고 있지만, 노인은 예외를 알고 있다"고 말한 올리버 웬들 홈스Oliver Wendell Holmes[19세기 미국의 의학자이자 문필가]의 지혜에서 배우는 바가 있을 것이다.

협박범과 마찬가지로 이 담당자도 원칙의 문제를 고집했다. 이와 같은 사례를 우리는 양 당사자가 모두 '링 위에 올라가 있다'고 말한다. 즉 둘 다 기꺼이 싸우려고 혹은 싸움을 지속하고 싶어 안달하기까지 한다는 의미다. 나는 이렇게 말했다.

"우리는 요구하는 모든 사람에게 400달러를 주라고 제안하는 것이 아닙니다. 자기 치료사에게 권총을 보여준 뒤에 자기주장을 밝히려고 당신 책상에 총알을 퍼부은, 절박하고 감정적으로 문제가 있는 퇴직 공무원에게 400달러를 줘버리라고 제안하는 겁니다. 시청이 이런 상황에 자주 직면해 이렇게 돈을 지불하지는 않을 거잖습니까."

하지만 그 담당자는 돈보다 좀 더 고차원적인 이상을 고수했다. 그리고 그는 내게 자신의 의견을 고집하는 일에 400달러 이상을 쓰고 있었다. 그 담당자가 규칙의 신성성에 관해 침을 튀기며 말하기에, 나는 다시 위험한 맥락으로 되돌아갔다.

"제안이 하나 있습니다. 규칙이 그렇게도 강력하다면 직원들은 관리자를 총으로 쏠 수 없다는 새로운 규칙을 하나 만들지 그래요? 그럼 문제가 해결되지 않을까요?"

내가 "어떤 규칙이 깨지는 걸 더 보고 싶나요?"라고 물었을 때 그는 내가 말장난하다시피 한 제안을 심사숙고하는 것처럼 보였다. 훨씬 수월한 문제를 놓고 싸움이 벌어졌지만, 결국 그 담당자는 400달러를 지불하기로 약속했고, 퇴직 공무원은 애리조나로 이사 갔으며, 시청은 유연성을 발휘해 세상을 떠들썩하게 할 뻔한 사건에서 살아남았다. 이처럼 해결책이 분명히 보일 것 같지만, 당사자들이 링에 올라가 있으면 자기 주먹 너머를 보기 힘든 법이다.

○   ○   ○

하루가 멀다 하고 조직들이 어떤 직원이 동료 직원들을 겁먹게 만드는 문제로 내 조언을 구한다. 특성이 거의 비슷비슷한 수많은 상황을 검토하면서, 그런 상황이 어떻게 생산성을 떨어뜨리고 불안을 조성하며 사람들을 위험에 처하게 만드는지 지켜본 나는 회피와 예방의 가치를 높게 평가하게 됐다. 이런 위험을 미연에 막기 위해 시간과 자원을 바쳐온 기업과 정부 기관은 그들의 직원들이 교훈을 직접적이 아니라 간접적으로 배우기를 선택한 것이다.

그러나 경영진이 아무리 잘 관리하더라도 여전히 직장에서 일찌감치 정체를 드러내지 않은 폭력이 발생할 수 있다. 그것은 집과 가까운 곳에서 시작하기 때문이다.

□ 10장 □

가장 친밀한 적

> "당신네들은 그 사람한테 아무것도 하지 않았죠.
> 그냥 뭐라고 말하기만 하고 가버렸어요."
>
> 니콜 브라운 심슨Nicole Brown Simpson[O. J. 심슨의 전처]이 경찰에 한 말

검사가 설득력 있게 사건을 묘사하는 말을 들은 후에도 어떻게 의심하는 사람이 나올 수 있는지 모르겠다. 우리는 모두 그 사건 이야기를 알고 있다. 살해된 여자는, 들리는 바에 의하면 오랫동안, 실질적으로 두 사람이 사귀면서부터 피고인의 폭력에 시달렸다. 그녀는 여러 차례 경찰에 신고했고, 한번은 폭력 혐의로 고소했지만(그는 무죄방면이 됐다), 폭력은 계속됐다. 살인이 벌어진 날, 그녀는 사교 모임에 피고인을 초대하지 않았고, 밤 10시가 조금 지난 시각에 칼에 찔려 죽었다. 피고인은 자기 친구에게 그녀를 죽이는 꿈을 꿨다고 말했는데, 나중에 그의 변호인들은 그녀가 마약상에게 살해당한 것 같다고 했다.

이런 사실들은 O. J. 심슨 사건 재판 동안 유명해졌다. 하지만 지금 내

가 서술한 내용은 니콜 브라운 심슨이 아직 세상을 떠나기 6개월 전, 브렌트우드Brentwood[니콜이 살해당한 지역]에서 수천 킬로미터나 떨어진 곳에서 발생한 일이다. 이 사건에서 살해된 사람은 메러디스 코폴라Meredith Coppola라는 여자였다. 올해 미국에서 남편이나 남자 친구에게 살해된 여자를 모두 언급하면 당신이 들고 있는 책이 4000쪽이 넘을 것이고, 그 이야기들이 놀라울 정도로 비슷하다는 사실을 깨닫게 될 것이다. 단지 이름과 몇 가지 세부 사항만 달라질 뿐이다.

나는 심슨의 형사재판 중 스토킹과 관련하여, 그리고 나중에 골드먼Ron Goldman[니콜의 친구로 함께 살해당했다]의 가족이 제기한 민사소송에서 검사와 함께 일했다. 하지만 지금 한쪽 편에 서서 참여한 그 사건을 논의하려는 것은 아니다. 어떤 면에서 심슨 사건은 이 흔한 범죄의 한 예에 불과하지만 다른 면에서는 훨씬, 훨씬 더 의미가 있다. 1997년에 10살 이하였던 미국의 어린이들에게는 이 한 사건이 그들의 삶을 최소한 30퍼센트는 차지할 정도로 많이 보도됐기 때문이다. 텔레비전에서 하루 종일 떠들어댔고, 슈퍼마켓 판매대에 아이들 눈높이로 올라앉은 타블로이드지 1면을 늘 차지했으며, 어른들은 모두 저녁 식사를 하며 이 이야기로 왈가왈부하는 것처럼 보였다. 이 사건은 궁극적으로 아빠가 엄마를 죽이고도 처벌을 면한 미국의 신화다. 그 사건에 관해 당신이 어떤 의견을 갖고 있든, 그 신화는 그런 유산의 일부다. 심슨의 형사 변호인들인 '모략팀'이 널리 퍼뜨린 다수의 신화가 있다.

그들은 "남자가 자기 부인을 때린 것만으로는 그녀를 죽였다고 할 수 없다"고 했고, 이는 사실이다. 하지만 그것이 자기 아내를 때리고, 그녀의 집에 침입하고, (적어도 한 번은 총으로) 그녀를 협박하고, 그녀를 무서움에 떨게 만들고, 그녀를 스토킹한 O. J. 심슨과 관련이 있다면? 그런 행태는 아내 살해라는 예측 서클의 중심 가까이에 심슨이 위치하도록 한다.

모략팀의 주장은 "어떤 사람이 도우를 샀다는 이유만으로 피자를 만들 거라는 의미는 아니다"라고 말하는 것과 유사하다. 이 말은 사실이지만, 그가 도우를 주석 쟁반에 둥글게 펼치고 토마토소스와 치즈를 더하고 오븐에 넣는다면? 심슨의 변호인 앨런 더쇼비츠Alan Dershowitz가 달리 말한다 해도 당신은 전혀 망설이지 않고 피자 만드는 중이라고 예측할 수 있다.

내가 왜 심슨의 변호인들을 모략팀이라고 부를까? 그것은 아내 살해범들과 그들의 변호인이 변호의 여지가 없는 범죄를 유리하게 변호할 모략을 허다하게 꾸미기 때문이다. 이 장에서 논의될 살인범들은 자기 배우자를 살해한 뒤 자살한 범인들을 제외하고는 모두 아주 창의적인 법적 변명을 늘어놨다.

심슨 사건에서 분명한 것은 론 골드먼이 잘못된 시점에 잘못된 장소에 있었던 것일 수 있는 반면, 니콜은 아주 오랫동안 잘못된 장소에 있었다는 사실이다. 지금은 로스앤젤레스의 진보적 가정 폭력 평의회 의장인 당시 스콧 고든Scott Gordon 검사의 말대로 "심슨은 여러 해 동안 니콜을 죽이고 있었으며, 그녀는 결국 6월 12일에 사망했다." 바로 이 장기간에 걸쳐 서서히 벌어지는 범죄야말로 이런 비극을 예측하고 방지하는 것을 논의하면서 내가 주력하고자 하는 것이다.

돈을 받고 단지 한 사람만을 위해 봉사하는 변호인들이 미국의 대중에게 퍼뜨린 잘못된 정보에도 불구하고, 배우자 폭력 및 살인과 관련한 신뢰할 수 있는 다수의 사건 발생 전 지표가 있다. 모든 사건에 이 모든 지표가 다 나타나는 것은 아니지만, 어떤 상황에서 여러 지표가 보인다면 걱정해야 할 이유가 있는 것이다.

1) 여자가 자신이 위험하다고 직관적으로 느낀다.
2) 남자가 관계를 갖기 시작한 초기에 속도를 올려 약혼, 동거, 결혼 같은 계획을 세운다.
3) 남자가 으름장, 위협, 폭력으로 여자와의 갈등을 해결한다.
4) 남자가 욕설을 잘한다.
5) 남자가 지배하거나 학대하려고 협박과 으름장을 활용한다. 여기에는 신체적으로 해를 가하겠다는 협박, 명예를 훼손하겠다는 협박, 난처하게 만들겠다는 협박, 자유를 제한하겠다는 협박, 비밀을 폭로하겠다는 협박, 지원을 끊겠다는 협박, 버리겠다는 협박, 자살하겠다는 협박이 포함된다.
6) 남자가 화나면 물건을 부수거나 두들긴다. (결혼사진을 찢거나 사진 속 얼굴을 훼손하는 등) 상징적인 폭력을 행사한다.
7) 남자가 과거의 관계를 꼬치꼬치 따진다.
8) 남자가 (기억상실, 적개심, 잔인성 같은) 나쁜 영향이 나타나는 술과 마약을 탐닉한다.
9) 남자가 적의나 폭력적인 행동을 변명하거나 설명하는 데 술과 마약을 늘어놓는다("술을 너무 많이 마셔서 정신이 나갔어. 그건 내 본심이 아니야. 술에 취해서 한 말이야").
10) 남자가 과거에 (협박, 스토킹, 폭행, 구타 같은) 범죄로 경찰에 출두한 적이 있다.

11) 남자가 (공공시설 파괴, 물건 부수기, 물건 던지기를 포함해) 폭력적인 행태를 보인 사건이 한 번 이상 있었다.

12) 남자가 자기 아내 혹은 여자 친구의 활동, 구입, 행태를 지배하기 위해 돈을 이용한다.

13) 남자가 여자를 꼼짝할 수 없게 통제하고, 어디에서 시간을 보냈는지 말하라고 강요한다. 두 사람의 관계에서 시간을 빼앗는 사람이나 물건을 질투하기 시작한다.

14) 남자가 거절을 받아들이길 거부한다.

15) 남자가 '영원히 함께', '항상', '무슨 일이 있더라도'와 같은 문구를 사용하며 두 사람의 관계가 영원히 지속되기를 기대한다.

16) 이성적인 사람이라도 알아차릴 증거가 없을 때조차 남자는 다른 사람들에게 (증오, 사랑, 질투, 서약 같은) 극단적인 감정을 투사한다.

17) 학대 사건들을 경시한다.

18) 비정상적으로 보일 만큼 많은 시간을 자기 아내 혹은 여자 친구 이야기를 하는 데 할애하고, 자신이 그 여자의 남편이나 애인 등인 것에 정체성 상당 부분을 도출한다.

19) 두 사람의 관계를 유지 혹은 회복하기 위해 아내의 친구들이나 친척들에게 도움을 구하려 노력한다.

20) 아내나 여자 친구를 부당하다 싶을 정도로 감시하거나 따라다닌다.

21) 다른 사람들이 자신에게 못된 행동을 한다고 믿는다. 아내나 여자 친구 곁에 있는 사람들이 자신을 싫어하고 그녀가 자신을 떠나도록 바람을 넣는다고 믿는다.

22) 변화에 저항한다. 남들이 그를 완고하다고, 타협하지 않으려 한다고

말한다.

23) 자신을 영화나 뉴스, 소설, 역사에 등장하는 폭력적인 인물과 동일시하거나 비교한다. 다른 사람들의 폭력을 정당한 것으로 본다.

24) 기분이 두드러지게 변하는 고통을 겪거나 우울해하거나 화내거나 의기소침해한다.

25) 자신이 저지른 잘못을 시종일관 남 탓으로 돌린다. 결국 자기 행동에 따른 결과를 책임지지 않으려 한다.

26) 권력, 지배, 복수의 도구로 무기를 언급한다.

27) 남들이 보는 자신에게서 무기가 중요한 부분을 차지한다. 총을 갖고 있거나 총에 대해 이야기하고 농담하고 관련 책을 읽거나 무기를 수집한다.

28) 자기 행동이 정당하다는 근거로 '남자의 특권'을 언급한다(여자를 하녀처럼 취급하거나, 자기가 '집안의 영주'처럼 행동하며 모든 중요한 결정을 내린다).

29) 어렸을 때 폭력을 경험했거나 목격했다.

30) 남자가 자신을 다치게 하거나 죽일까 봐 아내나 여자 친구가 두려워한다. 그녀가 이 문제를 다른 사람들과 의논했거나 자신이 죽을 경우의 계획(예를 들면 아이들을 돌봐줄 사람을 지정하는 것)을 세워뒀다.

이 목록과, 당신이 직관과 예측에 관해 아는 모든 것들로 당신은 가장 예측 가능한 미국의 살인범들을 저지하는 데 일조할 수 있다. 실제로 그렇게 할 수 있다. 그녀의 삶과 그녀 자신에게 어떤 문제가 있는지를 아는 사람에게 말하는 것 말고 다른 방법이 없다면, 그녀를 폭력 피해 여성을 위한 긴급 대피소로 보내라. 폭력으로 피해를 입은 남자 역시 폭력 피해 여성을 위한 긴급 대피소로 보내라. 그곳에서는 그 남자를 위한 프로그램을 제안해줄 수 있을 것이다. 그리고 폭력이 발생하면 경찰에 신고하라.

이 목록은 내일 아침 식사를 하기 전까지 또 다른 12명의 어머니들, 누이들, 딸들이 살해되리란 사실을 상기시킨다. 거의 모든 사건에서 최종적인 폭력에 앞서 벌어진 폭력은 몇 사람만이 간직하던 비밀이었다. 이 목록은 꼭 빠져나와야 할 상황에 처한 여자들에게 그래야 한다고 말해줄 수 있다. 꼭 체포돼야 하는데 체포되지 않을 수 있는 사람을 경찰관에게 알릴 수 있고, 신고돼야 하는데 신고되지 않을 수도 있는 사람을 의사에게 알릴 수 있다. 꼭 기소해야 할 사람을 검사에게 알릴 수 있다. 절대 무시하고 넘어가선 안 되는 폭력을 무시할 수도 있는 이웃들에게 알릴 수 있다.

자신을 인정할 수 있는 남자들에게 이야기할 수도 있는데, 이는 아주 의미가 있다. 심슨 재판에서 크리스토퍼 다든Christopher Darden 검사가 최종 변론을 한 뒤, 나는 함께 기소를 맡았던 스콧 고든과 그의 사무실로 찾아갔다. 우리는 전국에서 가정 폭력 피해자들이 보낸 팩스들을 읽었는데, 학대하던 남자들이 보낸 내용에 똑같이 감동을 받았다. 그중 하나에는 "당신이 이제 막 집사람의 생명을 구한 것 같습니다. 나는 심슨의 학대를 묘사하는 당신 이야기를 들으면서 나 자신도 그렇다는 걸 인정했으니까요"라고 적혀 있었다. 몇몇 살인과 달리 배우자 살인은 양심으로 저지할 수 있는 범죄다.

○　　○　　○

여자가 원하지 않는 관계에서 어떻게 빠져나올 수 있는가를 논하기 전에, 많은 여자가 빠져나오지 않으려고 한다는 것을 먼저 알아야 한다. 바로 지금, 당신이 이 문장을 읽는 동안에 적어도 한 명이 남편에게 맞고 있다. 그리고 이런 일이 2~3초마다 발생하기 때문에 지금 또 다른 여자가 같은 일을 당하고 있다. 따라서 많은 남자가 폭력적이라는 사실이 오래된 뉴스라고는 하나, 남자들과 거의 같은 수의 여자들이 그런 남자들과 함께 있기를 선택한다는 사실도 인정해야 한다. 이는 위험에 관한 많은 정확한 예측이 묵살되고 있다는 것을 의미한다. 왜?

내 어릴 적 경험에서 그 대답의 일부를 공유할 수 있다. 나는 폭력이 몇 시간이나 이어진 뒤인 새벽 2시에 여동생을 데리고 집 밖으로 도망쳐 나왔을 때를 생생히 기억한다. 집으로 돌아가기가 두려웠던 우리는 전화박스에서 경찰서로 전화해 어린애 둘이서 마을을 어슬렁거리고 있으니 체포해서 교도소로 데려가라고 신고했다. 교도소라면 안전할 것 같아서였다. 그날 밤까지 다른 기회가 없어서 집에 머물 수밖에 없었던 나와 같은 이유로 많은 여자가 그대로 그런 남자와 함께 있다는 것을 이해하는데, 그날의 경험과 그 일이 있기까지의 세월이 도움을 줬다. 그날 밤 이전에는, 내가 지금 당장 당신이 당신 가족을 떠나게 할 수 없듯이 당신도 나를 내 가족에게서 떠나도록 할 수 없었을 것이다.

두들겨 맞는 아이와 마찬가지로, 두들겨 맞는 여자도 폭행이 멈추면 온몸을 감싸는 강력한 안도감을 느낀다. 그런 느낌에 중독되기 시작한다. 학대하는 자만이 아주 잠시 동안 좋은 쪽의 성격을 발휘해 평온한 순간을 가져다줄 수 있다. 따라서 학대하는 자가 학대받는 사람이 느끼는 행복감의 열쇠를 갖고 있다. 학대하는 자가 깊디깊은 고통을 끝내주는 높디높은 환희를 가져다주며, 나쁜 상황이 더 심해질수록 상대적으로 좋은 상황은 훨씬 좋아진다. 이 모든 것과 더불어 두들겨 맞는 여자는 겁을 잔뜩 집어먹어서, 매번 끔찍한 일을 당할 때마다 이제 마지막일지도 모른다고 믿는다.

사람들이 개인적인 위험을 어떻게 평가하는지를 이해하는 것은 위험에 처한 많은 여자가 왜 그대로 있는지를 더 잘 이해하게 도와줬다. 어렸을 때 당한 폭력으로부터 내가 배운 바에 의하면, 이런 여자들 대부분은 너무 많이 두들겨 맞아 다른 사람들이라면 정상이 아니라고 여길 위험들을 담담히 받아들일 만큼, 두려움을 느끼는 메커니즘이 무뎌졌다. 폭력과 죽음의 관계가 그 여자들에게는 더 이상 보이지 않는다. 대피소에 왔다가 다시 학대하는 자의 품으로 돌아간 어떤 여자가 좋은 예를 보여준다. 그녀는 어느 날 밤, 대피소로 전화해 다시 그곳으로 돌아가도 되느냐고 물었다. 항상 그랬듯 상담자가 맨 처음 물은 것은 "지금 위험에 처해 있나요?"였다. 그 여자는 아니라고 했다. 그 통화의 말미에 그녀는 여담처럼 남편이 총을 들고 방 밖에 있다고 덧붙였다. 이 여자가 방금 전에 위험에 처하지 않았다고 하지 않았나? 그녀는 남편이 총을 들고 같은 방에 있거나 총이 자기 머리에 들이대졌을 때에야 위험에 처했다고 생각하는 것이다.

두들겨 맞는 사람이 어떻게 떠나는 것을 정당하지 않다고 느낄 수 있을까? 두들겨 맞는데도 반항하지 못하는 것은, 학대가 학대받는 사람 자신을 보호하려는 본능적인 반응이 발휘되지 못하도록 훈련시키기 때문이다. 이는 학대의 해로운 형태 중 하나다. 가장 자연적이자 중심적인 본능을 무효화하기 위해, 자신을 보호할 가치가 없다고 믿어야 한다. '사랑하는 사람'에게 두들겨 맞는 것은 절대로 맞서지 말아야 할 두 가지 본능, 즉 (가족이라는) 안전한 환경에 있으려는 본능과 위험한 환경에서 달아나려는 본능 사이의 갈등을 촉발시킨다. 시소에 탄 것처럼, 반대쪽에 확고한 선택권이 없는 상황에서는 머물고자 하는 본능이 우세하다. 한쪽으로 기운 시소에서 땅으로 내려서려면 많은 피해자가 가진 것보다 훨씬 많은 에너지가 필요하다.

아무리 좋은 논리를 동원해도 두들겨 맞는 여자를 움직일 수 없는 것이 보통이다. 설득하기 위해서는 통계나 도덕적인 주장이 아니라 감정적인 지렛대가 필요하다. 폭력적인 관계에서 벗어나라고 여자들을 설득하려 노력하면서, 나는 그녀들의 두려움과 저항을 직접 목격했다. 빈번하게 이어졌던 구타를 또 당했을 때 경찰이 찍은 사진들을 보여줬던, 33살의 두 아이의 엄마 재닌과 나눈 기나긴 대화가 생각난다. 재닌은 남편이 어떻게 학대했는지 열심히 이야기했지만, 또 그만큼 남편을 위한 변명에도 열심이었다. 가장 최근의 구타로 갈비뼈가 석 대나 부러졌는데도 그녀는 다시 남편에게 돌아갔다.

나는 재닌에게 10대 딸이 남자 친구에게 두들겨 맞으면 어떡하겠냐고 물었다. "그 녀석을 죽여버릴 것 같은데요. 딸애한테 그 녀석을 다시는 보지 못할 거라고 말하리란 건 확실해요."

"당신과 당신 딸은 뭐가 다르죠?" 나는 물었다. 재닌은 남편 행태의 모든 면은 아주 빠르게 설명하면서도 자신의 행동에 대해서는 설명하지 못했다. 그래서 내가 한 가지를 말해줬다. "당신 딸한테는 당신이 있고, 당신한테는 당신이 없다는 게 다르죠. 당신이 당장 빠져나오지 않으면, 당신 딸한테도 당신이 없게 됩니다." 내 말은 진실이기 때문에 재닌의 마음을 흔들었다. 재닌은 자신의 일부를, 스스로를 보호하는 부분을 갖고 있지 않았다. 그녀는 어린 시절, 이미 그 부분이 흔들린 채로 자랐고, 남편이 그것을 두들겨서 완전히 몰아내버렸다. 그러나 재닌은 자식들을 보호하려는 본능은 그대로 갖고 있었고, 결국 아이들을 위해 남편을 떠날 수 있었다.

두들겨 맞는 많은 여자가 지금 상황에서 벗어나는 선택을 할 수 없는 것처럼 보인다. 하지만 나는 처음 두들겨 맞을 때는 피해자고, 두 번째 맞았을 때는 지원자라고 생각한다. 텔레비전 인터뷰나 강연에서 이렇게 말하면 항상 내가 구타의 역동성을, 그 '증후군'을 이해하지 못한다고 느끼는 사람들에게 여러 가지 말을 듣는다. 사실 나는 구타의 증후군을 개인적으로 충분히 이해하지만, 그대로 머무는 것이 선택의 문제임을 분명히 할 기회가 있을 때 한 번도 그대로 지나친 적이 없다. 그대로 머무는 것이 선택의 문제가 아니라고 주장하는 사람들에게 묻고 싶다. 여자가 마침내 떠나면 그것은 선택인가? 아니면 떠나는 것을 비자발적인 것처럼 설명하는 증후군이 있는가? 그대로 머무는 것을 선택의 문제로 보는 것이 아주 중요하다. 그래야만 떠나는 것 역시 선택의 문제며, 선택권이라고 볼 수 있기 때문이다.

또한 여자가 벗어나고 싶어도 우리가 여자는 선택권이 없는 존재라고 결론을 내린다면, 남자는 어떨까? 그의 어린 시절, 불안, 정체성 혼란, 통제에 대한 중독을 들먹일 수 없다면, 그의 행동도 증후군에 의해 결정돼 선택할 수 없다고 할 것인가? 사람의 모든 행태는 그것보다 선행된 것으로 설명될 수 있다. 앞선 것이 행태를 변명하지 못한다면 학대하는 남자들의 책임이라고 생각해야 한다.

누구라도 비난할 수 있지만, 여자와 남자 모두에게 책임이 있다. 어린 아이가 관련된 경우에는 특히 그렇다. 문제를 일으키는 부모 모두 자식들을 심각하게 해치고 있다(아버지가 어머니보다 더 해를 끼치지만, 둘 다 문제다). 아이들은 대부분 모방을 통해 학습하며, 어머니가 맞는 것을 당연히 여기면 딸도 그럴 가능성이 높다. 아버지가 때리면 아들도 그럴 가능성이 높다.

헌신적이고 건설적인 사람들은 왜 그처럼 많은 여자가 맞으며 사는지를 사람들에게 교육하고 싶어 한다. 하지만 나는 어떻게 그렇게 많은 여자가 떠날 수 있는지에 중점을 두고 싶다. 또 다른 형태의 덫에 갇혀 살았던 헬렌 켈러Helen Keller는 이렇게 말했다.

"세상은 고난으로 가득하지만, 그것을 극복하는 일 또한 가득하다."

○　　○　　○

많은 학대자가 은행 계좌나 심지어 금융 정보를 통제함으로써 지배한다. 일부는 스케줄, 차 열쇠, 중요한 구매, 옷 선택, 친구 선택을 통제한다. 학대자는 친밀한 관계를 맺는 초기에는 친절한 지배광일 수 있지만, 나중에는 악의적인 지배광이 된다. 그리고 또 다른 결점이 있다. 학대자는 처벌과 포상을 제멋대로 정해 종잡을 수 없게 만든다. 어느 날 어느 순간 갑자기 예전의 좋았던 사람으로, 신혼 시절의 다정한 사람으로 되돌아가는데, 이는 여자가 희망을 품고 떠나지 못하게 하는 중요한 요인이다. 학대자가 이 모두를 사악한 의도로 계획하는가? 아니, 이는 사랑이 이어지도록 하는 학대자의 수단 중 하나다. 사랑을 기대하고 받아들이는 것을 자연스러운 방식으로 배우지 못한 아이들은 다른 방식으로 사랑을 얻는 법을 발견하는 어른이 된다.

지배는 잠시 혹은 좀 더 길게 통할지도 모르지만 결국 통하지 않기 시작하고, 그에 따라 학대자도 점진적으로 고조된다. 학대자는 계속 지배하기 위해 무슨 일이든 할 테지만 아내는 변하고, 그것이 학대자를 고통스럽게 만든다. 인간 번뇌를 '변화하는 것에 대한 집착'이라고 한 불교의 정의가 완벽하게 들어맞는다. 이런 상황에 처한 남자들이 자기 안에서 어떠한 일들이 벌어지고 있는지 알지 못하고, 상담이나 치료를 받지 못하면 계속 폭력을 택하게 된다. 그런 남자들은 칼 융이 "내적 상황을 의식하지 못하면, 외부에는 운명으로 보인다"라고 말한 대로 폭력이 살인으로 고조되는 위험을 택한다.

가정 폭력 평의회와 함께 일하면서, 나는 사회 구성원인 우리가 떠나겠다고 결심한 모든 학대받는 여자에게 갈 곳을 마련해줘야 한다는 것을 배웠다. 1100만 명이 사는 로스앤젤레스 카운티의 학대받는 여자들을 위한 대피소에 침대가 420개에 불과하다! 하룻밤을 기준으로 할 때 그런 침대의 75퍼센트를 어린애들이 차지한다.

로스앤젤레스에는 전화한 사람을 가장 가까운 대피소로 자동적으로 연결해주는 핫라인이 있다. 로스앤젤레스 지방 검사 길 가세티Gil Garcetti가 설립한 그 번호를 통해, 맞고 사는 여자들은 안전하게 빠져나오는 법을 배운다. 여자들은 차 열쇠와 신분증명서를 복사하고 이를 남편에게 들키지 않도록 감추는 방법, 도망치는 가장 좋은 시간을 택하는 방법, 대피소 역할을 해온 지하철로 도망쳤을 때 추적당하지 않는 방법 등을 배운다. 나는 우리 회사가 이 핫라인의 가치에 자금을 대야 한다고 굳게 믿는다. 이런 전화번호가 미국의 모든 도시에 필요하고, 전화박스, 전화번호부, 주유소, 학교, 병원 응급실에 눈에 확 띄게 게시될 필요가 있기 때문에 여기에서 언급한다.

우리가 이렇게 마련한 800번은 대피소에 있었던 터라 전화한 사람의 딜레마를 잘 이해하는 사람이 응답하는데, (이것도 역시 추천하는) 대안 번호인 911보다 더 많이 쓰일 가능성이 있다. 니콜 브라운 심슨의 사례를 본 일부 여자들이 경찰에 신고하기를 꺼리기 때문이다.

형사재판 중에 드러나지 않은 이야기인데, 심슨은 주차장에서 움직이는 차 밖으로 니콜을 밀어버린 적도 있다. 우연히 그 자리에 있었던 경찰관은 심슨에게 "아내를 집으로 잘 모시고 가시오"라고 했다. (두 사람이 이혼하고 한참 뒤에 벌어진) 또 다른 사건에서 심슨은 문짝을 부수고 니콜의 집으로 들어갔다. 신고 전화를 받고 온 경찰관은 "주먹질이 있었던 것도 아니고, 그 사람이 당신한테 아무것도 던지지 않았잖습니까. 말다툼 이외에는 문제가 될 게 없어 보이는데"라고 자기 나름의 결론을 내렸다. 니콜은 상황을 정확하게 설명했다. "내가 신고한 건 무단 침입이라고요." 그러자 경찰관이 맞대응했다. "당신들 두 사람이 관계가 있을 때는 좀 다르죠. 그 사람이 강도는 아니니까요." 이는 그 경찰관이 전적으로 잘못한 것이었다. 심슨은 강도나 다름없었고, 그가 한 것은 무단 침입이었으며 침해였기 때문이다. 경찰관은 이 사건을 '법적으로 최대한' 조용히 처리하겠다고 O. J. 심슨에게 자신 있게 말하고 그 자리를 떠났다(그런데 로스앤젤레스 경찰청과 보안관실이 지금은 가정 폭력 사건을 새로운 방식으로 다루는

데 앞장서고 있다).

앞에서 나는 미국에 자살 방지 센터는 수만 곳이 있지만, 살인 방지 센터는 전혀 없다고 지적했다. 우리에게 있는 것 중 학대받는 여자들을 위한 대피소가 그나마 살인 방지 센터에 근접한 것이다. 위험 속에서 살고 있고, 빠져나올 방법을 알고 싶어 하며, 탈출해서 갈 곳이 필요한 부녀자들이 당신의 공동체에 있다. 로스앤젤레스가 아내 학대로 전국에서 가장 악명 높은 도시이기는 하지만, 다른 도시들도 모델로 삼을 만한, 학대받는 가족들을 위한 대처 계획을 가진 도시라는 점도 자랑스럽게 말하고 싶다.

○   ○   ○

상대를 바꿔가며 계속 피해자로 삼으려는 학대자가 있는 것과 마찬가지로, 한 명 이상의 폭력적인 남자를 선택하려고 하는 연쇄적인 피해자도 있다. 폭력 외에 다른 방식으로는 영향을 미칠 수 없고, 효과적으로 소통하지 못하거나 소통할 수 없어서 결과적으로 폭력이 등장한 경우가 허다하다는 점을 감안하면, 소위 강하고 조용한 유형의 남자에게 유난히 끌린다는 것이 흥미롭다. 이에 대해 여자들이 말하는 이유는 조용한 남자가 신비스럽고, 신체적으로 강하면 결국 안전을 가져다줄 수 있다는 것이다. 그런데 이제는 위험의 요소도 더하고 있다. 이렇게 강하고 조용한 것이 결합되면 (조용하기 때문에) 이 남자가 뭘 느끼거나 생각하는지 확실히 알 수 없고, (신체적으로 강하고 위험해질 가능성이 있으므로) 상당히 값비싼 도박이 될 수도 있다.

나는 강하고 조용한 유형의 남자에게 자주 끌리는 친구에게 남자들이 얼마나 오랫동안 조용히 있는 것을 좋아하는지 물었다. 친구는 이렇게 대답했다.

"2~3주쯤. 내가 흥미를 잃지 않을 때까지만이지. 나는 흥미에 이끌리고 싶지, 속고 싶지 않아. 그런데 신비스럽긴 하지만 비밀스럽지 않고, 강하지만 험상궂지 않은 남자를 찾아내기가 쉽지 않다는 게 문제야."

남자 친구나 배우자를 택할 때 가장 흔히 저지르는 실수 중 하나가 가능성에 대한 예측을 근거로 삼는 것이다. 이는 사실상 확실한 요소들을 상이한 맥락에서 결과가 어떨지 예측하는 것이다. 그는 지금 일하고 있지 않지만, 정말로 성공할 수 있을 것이다. 물론 그 사람은 지금 상황에서는 그림을 그릴 수 없지만, 앞으로 위대한 미술가가 될 것이다. 그 사람이 요즘 신경이 좀 날카롭고 공격적이지만, 그가 자리를 잡을 때까지만 그럴 것이다.

'일하고 있지 않다', '그릴 수 없다', '공격적이다'라는 말에 귀를 기울이라. 성공적으로 예측할 수 있는 맥락은 바로 현재 상태다. 앞으로의 가능성을 기준으로 남자와 결혼하는 것, 혹은 앞으로의 가능성만 보고 직원을 고용하는 것은 직관을 정면으로 방해하는 방법이다. 앞으로의 가능성에 집중하면 우리의 상상력이 지금은 어떤지를 벗어나 일이 어떻게 될 것인지, 또는 될 수 있을지로 옮겨간다.

배우자 학대는 피해자들이 "최고로 달콤했고, 점잖았으며, 친절했고, 상냥했던" 등등이라고 귀에 못이 박히도록 서술했던 사람이 저지른다. 사실상 많은 학대자가 상대를 선별하는 과정 중에는, 그리고 지금도 폭력을 행사하는 사이의 휴식기에는 이 모든 특성을 갖고 있다.

이런 남자들이 처음에는 매번 친절하고 점잖다 하더라도 경고 신호는 항상 있다. 피해자들이 그런 신호를 항상 감지하지 않으려고 할 수도 있다. 내가 최근의 텔레비전 인터뷰에서 이렇게 주장하자, 어떤 여자가 전화를 걸었다. "당신이 틀렸어요. 남자가 언제 폭력적으로 돌변할지 알 수 있는 방법은 없어요. 부지불식간에 벌어지니까요." 그러고는 무기 수집에 열심이었던 전남편이 결혼하자마자 소유욕이 강한 사람으로 돌변해 그녀가 시간을 어떻게 보냈는지 일일이 보고 받고, 개인 차를 갖지 못하게 하고, 질투심을 내보이는 일이 얼마나 잦았는지 설명했다.

이런 일들이 경고 신호가 될 수 있지 않았을까?

그녀는 이 무서운 남자를 더 설명하며 "그 사람의 첫 번째 부인은 그 사람한테 맞아서 죽었어요"라고 말했다.

그 일은 경고 신호가 될 수 있지 않았을까? 그러나 사람들은 신호를 보지 않는다. 사랑에 빠지는 과정이 크게 보면 허물을 보지 않으려는, 따라서 약간의 부정이 필요한 과정이기 때문일 수도 있다. 이런 부정은 젊은 한 쌍이 결혼하지 말아야 할 온갖 이유에도 불구하고 결혼으로 내달리는 것을, 그리고 50살이나 된 남자가 젊은 비서에게 심장이 뛴다는 이유로 중년의 아내와 맺었던 관계를 끊는 것을 오히려 로맨스라고 칭송하는 문화에서는 의심할 바 없이 필요하다. 솔직히 말해 이는 성공적인 관계가 아니라 실패한 관계로 이끄는 로맨스의 유형이다.

우리 문화가 로맨스와 짝짓기를 추구하는 방식이 세계적인 방식은 아니다. 미국에서조차 아메리카 원주민들은 역사적으로 중매결혼을 했다. 종족 장로들에게 선택된 남자와 여자가 함께 살라는 지시를 받았다. 털끝만큼도 서로에게 이끌리지 않을 가능성이 높은데도 함께 삶을 만들어가라는 지시를 받았다. 그런 관계가 성공하기 위해서는 배우자에게서 좋은 점들을 찾아내야 한다. 이는 미국인 대부분이 나쁜 점들을 보지 않으려는 방식과 정반대다.

선발과 선택의 문제는 《자아공경Honoring the Self》을 쓴 심리학자 나다니엘 브랜든Nathaniel Branden의 중요한 연구를 상기시킨다. 그는 "나는 남자 운이 전혀 없나 봐. 어떻게 된 게 만나는 남자마다 매번 학대나 일삼는 걸 보면 말이야"라고 말하는 여자를 설명했다. 운은 그것과 거의 상관없다. 이 여자가 남자와 맺는 모든 관계의 가장 명백한 공통점이 그녀이기 때문이다. 내가 선발에 관해 연구한 것은 피해자들을 비난하기 위해서가 아니라 일깨우기 위해서다. 폭력이 잘못된 선택에 대한 온당한 응보라고 믿지 않기 때문이다. 그러나 나쁜 선택도 선택이라고 확실히 믿는다.

떠나는 것이 폭력에 대한 최선의 대응이지만, 떠나려고 시도하는 중에 많은 여자가 살해당한다. 이 점은 배우자 살해가 열을 내며 다투는 중에 벌어진다는 위험한 사회적 통념을 일소한다. 사실상 자기 아내를 살해한 남편들 대부분은 먼저 아내를 스토킹한다. 흔히 '격정 범죄'라 불리는 것과는 딴판으로, 배우자 살해는 감정을 통제하지 못해서가 아니라 의사 결정인 경우가 보통이다. 가장 폭력적인 남자는 격분에 휩쓸리지 않는다. 사실상 폭력적일수록 맥박 수는 떨어지고 생리적으로 더 차분해진다.

격정 범죄라는 말조차 이런 폭력에 대해 많은 사람을 오해하도록 하는 데 기여했다. 이 말은 범죄가 아니라 핑계를, 항변을 묘사한 것이다. 배우자 살해의 75퍼센트가 여자가 떠난 뒤 발생했다. 최악의 폭력을 초래한 것은 다툼이 아니라 소원해진 관계다. 결국 스토킹은 그저 '치명적인 매력'의 상태가 아니라, 여자가 너무 오랫동안 머문 치명적인 무위의 상태인 경우가 더 많다.

이 책에서 논의된 모든 폭력 중에서 배우자 살해가 가장 예측하기 쉽지만, 그럼에도 사람들은 그런 예측을 하길 꺼린다. 최근 로스앤젤레스에 사는 어떤 남자가 아내와 세 자식, 그리고 다른 가족 세 명을 죽인 혐의로 기소됐다. 뉴스 기자가 그 살인범에 대해 묻자 한 이웃은 "항상 정상처럼 보였어요"라고 대답했다. 다른 이웃은 "그 사람은 미친 게 분명해요"라고 했고, 또 다른 이웃은 "아버지가 자기 자식들을 죽이다니, 상상도 못 하겠어요"라고 말했다. 알다시피 상상할 수 없으면 예측할 수 없다. 이런 이야기를 얼마나 많이 봐야만 한 가족의 여럿이 살해됐을 때 그 가족의 다른 구성원이 범인일 가능성이 있다는 것을 깨달을까? 이 사건에서, 이웃들이 살인자라고 상상조차 하지 못했던 그 남자는 이미 세 차례나 자기 부인을 살해하려 시도했었다. 또한 두 차례나 가정 폭력 혐의로 체포됐었다. 내게는 아주 예측 가능한 것으로 보인다.

그럼 사법 시스템은 가장 예측하기 쉬운 살인 위험에 통상적으로 어떻게 반응할까? 시스템은 여자에게 법정으로, 민사법원으로 가서 학대자를 떨어뜨리기 위한 고소를 하라고 말한다. 대부분의 주에서 '잠정적 접근 금지 명령'이라고 하는데, 이는 공격자의 접근을 제한할 수 있으리라 기대하기 때문이다. 몇몇 주에서는 피해자를 보호해줄 것으로 생각해 '보호 명령'이라고 한다. 그러나 사실상 그것들은 제 기능을 하지 못한다.

변호사, 경찰, 텔레비전 보도 관계자, 상담사, 심리학자, 심지어 몇몇 피해자들의 대변인조차 접근 금지 명령을 대대적으로 추천한다. 접근 금지 명령은 이 나라에서 성장 산업이다. 어쩌면 뉴욕 증권거래소 상장을 고려해봐야 할지도 모른다. 그러나 사람들에게 종이 한 장이 자동적으로 피해자들을 보호해주리라 말하지는 말아야 한다. 이런 명령이 특정 유형의 사건에 적용되면 역효과가 나타날 수 있기 때문이다. 각 사건에 내재된 문제점을 먼저 진단하지 않고 특정 치료법을 장려하는 것은 위험하다.

접근 금지 명령이 살인자를 억제하지 못한다고 확실히 말할 수도 있지만, 이 주제에 관해서는 상당한 논란이 벌어지고 있다. 나는 모든 유형의 사건이나 한 가지 사건의 모든 단계에서 다 옳은 것은 아니기 때문에 접근 금지 명령이 도처에 권장되지 않아야 한다고 경고하지만, 대부분 경찰청은 언제나 권장한다. 접근 금지 명령은 오랫동안 실제로 스토커들에게 괴롭힘을 당해온 여자들에게 경찰이 내준 숙제였다. 그것은 여자들이 스토킹을 원치 않는다는 사실을 증명하라는 의미이기도 했다. 이 숙제는 곤경에 처한 여자들을 경찰서에서 몰아내 법정으로 향하도록 만들었다. 문제가 해결되든지 말든지, 여자가 원하지 않는데도 남자가 계속 달라붙는 경우에 경찰이 훨씬 쉽사리 체포할 수 있게 만들었다. 따라서 접근 금지 명령은 경찰과 검사에게 편의를 제공한다. 하지만 피해자들에게는 그렇지 않다. 예를 들면 캘리포니아에서는 접근 금지 명령이 오직 14일 동안만 유효하기 때문에 그 뒤에는 여자가 그 명령을 연장할지 결정하는 재판을 하기 위해 법정으로 돌아가야 한다.

현재의 사법 시스템이 실수투성이임에도 불구하고, 그런 시스템을 적극적으로 옹호하는 사람들이 있다. 그중에는 현재의 시스템을 오랫동안 충성스럽게 옹호해온 어느 정신과 의사도 있다. 그는 경찰 확대 회의에서 "접근 금지 명령이 제대로 작동하고 있고, 우리는 그렇다는 것을 입증하고 있다"고 떠들어댔다. 가장 살해 가능성이 높은 유형인 배우자 스토킹도 포함하지 않은, 소수의 스토킹 사건에 대한 말도 안 되게 편향된 연구에 근거를 두고 분별없는 발언을 한 것이었다.

역으로 살인범에서부터 연구한다면, 접근 금지 명령과 대면을 막는 개입이 놀라울 정도로 많음을 발견할 것이다. 정떨어진 남자에게 살해된 여자의 소지품에 효과가 '입증됐다'고 그 정신과 의사가 보증한 서류 쪼가리가 들어 있는 경우가 허다하다. 그는 이를 어떻게 설명할까?

"그 문제는 이런 식으로 봅시다. 어떤 사람들은 화학요법을 받다가 죽죠. 어떤 사람들은 접근 금지 명령을 받았는데도 죽고요. 그렇다고 그게 화학요법을 받지 말라는 의미도, 접근 금지 명령을 받아내지 말라는 의미도 아닙니다." (괴로움을 받는 환자가 벗어날 수 없는) 암과 (여자가 벗어날 수 있는) 정떨어진 남편이 야기한 위험을 비교한 그 의사의 발언은 무정할 뿐 아니라 심각한 결함이 있다.

이런 식의 경솔한 생각 때문에 너무나 많은 여자가 죽는다. 그런 죽음의 대부분은 막을 수 있었던 것이기 때문에 이 주제를 좀 더 깊이 파고들려 한다. 당신에게 이 정보가 절대 필요하지 않기를 바라지만, 당신이 살아가며 만나는 누군가는 언젠가 이 정보를 필요로 하게 될 것이다.

○　　○　　○

여자들이 보호 명령을 받아내려 했거나 청문회 직전이었던 법정에서, 많은 살인 사건이 벌어졌다. 왜일까? 살인범들이 거부에 알레르기 반응을 일으키기 때문이다. 살인범들은 거부가 사적으로는 많이 힘든 정도로 끝나지만, 공개적으로는 견딜 수 없다는 것을 알게 됐다. 이런 남자들에게 거부란 자신의 정체성과 남의 눈에 보이는 자신의 모습을 포함해 자아 전체에 대한 위협이고, 이런 면에서 그들의 범죄는 '자아를 방어하는 살인'이라고 부를 수 있다. 처음으로 스토킹을 심도 있게 다룬 책《스토킹, 알고 나면 두렵지 않다To Have or To Harm》에서 저자 린덴 그로스Linden Gross는 법원 명령이 살인 사건을 저지하지 못한 사례들을 차례로 자세히 다뤘다. 그 몇 가지 사건을 예로 들어보겠다.

셜리 로워리는 법정 밖에서 접근 금지 명령을 받아내려는 심리를 기다리다가 남편에게 칼로 19번이나 찔렸다. 태미 마리 데이비스의 남편은 아내와 21개월이 된 자식을 두들겨 패고 협박해서 두 사람을 병원으로 보냈다. 남편은 태미가 받아낸 접근 금지 명령서를 송달받은 직후, 그녀를 총으로 쏴 죽였다. 태미는 19살이었다.

도나 몽고메리의 남편은 그녀의 머리에 총구를 들이대고 그녀를 스토킹했다. 도나는 접근 금지 명령을 받아냈다. 남편은 도나가 일하는 은행으로 찾아가 그녀를 죽이고 자살했다.

테리사 벤더는 접근 금지 명령을 받아냈지만, 남편이 곧 위반했다. 남편이 체포된 후에도, 그녀는 안전에 만전을 기하기 위해 직장을 오갈 때 남자 동료 두 명과 동행하도록 손을 써뒀다. 그녀의 남편도 자신의 목표에 전념했다. 그는 세 사람을 모두 쏴 죽이고, 총구를 자신에게로 돌렸다.

마리아 나바로는 911로 전화해 전남편이 지금 자신을 죽이겠다고 협박하며 자기 집으로 오고 있다고 신고했다. 남편이 폭행으로 여러 번 체포된 적이 있었지만, 경찰은 그녀가 받아낸 접근 금지 명령 기간이 만료됐다는 이유로 경찰관을 파견하지 못하겠다고 했다. 15분도 채 되지 않아 마리아와 다른 세 사람은 죽이겠다는 약속을 지킨 남자에게 살해당했다.

힐다 리베라의 남편은 일곱 살 된 아들이 지켜보는 가운데 아내를 죽였을 때 이미 접근 금지 명령을 두 번 위반했고, 체포 영장이 여섯 건 발부된 상태였다. 베치 머리의 남편은 접근 금지 명령을 13차례나 위반했다. 그는 베치가 낸 이혼 청원에 "결혼은 평생 지속되는 것이며, 그것을 벗어나는 유일한 방법은 죽음이다"라고 말했다. 다른 어떤 방법들도 먹히지 않자 베치는 숨어 지냈다. 남편이 체포되지 않으려고 외국으로 도망쳤다고 경찰이 안심시켰지만, 그녀는 여전히 새로 이사 간 집 주소를 비밀로 유지했다. 이웃이 그동안 보관해줬던 그녀의 우편물을 찾으려고 베치가 예전에 살던 아파트에 들렀을 때 남편은 그녀를 죽이고 자살했다. 남편이 6개월 넘게 베치를 스토킹했던 것이다.

이런 일을 벌인 수많은 살인자 역시 자살한다는 사실은 거부를 받아들이지 않는 것이 목숨보다 더 중요하다는 것을 말해준다. 살인자들이 이렇게 될 때까지 정말로 법원 명령에 의해 저지됐을까?

소개하고 싶은 마지막 사건은 코니 채니Connie Chaney 사건이다. 코니는 남편이 총구를 들이대고 강간한 뒤 죽이려 했을 때 이미 보호 명령을 네 번이나 받아낸 후였다. 경찰이 추천한 해결책은? 접근 금지 명령을 받아내라는 것이었고, 코니는 그대로 했다. 코니를 사살하기 전 남편은 일기장에 이렇게 썼다. "그년이 이겼다는 걸, 그년에게 당했다는 걸 알고서는 살 수가 없다. 안 돼! 이건 전쟁이다." 마지막 두 마디가 모든 걸 말해준다. 접근 금지 명령은 전쟁의 전략 같은 것이고, 그것에 달린 것은 전쟁에서처럼 생과 사이기 때문이다.

샌디에이고 지방 검사실의 지원을 받아 진행한 스토킹 사건 179건에 관한 연구에서, 접근 금지 명령을 받아낸 피해자들의 거의 절반이 그로

인해 사태가 더 악화됐다고 느꼈다. 연방 법무부를 위해 이루어진 연구에서, 연구자들은 접근 금지 명령이 "신체적 폭력을 저지하는 데 효과가 없다"는 결론을 내렸다. 그 연구자들은 폭력적인 학대 이력이 없는 사건에 한해 도움이 됐다는 것도 밝혀냈다. 그리고 "주로 자녀가 있는 여자들이 접근 금지 명령을 활용한다고 봤을 때, 금지 명령의 비효율성으로 자녀 상당수가 폭력을 목격하거나 피해자가 되는 위험에 방치될 수 있다"고 현명하게 결론을 내렸다.

연방 법무부를 위해 이루어진 보다 최근의 연구에서, 접근 금지 명령을 받아낸 여자들 3분의 1 이상이 그 뒤로도 계속 어려움을 겪고 있다는 것이 밝혀졌다. 3분의 2에 가까운 여자들에게 더 이상 문제가 없어 다행일 수 있지만, 더 읽어보면 그렇지도 않다. 접근 금지 명령을 받아낸 직후에는 응답자의 2.6퍼센트만이 신체적 학대를 받은 반면, 6개월 뒤에는 그 비율이 세 배 이상으로 뛰었다. 지속적인 스토킹과 심리적 학대에 관한 신고도 6개월 뒤에 엄청나게 증가했다. 이는 접근 금지 명령에 따른 이익이 장기적이라기보다 단기적이라는 것을 말해준다.

사실상 법정 명령이 도입되면 사건 대부분의 상황이 개선되기 때문에, 접근 금지 명령이 전혀 효력이 없다고 말하려는 것은 아니다. 금지 명령은 체포될까 두려운 남자들을 단념시킨다는 바로 그 이유에서 기대가 된다. 또한 관계를 끝내겠다는 여자의 결심을 보여주고, 남자에게 접근을 포기하도록 납득시킨다. 접근 금지 명령이 어떤 이유로 작동되든, 그것이 어떤 사건들에서는 작동하지 않는다는 데는 이의가 없다. 문제는 그것이 어떤 사건이냐다.

접근 금지 명령은 감정 투자가 거의 없는 이성적인 사람에게 가장 효과적이다. 달리 말하면 어떤 일이 있어도 폭력적으로 행동할 가능성이 낮은 사람에게 가장 잘 통한다. 또한 접근 금지 명령을 학대하는 남편에게 사용하는 것과 두 번 데이트를 한 남자에게 사용하는 것에는 상당한 차이가 있다. 그 차이는 그 남자가 느끼는 감정 투자와 자격의 양 때문이다. (다음 장에서 논의할) 데이트 스토커는 접근 금지 명령을 받으면, 여자를 버려두고 그녀를 만나기 전의 삶으로 돌아가면 된다. 그러나 그와 동일한 법정 명령이 전남편에게 떨어지면 판사의 서명을 앞세워 그의 삶에서 중심이었던 '친밀한 관계, 다른 사람에 대한 지배력과 소유권, 강력한 남자로서의 정체성, 남편으로서의 정체성' 등을 포기하라는 것이다. 결국 접근 금지 명령은 어떤 사람에게는 쉽게 할 수 있는 일을 요구하는 반면, 어떤 사람에게는 훨씬 어려운 일을 요구한다. 이런 차이가 사법제도에서 광범위하게 무시돼왔다.

이 점에 관한 입에 발린 반응은 이렇다. 남자들이 매우 폭력적이고 위험할 때는 무슨 일이 있어도 죽이려고 들기 때문에 접근 금지 명령이 상황을 악화시킨 것은 아니다. 하지만 이런 반응에 대한 비난이 있다. 접근 금지 명령은 여자를 안전하다고 확신시키고 결국 해를 끼친다. 어느 저명한 가정법원 판사는 이렇게 말했다. "여자들은 그 서류가 다음에 닥칠 주먹이나 총탄을 막을 수 없다는 것을 깨달아야 한다." 여자들만 이 판사의 말을 깨달아야 하는 것이 아니다. 모든 사법제도도 이를 깨달아야 한다. 여자는 자신의 경험에서 배우기를 기대할 수 있지만, 사법제도는 모든 경험에서 배워야 한다.

캐럴 아넷Carol Arnett은 학대받는 여자들을 위한 대피소를 운영한 적이 있다. 그리고 대피소를 운영하기 몇 년 전에는 자신이 대피소로 도망한

적이 있다. 지금은 로스앤젤레스 카운티 가정 폭력 평의회 사무총장인 그는 이렇게 말했다.

나를 포함한 대피소 직원들은 사법제도가 여자들을 제대로 보호하지 못하는 것을, 심지어 위험하게 만드는 것을 여러 해 동안 지켜봐왔기 때문에 접근 금지 명령을 추천하기가 아주 조심스럽다. 우리는 여자 스스로 행동 방책을 계획하라고 권한다. 여자에게 그녀 자신의 판단과 직관에 어긋나는 것을 따라야 한다고 말하는 사법제도 안 혹은 밖의 사람은, 자신의 지위에 따른 권한을 제대로 활용하지 못할 뿐 아니라 여자를 위험에 빠뜨릴 수도 있다.

무엇보다 나는 사람들이 '접근 금지 명령이 내 특정한 사건에 도움이 될까, 아니면 해가 될까?'라는 간단한 질문을 꼭 해보길 권한다. 그래야만 어떤 선택을 하든, 적어도 자동 반응이 아닌 선택이라 불릴 수 있다. 접근 금지 명령을 유일한 선택 사항이 아니라 여러 선택 사항들 중 하나라고 생각하라.

나는 선택 사항들 중 구타, 폭행, 주거침입, 그 밖의 다른 위법 행위 혐의로 체포하는 것과 같은 사법기관의 개입을 훨씬 선호한다. 이런 것들이 접근 금지 명령 위반으로 체포되는 것과 어떻게 다른지 궁금한가? 법률 위반으로 기소되는 것은 사법제도 대 법률 위반자의 관계를 형성하는 반면 접근 금지 명령은 학대자 대 그의 부인이라는 관계를 형성한다. 많은 학대자가 법정 명령을 받아 자기 피해자의 지배하에 놓이는 것, 즉 여자가 남편 행동을 지배하려 한다는 생각을 견뎌내지 못하고, 결국 형세를 역전시켜 우위에 서려고 한다. 이와 반대로 사법제도가 구타 같은 범죄 혐의로 기소하면 이는 아내의 행동이 아니라 남자의 행동이므로 예측 가능한 결과가 기대된다. 학대자들의 모든 위법 행위는 끝까지 기소돼야 하고, 기소야말로 더는 학대가 벌어지지 않도록 막아주는 중요한 억제책이지만, 그런 경우조차 여자들은 상황이 악화될 가능성에 대비해야 한다.

결국 아내 학대 사건에서 접근 금지 명령을 받아내면 좋은 이유가 정말로 딱 하나 있는데, 바로 남자가 그 명령을 존중하고 자기를 그냥 내버려둘 거라는 여자의 헛된 믿음이다. 피해자나 사법제도 전문가가 살인을 막으려고 접근 금지 명령을 받아낸다면 그들은 엉뚱한 전략을 적용한 것이다.

○   ○   ○

그렇다면 자신이 살해당할지도 모른다고 생각하는 여자에게 무슨 말을 해줄 수 있을까? 끈덕지게 달라붙는 자가 이용할 수 없는 전략들을 찾아보고 적용하라. 당신이 정말로 위험에 처했다고 믿는다면 학대받는 여자들을 위한 대피소가 최상의 안전을 제공할 것이다. 대피소 위치는 비밀이다. 정의가 아니라 안전이 최우선이라는 것을 사법제도는 이해하지 못하는 경우가 많은 반면 그곳에 있는 전문가들은 잘 이해하고 있다. 안전과 정의의 차이는 자주 모호해지지만, 당신이 사람들로 북적이는 시내를 걷는데 건장한 젊은이가 당신 지갑이나 가방을 낚아챌 때는 분명해진다. 그 젊은이가 눈이 팽팽 돌 정도로 빠르게 움직이는 차들 사이로 도망칠 때, 정의는 젊은이를 쫓아가 체포하라고 한다. 그러나 그가 차에 곧 치일 듯이 요리조리 피해 도망치는 것을 보고 안전은 그만 쫓아가라고 한다. 그 젊은이가 처벌도 받지 않은 채 사라지는 것은 불공정하지만, 당신이 다치지 않고 그 자리를 벗어나는 것이 더 중요하다(의뢰인들이 더 안전해지도록 돕는 것이 내 일임을 의뢰인들에게 상기시키기 위해, 나는 책상에 '정의를 바라려거든 여기 오지 마시오'라고 적힌 작은 표지판을 올려놨다).

대피소는 안전과 안내와 지혜가 있는 곳이다. 분명 대피소로 가는 것은 중대하고도 불편한 일이다. 수많은 피해자가 접근 금지 명령만 받아내면 모든 문제를 해결할 수 있다는 유혹에 쉽게 넘어가는 이유를 보면 더욱 그렇다. 그러나 당신 주치의가 목숨을 건지려면 지금 당장 수술을 받아야 한다고 하는데 "수술 대신 갖고 다닐 수 있는 서류 없나요?"라고 묻는 당신을 상상해보라.

전국에서 최초로 스토킹 사건을 기소한, 사려 깊고 노련한 로스앤젤레스시 검사 존 윌슨John Wilson은, 남자가 체포되고 석방된 뒤에도 피해자를 여전히 괴롭히도록 놔둔 사건을 너무나 많이 안다. 내가 경찰 간부들을 대상으로 강연하는 자리에 있었던 윌슨은 나중에 내게 편지를 썼다. 그 편지 내용 중 감동적인 이 부분을 기쁜 마음으로 소개하려 한다.

선생님의 강연 주제는 정말로 정곡을 찔렀습니다. 불행히도 4월 중순에 어떤 젊은 부인에게는 선생님의 조언을 제대로 적용하지 못했습니다. 저는 그녀의 남편을 폭행 혐의로 기소했고, 그자는 출소해 아내를 살해했습니다. 이는 제가 검찰에 몸담은 이후 여섯 번째 죽음이고, 각 사건은 선생님의 프로파일에 딱 들어맞습니다.

무분별하게 활용되는 접근 금지 명령과 다른 형태의 개입 사이에 어떤 차이가 있는지 의문을 갖는 사람이 있는지도 모르겠다. 하지만 분명 차이가 있다. 이 문제의 모든 측면을 다 경험해봤지만, 나도 그 차이를 여전히 이해할 수 없다는 것을 고백하겠다. 미국에서는 매일 1000건 이상의 접근 금지 명령이 내려지고 여자들이 그와 같은 비율로 살해되지는 않기 때문에, 통계적으로 접근 금지 명령이 성공적인 것처럼 보일 수 있다. 정말 그런지는 모르겠지만, 경찰은 어떤 사건이든 빠짐없이 접근 금지 명령이 발부된 뒤에 극도로 조심해야 한다. 그 기간에는 가해자의 감정이 고조되고 위험하다. 접근 금지 명령을 받아내라고 추천한 경찰관이라면 그 여자가 끈덕지게 달라붙는 사람에게 해를 입지 않도록 쓸모 있는 모든 조치를 확실히 취하기 바란다.

'학대받는 아내 증후군battered wife syndrome'이라는 신조어를 만들어낸 (그리고 나중에 O. J. 심슨 변호팀에 참여해 가정 폭력 공동체를 놀랐던) 심리학자 레노어 워커Lenore Walker는 배우자 살해에 관해 "그것을 예측하는 방법은 없다"고 말했다. 그녀의 말은 틀렸다. 배우자 살해는 미국에서 가장 예측하기 쉬운 강력 범죄다. 비록 틀리기는 했지만, 이 말은 경찰과 검찰과 피해자가 진짜 위험 요인을 가진 사람들을 파악하기 위해 사건들을 체계적으로 평가하는 것을 긴급히 도울 이유를 분명하게 해줬다. 이런 목적을 위해 우리 회사는 여자가 경찰에 신고한 내용에 따라 그녀의 상황을 세세하게 평가하는 인공 예측 시스템인 MOSAIC-20을 설계했다. 이 컴퓨터 프로그램은 살인 위험이 가장 높은 사건을 검색한다. 이 책의 인세 일부는 이 프로그램을 지속적으로 개발하는 데 쓰인다. 나는 전국에서 최초로 MOSAIC-20을 사용해 로스앤젤레스 카운티 검찰청, 로스앤젤레스 카운티 보안국, 로스앤젤레스 경찰청과 함께 일한다는 사실이 자랑스럽다. MOSAIC-20은 정부 고위 인사를 보호하는 데 사용되는 기법과 전략들을 시민들도 쓸 수 있게 해준다. 학대받는 여자들이 대부분의 공인보다 살해될 위험이 훨씬 크다는 점을 고려하면 공정한 일이다.

그러는 동안, 접근 금지 명령은 작가 린덴 그로스가 말한 대로 법 집행기관의 '자동 반응'을 계속하고 있다. 누가 죽어야 상황이 바뀌는 거냐고 지나가는 말로도 물어볼 수가 없다. 이미 너무 많은 사람이 죽었기 때문이다.

○   ○   ○

학대하는 남편을 변화시키려 노력하거나 아무리 경찰과 법원이 같은 편이라 하더라도 전쟁을 벌이는 것보다 안전하게 벗어나는 것이 훨씬 현명하다. 이는 수천 건을 지켜봐온 내게는 명확한 일이다. 안전의 다른 문제들과 마찬가지로, 정부는 폭력적인 관계를 고쳐줄 수 없다. 도움을 주겠다는 강한 열망에 이끌린 많은 법 집행기관 사람들은 어떤 범죄는 자신의 권한 범위 밖에 있다는 사실을 인정하길 꺼리며, 그 점을 충분히 이해할 수 있다. 다행히 법 집행기관에는 이런 모든 사건을 알고 영웅이 될 만한 경험으로 단련된 사람들도 있다. 이와 관련해 리사의 이야기를 예로 들고자 한다.

리사는 그 경사가 그날 밤 이전에도 카운터 너머로 자신의 멍든 얼굴을 슬쩍 봐왔다는 사실을 몰랐다. 그녀는 자기 상황이 독특하고 특별하다고 생각했고, 특히 남편이 총구를 그녀 머리에 갖다 댔다고 설명했을 때는 경찰이 당장 조치를 취해주리라 확신했다.

1시간 전, 리사는 창문으로 빠져나와 어둠에 잠긴 도로들을 달리다 주위를 둘러보고는 길을 잃었다는 것을 깨달았다. 그러나 더 중요한 의미에서, 자신을 찾은 셈이었다. 리사는 15년 전 젊은 시절의 자신을, 남편이 뺨을 때리고 그것이 목을 조르는 것으로 악화되고 급기야 총을 들이대기 이전의 자신을 되찾았다. 아이들이 이미 그런 모습을 봤지만, 이제는 경찰의 지원을 받아 한층 강해진 엄마를 보게 될 참이었다. 아이들은 남편이 사과하는 것을, 그런 다음 모든 것이 정상으로 돌아가는 모습을 보게 될 것이었다. 경찰이 남편에게 분별력을 불어넣을 것이고, 아내를 제대로 대하라고 주의를 주면, 그럼 모든 것이 정상으로 돌아갈 것이다.

리사는 경사에게 "남편이 다시는 때리지 않겠다고 약속하지 않으면 집으로 돌아가지 않을 거예요"라고 당당하게 말했다. 경사는 고개를 끄덕이고 몇 가지 서류를 카운터 위로 내밀었다. "이걸 기입하도록 해요. 하나도 빠짐없이요. 그러면 나는 받아서 저기에 놔둘 겁니다." 경사가 캐비닛 위에 어지럽게 쌓인 서류와 보고서 더미를 가리켰다.

경사는 자신을 학대한 남자, 신변 보호를 위해 샀다지만 실제로는 자아를 방어하기 위해 산 권총을 가진 남자에게 돌아가려는 젊은 여자를 보고 있었다.

경사는 리사의 인생을 바꾼 말, 10년 뒤 리사가 고마워할 말, 폭력적인 학대자를 떠나도록 해준 그 말을 했다. "당신은 이 서류들을 다 작성하고 집으로 갈 겁니다. 그리고 다음에 나는 그 서류를 찾겠죠. 당신이 살해됐기 때문에."

11장

스토커에게 벗어나는 법

"나는 그 사람을 진정시키려 애썼어요."

우리 회사에서는 이런 말로 시작되는 이야기를 한 달에도 몇 번씩 든
는다. 나와 만나기 전, 똑똑한 아가씨는 친구들에게, 심리학자에게, 사설
탐정에게, 변호사에게, 경찰관에게, 심지어 판사에게 말했을 수도 있는
데, 그래도 문제는 변하지 않았다. 이것은 한때 단순하거나 적어도 감당
할 수 있는 것처럼 보였지만, 지금은 무섭게 변해버린 상황에 관한 이야
기다. 정상적인 구혼자처럼 보였지만 곧 다른 속내를 드러낸 사람에 관
한 이야기다.

스토킹에는 크게 두 종류가 있다. 낯선 사람이 원하지도 않는데 쫓아
다니는 것과 피해자가 아는 사람이 원하지도 않는데 쫓아다니는 것이

다. 일반인을 전혀 모르는 사람이 눈을 떼지 않고 따라다니는 경우는 아는 사람이 그러는 경우보다 훨씬 드물고, 폭력으로 끝날 가능성도 아주 낮다. 따라서 나는 많은 피해자에게 영향을 미치는, 여자가 만났거나 데이트한 남자가 로맨틱한 열망을 가지고 벌이는 스토킹 사건들을 다루려 한다.

마치 스토커들이 독특한 유형의 범죄자인 양하는 언론 보도가 유행이지만, 일반인을 상대로 하는 스토커들은 그렇지 않다. 그들은 화성에서 오지 않았다. 마이애미, 보스턴, 샌디에이고, 브렌트우드에서 왔다. 그들은 우리 여형제가 데이트한 남자고, 우리 회사가 고용한 남자며, 우리 친구가 결혼한 남자다.

이런 배경에 비춰볼 때 우리 남자들이 이 문제를 더 잘 이해하려면 그런 스토커들의 내면에서 우리 자신의 일부를 봐야 한다. 나는 전국을 돌아다니며 강연하다가 때때로 청중에게 이런 질문을 던진다.

"이 자리에 있는 남자 중 어떤 여자가 어디에 살거나 일하는지를 직접 물어보지 않고 다른 수단으로 알아낸 사람이 얼마나 되나요? 여자의 집 앞에 어떤 차들이 있는지를 알아보기 위해 차를 몰고 그녀의 집 가까이를 지나치거나 혹은 누가 받는지 알아보려고 전화를 걸었다가 그냥 끊은 사람이 얼마나 있나요?"

엄청나게 많은 손이 올라오는 것을 보고, 나는 이런 행태를 용납할 수 있느냐 없느냐가 정도의 문제라는 것을 알게 됐다. 한번은 강연이 끝나고, 경찰관 한 명이 단둘이서만 이야기할 수 있겠냐고 했다. 그 경찰관은 내 이야기를 듣고서야 자신이 근무했던 경찰학교에서 한 여학생을 귀찮을 정도로 쫓아다녔다는 것을 깨달았다고 말했다. 그 여학생은 거부하면 자신의 경력에 나쁜 영향이 있을까 봐 걱정하며 18개월 동안 "아니요"라고 하지 않았다. 그 경찰관은 이렇게 말했다.

"그녀는 나와 사귀고 싶다는 표시를 전혀 하지 않았지만, 나는 결코 그만두지 않고 노력을 기울였죠. 그랬더니 결국 보상을 받았어요. 결혼에 성공했으니까요."

당신은 이를 보상을 받았다고 말할 수 있을지 모르지만, 이 경찰관의 이야기는 애정을 빙자해 끈질기게 접근하는 문제가 얼마나 복잡한지를 더욱 말해준다. 최근 몇십 년 동안, 여자들이 이성적 관심을 보이는 남자들을 거절하는 일이 급격히 위험해지고 있다. 정상과 과도함 사이 어떤 보이지 않는 선이 있는데, 그 선을 어디에 둘 것인지에 대한 남자와 여자의 의견이 항상 같지는 않다. 피해자들과 그들이 원하지 않는데 들러붙는 사람들은 한 번도 합의에 이른 적이 없고, 때로는 피해자들과 경찰도 합의를 보지 못한다.

이런 상황 중 하나에 폭력이 포함된다는 점에는 모두 동의하지만, 폭력이 발생하기 전에 왜 합의에 도달할 수 없는 것일까? 이 질문에 답하기 위해서는 더스틴 호프먼Dustin Hoffman이 교회로 뛰어드는 장면과 데미 무어Demi Moore가 인수 합병을 논의하는 자리에 초대받지 않았는데도 모습을 드러내는 장면을 떠올려야 한다. 정상적으로 일상생활을 하는 남자들에 관해, 그리고 사전dictionary에 관해 말해야 한다. 더스틴 호프먼과 데미 무어의 행동이 스토킹이나 원하지 않는데도 쫓아다니는 것과 상관없는 것처럼 보일지 몰라도, 당신의 직관이 이미 말해줬듯이 상관있다.

1960년대, 젊은 남자가 여자에게 어떻게 구애할 수 있는지를 오랫동안 기억에 남게 보여준 영화 한 편이 개봉됐다. 〈졸업The Graduate〉이다. 이 영화에서 더스틴 호프먼은 (캐서린 로스Katherine Ross가 연기한) 여자와 데이트하다 자신과 결혼해달라고 한다. 그녀는 "아니요"라고 말하지만, 그는 그 말을 들으려 하지 않는다. 그는 학교 강의실 밖에서 기다렸다가 다시 청혼하고, 또 청혼한다. 결국 그녀는 그에게 둘의 관계는 이미 끝났고, 결혼하지 않겠다고 결심했다는 편지를 쓴다. 사실 그녀는 그곳을 떠나 다른 남자와 결혼하려고 했다. 그 편지는 아주 분명한 메시지였지만, 영화에서는 그렇지 않다.

호프먼은 그녀를 찾아내기 위해 스토킹 기법들을 활용한다. 그는 신랑의 친구인 것처럼, 가족인 것처럼, 이어 성직자인 것처럼 행세한다. 결국 결혼식이 거행되는 교회를 찾아내고, 캐서린 로스가 다른 남자의 아내임을 선언한 직후 교회로 쳐들어간다. 이어 신랑의 아버지를 때려눕히고, 다른 몇몇에게 주먹을 날리고, 결혼식을 올리는 양가를 도우려 나선 하객들에게 커다란 나무 십자가를 휘두른다.

그리고 무슨 일이 벌어졌는가? 호프먼이 여자를 차지한다. 여자는 자기 가족과 새로 맞이한 남편을 내팽개치고 더스틴 호프먼과 함께 도망친다. 여자의 말에 귀를 기울여야 한다는 관념을, "아니요"는 "아니요"를 뜻한다는 관념을, 여자는 자신과 평생을 함께 살아갈 사람을 결정할 권리가 있다는 관념마저 내팽개친 채.

우리 세대는 이 〈졸업〉이라는 영화에서 다른 모든 것들보다 강력한 '끈기'라는 낭만적인 전략이 있음을 목격했다. 이와 동일한 전략이 모든 스토킹 사건의 핵심에 자리한다. 여자들과 가능성이 없거나 부적절한 관계를 끈질기게 추구하는 남자들이 여자들을 차지하는 것은 우리 문화에서 권장되는 공통 주제다. 〈플래시댄스Flashdance〉, 〈투씨Tootsie〉, 〈하트브

레이크 키드The Heartbreak Kid〉, 〈텐10〉, 〈리오의 연정Blame It on Rio〉, 〈허니문 인 베이거스Honeymoon in Vegas〉, 〈은밀한 유혹Indecent Proposal〉을 떠올려보라.

이런 할리우드 공식은 남자는 여자를 원하고 여자는 남자를 원하지 않아 남자가 여자를 괴롭히고, 결국 남자가 여자를 얻는 것으로 정리할 수 있다. 많은 영화가 끈질기게 버티기만 하면 설혹 당신이 그녀의 기분을 상하게 하더라도, 설혹 그녀가 당신과는 아무 관계도 맺고 싶지 않다고 말하더라도, 심지어 당신이 그녀를 쓰레기 취급했더라도(그리고 때로는 그녀를 쓰레기 취급했기 때문에) 그녀를 얻게 되리라고 가르친다. 그녀가 다른 사람과 사귈 때조차, 당신이 더스틴 호프먼처럼 보일 때조차, 당신은 결국 캐서린 로스나 제시카 랭Jessica Lange을 차지할 수 있을 것이다. 끈질기면 '모든 역경을 넘어서Against All Odds'(이런 유형의 영화 중 한 편) 전쟁에서 이길 수 있다. 심지어 아무 상관 없어 보이는 시트콤 〈치어즈Cheers〉조차 이런 주제를 건드린다. 샘은 두 여자 동료에게 8년 동안이나 계속해서 집요하고 부적절하게 성희롱을 일삼지만 해고되거나 소송당하지 않는다. 오히려 두 여자를 다 얻는다.

현실에서 벌어지는 스토킹 사건들에서 젊은 여자들이 배워두면 득이 되는 교훈이 여기 있다. 끈질기게 구는 것은 끈질기다는 것을 증명할 뿐이지 사랑을 증명하지는 않는다는 것이다. 이성적으로 들러붙는 자가 끈질기다는 것은 당신이 특별하다는 의미가 아니다. 그냥 그 남자에게 문제가 있다는 뜻이다.

남자와 여자가 다른 언어로 말하는 경우가 많다는 것은 뉴스 축에도 들지 못하지만, 위험이 최고조에 달하면 남자는 들러붙을 때 멋지고 여자는 거부할 때 멋지다는 사실을 명심해야 한다. 이런 차이가 혼란으로 이어지는 것은 당연하고, 남자를 진정시키기 위한 일반적인 일을 하도록 만든다.

배운 것에 충실해야 하지만, 거부하는 여자들은 자신이 뜻하는 것보다 적게 말하는 경우가 잦다. 역시 배운 것에 충실해야 하지만, 남자들은 남이 하는 말을 잘 듣지 않는 경우가 잦다. 이 문제는 여자가 "아니요"라고 말한다고 그것이 "아니요"를 의미하지는 않는다고 대부분의 남자에게 가르치는 수많은 아버지(그리고 어머니)와 형(그리고 누나)과 영화와 텔레비전 프로그램에 의해 가장 불안스럽게 표출된다. 이 모든 것과 함께, 모든 여자는 진정으로 이것이라고 느끼지 않을 때 '비싸게 굴라'고 배웠다. 그 결과, "아니요"는 우리 문화에서 여러 가지를 의미할 수 있게 됐다. 몇 가지만 예로 들어보겠다.

어쩌면	아직도
흐음……	시간을 줘
확실하지 않아	애쓰는 중이야
내 남자를 찾았어!	

"아니요"의 의미가 항상 분명한 책이 한 권 있다. 바로 사전이다. 할리우드의 시나리오 작가들은 이 사전을 자주 활용하지 않는 것으로 보이지만, 우리는 자주 활용해야 한다. 우리는 젊은이들에게 "아니요"가 그 한 단어만으로도 완전한 문장임을 가르쳐야 한다. 이 일은 "아니요"가 '어쩌면'이라는 뜻으로 혼용되는 문화적 뿌리가 깊기 때문에 보기만큼 간단하지 않다. "아니요"가 남자와 여자 사이에 맺은 계약의 일부가 되기 시

작했고, 루소Jean Jacques Rousseau와 로크John Locke 같은 저명한 계약론자들까지 "아니요"를 연구했다. 루소는 "실제로 입으로 말한 것이 아닌데 왜 그들의 말을 염두에 두는가?"라고 물었다. 로크는 "입으로는 거절하는데도 불구하고" 여자의 눈에 어린 것을 읽고 남자가 '묵시적 동의'를 얻어내는 것에 관해 이야기했다. 로크는 여자의 거부를 남자가 무시하는 것은 여자의 명예를 보호하는 것이라고까지 주장했다. "남자가 그렇게 해서 행복해졌다면 그는 잔혹한 것이 아니라 예의 바른 것이다." 로크의 세상에서는 데이트 상대를 강간하는 것은 전혀 범죄가 되지 않고, 오히려 신사의 호의에 찬 행위가 될 것이다.

미국의 남녀가 동일한 언어를 말할 때조차, 이들은 여전히 무척이나 다른 기준에 의해 살고 있다. 예를 들면 영화에서 웬 남자가 여자의 일정을 조사하고 집과 직장을 알아내고, 심지어 초대받지 않았는데도 그녀의 직장으로 찾아가면, 이는 그 남자가 헌신적이며 사랑하고 있다는 것을 증명해준다. 영화 〈은밀한 유혹〉에서 로버트 레드퍼드Robert Redford가 데미 무어에게 이렇게 할 때는 사랑스러운 일이다. 하지만 데미 무어가 미리 연락도 하지 않은 채 로버트 레드퍼드의 직장으로 찾아가 사업 상대와의 점심 식사를 방해할 때는 놀랍고 지장을 주는 일이다.

영화에서 웬 남자가 섹스 상대를 원하거나 끈질기게 따라다니면 정상적이고 어디에서나 볼 수 있는 사람이지만, 웬 여자가 남자와 같은 행동을 하면 미치광이거나 살인자다. 〈위험한 정사Fatal Attraction〉, 〈코미디의 왕The King of Comedy〉, 〈위험한 독신녀Single White Female〉, 〈어둠 속에 벨이 울릴 때Play Misty for Me〉, 〈요람을 흔드는 손The Hand That Rocks the Cradle〉, 〈원초적 본능Basic Instinct〉을 떠올려보라. 남자들이 끈질기게 달라붙으면 대체로 여자를 얻는다. 여자들이 끈질기게 따라붙으면 대체로 살해된다.

　대중 영화는 누구에게 물어보느냐에 따라 사회의 반영일 수 있고, 사회의 설계일 수도 있다. 하지만 어느 쪽이든 영화는 우리 행태를 본떠 만든다. 스토킹을 다룬 영화의 초기 단계에서는, 그리고 실생활에서도 자주, 과도하게 시간과 노력을 들인 남자의 기대에 걸맞게 여자가 방관하며 기다린다. 그녀는 소리도 듣지 못하고 인식하지도 못한다. 그녀는 남자가 자신의 욕구와 여자에 대한 고정관념을 그대로 투사하는 스크린일 뿐이다.

　스토킹은 여자들이 장단을 맞추지 않을 때 일부 남자들이 위험해지는 방식이다. 스토킹은 데이트 상대를 강간하는 것과 아주 유사하게 권력을 행사하는 범죄이자, 지배하고자 하는 범죄이며, 위협하는 범죄다. 데이트 상대를 스토킹하는 사건의 다수가 넓은 의미의 강간이라고 할 수 있다. 그런 스토킹은 자유를 앗아가며, 남자의 욕구를 존중하면서, 여자의 바람을 무시하기 때문이다. 그가 전남편이거나 전 남자 친구거나 한 번 데이트한 사람이거나 원하지 않는 구애자인지를 불문하고, 스토커는 여자가 자신과 함께할 사람을 스스로 결정하는 것을 허용하지 않는, 우리 문화의 가장 잔인한 규칙을 강요한다. 우리는 단순한 이중 잣대보다 더 고약한, 아주 위험한 잣대를 가지고 있는 것이 명백하다.

　나는 지금까지 여러 주에서 스토킹 법을 만들자고 성공적으로 로비도 하고 증언도 했지만, 이제는 그것들을 전부 남고생들에게는 "아니요"라는 말을 어떻게 들어야 하는지를, 여고생들에게는 솔직하게 거부해도 아무 문제 없다는 것을 가르칠 수 있는 수업 시간과 바꾸고 싶다. 스토킹에서 벗어나기 위한 전략들 또한 커리큘럼에 들어갔으면 한다. 말할 필요도 없겠지만, 그 수업은 '그 남자를 진정시키기'라고 불리지 않을 것이다. 문화가 그렇게 가르치고 여자들이 공개적으로 거부하고 "아니요"라고 말하는 것이 허용된다면, 혹은 더 많은 여자가 모든 관계의 초기에 그런 힘을 가진다면, 스토킹 사건은 현저히 줄어들 것이다.

올바른 남자를 찾는 것이 나쁜 남자를 제거하는 것보다 훨씬 더 큰 의미를 가졌기 때문에, 여자들은 관계에서 벗어나는 법을 배우지 못했다. 앞서 말한 수업에서는 모든 유형의 '원하지 않는데 끈질기게 들러붙기'에 적용되는 한 가지 규칙, 즉 협상하지 말라는 규칙을 강조할 것이다. 여자가 일단 특정한 남자와 관계를 맺고 싶지 않다고 결정하면, 한 번에 분명히 그렇다고 말해야 한다. 그런 거절 이후에 이루어지는 모든 접촉은 거의 대부분 협상으로 보일 것이다. 어떤 여자가 어떤 남자에게 이야기하고 싶지 않다고 몇 번이고 반복해서 말하는 것은 그 남자에게 이야기하고 있는 것이며, 그녀가 말할 때마다 그 문제에 관한 자신의 결심을 깨뜨리는 것이다.

만약 당신이 어떤 남자에게 이야기하고 싶지 않다고 10번 말한다면, 그것은 당신이 원한 것보다 아홉 번이나 더 그 사람에게 이야기하고 있는 것이다.

어떤 여자가 끈질기게 달라붙는 남자에게 메시지를 33번 받을 때까지 가만있다가 마지막에 결국 회신했다고 하자. 그녀가 뭐라고 말하든 남자는 그녀와 연락하는 대가가 메시지를 33번 남기는 것이라고 배운다. 이런 유형의 남자는 어떤 접촉도 진전으로 본다. 물론 일부 피해자들은 회신하지 않으면 그 남자를 화나게 만들까 봐 걱정돼 그를 진정시키려 애쓴다. 그러면 그 남자는 그녀가 혼란스럽고, 확신하지 못하고, 아직까지 제대로 알지 못할 뿐이지 사실상 자신을 좋아한다고 믿는다.

여자가 자기에게 푹 빠진 어떤 남자를 거부할 때 "지금 당장은 어떤 관계도 맺고 싶지 않을 뿐이야"라고 말하면, 그 남자는 "지금 당장은"이라는 말만 듣는다. 그 남자에게는 이 말이 그녀가 나중에는 관계 맺길 원하리란 의미다. 확실히 거부하려면 "너와 관계를 맺고 싶지 않아"라고 말해야 한다. 그렇게 딱 잘라 말하지 않으면, 때로는 딱 잘라 말해도 그 남자는 그 말을 제대로 듣지 않는다.

만약 여자가 "너는 굉장한 사람이고 내세울 것도 많지만, 나는 너와 맞는 여자가 아니야. 요즘에는 정신이 하나도 없어"라고 말하면, 그 남자는 '이 여자가 정말로 나를 좋아하는구나. 단지 혼란스러울 뿐이야. 이 여자가 내게 맞는 사람이라는 걸 증명해줘야겠어'라고 생각한다.

여자가 왜 거부하는지 그 이유를 설명하면, 이런 유형의 남자는 그녀가 내세우는 이유마다 이의를 제기할 것이다. 관계를 원하지 않는 이유는 설명하지 말고, 그저 이 문제는 끝났다고 생각한다고, 이것이 내가 내린 결정이며, 남자가 이런 결정을 존중해주기를 기대한다고 분명히 말해야 한다. 관계 맺고 싶지 않은 남자에게 왜 자기 인생과 계획과 연인 선택에 관한 사사로운 면을 설명하려는 것일까? 어떤 조건, 예를 들면 다른 도시로 이사 가고 싶다는 조건에 기초한 거절은 그 남자에게 이의를 제기할 빌미를 제공한다. 조건이 붙은 거절은 거절이 아니라 논의다.

〈투씨〉의 빈틈없는 오프닝은 조건 달린 거절이 왜 제대로 역할을 하지 못하는지 잘 보여준다. 더스틴 호프먼이 오디션을 보며 대사를 읽는 배우 역할을 한다. 무대 뒤의 목소리가 그에게 역을 주지 않겠다고 말한다.

목소리 : 대사는 좋은데, 키가 안 맞아요.

호프먼 : 아, 키를 더 키울 수 있어요.

목소리 : 아니, 무슨 말인지 모르는군요. 우리는 더 작은 사람을 찾아요.

호프먼 : 아, 그 말씀이군요. 저는 이렇게 크지 않아요. 깔창을 했거든요. 키를 더 줄일 수 있죠.

목소리 : 그건 알겠지만, 사실…… 우리는 다른 사람을 찾아요.

호프먼 : 달라질 수도 있어요.

목소리 : 우리는 다른 사람을 찾는다니까요. 알았죠?

이 마지막 줄은 아무 이유도 대지 않았고 협상의 여지도 남기지 않았다. 그러나 우리 문화권의 여자들은 실질적으로 이렇게 말하는 것이 금지돼 있다. 여자들은 초기에 이렇게 분명히 말하면 인기를 잃고, 따돌림 당하고, 분노와 심지어 폭력에 직면할 수도 있다고 배웠다.

어떤 여자가 구혼자와 관계 맺을 수 있는 기회를 여러 번 그냥 지나쳐버렸다고 상상해보자. 그녀는 모든 암시와 반응, 어떤 행동도 하지 않음으로써 관심이 없다는 뜻을 전했다. 이때까지도 그 남자가 여전히 끈질기게 달라붙는다면 좀 야박해 보일지라도 아무 조건도 달지 말고 분명하게 거절 의사를 밝혀야 한다. 미국 남자들은 이런 말을 들어본 적이 거의 없고, 여자들은 이런 말을 해본 적이 거의 없다는 것을 안다. 조건이 달리지 않고 분명한 거절의 말이 어떻게 들리는지 예를 들어보겠다.

네가 지금까지 뭘 상상했고, 또 무슨 이유로 그렇게 상상했는지 몰라도 나는 너한테 이성적인 관심이 전혀 없어. 앞으로도 절대 그러지 않으리라 확신해. 그러니 관심을 다른 데로 돌려주면 좋겠어. 그게 바로 내가 원하는 거야.

이 말에 대한 적절한 반응은 받아들이는 것 단 하나뿐이다. 남자가 아무리 이 말에 자기 뜻을 전하려 해도 기본 개념은 "네 말을 잘 알아듣고 이해해. 그리고 실망스럽긴 하지만 분명히 네 결정을 존중할 거야"가 될 것이다.

나는 이상적인 반응이 단 한 가지라고 말했다. 불행히 부적절한 반응은 수백 가지나 된다. 그 반응들이 여러 가지 형태로 나타나겠지만, 기본적인 메시지는 "네 결정을 받아들이지 못하겠어"다. 남자가 공격적으로 논쟁을 벌이고, 미심쩍어하고, 협상하고, 여자의 마음을 돌리려 한다면, 그것이 뭔지를 인식해야 한다. 다음 사항들이 명백해져야 한다.

1) 그녀는 이 남자에 관해 올바른 결정을 내렸다. 그녀의 결심은 남자의 반응으로 흔들리는 대신 오히려 강화돼야 한다.
2) 그녀는 자신이 하는 말을 들으려 하지 않고 자신의 감정을 인식하지 못하는 남자와 관계를 맺지 않으려는 것이 분명하다.
3) 남자가 이처럼 분명하고 명확한 메시지를 이해하지 못하면, 모호한 것이나 혹은 진정시키는 것에 대한 그의 반응을 상상해볼 수 있다.

원하지도 않는데 들러붙는 사람들은 끈질기게 전화해대고, 메시지를 남기고, 초대받지도 않았는데 여자의 직장, 학교, 집에 불쑥 모습을 드러내고, 여자를 미행하고, 여자의 친구나 가족을 만나려는 등과 같은 방법으로 행태를 확장시킬 수 있다. 여자가 분명한 거절 의사를 전했음에도 이중 어떤 일이라도 벌어지면, 더 이상 반응을 보이지 않는 것이 가장 중요하다. 분명히 거절한 남자와 또다시 소통하면, 그녀의 행동이 말과 일치하지 않는 것이다. 남자는 (여자의 행동과 말 중) 어떤 것이 실제로 그녀의 감정을 반영하는지 고를 수 있다. 대체로 자신에게 도움이 되는 쪽을 고르리란 것은 충분히 짐작 가능하다. 그런 남자는 겉으로는 끝내겠다는 뜻을 전하지만, 실제로는 반응을 얻어내려는 노력을 투박하게 감춘 전화 메시지를 남기는 경우가 왕왕 있다. 그리고 남자는 어떤 반응도 진전으로 본다는 것을 명심하라.

> **메시지** : 안녕, 브라이언이야. 나, 휴스턴으로 돌아갈 건데 당신을 한 번 더 보지 않고는 떠날 수 없어. 그저 작별 인사를 할 기회를 달라는 거야. 그게 다야. 딱 한 번만 만나주면 다시는 눈앞에 나타나지 않을게.
>
> **최선의 대응** : 회신하지 않는 것.
>
> **메시지** : 나, 브라이언이야. 이게 마지막 전화일 거야. (이 말은 스토커들이 자주 써먹는데, 진심인 경우가 거의 없다.) 당신한테 급히 할 말이 있어.
>
> **최선의 대응** : 회신하지 않는 것.

여자가 데이트했던 남자에게 스토킹당하면 그녀의 상황을 안 사람들이 이런저런 비판을 하기도 한다. "네가 그 남자를 어떤 식으로든 그렇게 나오도록 자초한 게 분명해", "끈질기게 달라붙는 남자를 즐기는 여자인 게 분명해" 등. 분명히 누군가는 그녀에게 스토킹에 대처하는 전통적인 지혜를 전하려 할 텐데, 이는 전통적인 '어리석음'이라 불려야 마땅하다. 이런 어리석음에는 마치 창의적인 계획처럼 보이는 것들이 포함된다. "전화번호를 바꿔." 우리 회사는 이 전략을 추천하지 않는다. 모든 피해자가 말해주겠지만, 스토커가 언제나 어떻게든 새로운 전화번호를 알아내기 때문이다. 여자들에게 더 좋은 계획은 다른 전화번호를 하나 더 만들어, 자신이 원하는 사람들에게만 새 번호를 알려주는 것이다. 그리고 다른 전화번호가 있다는 것을 스토커가 알아차리지 못하도록 이전 전화번호에는 자동 응답기나 음성 사서함을 연결시켜놓는다. 그렇게 하면 메시지들을 확인할 수 있고, 그녀가 대화를 나누고 싶은 사람이 전화하면 회신하여 새로운 전화번호를 알려줄 수 있다. 결과적으로 이전 전화번호에 메시지를 남기는 사람은 원하지 않는데도 끈질기게 달라붙는 사람뿐이다. 이렇게 하면 그 남자의 전화가 (메시지가 보관돼) 기록으로 남는다. 더 중요한 것은 그가 메시지를 남기면서 그 또한 다음과 같은 메시지를 받는다는 것이다. 그가 아무리 수작을 부려도 여자는 반응하지 않을 수 있다는 것.

우리는 또한 피해자의 동성 친구에게 자동 응답 메시지를 녹음하라고 권한다. 남자가 자신이 쫓아다니는 여자의 목소리를 듣고 싶어 전화할 수도 있기 때문이다. 만약 다른 남자 목소리가 흘러나오면, 스토커는 피해자가 새로운 관계를 맺었다고 생각하고 더 깊이 조사하려 들 우려가 크다.

스토커는 개념상 쉽사리 포기하지 않는, 절대 놔주지 않는 사람으로 정의된다. 보다 정확히 말하면, 스토커의 거의 대부분은 보통 사람들이면 놔줄 시점에 놔주지 않지만, 피해자가 얽히기를 피하면 결국 놔주는 사람이다. 통상적으로 스토커는 지금 대상에게서 모든 촉수를 떼어내기 전에 다른 누군가에게 촉수 하나를 붙이고 있어야 한다.

○　　○　　○

스토킹 역학의 자명한 한 가지 이치는 놔줄 수 없는 남자는 "아니요"라고 말할 수 없는 여자를 고른다는 것이다.

피해자 대부분은 분명 거절하고 싶었지만 처음에 노골적으로 거절하길 꺼렸음을 시인할 것이다. 다정한 혹은 우아한 여자의 거절은 흔히 호의로 받아들여진다. 이런 현실을 확실히 보여주고, 그 누구도 이런 상황에서 예외가 될 수 없음을 미국 상원 의원 밥 크루거Bob Krueger의 아내 캐슬린Kathleen 크루거의 사례가 말해준다. 그녀는 남편의 유세용 비행기를 조종한 적이 있는, 스토커를 떨쳐버릴 수가 없었다. 크루거 부인은 자신의 사건을 내게 묘사할 때 스토커의 관점에서 능숙하게 설명했다. "우리는 그 사람을 잘 대해줬어요. 비정상적일 정도는 아니지만, 그 사람한테는 굉장한 의미였나 봐요. 그 사람은 그걸 사랑이라고 여겼어요. 배가 엄청 고프면 밥 한 숟갈도 진수성찬처럼 보이잖아요?"

피해자에게 호감을 샀다고 느끼거나 피해자와 데이트했거나 관계를 맺었다면, 스토커는 너무나 필사적이 되어 자신이 만족할 수 있는 어떤 형태의 접촉이라도 붙잡으려 한다. 그는 그녀의 남자 친구이고 싶지만 그저 친구로 지내는 것도 받아들일 것이다. 결국 친구이고 싶지만, 손에 넣을 수 있는 지위가 적뿐이라면 적이 되는 것도 마다하지 않을 것이다. 우리 회사 의뢰인이었던 젊은 여자에게 그녀를 스토킹하던 전 남자 친구는 이런 편지를 썼다.

"너는 나를 생각할 거야. 좋은 생각이 아닐지는 모르지만, 어쨌든 나를 생각할 거야."

'나쁜 남자를 떨쳐내는 법' 수업에서 가르쳐야 하는 또 하나의 규칙은 '접촉을 그만두는 방법은 접촉을 그만두는 것'이라는 점이다. 앞에서 지적했듯 한 번 분명하게 거절하고, 그 뒤에는 전혀 접촉하지 않아야 한다. 만약 스토커에게 전화를 걸거나 만날 약속을 하거나 편지를 보내거나 누군가를 시켜 떨어지라고 경고하면, 당신은 원하지도 않는 그 사람의 추근거림을 6주나 더 받는 표를 사는 꼴이다. 몇몇 피해자는 알고 지내는 남자나 새로 사귄 남자 친구나 남자인 가족이 스토커에게 그만두라고 말하는 것이 도움이 되리라 생각한다. 이런 시도를 해본 사람 대부분은 스토커가 이를 자기가 사랑하는 사람이 갈등하는 증거로 받아들인다는 것을 배운다. 갈등하는 것이 아니라면 그녀가 직접 말했을 것이라면서.

경찰관을 보내 그만두라고 경고하는 것이 확실하게 일을 처리하는 방법이라고 생각될지 몰라도, 이 방법은 원하는 효과를 낸 적이 거의 없다. 스토커의 행태가 걱정스럽기는 하지만, 대부분 법을 위반하는 것이 아니기 때문에 경찰이 택할 수 있는 방법이 거의 없다. 경찰관이 그 사람을 찾아가 "이런 짓을 그만두지 않으면 곤경에 처할 거다" 같은 식으로 말하면, 그는 직감적으로 경찰이 체포할 수 있다면 즉시 체포했으리라는 것을 알아차린다. 그럼 경찰이 찾아간 결과가 뭔가? 피해자의 무기고에 있는 가장 강력한 무기가 경찰관인데, 경찰관은 와서 아무런 소득도 만들지 않고 가버렸다. 집으로 찾아와 잠시 이야기를 나누고 떠났을 뿐이다. 피해자와 스토커 중 누가 더 강해졌는가?

명확히 말하자면, 기소될 경우 피해자의 안전을 개선하거나 스토커의 행태에 높은 벌금을 부과할 수 있는 소송 가능한 범죄가 있을 때 경찰이 개입해야 한다고 생각한다. 그러니 스토커는 몇 마디 대화를 나누려고 잠시 들를 때가 아니라 자기를 체포하러 올 때 경찰관을 처음 봐야 한다.

진정한 의미에서 볼 때 스토커들은 중독된 관계에서 해독되는 중이다. 이건 양자 모두 관계에 중독된 많은 가정 폭력의 역학과 유사하다. 그러나 보통 데이트 스토킹 사건에서는 일방적이다. 스토커는 중독자고, 그의 대상인 여자는 마약이다. 마약이 적으면 스토커를 단념시키지 못하고, 오히려 더 달려들게 만든다. 스토커를 강제로 몰아내는 방법은 다른 중독들과 마찬가지로 절제이고, 단번에 끊는 것이다. 그 여자와 접촉하지 못하도록 하고, 그 여자의 대리인과 접촉하지 못하게 하고, 그 여자의 어떠한 소식도 듣지 못하게 해야 한다.

가정 폭력 상황과 마찬가지로, 피해자들은 스토커에게 (경찰, 경고 같은) 뭔가를 해야 한다는 조언을 듣는 경우가 허다하다. 보다 큰 사회적 관점에서 보면, 그런 조언이 옳을 수도 있다. 스토커가 호랑이처럼 누군가를 희생시키려 모퉁이에 몸을 숨기고 있어 사회에 위험이 된다고 생각된다면, 누가 나서서 이를 처리해야 한다는 말이 맞을 수도 있다. 그러나 아무도 그런 싸움을 자원해야 할 의무는 없다. 특히 피할 수 있는 싸움이라면 더욱 그렇다. 만약 스토킹 피해자가 다음 모퉁이를 돌아가면 습격받으리라는 것을 알 수 있고, 또 경고할 수 있다면, 모퉁이를 그냥 돌아가는 것과 다른 길로 가는 것 중 어느 쪽이 더 타당할까? 만약 싸움을 피할 수 있고, 이것이 내 아내, 내 딸, 내 친구, 내 의뢰인의 문제라면 나는 먼저 피하는 방법을 권할 것이다. 싸움은 언제나 할 수 있지만, 일단 전쟁이 벌어지면 피하고 싶어도 피할 수 없기 때문이다.

스토킹 피해자들은 매 맞는 여자들이 듣는, 접근 금지 명령을 받아내라는 전통적인 조언도 듣게 될 것이다. 학대받는 아내들 사건에서는 법원의 개입으로 어떤 사건들의 상황이 나아졌고, 어떤 사건들의 상황이 악화됐는지를 평가하는 것이 중요하다. 이는 사건이 어떻게 단계적으로 확대됐는지와 스토커가 얼마나 많은 감정을 투자했는지에 따라 크게 달라진다.

스토커가 한 피해자를 여러 해 동안 적극적으로 쫓아다녔고 이미 여러 차례의 경고와 개입을 무시했다면, 접근 금지 명령이 도움이 될 것 같지는 않다. 일반적으로 초기에 받아낸 법원 명령이, 스토커가 상당히 많은 감정적 투자를 하거나 협박과 다른 사악한 행태를 내보인 뒤에 받아낸 것보다 위험성을 줄인다. 스토커가 명백한 거절 의사를 한 차례 묵살한 직후에 받아낸 접근 금지 명령은, 스토킹이 여러 달 혹은 수년 동안이나 지속된 이후에 받아낸 것보다 영향력이 크고 훨씬 덜 위험하다.

법원 명령이 종종 도움이 되는(혹은 적어도 위험해지지 않는) 스토커의 범주가 있다. 우리가 '순진한 추종자'라고 부르는 범주다. 그는 자신의 행태가 부적절하다는 것을 깨닫지 못한 사람일 뿐이다. 그는 "이 여자와 사랑에 빠졌어. 따라서 애정 관계고, 나는 사랑하는 사람들처럼 행동하고 있어"라고 생각할 수도 있다.

이런 유형의 사람은 비록 약간 우둔하고 단순하지만 일반적으로 합리적이다. 순진한 추종자 모두가 이성적인 관계를 원하는 것은 아니다. 그들 중 일부는 직장에 고용되기를, 그 직장에 고용되지 못한 이유나 자신의 생각이 받아들여지지 않은 이유, 자신의 원고가 거부된 이유 등을 끈덕지게 알아보려고 한다. 순진한 추종자는 거부됐을 때 자신의 남자다움을 내세우지 않고, 화내지 않는다는 점에서 통상적인 스토커와 구분된다. 그는 그저 자신이 누군가와 연애하고 있다고 행복하게 믿는 것으로 보일 뿐이다. 그는 누가 자신의 접근법이 부적절하고, 용납하기 어려우며, 역효과를 낳고 있다고 분명히 해줄 때까지 이런 상태를 유지한다. 이렇게 알려주기가 항상 쉬운 것은 아니지만, 그렇게 해도 대부분 안전하다.

피해자들은 당연히 짜증 나고 화도 나기 때문에 다음 예시 중 하나를 하기 위해 법원 명령을 고려하기도 한다.

파괴Destroy

폭로Expose

위협Threaten

앙갚음Avenge

변화Change

모욕Humiliate

이 목록의 머리글자가, 안전이란 관점에서 볼 때 의미 있는 유일한 목표인 '떼어내기DETACH'임을, 그 남자를 당신 삶에서 몰아내는 것임을 주목하라. 학대받는 여자들과 마찬가지로, 접근 금지 명령이 그런 목표에 더 가까이 다가가도록 할 수도 있지만, 더 멀리 떨어뜨릴 수도 있다. 이는 대안의 하나일 뿐 유일한 것은 아니다.

○　　○　　○

(여자가 결코 만난 적 없는 낯선 사람과는 반대로) 여자가 가볍게 데이트했던 스토커의 유형은 지배하거나 학대하는 남편과 아주 흡사하다. 비록 폭력을 행사할 가능성은 훨씬 낮지만 말이다. 그의 전략에는 피해자의 동정심이나 죄의식을 이용하기 위해 애처롭게 행동하기, 가정된 약속이나 맹세 요청하기, 피해자가 항복하고 계속 자기를 만나도록 하기 위해 지독히 귀찮게 하기, 마지막으로 (협박, 기물 파손, 타이어 찢기 등) 위협적인 말과 행동을 통한 겁주기가 포함된다.

나중에 문제가 될 수도 있는 남자들에 관한 경고 신호의 목록이 있는지 내게 물었던 캐서린을 떠올리라. 이번에는 경고 신호를 말하기 위해 그녀의 이야기를 되풀이할 것이다.

"브라이언이란 남자와 데이트했어요. 내 친구 파티에서 처음 만났는데, 거기 있던 사람한테 내 전화번호를 물어봤나 봐요(피해자를 조사). 내가 집에 도착하기도 전에 메시지를 세 개나 남겼더라고요(과도한 투자). 내가 싫다고 했는데도 너무 끈질기게 졸라서 다른 선택의 여지가 없었죠(놔줄 수 없는 남자는 "아니요"라고 말할 수 없는 여자를 고른다).

일단 만나고 나니까 정말 배려심 많은 사람이었어요. 내가 뭘 원하는지 항상 아는 것 같았죠. 내가 한 모든 말을 기억했어요(지나칠 정도의 자상함). 그게 좀 기쁘기도 했지만, 한편으로는 불쾌했어요(피해자는 직관적으로 불쾌감을 느낀다). 한번은 책 둘 데가 좀 더 많았으면 좋겠다고 했더니, 어느 날 선반과 도구를 들고 와서 책장을 뚝딱 만들어줬어요(부탁받지도 않았는데 베푸는 도움. 고리대금업). 차마 거절할 수가 없었죠.

그리고 내 말은 뭐든 지나치게 의미를 부여했어요. 자기랑 농구 경기를 보러 가지 않겠냐고 물어봐서 갈 수도 있다고 대답했어요. 그랬더니 나중에 '약속했잖아'라고 하더라고요(있지도 않은 감정이나 약속을 다른 사람에게 투사하기).

게다가 동거나 결혼, 자녀 같은 심각한 이야기를 너무 일찍 꺼냈어요(정신 없이 몰아치기. 의사결정을 일정의 너무 앞에 놓기). 그런 이야기를 첫 데이트 때 농담처럼 시작했는데, 나중에는 농담이 아니었죠.

카폰을 다는 게 어떻겠냐고 한 적도 있어요. 그럴 필요가 있나 싶었는데, 어느 날 내 차를 빌려 가더니 딱 설치했더라고요(고리대금업). 선물이라는데 어쩌겠어요. 그 뒤로 당연히 내가 차에 있을 때면 아무때나 전화했어요(활동과 행방 모니터링하기). 그리고 그 카폰으로는 전 남자 친구한테 절대로 전화 걸지 말라고 못을 박았죠. 나중에 부득이하게 전 남자 친구한테 전화할 일이 있었는데 불같이 화를 냈어요(질투심).

또 내 친구 커플과 만나는 것도 좋아하지 않았어요(친구들에게서 여자를 떼어놓기). 자기 친구들과도 더는 함께 지내지 않았고요(자신이 홀로된 책임을 다른 사람에게 돌리기). 결국 그만 만나자고 했는데 들으려고도 안 하더라고요("아니요"라는 말 듣기 거부하기).

이 모두가 여자가 자신을 떠날 수 없도록 지배하려는 스토커가 자동조종한 일들이다. 통제받는 것이 사랑받는 것의 대안이고, 스토커의 정체성이 어떤 관계에 너무나 불안정하게 의존하기 때문에 스토커는 새어나갈 가능성이 있는 모든 곳을 꼼꼼히 틀어막는다. 그렇게 하지 않으면 자신이 원한다고 말한 (심지어 믿기까지 하는) 것이 절대로 될 수 없다고 믿으며 억지로 관계를 억압하기도 한다.

브라이언은 처음에 "아니요"라고 하다가 이내 항복하는 여자에게는 관심이 많지만, 진정으로 단호하게 "아니요"라고 말할 수 있는 여자에게는 달라붙지 않았을 것이다. 브라이언이 캐서린을 만나고 몇 분이 채 지나기 전에 이런 대화를 나누며 그녀를 시험했다고 나는 자신 있게 말할 수 있다.

브라이언: 마실 것 좀 갖다줄까요?

캐서린: 아니요. 고맙지만 됐어요.

브라이언: 아이, 그러지 말고, 뭐 마실래요?

캐서린: 그럼 청량음료로 할까요?

사소한 대화처럼 보일지 모르지만, 실상은 아주 중요한 시험이다. 브라이언은 캐서린이 고상하게 보이고 싶어서인지 "아니요"라고 했지만, 좀 더 설득하자 굴복했다는 사실을 알아냈다. 그는 이다음에 한 단계 더 의미 있는 것을 시험할 테고, 점점 더 나아가 마침내 지배할 수 있는 누군가를 찾아낼 것이다. 마실 것에 관한 대화는 나중에 이뤄질 데이트에 관한 대화, 헤어짐에 관한 대화와 동일하다. 말로 하지 않았지만, 이는 브라이언이 운전하고 캐서린이 승객이 되겠다는 합의다. 문제는 캐서린이 이 합의를 재협상하려 할 때 발생한다.

○　　○　　○

수많은 뉴스가 스토킹을 아무 경고도 없이 피해자를 덮치는 바이러스 같은 것이라고 사람들이 믿게 만들었다. 하지만 캐서린은 다른 많은 피해자와 마찬가지로 처음부터 불편하다는 신호를 받았는데도 이를 무시했다. 내가 이야기해본 거의 모든 피해자가 그만두고 나가기를 원한 다음에조차 그대로 남아 있었다. 그럴 필요가 없다. 여자들은 처음부터 바로 직관의 신호를 따를 수 있다.

데이트는 실망할 위험, 지겨워질 위험, 거부당할 위험, 문제가 있고 무서운 남자를 자기 삶 속으로 끌어들일 위험 등 여러 가지 위험을 품고 있다. 데이트의 모든 과정은 위험이 훨씬 많다는 점을 빼면 오디션과 비슷하다. 데이트는 〈투씨〉 오디션 장면처럼 한 남자가 배역을 너무나 간절히 원해 무슨 일이라도 할 것처럼 보일 수도 있고, 여자가 중요한 사건 발생 전 지표를 평가하는 기회일 수도 있다. 좀 낭만적으로 들리지 않는가? 데이트하는 사람들은 어떤 식으로든 평가하고 있다. 그저 서툴 뿐이다. 나는 의식적으로, 뭘 해야 하는지 잘 알고 평가하기를 권한다.

여자는 대화의 방향을 남자가 전 여자 친구와 어떻게 갈라섰는지 알아보는 쪽으로 바꿀 수 있고, 남자가 그 과정을 어떻게 묘사하는지 평가할 수 있다. 남자가 자신의 책임을 인정하는가? 아직도 그쪽에 감정을 투자하는가? 좀처럼 여자를 놔주지 않았는가? 여자가 전하고자 하는 말을 좀처럼 들어주지 않았는가? 이미 여자를 놔줬는가? 누가 관계를 깼는가? 마지막 질문은 스토커들이 먼저 만남을 끝내는 법이 거의 없기 때문에 중요하다. 남자가 여러 번 '금세 사랑에 빠지는' 관계를 가졌는가? 정말 잠깐 봤는데 홀딱 반하는 경향이 있다면 값진 사건 발생 전 지표다. 여자는 새로 만난 남자가 약속, 집착, 자유에 관해 어떻게 생각하는지뿐 아니라 남자와 여자의 역할을 어떻게 인식하는지도 조사할 수 있다. 아주 사소한 일들에 남자가 여자 마음을 바꾸려고 시도할 때 여자는 그 방법을 관찰할 수 있다. 나는 무뚝뚝한 질문들로 가득한 체크리스트를 권할 생각이 없다. 예리한 대화로 모든 정보를 알아낼 수 있다.

젊은 남녀에게 해줄 마지막 이상적인 수업은, 지역 뉴스에 등장하는 끔찍하고 놀라운 기사들과 다르게 폭력으로 끝나는 데이트 스토킹 상황은 거의 없다는 사실이다. 보도 관계자들은 스토킹을 당하고 있다면 제대로 된 유언장을 작성하는 편이 나을 것이라 믿게 만들지만, 이런 수준의 경보는 일반적으로 부적절하다. 데이트 스토킹은 비폭력적인 괴롭힘에서 곧바로 살인으로 점프하지 않는다. 점진적으로 확대되며, 그 점진적 확대는 거의 항상 겉으로 드러나거나 적어도 감지할 수 있다.

이런 사태를 피하려면 처음부터 내면의 목소리에 귀를 기울이라. 이미 스토킹당하는 상황에서 점진적으로 확대되는 것을 막으려면, 내딛는 모든 발걸음마다 내면의 목소리에 귀를 기울이라. 데이트 스토커에 관한 한, 당신의 직관은 이제 준비가 돼 있으니 그저 귀를 기울이라.

○　○　○

신체적으로 해를 가한 데이트 스토커의 가족들은 이 책에서 논의된 다른 범죄자의 가족들과 마찬가지로 어떤 부모도 듣고 싶어 하지 않는 질문에 직면해야 한다. '우리 자식은 왜 그렇게 폭력적으로 자랐는가?'

그 대답이 비극적인 전화를 받거나 경찰이 찾아오기 여러 해 전에 경고 신호와 패턴을 보도록 부모와 다른 사람들을 도울 수 있다.

나는 다른 사람을 죽인 젊은이들에게서, 자살한 여러 젊은이들에게서, 그리고 당신이 다음 장에서 보게 될, 다른 사람을 죽이고 자살한 소수의 젊은이들에게서 이에 관해 많은 것을 배웠다.

□
12장

무서운 아이들

> "아버지는 어떻게 살지 말씀해주지 않으셨다.
> 살면서 그것을 지켜보도록 하셨다."
>
> 클래런스 부딩턴 켈랜드Clarence Budington Kelland['미국에서 이류 작가로는 최고'라고 자칭하는 작가]

세인트 오거스틴 교회 직원들은 1년 중 가장 큰 경축일을 준비하느라 분주했다. 사람들은 잠시 동안 예배당이 꽉 찰 것이라 정확히 예측했다. 그러나 그 신도들이 크리스마스를 행복하게 맞이하기 위해 모일 것이라 는 그들의 예측은 완전히 빗나갔다. 이 해의 모임은 한 가지 중요한 점이 다른, 장례식에 더 가까웠다. 보통 조문객들은 사랑하는 사람이 죽은 곳 에서 멀리 떨어져 있는 것이 일반적이지만, 그해 크리스마스이브에 세인 트 오거스틴 교회에 모인 사람들은 시체 한 구와 죽기 직전인 몸뚱이 하 나가 발견된 곳에서 몇 미터밖에 떨어져 있지 않았다.

예배에 참석한 사람들은 모두 섬뜩한 상황을 알고 있었지만, 어느 누 구도 왜 18살 소년 둘이 교회의 어두운 곳에 서 있다가 총신을 짧게 잘라

12장 무서운 아이들 311

낸 산탄총을 입에 물고 자살했는지 그 이유를 알지 못했다.

폭력적인 비극이 벌어진 뒤, 남겨진 이들은 살아오면서 있었던 모든 일들을 힘겹게 돌아보게 된다. 누구에게 책임이 있는지, 끔찍하지만 아무 성과도 없을 조사를 시작한다. 가족들은 자책하는 쪽과 남을 비난하는 쪽으로 나뉘어 양 끝에 선다. 자살한 아이들과 함께 시간을 보냈던 친구들, 다른 부모, 그 아이를 차버린 여자 친구와 같은 누군가에게는 항상 가족들의 수치심과 분노와 죄의식이 쏟아진다.

부모가 자기 아이에게 마약을 판 사람을 비난하는 일은 자주 있지만, 제임스 밴스James Vance의 어머니는 거기에서 한참 더 나갔다. 그녀는 주다스 프리스트Judas Priest라는 헤비메탈 록 밴드를 비난했고, 그 밴드의 레코드판을 판 동네 구멍가게를 비난했다. 가게 주인들이 이 밴드 음반인 〈스테인드 클래스Stained Class〉가 자기 아들을 친구 레이와 동반 자살로 몰아가리란 것을 예측했어야 한다고 주장했다. 가게가 그 음반이 치명적이란 것을 소년들에게 경고했어야 한다고 생각했다.

레코드 가게 주인들 편에서 증언해달라는 요청을 받았을 때 나는 미디어가 폭력에 미치는 영향에 관한 흥미로운 연구를 할 수 있겠다고 기대했다. 이 사건이 변론에 참여한 것을 후회한 유일한 사건이 되리라고는 전혀 예상하지 못했다. 나는 상당히 불쾌한 사건에 여러 번 자원해 프로답게 주저 없이 해냈지만, 막상 조사에 착수할 시간이 되자 교회 안으로 들어가고 싶지 않았다. 레이의 어머니가 내뿜는 우울과 슬픔을 느끼고 싶지 않았고, 그녀의 강한 거부감에 도전하고 싶지도 않았다. 부검 보고서를 살펴보고 싶지도, 사진들을 보고 싶지도, 이 슬픈 사건의 세부 사항을 알고 싶지도 않았다.

하지만 나는 그 모든 일을 했고, 제임스 밴스는 결국 부지불식간에 그리고 예상 밖의 안내자가 돼 나를 많은 미국 젊은이의 삶과 경험 속으로 데려갔다. 나는 제임스를 통해 미국 젊은이들이 마약, 술, 텔레비전, 야망, 성행위, 범죄를 어떻게 받아들이는지 배웠다. 제임스는 수많은 부모가 "내 자식에게 폭력 성향이 있을지도 모른다는 경고 신호들이 뭔가?"라고 묻는 질문에 내가 대답할 수 있도록 도와줬다. 교회 경내를 전체적으로 살필 수 있는 좋은 위치에서, 예전에는 전혀 보지 못했던 젊은이들을 봤다. 제임스가 내게 가르쳐준 것 대부분은 갱 폭력에 적용된다. 하지만 때로는 잔인한 행위로 모든 사람을 놀래는 중산층 젊은이들의 더욱 겁나는 행태를 설명할 때도 도움이 된다.

제임스 밴스는 주다스 프리스트의 음악과 사악하고 폭력적인 대외용 이미지에 이끌려 그 그룹에 푹 빠져 있었다. 그들 음반 표지에 삽화로 들어간 괴물과 선혈 같은 악마적인 주제를 좋아했다. 레이가 총으로 제 머리를 쏘는 순간을 목격했지만, 그 끔찍한 상황 정도로는 성이 차지 않았다. 다른 많은 미국 젊은이처럼 제임스는 생생한 폭력에 오랫동안 길들여져왔고, 선혈이 낭자한 두개골 정도는 평범하게 느꼈다.

제임스는 교회 경내에 서서 친구의 시신을 바라보다가 잠깐 동안 동반 자살 합의를 깨버릴까 고민했다. 하지만 자살하지 않으면 어떻게든 레이의 자살에 대해 비난받으리라는 것을 깨닫고 피 웅덩이에 손을 담가 산탄총을 집어 들고 총구를 입안으로 넣은 뒤 방아쇠를 당겼다. 하지만 제임스는 죽지 않았다.

꼭 자살하겠다는 마음으로 입안에 총구를 넣은 것이 아니라 자살에는 실패했지만, 불편한 아이러니를 만들어내는 데는 성공했다. 주다스 프리스트의 음반 표지에 등장하는 그 무엇보다 더 끔찍한 몰골이 된 것이다. 그는 주저하며 자살을 시도하다 자신의 얼굴 아랫부분을 박살 냈다. 아래턱, 혀, 이가 몽땅 교회 경내 여기저기로 날아가 사라졌다. 나는 제임스가 어떻게 보이는지 설명할 수도, 그 모습을 잊을 수도 없다. 나는 너무 부상이 심해 죽는 것 말고는 달리 도리가 없는, 죽음만이 유일한 안식처였던 사람들의 끔찍한 부검 사진들을 봐왔다. 하지만 죽고도 남을 정도로 다치고도 살아 있는 제임스 밴스의 뭔가가 내 마음을 심하게 뒤흔들었다.

이 세상의 추악한 것들을 모두 봤다고 생각했던 양쪽 변호사들조차 얼굴 아래쪽이 있던 자리에서 제멋대로 흘러내리는 침을 받아내기 위해 목에 수건을 두른 제임스가 법정에 진술하러 왔을 때 몸을 떨었다. 이런 겉모습은 그의 내면에서 진행돼온 것을 상징적으로 드러냈다. 제임스는 위협적이고 남을 놀래주는 사람이 되고 싶어 했다. 폭력이 갖다주리라 생각했던 특별함을 갈망했고, 그것을…… 완벽하게 얻었다.

질문을 받는 내내 알아듣기 힘든 아들의 말을 통역해준 어머니의 도움을 받아, 제임스는 변호사들에게 이번 사건과 자신이 살아온 모습을 말했다. 나는 귀를 기울이고 들었다. 제임스는 레이와 함께 뭔가 크고 나쁜 일을 벌이길 원했지만, 반드시 자살해야 한다고는 생각하지 않았다. 그들이 원한 것은 폭력이었지 목숨을 끊는 것이 아니었다. 제임스와 레이는 근처 쇼핑센터에서 총기를 난사하려고 생각했었다. 자살한 수많은 10대들과 달리, 그들은 그날 밤에 의기소침하지 않았다. 오히려 흥분해 있었다. 마약과 술에 취해 귀청이 터지도록 음악을 틀어놓고 레이의 방에 있던 것을 모조리 두들겨 부수고는 산탄총을 들고 창밖으로 뛰쳐나와

거리를 가로질러 교회로 달려가는 것을 택했다.

제임스와 레이는 끔찍한 폭력을 저지른 젊은이들 중에서 특이하지도 않고, 그런 가족들의 일원도 아니었다. 밴스 부인이 록 밴드를 상대로 소송을 벌인 유일한 부모도 아니었다. 사실 그런 소송은 상당히 빈번하다.

밴스 사건의 심리가 진행되는 동안에도 전국에서 많은 10대들이 끔찍한 일들을 벌였다. 미주리주 작은 마을에 사는 소년 셋(그중 한 명은 학생회장이었다)은 스티븐 뉴베리에게 숲에 가서 '뭔가를 죽이자'고 했다. 스티븐은 자신이 그 뭔가라는 말을 듣지 못했지만, 셋이서 야구방망이로 두들겨 패기 시작하자 그렇다는 것이 분명해졌다. 스티븐은 왜 이러느냐고 물었다. 그러자 그들은 죽어가는 소년에게 이렇게 말했다. "재미있잖아, 스티브."

세 명은 불과 몇 시간 만에 체포됐고, 당연한 듯이 살인을 자백했다. 제임스 밴스처럼 헤비메탈 팬이었지만, 이들은 록 밴드를 다 비난하지는 않았다. 이들은 주다스 프리스트를 직접 거명했고, 사탄을 대놓고 비난했다. 사탄이 세 살 먹은 어린애를 칼로 찔러 죽이라고 시켰다던 마이클 패서위츠처럼. 사람들을 죽이라고 했다며 알라를 비난했던 수잰과 마이클 카슨처럼. 그러나 가족들이 사탄이나 알라를 고소할 수는 없으니, 결국 레코드 판매점이나 록 밴드만이 이따금 고소당한다.

제임스 밴스는 주다스 프리스트의 멤버들을 "메탈의 신들"이라고 했다. 그 밴드가 자신의 성경이며, 자신은 "주다스 프리스트 교敎의 옹호자"라고 했다. 그는 한 번도 만난 적 없는 이 그룹 멤버들과의 관계에 대해 이렇게 말했다.

"이건 결혼과 같아요. 시간이 흐르면서 더욱 친밀해지고, 죽음이 우리를 갈라놓을 때까지 계속되죠."

특정 미디어 제품이 폭력을 저지르도록 강요할 수 있을까? 이는 합리적인 질문일 수 있다.

레코드 판매점이 음반 〈스테인드 클래스〉가 위험하며, 총격으로 이끄리라는 것을 예측할 수 있었을까? 이는 상대적으로 덜 합리적인 질문이지만, 이 문제의 외곽에서 큰 논쟁거리가 되는 경우가 잦다.

우리 회사는 일견 음반과 관련 있어 보이는 위험을 조사했다. 그러자 한 남자가 음반을 먹고 복통을 일으킨 사건, 신나는 폴카에 맞춰 춤추다 심장마비에 걸린 사건, 깨진 음반 쪼가리로 무기를 만든 사건이 나왔다(음악과 관련한 어떤 제품으로 사람들이 할 수 있는 일이 너무 광범위해 모든 위험을 예측하기란 거의 불가능하다). 조사자들은 언뜻 관련 있는 것 같은, '헤비메탈 음악을 듣다가 살해된 남자'라는 헤드라인이 붙은 기사도 찾아냈다. 그 피해자는 헤드폰으로 오지 오스본Ozzy Osbourne 테이프를 들으며 걷다가 열차에 치인 것으로 밝혀졌다. 오려낸 그 기사에 블랙 유머를 곧잘 하는 동료 하나가 "말 그대로 헤비메탈에게 살해됐다"는 말을 써놨다. 열차의 헤비메탈[중금속]이 헤비메탈 음악보다, 심지어 데스메탈[폭력과 악마의 이미지를 상징하는 템포 빠른 메탈록]보다 더 많은 죽음을 초래한다.

주다스 프리스트가 제임스 밴스를 만들어내지 않은 것은 분명하지만, 제임스는 어떤 면에서 그 밴드를 만들어냈다. 제임스는 '그들은 그를 목욕시키고, 옷을 입히고, 손으로 떠먹였다'라는 특정 가사에 관한 질문을 받았을 때 "그들은 그를 목욕시키고, 옷을 입히고, '손 하나를' 먹였다"라고 읊조렸다. 제임스는 그 밴드 노래들에 단순히 반응하는 것 이상을 한 셈이었다. 누군가 보살핌을 받는 내용의 가사를 식인 행위에 관한 것으로 바꿈으로써 사실상 가사를 바꿔 쓰고 있었다. 그 밴드에 대한 존경심마저 폭력적인 말로 표현됐다. 제임스는 그 밴드에 너무 푹 빠진 나머지 그들을 위해서라면 "사람들을 많이 죽이거나 대통령 머리에 총탄을 박아 넣는" 등 뭐든 할 것이라고 했다. 그는 주다스 프리스트가 "누가 가장 많은 사람을 죽일 수 있는지 보자"고 하면, 자기가 밖으로 나가 끔찍한 일을 저지를 것이라고 양쪽 변호사들에게 말했다. 그 밴드는 그런 말을 하지 않았고, 제임스는 어쨌든 끔찍한 일을 저질렀다.

이 사건에 관한 조사의 일환으로, 젊은이들이 저지른 폭력 행위, 자살, 자살 미수, 자살 위협에 스타 음악가가 관련된 다른 사건 56건을 조사했다. 이 표본은 지금 논의하는 주제를 들여다볼 기회를 준다.

- 한 10대는 유명 가수에게 자살하는 데 쓸 총을 보내달라고 요청했다.
- 한 젊은이는 여가수에게 자기를 찾아오지 않으면 자살하겠다고 협박하는 편지를 썼다. "우리 엄마가 당신과 연락해 나를 보러 오도록 하려고 나 자신을 혼수상태에 빠뜨리기까지 했다."
- 어떤 남자는 '시간을 가로질러 여행해' 가수에게 가기 위해 약을 과다 복용했다.
- 어떤 남자는 여가수에게 이런 편지를 보냈다. "당신이 나와 결혼해주지 않으면 약을 몽땅 먹어버릴 겁니다."(법적 책임을 의식해서인지 자기가 그녀를 위해 써둔 〈자살은 내 마음 먹기에 달렸다〉라는 노래에 붙일 가사를 함께 보냈다.)
- 여가수가 자기 아내인데, 자기를 피하고 있다고 믿는 어떤 젊은이는 팔목을 그어 자살을 시도했다.

- 어떤 젊은이는 스타에게 제임스 밴스를 연상시키는 편지를 보냈다. "나는 마리화나를 피우며 록을 들어요. 기본적으로, 내 이야기는 음반에 있는 셈이죠. 내가 살아온 삶은 사실 전혀 가치가 없다고요. 이 점은 분명히 말해두겠는데, 내가 자살을 시도하면 그냥 시도만은 아닐 거예요."

이들의 부모들과 이들과 비슷한 수많은 이의 부모들은 자기 가족이 직면한 난국에 대해 멀리 떨어진 스타를 당연한 듯 비난할 수 있을까? 아니면 집 가까이에서 그 답을 찾아야 할까?

이 문제를 조사하기 위해, 나는 그들에게 가장 크게 영향을 미치는 100가지와 10대 폭력에 앞서 나타날 수도 있는 사건 발생 전 지표 목록을 가상으로 작성했다. 미디어 중독이 그 목록 어딘가에 있지만, 술과 마약이 최상위에 훨씬 더 가깝다. 미디어와 달리 술과 마약은 이를 먹은 모두의 인식과 행태에 영향을 미치며, 실제로 그렇다는 것이 입증됐다. 제임스 밴스는 그가 아는 여러 번 자살을 시도한 사람을 묘사하며 이 사실을 뒷받침했다. 그에게 마약 문제가 있는지 묻자 제임스는 이렇게 답했다.

"네, 그 둘은 뗄 수 없잖아요. 알코올중독자는 정말 폭력적이죠. 그리고 술을 너무 많이 마시면 폭력적으로 변하더라고요. 내가 살아오면서 경험한 바 그랬죠."(나는 제임스가 누구와 함께 그런 경험을 했는지 궁금했다.)

폭력과 총기를 매력적으로 느끼는 점도 사건 발생 전 지표 중 하나다. 이는 제임스가 총기 제작자가 될 계획을 세웠을 정도로 그의 인격 중 핵심을 차지했다. 제임스와 레이는 정기적으로 사격장에 갔고, 총기로 하는 게임을 즐겼다. 제임스의 표현에 따르면 "용병이 되기 위한 훈련"의 일환으로, 그는 총격전을 가장한 "전쟁"을 종종 즐겼다. "경찰관 두 명과 범죄자 한 명이 있어요. 범죄자가 당신을 보호하며, 경찰의 가택수사 방법을 잘 알고 있는 당신을 데리고 빠져나가려고 해요. 게임을 100번 하면 99번은 경찰관 둘을 모두 잡았죠." 자기보다 좀 덜 폭력적인 친구 레이에 관해서는 "거의 매번 걔를 이겼죠. 텔레비전을 보기만 해도 배울 수 있으니까요. 텔레비전은 정말 좋은 선생이라고요." 제임스는 뉴스를 관심 있게 지켜봤고, '수많은 폭력과 살인과 싸움이 벌어지고 있는 것'을 봤다. 제임스는 이 모든 것을 간결하게 정리했다. "폭력이 나를 흥분시켜요."

끝으로 제임스는 자신도 모르게 남들의 주목을 받는 폭력적인 행위에 관한 중요한 사건 발생 전 지표 중 하나를 묘사했다. 그는 자신이 "20년 동안 무시됐다"고 느꼈다고 말했다. 주다스 프리스트가 어떻게 총격을 자극했는지 설명하며, 제임스는 그 밴드가 부른 〈영웅의 끝Hero's End〉을 남의 관심을 끌려면 어떻게 죽어야 하느냐에 관한 노래로 받아들였다고 말했다.

그 가사 이외의 어떤 것이 총격을 유발했을 수도 있냐는 질문에 제임스는 "나쁜 관계? 스타들? 세상 풍조? 아니요." 제임스가 빈정거리기는 했지만, 이 모두가 끔찍한 사건을 유발한 요인으로 음반에 적힌 가사를 비난하는 것만큼이나 조리 있다. 그는 가족생활과 가정교육을 빼고서는 어떤 것도 그 이유로 들 수 있었을 것이다. 검지로 록 밴드를 지적함으로써 제임스는 당연히 자신과 자신의 가족과 심지어 자신의 사회를 대상으로 벌어질 모든 면밀한 조사를 피했다.

어쨌든 제임스는 깨어 있는 동안 다른 활동을 하며 보낸 시간보다 미디어를 소비하며 지낸 시간이 더 많은 유일한 젊은이는 아니었다. 그는 연예 산업의 폭력적 부분의 열렬한 후원자였다. 데이비드 월시David Walsh 는《미국 아이들 처분하기Selling Out America's Children》라는 책에서, 그런 사람을 "우리 가족 사이에 들어와 있는 폭력을 옹호하는 손님이지만 우리는 그를 내쫓지 않는다"고 비유했다. 월시는 아이들이 뭔가를 모델 삼아 흉내 내며 배우기 때문에 18살이 될 때까지 미디어에서 20만 개의 폭력 행위를 목격하는 것은 심각한 문제라고 지적했다. 파크 디츠는 "폭력적인 1시간짜리 텔레비전 프로그램에서 상징적인 폭력이 수백만 명에게 노출되면, 통상적으로 다양한 형태의 한 가지 살인보다 더 해롭다"고 했다. 끝으로 작가(이자 어머니인) 캐리 피셔Carrie Fisher는 "텔레비전이 수백 년 동안 어른들이 아이들을 보호하기 위해 애썼던 바로 그 행태에 아이들을 노출시킨다"고 말했다.

미디어의 내용이 문제지만, 텔레비전을 너무 많이 보거나 비디오게임을 너무 하거나, 록 음악을 너무 듣거나, 심지어 고전음악이라도 너무 많이 들으면 더 큰 문제가 될 수도 있다. 내가 걱정하는 것은 이렇게 많은 소비를 조장하는 행태만이 아니다. 그런 소비를 막는 행태 역시 걱정스럽다. 가장 주목할 만한 것은 사람들 간의 상호작용이다. 내 자식들이 주다스 프리스트 대신 티나 터너Tina Turner나 엘턴 존이나 k. d. 랭k. d. lang을 선택해준다면 물론 더 기뻐하겠지만, 미디어 소비가 이 아이들의 남은 생을 대체할 때는 더 큰 문제가 발생한다.

아이들이 어떤 음악을 선택하든, 너무나 많은 10대들의 삶에서 인정이 성취보다 더 의미 있다. 제임스의 경우처럼 인정은 폭력으로 얻을 수 있다. 자아를 존중해야 한다는 가정교육을 받지 못한 젊은이는 방아쇠를 당김으로써 중요하고 '무시할 수 없는' 인물이 된다.

제임스가 주다스 프리스트에 집착했다는 것만 빼면, 매일 인생의 목표와 야망이 바뀌는, 세상에 비현실적인 기대를 가진, 어떤 노력을 해서라도 꼭 성공하겠다는 인내심이나 수양을 갖추지 못한 그저 또 다른 젊은이를 보게 된다. 제임스는 살면서 변덕스럽게 책을 쓰겠다고 했다가 총기 제작자가 되겠다고 했다가 밴드에 들어가겠다고 했다가, 심지어 우체국 직원이 되겠다는 계획을 세웠다. 그러나 결국 교회 경내에서 무모한 짓을 저지른 자기의 삶 몇 초 동안의 모습으로 기억되는 사람이 될 것이다.

법정은 레코드 상점 주인들이 총격을 예측할 수 없었다고 판결했지만, 제임스 밴스는 비난 대상을 찾는 노력을 끝내지 않았다. 제임스는 결국 자기 머리에 쏜 산탄총 한 발로 인생을 마감했다. 총상 합병증이 제임스를 죽이기까지는 오랜 시간이, 그 누구의 예상보다 훨씬 더 오랜 시간이 걸렸다. 소송이 너무나 효과적으로 빛을 잃게 만든 바람에, 나는 제임스에게 어린 시절을 물어볼 수 없었고, 결국 그의 어린 시절이 어땠는지 알아내지 못했다.

○　　○　　○

어떤 부모들은 자신이 피해자이기 때문에 자식이 저지른 폭력에 대해 다른 사람을 비난할 수 없다. 자식이 부모를 죽이는 일은 부모가 자식을 죽이는 일보다 훨씬 적다. 하지만 너무나 강렬하게 사람들의 흥미를 끌기 때문에 자주 발생하는 것처럼 보일 수도 있다. 사실 청소년이 저지르는 살인은 어떤 형태든 상대적으로 드물다. 18세 이하가 전체 미국 인구의 거의 25퍼센트를 차지하지만, 살인을 벌이는 빈도는 10퍼센트 이하다. 그럼에도 불구하고 사람들은 10대를 두려워하고, 그럴 만한 이유가 있는 경우도 더러 있다.

당신은 언제 그런지 알 것이며, 나는 당신 직관에 정확한 정보를 주고 싶다. 10대들에게 살해되는 사람 대부분 면식범에게 당한다. 그러나 약 20퍼센트는 비면식범에 의한 살인으로, 즉 10대가 강도질을 하다가 겁을 집어먹거나 공범의 압박에 못 이겨서 벌어진다. 살인은 두 명 이상의 10대가 함께 범죄를 저지를 때 발생할 가능성이 가장 높으므로, 그런 상황에서 두려움을 느끼는 것은 당연하다. 최근의 연구에 따르면 놀랍게도 청소년이 저지른 살인 사건의 75퍼센트가 그들이 마약이나 술에 취했을 때 발생하므로, 그런 환경에 있는 10대 범죄자들을 만나는 것이 가장 위험하다고 한다.

10대는 일반적으로 성인들만큼 위험하지 않지만, 윌리 보스킷 같은 일부 소년범은 이미 어린 시절에 놀라운 전과 기록을 갖고 있었다. 그는 15살이 될 때까지 25명을 칼로 찔렀고, 거의 2000건에 달하는 다른 범죄 혐의로 구치소를 들락거렸다. 교정 당국이 윌리를 마지막으로 석방했을 때 어떤 교도관이 "언젠가 윌리 보스킷은 누군가를 죽일 것"이라고 예측했다. 그 예측은 두 배로 정확했다. 윌리는 "경험을 쌓기 위해서" 두 사람을 죽였다(그는 미성년자였기 때문에 겨우 5년 투옥됐지만, 지금은 다른 범죄로 수감 중이다. 교도소에서조차 그의 폭력은 계속되고 있다. 들리는 바에 의하면 자기 감방에 일곱 번이나 불을 질렀고, 교도관을 아홉 번이나 공격했다. 그는 "나는 사법제도가 만들어낸 괴물"이라고 했다. 뉴욕주에서 미성년자를 성인으로 재판할 수 있도록 허가하는 법률은 이제 '윌리 보스킷 법'이라 불린다).

스티븐 파이얼은 다른 사람들을 해치려고 안달 난 또 다른 어린애다. 그는 여덟 살에 고속도로 육교에서 차량 위로 벽돌을 떨어뜨렸다. 아홉 살에는 도끼로 다른 소년을 공격했다. 교직원들은 그가 자주 다른 아이들을 죽이겠다고 위협해 따로 떨어진 스쿨버스 정류장을 지정했다. 14 살이 됐을 때는 마약을 남용하고, 한번 술자리를 벌이면 위스키를 병째 마셨다고 한다. 17살 때는 여자애를 죽였는데, 이것이 스티븐이 저질렀다고 밝혀진 첫 번째 살인이다(법정은 스티븐의 과거 행태를 알면서도 그 여자애를 죽이는 데 사용한 칼을 줬다는 이유로 그의 부모를 과실 혐의로 고소할 수 있다고 판결했다). 재판을 기다리는 동안, 그는 자기 형을 죽였다.

명저《EQ 감성지능》에서 대니얼 골먼은 인류에게 주어진 가장 유용한 일곱 가지 핵심 능력을 묘사했다. 스스로 동기부여를 하고, 좌절 상황에 대항하며, 만족을 지연시키고, 분위기를 조절하고, 희망을 버리지 않고, 다른 사람들과 공감하고, 충동을 억제하는 능력이 그것이다. 폭력을 행사하는 많은 사람이 이런 능력을 결코 배운 적이 없다. 이 모든 능력을 가지지 못한 젊은이를 안다면 이는 중요한 사건 발생 전 지표며, 그 사람은 도움이 필요하다. 또 다른 폭력 예측 요인은 어린 시절에 상습적으로 화내는 것이다. 자주 혹은 극도로 화내는 아이를 안다면 그 아이도 도움이 필요하다.

18살에 13살 된 의붓 여동생과 14살 소년을 살해한 제이슨 매시Jason Massey의 경우처럼, 10대 폭력에는 수많은 경고 신호가 있다. 매시에게는 골먼이 열거한 능력이 하나도 없었지만, 여동생의 양손과 머리를 잘라낸 그의 소름 끼치는 행태는 충동 억제 능력의 결핍으로 보다 잘 설명할 수 있다. 경고 신호들은 분명했다. 매시는 연쇄살인범 테드 번디Ted Bundy와 헨리 리 루커스Henry Lee Lucas를 우상으로 숭배했고, 찰스 맨슨Charles Manson에 관해 찾아낼 수 있는 모든 것을 연구했고, 자기가 가장 좋아하는 밴드인 슬레이어Slayer를 열정적으로 쫓아다녔다. 사람을 죽이기 전에는 암소들과 고양이들과 개들을 도살했다. 매시는 두개골을 여러 개 보관했다. 여자들을 죽이고 싶다고 자주 말했다. 패스트푸드점을 털었다. 어떤 10대 소녀에게 목을 갈라 피를 마셔주겠다는 편지를 여러 장 보내며 5년이나 스토킹하고 겁을 줬다. 사람들은 이 모든 세부 사항을 전부 알았지만, 여전히 부정이 우세한 위치를 차지했다.

제임스 밴스와 달리 매시는 자신의 목표를 적극적으로 밝혔다. "나는 오직 젊은 여자를 수없이 살해하길 원한다. 그 가족들의 슬픔으로 보답받고 싶다." 가족에 대한 이런 분노는 어느 날 갑자기 하늘에서 뚝 떨어지지 않는다.

많은 어린 살인범이 가족에게 학대를 일삼던 아버지나 의붓아버지를 총으로 쏴 죽였으며, 이는 놀라운 일도 아니다. 그렇지만 살인을 저지른 아이들이 얼마나 어린지 알면 놀랄 것이다. 내가 로비라고 부르려는 소년은 어머니를 때리는 것을 보고 아버지를 죽였다. 만취한 아버지가 총을 테이블에 뒀고, 로비가 살인을 자백했음에도 그 애가 살인을 저지를 수 있다고 믿는 사람은 거의 없었다. 로비는 겨우 세 살이었다. 잔류 화약 검사를 통해 살인범임이 확인되자, 로비는 관계자에게 이렇게 설명했다.

"내가 그 사람을 죽였어요. 이제 그 사람은 죽었죠. 만약 그 사람이 우리 엄마를 다시 때리려고 하면 나는 또 그 사람을 쏠 거예요."

설득적이면서도 충격적인 책《아이가 살인할 때When a Child Kills》에서 변호사 폴 몬스Paul Mones는 전혀 위축되지 않고 존속살인을 탐구했다. 몬스는 대부분의 살인과 달리, 존속살인의 경우 사건 발생 12년 전의 사건들이 12시간 전 사건만큼 중요하다고 주장했다. 존속살인에 관한 가장 신뢰할 만한 사건 발생 전 지표는 아동 학대다. 미국의 가출 청소년 대부분이 학대에서 벗어나기 위해서나 학대에 대한 주의를 끌기 위해 가족을 떠나는 것으로 알려져 있다. 집에서 떠나지 않는 아이들의 일부는, 몬스의 설명에 의하면 "총소리로 가족의 비밀을 드러내려는 것"이라 한다.

자기 부모를 죽인 아이들은 대부분 두들겨 맞거나, 모멸당하거나, 항문 성교를 당하거나, 묶여 지내거나, 다른 방식으로 고문을 받으며 자랐다. 몬스는 16살 소년 마이크를 예로 들었다. 검사는 마이크를 "냉혹하게 살인을 저지른 폭력적이고, 반항적이고, 타락한 10대 중 한 명일 뿐"이라고 묘사했지만, 사실은 훨씬 더 많은 뒷이야기가 있었다.

마이크는 유치원 때부터 아버지에게 계속 맞았다. 건강하고 균형 감각이 있는 아이였음에도 불구하고 "자전거를 타다가 떨어졌다"거나 "넘어졌다"거나 "칼을 가지고 놀다가 베였다" 등의 이유로 상처를 달고 살았다. 재판 중 마이크는 배심원들이 그의 아버지가 여러 해 동안 입힌 상처들을 볼 수 있도록 수영복으로 갈아입으라는 요청을 받았다.

학대는 어느 날 밤에 급작스럽게 끝났다. 마이크가 밤늦게 집으로 돌아오자, 아버지가 권총을 들고 기다리고 있었다. "두 가지 선택권이 있다." 아버지가 마이크에게 설명했다. "네가 나를 죽이거나 내가 너를 죽이는 것이다." 그런 최후통첩은 처음이 아니었지만, 이번에는 아비지가 정말로 권총을 내밀자 마이크도 이번에는 권총을 받아들고 아버지의 머리를 쐈다.

아버지를 죽인 또 다른 어린 소년은 몬스에게 교도소에서 사는 것이 집에서 학대받으며 사는 것보다 낫다고 말했다. 그 소년은 자신이 "갇혀 있지만 자유롭다"고 묘사했다.

일부 사람들은 살인을 저지른 아이들이 학대받는 동안 그렇게 유순하게 굴어서는 안 됐다고 믿는다. 아이들이 살인만이 유일한 탈출구처럼 보이는 시점에 도달하기 훨씬 전에 적어도 학대 사실을 신고했어야 한다는 것이다. 이런 생각을 지지하는 사람들은 강간이나 강탈을 당하는 성인 피해자들 또한 아이들처럼 유순한 경우가 대부분이고, 우리는 그런 사람들이 뭔가를 하지 않았다고 나중에 비난하지 않는다는 사실을 잊은 것 같다.

존속살인과 다른 끔찍한 폭력의 경고 신호들은 부모들, 선생님들, 경찰관들, 이웃들, 친척들의 눈앞에 나타난다. 이런 사건을 신고해야 하는 것은 아이들이 아니라 그들(종종 우리)이다.

이 책에서 논의되는 모든 폭력 중 자신의 딸이나 아들에게 살해되는 일은 가장 쉽게 회피할 수 있는 폭력이다. 실질적으로 살해당하지 않도록 보장해주는 예방책은 아이들이 누군가를 다치게 할 수 있을 정도로 성장하기 훨씬 전부터 거기에 있다. 아이를 사랑하는 부모가 되는 것이다.

○　　○　　○

가족을 죽이는 10대 초반의 아이들은 부모보다 형제를 죽이는 경우가 훨씬 많다. 다른 폭력과 마찬가지로, 이 일 역시 아무런 경고 없이 발생하지 않는다. 이런 사건 대부분은 형제를 죽이려는 이전의 시도가 심각하게 받아들여지지 않은, 학대받거나 심각한 정서장애를 겪는 아이와 관련이 있다. 아이가 다른 아이에게 폭력을 휘두르는 일이 성장하면서 일어나는 자연스러운 일이라고 많은 사람이 믿기 때문이다. 그럴 수도 있지만, 어떤 아이가 다른 아이를 심각한 위험에 처하게 하면 이를 무시해선 안 된다. 나는 최근에 그런 사건의 재판에서 증언했다. 이 글을 읽은 뒤에는 자녀들을 학교에 보낼 때 맹목적으로 믿어야 한다고 느끼는 부모가 없어야 한다.

가해자는 내가 조이라고 부를, 인문계 중등학교 학생이었다. 조이는 학교 화장실에서 일곱 살짜리 소년에게 항문 성교를 했다. 조이가 혼자 일을 벌이긴 했지만, 학교 시스템, 그중에서 특히 교장이 놀라울 정도로 태만했던 것도 문제였다. 교육청은 조이가 벌인 강간이 예측할 수 없는 것이라고 했지만, 한 달 전에 뚜렷한 사건 발생 전 지표가 있었다. 조이가 동일한 화장실에서 동일한 방법으로 다른 소년을 괴롭힌 혐의로 실제 체포됐던 것이다!

내가 다룬 사건들 중 학교가 충격적으로 태만했던 경우가 이 사건뿐만이 아니고, 학교 정책과 교직원이 당신의 생각과는 다르기 때문에, 잠시 시간을 들여 그런 배경을 알려주고 싶다.

무엇보다 먼저, 학교는 달리 주장하긴 하지만, 교육 사업은 매우 중요한 예측을 해야 하는 사업이다. 교사들과 행정가들은 다음과 같은 예측적인 질문에 정기적으로 직면한다.

이 방문객은 아이를 납치하려 할까?

이 교사는 아이에게 성적으로 치근거릴까?

이 아이는 집에서 학대받고 있을까?

이 아이가 학교에 살인 무기를 가져올까?

대다수 사람이 아이가 다른 아이를 강간할 수 있다고 상상조차 할 수 없겠지만, 조이의 사건이 벌어진 지역의 교육청은 잘 알고 있었다. 수년 동안, 이곳 교육청에는 '미성년자를 상대로 한 미성년자 성폭력'이라는 성문화成文化된 구체적인 정책이 있었다. 그런 정책이 있다는 것은 그런 일들이 벌어지고 있다는 반증이므로, 실제로 모든 교장에게 예측적인 질문을 하게 한다.

전교생을 강당에 모아놓고 교장이 '이 학생 중 누가 다른 아이를 성적으로 학대할 수 있을까?'라는 의문을 마음속에 품고 학생들을 살피는 장면을 상상해보라. 그동안 조이가 한 행태를 보건대, 그 애는 상상 속에서 이루어지는 이 학교 조회에서 벌떡 일어나 '저일 수 있어요!'라고 외친 셈이지만 교장은 조이의 말을 묵살해버렸다.

조이가 이전에 다녔던 학교의 행정관들은 교장에게 전반적인 문제를 더욱 단순화해 전달했다. 행정관들은 조이가 성적으로 부적절하게 행동할 것이라고 사실상 예측했고, 그런 서면 기록을 마지막 강간이 벌어진 학교로 보냈다. 칼을 갖고 다니고, 죽이겠다고 협박하고, 자살하겠다고 위협하고 시도하며, 건물에 불을 지르고, 자기 어머니에게 휘발유를 붓고 성냥을 그으려 하고, 섹스와 성기에 강한 흥미를 보이고, 다른 아이들을 향해 부적절한 성적 행위를 해 보이고, 성기를 노출하고, 공격적이고, 폭력을 행사하는 등 가해자가 현수막처럼 몸에 두르고 다니는 경고 신호들을 기어코 묵살하는 사람이 있다는 것을 상상하기 어렵다. 이 모든 경고 신호가 충분하지 않았는지, 교장은 조이가 다른 학생을 강간했다는 사실을 알았을 때 별다른 효과적인 조치를 취하지 않았다. 이렇게 심한 태만이 정말로 가능할까? 사실은 이보다 더했다.

첫 번째 강간 사건이 벌어진 뒤에도 교장은 학교에서 조이를 더욱더 감독하기 위한 명백한 조치를 취하지 않았다. 교장은 조이의 담당 교사들에게 무슨 일이 벌어졌는지 말해주지 않았다. 이것이 사태를 악화시켰다. 교사 한 명이 조이가 다루기 힘든 아이라는 것을 알고 더 어리고 작은 아이들이 있는 다른 교실로 보내버린 것이다! 이런 조치를 통해 학교는 조이에게 사실상 피해자들이 벌이는 '미인 대회'를 제공한 셈이고, 조이는 그들 중 한 명을 골랐다.

학교에 경비원이 있다는 사실이 일부 부모들을 좀 더 안심시킬 수 있을지는 몰라도, 전국에서 가장 큰 교육구에 속한 이 학교에서는 경비원들이 학생 안전과 관련된 훈련을 받은 적이 전혀 없었다. 경비원들은 문서로 된 지침서도, 근무 위치에 관한 지시도, 그 어떤 문제에 관한 방침도 받은 적이 없었다. 경비원들이 자기가 어떤 일을 해야 하는지 알았다 하더라도, 그들에게 강간 사건에 관한 정보가 제공되지 않았고, '각별히 주의하라'든가 '늘 경계하라'는 간단한 지시조차 내려진 적이 없었다. 어떤 종류의 조직이든 보안을 개선하라는 압력을 받으면 으레 경비원을 고용한다. 모두가 안도의 한숨을 내쉬며 그 문제가 잘 처리됐다고 느끼겠지만, 경비원들이 훈련받지 않았거나 감독받지 않거나 적절한 장비를 갖추지 못했거나 자신들이 따라야 할 딱 부러진 계획이 없다면, 경비원들의 존재는 도움이 아니라 오히려 해가 된다. 값비싼 조치를 취한 탓에 다들 더는 안전과 보안에 신경 쓰지 않기 때문이다.

교장이 예방책을 마련하는 데 실패했다고 지적했지만, 실제로 그가 예방책을 하나 세우긴 한다. 첫 번째 강간 사건이 벌어진 뒤, 조이가 그 화장실에 갈 때마다 호송을 받도록 조처한 것이다. 이것이 합리적인 예방책으로 들릴지도 모르겠다. 그러나 교사나 경비원이 아닌 다른 학생이 호송하도록 했다는 것을 알면 기도 차지 않을 것이다! 자기 아들이 폭력적인 범죄자를, 그것도 경험 많은 교사도 다루기 힘든 범죄자를 호송하는 일에 자원하는 것은 그 어떤 부모도 상상조차 할 수 없는 일이다.

학교에 고용된 성인 직원이, 예를 들면 조이와 같은 전과가 있는 수위가 학생을 강간하고 체포됐다면 교장은 그 사람이 원래 일자리로 복귀하도록 내버려뒀을까? 나는 이처럼 분명한 질문조차 확실하게 대답할 수 없다. 조이가 상상 속에서 벌어진 학교 조회에서 연단으로 뛰어올라가 "저예요. 제가 미성년자를 상대로 한 미성년자 성폭력범이라니까요!"라고 외치는데, 교장이 그 말을 묵살했다는 것만 확실히 안다.

조이는 결국 퇴학당하고 치료 시설에 수용됐다(조이는 그곳에서 하루 만에 두 명을 강간했다). 조이가 받은 학대와 방치는, 다른 사람들이 고통과 폭력으로 그 대가를 치르고 있으며 그중에는 언젠가 조이가 죽일 사람도 있을 것이다. 이런 슬프고도 정확한 예측을 쓰고 있는 지금, 조이는 겨우 아홉 살이다.

내가 너무나 명백한 경고 신호들이 묵살당한 다른 사건들을 설명한 뒤에 그랬듯이, 나는 조이가 다니던 학교의 교장이 그 당시에 자신이 가진 지식과 기술로 최선을 다했으리라는 것을 인정하고 싶다. 법적으로 면죄부를 주자는 이야기가 아니다. 이런 사건들에는 그냥 묵살하면 뭔가가 그저 '훅 사라질 것'이라는 바람을 포함해 조직이나 개인적인 게으름도 영향을 미친다고 믿는다.

어린 학생이 학교에서 (이번에는 학생이 아닌 사람에게) 강간당한 다른 사건을 조언하면서, 나는 교육청이 행하는 모든 정책을 담은 책을 검토했다. 그 정책집 10쪽에 이를 때까지 안전에 관한 주제는 언급조차 되지 않았다. 그 뒤에 언급된 것이라고는 싸움을 말릴 때의 교직원 안전에 관한 것뿐이었다. 열쇠 보관에 대해서는 21개 조항으로 세 쪽을 꽉 채우고 있었지만, 91쪽이 될 때까지 학생들에게 미치는 위험에 관한 주제는 언급조차 되지 않았다.

　아이들은 어른들에게, 대체로 어른들로부터 보호를 받아야 한다. 아이들은 어른에 대한 두려움이 아직 계발되지 않았고, 해악으로부터 자신을 지키는 정보와 경험 역시 부족해, 위험에 대한 직관을 충분히 충전하지 못했다. 내가 언급하고 있는 이런 사건들에서 부모들이 배울 수 있는 교훈은 자녀들의 안전에 관한 문제가 발생하면 아무것도 당연하게 여기지 말라는 것이다. 학교에 안전 정책에 관한 사본을 요구해 철저히 읽어보라. 학교에 가서 의문점을 명확히 질문하고, 학교의 대답으로 안심이 되는지 아닌지 알아보라. 안전을 의제로 올려달라는 요청만으로도 학교를 안전에 집중하도록 강요할 수 있다. 학교가 직원 신원을 어떻게 조회하는지 그 절차를 물어보라. 학교에 안전 요원들이 있다면, 그들을 만나게 해달라고 요청하라. 면밀히 캐묻는 질문에 안전 요원들이 어떻게 반응하는지 살피라. 이전에 학교에서 발생한 범죄들에 관해 물어보라. 이 마지막 질문은 특히나 중요하다. 연방법은 대학들이 교내에서 벌어진 범죄 통계를 보관하도록 하고, 요청이 있는 경우에는 제공하도록 규정하고 있다. 이는 대학생들과 그 부모들이 학교를 택할 때 보안과 안전을 평가할 수 있도록 하기 위해서다. 중등학교나 고등학교에 그런 통계를 요구하는 법률은 없지만, 나는 그런 것이 있었으면 한다.

당신은 정부에 의존하기보다 자녀의 보모를 열심히 조사해야 하듯 최소한 자녀가 다니는 학교에 엄격한 질문을 던질 수 있다. 학교가 당신만큼이나 진지하게 당신 자녀의 안전 문제를 다룬다고 여긴다면, 아주 실망할 수도 있기 때문이다(내가 권하는 질문들의 목록은 부록 3을 참조할 것).

조이는 아홉 살에 불과했지만, 앞으로 범죄를 저지를 것으로 보이는 광범위한 위험 인자들을 이미 갖고 있었다. 위험 인자로는 가난, (폭력, 폭력 목격, 굴욕 혹은 방치 형태의)아동 학대, 한쪽 부모의 마약 중독, 아이 자신의 마약이나 술 남용, 편부모 슬하에서의 성장 등이 있다. 조이는 종종 간과되곤 하는 또 다른 아주 중요한 위험 인자를 갖고 있었다. 그의 삶에 아버지가 없었다는 것이었다.

데이비드 블랭컨혼David Blankenhorn은《아버지 없는 미국Fatherless America》에서 소년원에 있는 청소년의 80퍼센트가 육아에 전적으로 참여하는 아버지 없이 자랐다는 점을 지적했다. 아버지는 자식에게 남자가 되는 다양한 방법을 가르치기 때문에 중요하다. 슬프게도, 너무나 많은 남자아이가 미디어나 또래 아이들에게서 강인함과 완력 사용이 특징인, 학자들이 '반항적 남성성protest masculinity'이라 부르는 것을 배운다. 당연히 그것이 남자가 되는 유일한 방법이 아닌데도, 그 아이들은 그런 방법만 알고 있을 뿐이다.

어떤 사람들은 아이들을 양육하는 데 남자들이 꼭 필요한가란 의문을 심각하게 생각하고, 우리는 아버지의 역할을 거의 장려하지 않는다. 사실 블랭컨혼이 지적했듯 교도소는 젊은이들을 위한 최고의 사회적 프로그램이다.

최근에 나는 이런 사회적 프로그램을 졸업한 한 무리의 남자들을 만났다. 병원이 명령한 헤로인중독에서 벗어나는 재활의 일환으로, 나는 그들이 폭력과 마약에 찌든 채 성장한 경험에 관해 의견을 나눠달라는 요청을 받았다.

여자 교도소에서 석방된 몇 명도 함께, 우리는 교실처럼 보이는 곳에 앉았다. 어떤 면에서는 사실 교실이었다. 이 자리에 있는 모든 사람이 (《아직도 가야 할 길The Road Less Traveled》의 저자 M. 스캇 펙M. Scott Peck이 "20세기의 가장 위대하고 긍정적인 사건"이라 부르는) 12단계 회복 프로그램의 이득과 축복을 배웠기 때문이었다. 이상적으로는, 이런 프로그램들이 재소자들에게 자신의 과거를 받아들이도록 가르쳐야 한다. 그래야만 자신의 현재에 대한 책임감을 배울 수 있기 때문이다.

한 사람씩 자신이 살아온 과거를 3분간 이야기했다. 각자가 폭력과 두려움, 자포자기와 방치에 관해 말했다. 남자들 모두가 어렸을 때 신체적 학대를 받았고, 여자 10명 중 한 명을 제외하고 모두 가족들에게 성적 학대를 받았다. 몇 명은 자기 자식들이 폭력적으로 성장한 것에 대해 후회와 혐오감을 느낀다고 말했다.

나는 그들이 자라온 경과를 들으며 눈물을 흘렸다. 비록 이 사회 복귀 훈련 시설이 우리 사회의 주류에서는 멀리 떨어져 있지만, 이들을 포함한 다른 사람들이 몽땅 자리를 차지하고 있던 지옥에서도 멀리 떨어져 있기 때문이었다. 나는 그들의 이야기가 감동적이었고, 인간적이었고, 내 이야기라서 울었다. 이들이 찾아낸 중독에서 벗어나는 길을 내 어머니는 찾지 못했기에 울었다.

내가 45분짜리 강의를 할 시간이 됐을 때, 나는 어렸을 때와 10대 때 겪은 내 경험 일부를 이야기했다. 우리 이야기가 유사하다는 것이 그 자리에 있던 모두에게 즉시 또렷이 보였다.

내가 강의를 마쳤을 때 몇 사람이 질문했다. 첫 번째로 손을 든 사람은 나와 동년배였지만, 나는 우리가 공통점이 거의 없다고 속으로 생각했다. 그 사람은 문신을 했고, 상처가 있었으며, 지나칠 정도로 근육질이었고, 주름살투성이였다. 대부분 사람이 어두운 길에서 마주치면 겁낼 사람이었고, 그의 인생 내내 사람들이 그를 두려워한 것이 당연한 것처럼 보였다. 최근에 그 사람을 오랫동안 교도소에 감금해뒀던 것은 방화였다. 팔아치울 수 있는 것을 훔치려고 어떤 아파트로 침입했다가("마약 살 돈만 필요했던 건 아닙니다. 또 다른 강도 혐의로 법정에 출두할 날이 다가와서 변호사 수임료를 내야 했죠.") 증거를 남기지 않으려고 불을 질러 아파트 여러 채를 태우고, 한 사람을 중화상으로 병원에 입원하게 만들었다.

그 사람이 위아래로 나를 훑어보며 물었다. "선생은 왜 거기 앉아 있고, 나는 왜 여기 앉아 있는 거요?" 내가 그 질문을 잘 이해하지 못하자, 다시 이렇게 설명했다. "선생과 나는 똑같은 어린 시절을 보냈소. 그런데 선생은 그런 멋진 양복을 걸치고, 아마도 멋진 차도 몰겠지. 오늘 여기를 떠날 테고. 선생은 어떻게 했길래 거기 앉을 수 있었소?"

이 질문은 처음에는 호기심으로, 이후에는 더 많은 의미로 내 일과 삶에 자주 등장했다. 나는 (지금은 방문객인 것과 반대로) 폭력의 세계에 환영받으며 몸담을 가능성이 아주 높았지만, 어찌어찌해서 다른 길을 걸었다. 어떤 사람들은 끔찍한 어린 시절을 헤치고 나와 생산적이고 사회에 공헌하는 어른이 되는 반면, 다른 사람들은 반사회적인 사람이나 심지어 괴물이 되기도 한다. 왜?

자신의 형제에게 "너는 왜 자라면서 주정뱅이가 됐니?"라고 묻는 것과 유사하다. 그 대답은 "아빠가 주정뱅이였잖아"다. 이번에는 주정뱅이인 형제가 묻는다. "너는 왜 자라면서 주정뱅이가 되지 않았지?" 그 대답은 "아빠가 주정뱅이였잖아"다.

좀 더 완벽한 대답은 로버트 레슬러의 걸작《살인자들과의 인터뷰》에서 찾을 수 있다. 레슬러는 소년들에게 사춘기 초기가 아주 중요하다고 말했다. 사춘기 이전에는 이런 소년들의 분노가 마음속에 감춰질 수 있는데, (대다수 사례에서처럼) 일단 부정되며 나중에 불쑥 나타나려고 우울증의 형태로 내부에 숨어든다. 그런데 사춘기에는 이런 분노가 자연계에서 가장 강력한 힘인 성적 관심과 충돌한다. 이런 시점에서조차, 괴물을 품을 수 있는 잠재적 숙주가 애정과 지원 혹은 그냥 관심을 보여주는 사람들의 (대부분 우연한) 개입을 통해 호전될 수 있다고 레슬러와 여러 사람들은 말했다.

나는 그것이 그리 많은 것을 요구하지 않는다는 것을 경험을 통해 말할 수 있다.

미국에서 가장 끔찍한 살인범들의 어린 시절에 관한 레슬러의 이론은 정신과 의사이자 아동 옹호자인 앨리스 밀러Alice Miller라는, 현실에서는 찾아보기 힘든 이상적인 지원자 덕분에 가능했다. 정서적으로 좋은 생각들을 떠올리게 하는《천재가 될 수밖에 없는 아이들의 드라마The Drama of the Gifted Child》와《아무도 손대지 않은 열쇠The Untouched Key》를 비롯한 앨리스의 책들은, 어떤 아이가 특히나 중요한 시점에 효과적인 인간적 접촉을 통해, 자신의 가치를 인지하고, 자신의 경험에 '관심'을 보이면 엄청나게 달라질 수 있다는 것을 분명히 했다.

나는 선생님, 코치, 경찰관, 이웃, 친구의 아버지가 내보인 친절이 결코 헛되지 않는다고 배워왔다. 이런 순간은 그것들이 기여하는 중요성을 아이도 어른도 완벽히 알아차리지 못한 채 지나칠 가능성이 높다. 아이가 자기를 격려하는 어른의 눈동자에 비친 자신의 가치를 보는 순간은 어떤 표시도 남기지 않는다. 그러나 비록 그 순간에 눈에 띄는 표시가 없었다 할지라도, 아이의 내면에서 자아에 관한 새로운 전망이 힘을 얻을 수도 있다. 그 아이는 그저 방치되거나 폭력을 받아들여야 하는 사람도, 살아 가면서 서글픈 어른들의 짐이 될 사람도, 가족들을 고통이나 광기, 중독, 가난, 불행에서 구제하지 못하는 사람도 아니다. 아니, 이 아이는 뭔가 다른 사람, 어른 앞에서 사랑스러움이나 가치를 내보이는 사람이 될 수도 있다.

이런 가치는 아이의 예술적 재능, 신체적 능력, 유머, 용기, 인내심, 호기심, 학구적 능력, 창의성, 풍부한 꾀, 책임감, 에너지, 그 밖에도 아이들이 정말 풍부하게 내놓는 특성들을 존중해줌으로써 드러날 수 있다.

내게는 5학년 때 담임 콘웨이 선생님이 계셨다. 선생님은 내 안의 괴물들과 싸워주셨다. 폭력이 우리 가족을 먹어치울 때 내게 친절하게 대해주셨고, 내 안에 있는 몇 가지 재능을 알아봐주셨다. 선생님은 학대받는 아이들이 ("이렇게 학대받는 것을 보면 나는 이런 대우를 받을 가치밖에 없다"고) 논리적으로 추론하는 자아상이 아니라 다른 자아상을 그릴 수 있도록 해주셨다.

그것은 아이가 이전에 경험했던 사랑받고 소중하게 여겨지고 잘했다고 칭찬받았던 자아에 다시 연결시켜주는 친절한 사람과 함께하는 두어 시간이면 해결되는 것일 수도 있다. 불쌍하게도 유아기 때조차 제대로 양육되지 못한 아이들은 (개인의 판단과 이해를 지배하는) 준거의 틀이 없기 때문에, 삶의 일부로 보일 수 있는 친절과 인정을 기록할 파일이 머릿속에 없다(이 모든 것은 멘토링과 빅 브라더스 앤드 빅 시스터스[의지할 곳 없이 자라는 아이들에게 형과 누이를 만들어주는 운동] 같은 프로그램이 얼마나 가치 있는지를 보여준다).

아이를 최초로 돌본 사람이 칭찬과 잔인함 둘 다를 줬다면, 그 아이의 정체성에 어느 것이 들러붙을지는 실질적으로 동전 던지기를 하는 것과 같다. 끔찍하게도 불건전한 가정들은 아이들에게 여러 가지 방식으로 손상을 입히지만, 가장 슬픈 일 중 하나는 자신에게도 목적과 가치가 있다는 아이의 믿음을 망가뜨리는 것이다. 그런 믿음이 없으면 성공하기도, 위험을 감수하기도 어렵다. 어른들은 어려운 일을 감당해내지만, 아이들은 자신이 그럴 능력이 없다는 사실을 알고 있기 때문에 위험을 감수한다는 걸 멍청한 일로 여길 수 있다.

서커스 코끼리가 훈련되는 방식이 이런 역동성을 잘 보여준다. 코끼리는 어렸을 때, 땅 깊숙이 박힌 커다란 말뚝과 연결된 무거운 쇠사슬에 매인다. 코끼리는 쇠사슬을 끌고, 확 잡아당기고, 버티고, 버둥거린다. 하지만 쇠사슬은 너무나 강하고, 말뚝은 너무나 굳건히 박혀 있다. 어느 날, 코끼리는 실랑이해봐야 풀려날 수 없다는 것을 배우고 포기한다. 그날 이후로는 가느다란 밧줄을 '쇠사슬인 양' 묶어놓을 수 있다. 이 거대한 동물은 조금이라도 묶여 있다는 느낌을 받으면 서커스 천막을 몽땅 다 뽑아버릴 힘이 있으면서도 더는 힘을 쓰지 않는다. 할 수 없다고 믿기 때문이다.

"너는 절대로 아무것도 될 수 없어." "너는 노래할 수 없어." "너는 머리가 좋은 게 아니야." "돈이 없으면 너는 아무것도 아니야." "누가 너를 원하겠어?" "너는 그저 패배자일 뿐이야." "너는 좀 더 현실적인 목표를 세워야 해." "너 때문에 우리 결혼이 깨졌어." "너희 같은 애들만 없었으면 나는 기회를 잡았을 거야." "너는 아무짝에도 쓸모없어." 미국 전역의 가정에서 이런 악의에 찬 오페라가 말뚝을 땅속 깊이 박고, 무거운 쇠사슬을 매달아 아이들이 절대로 자유롭게 풀려날 수 없다고 믿을 때까지 울려 퍼지고 있다. 그리고 그런 시점에 이르면 아이들은 어쩔 수가 없다.

뭔가가 아이들의 관점을 바꾸지 않는다면, 아이들이 한 오라기 실에 묶여 있다는 것을, 쇠사슬은 환각이라는 것을, 자신이 바보 취급을 받았다는 것을, 궁극적으로 그런 바보 취급을 한 자가 누구든 자신을 잘못 봤고, 아이들도 자신을 잘못 봤다는 놀라운 사실을 납득하지 않으면 이 아이들은 어른이 됐을 때 사회에 긍정적으로 공헌하지 못할 가능성이 높다.

물론 육아보다 더 많은 것이 관련돼 있다. 그런 인자들 중 일부는 너무 작아서 눈에 보이지 않지만 너무 중요해서 무시할 수도 없다. 바로 유전자다. 'D4DR'이라고 알려진 유전자는 많은 폭력범에게서 나타나는 모험을 쫓는 행태에 영향을 미칠 수 있다. 환경과 양육의 영향력과 더불어, 길쭉한 D4DR 유전자는 커서 암살범이 되거나 은행 강도(혹은 무모한 사람)가 되는 사람에게 있을 가능성이 높다. 행태 유전학자 어빙 고츠먼Irving Gottesman은 "다른 시나리오와 다른 환경에서는 동일인이 보스니아의 영웅이 될 수도 있었다"고 말했다.

미래에는 유전학이 행태를 예측하는 데 훨씬 더 큰 역할을 하게 될 것이다. 키와 몸무게 같은 신체적 특성만큼이나 정밀하게 성격적 특성들을 유전학적으로 그릴 수 있게 될 것이다. 더 많은 논쟁을 불러일으킬지라도, 부모들은 언젠가 더 폭력적으로 만들 가능성이 있는 유전자 등 원하지 않는 성격 유전자를 가진 자녀가 태어날지 알아보기 위해 태아기 검사를 활용할 수도 있다. 그러나 그런 날이 올 때까지는 폭력을 줄이기 위해 아이들을 사랑스럽고 인도적으로 대하는, 보다 간단하고 기술도 별로 필요하지 않은 전략을 적극적으로 활용해야 할 것이다.

○   ○   ○

《타고난 반항아Born to Rebel》의 저자 프랭크 설로웨이Frank Sulloway는 "삶의 고통은 아이들에게 훨씬 더 많이 쏟아진다"고 말했고, 이는 분명한 사실이다. 역사를 통틀어 아이들의 절반이 어른이 되지 못했다. 이런 사실과 아이들에게 가해지는 폭력에 관해 우리가 아는 점을 고려하면, 우리 어른들이 아이들을 두려워하는 것보다 아이들이 우리를 두려워해야 할 이유가 더 많다. 우리 어른들이 아이들에게 가한 학대가 우리에게 되돌아와, 이미 우리의 안전과 평화를 그 대가로 지불하고 있다.

연방 정부의 어떤 연구 프로젝트는 학대받았거나 방치됐던 아이 1600명을 선발해 거의 20년에 달하는 기간 동안 추적했다. 작년까지 거의 절반에 이르는 수가 각종 범죄로 체포됐다. 우리 어른들이 아이들을 언젠가 자라 시민이 될 일시적인 방문객이 아니라, 비록 대가가 너무 값비싸다 하더라도 지금 당장 우리 사회에 제 몫을 하고, 충분히 기여하며, 모든 권리를 다 갖춘 구성원으로 완전히 시각을 바꿔 보기 전까지 학대는 계속될 것이다. 아이들은 그들이 처한 환경의 불운한 피해자에 지나지 않는 사회의 짐이라고 여겨지는 경우가 많은데, 이는 전혀 사실이 아니다. 아이들이 1차적 육아 담당자라는 사실을 생각하라. 형제가 다른 형제를 돌보고 아이들이 자신을 돌보는 것은 우리 경제의 중요한 부분을 대변한다. 아이들은 노인들을 돌보고, 음식을 만들며, 잠든 부모의 손에서 담배를 빼내 버려주고, 셀 수 없이 많은 다른 방식으로 공헌한다.

더 많은 학대받는 아이가 자신이 외부인이 아니라 가정의 일원이라는 사실을 알 수 있을 때만, 그들의 현재가 미래를 제약하지 않는다는 사실을 믿게 될지 모른다. 우리가 피해자가 아니라 가해자가 느껴야 할 수치심에 초점을 맞출 때까지 학대받는 아이들은 자녀를 가질 것이고, 그 아이들이 끝났다고 생각했던 전쟁은 또다시 그들의 아이들로 인해 그들에게나 우리 어른들에게 끝난 게 아닐 것이다.

물론 우리는 이런 아이들을 계속 무시할 수 있지만, 이 아이들 중 몇몇이 자라서 무시할 수 없는 범죄인 암살을 저지르게 될 것이다. 암살이 당신의 삶과 멀리 떨어진 것처럼 느낄지도 모르지만, 나는 매우 실용적인 이유로 이 주제를 언급한 것이다. 10대 아들이 —여러 해 동안 문제가 있으리란 신호를 보내다가— 실제로 심각한 문제에 봉착한 뒤에야 가족 구성원들이 곤경에 빠진 내면을 들여다보는 것처럼, 암살범은 우리 자신을 하나의 나라로 생각해보게 만든다. 암살범은 우리가 미디어를 보도록, 관심을 끌려는 범죄를 보도록, 우리가 손에 넣은 수많은 권총을 보도록, 폭력을 보도록, 자녀 양육을 보도록 만든다. 가장 멀리 떨어진 범죄자처럼 보이는 암살범을 이해하면, 가장 가까운 범죄자를 이해하고 보다 안전해지는 데 도움이 될 것이다.

13장

암살의 목적

일요일 아침 버저가 울렸을 때 리베카 섀퍼는 건물 현관까지 내려가야 했다. 아파트 인터컴이 고장 났기 때문이다. 버저를 누른 사람은 주간 드라마 〈나의 누이 샘My Sister Sam〉에서 리베카를 처음 본 팬이었다. 남자는 그녀와 가볍게 이야기를 나누고 곧 떠났다. 조금 뒤 다시 버저가 울렸고, 리베카는 다시 누군지 알아보려고 내려갔다. 좀 전에 찾아온 바로 그 남자였지만, 이번에는 그녀의 팬이 아니라 살인자였다. 그 남자는 그녀의 가슴에 총을 한 발 쐈다. 리베카는 "왜? 왜 이러는 거야?"라고 비명을 지르며 쓰러졌다. 그 남자가 내려다보고 있는 중에도 그녀는 여전히 살아 있었다. 그는 다른 사람에게 구급차를 불러달라거나 자신이 직접 할 수도 있었지만, 그러면 자신의 모든 목적을 망칠 것이 뻔했다.

개인이 벌이는 범죄 중 암살이 사람들의 정신에 미치는 영향이 가장 크다. 지난 40년간 총탄이 미국 대통령 선거 대부분에 명백하게 영향을 미쳤다. 다수가 지도자를 선택한다는 개념에 기반을 둔 국가는 소수가 (대체로 한 사람이) 총으로 그 선택을 무효화하면 완전히 훼손된다. 암살범의 표적이 인디애나주 라포트 시장이든 미국 대통령이든 간에 우리가 기대어 살고 있는 시스템 또한 피해자로 전락한다. 암살이 우리 문화에 예상외로 큰 영향을 미치기 때문에 유명인을 공격하려는 사람들을 파악하는 것은 국가가 해야 할 가장 중요한 행태적 예측이고, 그런 예측은 모든 사람에게 영향을 미친다.

그리 머지않은 과거의 어느 시점에 명성을 둘러싼 조건들이 변했다. 그런 변화 중 일부는 사회에서의 공적인 삶을 이전보다 더 힘들게 만들었다. 지역 정치인부터 미인 대회 우승자, 라디오 토크쇼 사회자, 세계적으로 유명한 언론인까지 모든 유명인이 언젠가는 고려해야 할 부분이다. 명성을 얻으면 유명세를 치르기 마련이지만, 명성 때문에 살해당할 위험에 처하게 되리란 생각에는 누가 서명한 것일까? 그 질문에 답하기 위해서는 미디어 시대 초창기로 돌아가야 한다.

연예인, 정치인, 유명한 운동선수는 오랫동안 찬양과 사랑을 받아왔지만, 그 사랑은 억제되고 멀리 떨어진 것이었으며, 그들을 개인적으로 알지 못하는 사람들은 그 사랑을 마음속 한 부분에 담아 두거나 완곡하게 표현하곤 했다. 정서적으로 말하자면, 투표하거나 편지를 보내거나 프로그램을 보는 등 허용된 방법으로만 유명인에게 감정을 내보일 수 있었기 때문에 일방통행이었다. 다른 사람들보다 박수를 더 크게 혹은 오랫동안 치는 것 말고는 청중이 연예인에게 자신을 개인적으로 알릴 수가 없었다.

1940년대 이전에, 어떤 여자가 청중석에 앉아 있다가 벌떡 일어서서 프로그램이 진행되는 내내 목청껏 소리를 질렀다면 정신병원으로 실려 갔을 것이다. 그런데 1940년대 중반이 되자 모든 청중이 그렇게 행동했다. 비명을 지르고, 자신의 옷과 머리카락을 쥐어뜯으며 자리를 벗어나 무대로 달려들었던 것이다. 1942년 12월 30일, 프랭크 시나트라Frank Sinatra가 뉴욕 패러마운트 극장에서 공연하는 동안 청중의 행태가 바뀌었고, 일반인과 유명인과의 관계 일부가 영원히 변했다. 그 당시 정신과 의사들과 심리학자들은 그런 현상을 설명하려 애썼다. 그들은 중세의 미친 듯한 춤 열풍을 떠올리며, '좌절된 사랑의 집단적인 표현'과 '집단 최면'이 원인이라고 말했다. 비록 이런 이론들의 그 무엇도 시나트라의 공연에서 벌어진 현상을 설명하지 못했지만, 미디어 시대는 미국인의 삶에 집단 최면의 한 형태를 가져왔다. 집단 최면은 우리 모두에게 어느 정도는, 그리고 일부 사람들에게는 무척이나 큰 영향을 미친다.

매스미디어가 도래하기 이전에는, 소녀가 연예인을 멀리서 숭배했고, 이는 일시적으로 홀딱 반한 것으로 용납받을 수 있었다. 그 소녀가 연예인을 집까지 쫓아가거나 경찰에게 제지받아야 했다면 용납되지 않았을 것이다. 호텔 밖에서 몇 시간이고 기다리기 위해 학교를 빼먹고, 지나가는 연예인의 옷을 뜯어내려고 했다면 용납되지 않았을 것이다.

그런데 시나트라의 시대에 그런 불건전한 행태가 '정상적인' 것이 되기 시작했다. 사실 1942년에 모든 사람을 놀랬던 청중의 행태는 2년 뒤

시나트라가 패러마운트 극장에 다시 모습을 드러냈을 때 충분히 예상됐다. 이번에는 3만 명에 달하는 사춘기 소녀들이 한 무리의 기자들 옆에 몰려들어 비명을 질렀다. 경찰은 소동이 벌어지리라 예상해 이 극장 한 군데에만 인력을 450명 배치했고, 사회는 이런 현상에 대처하는 법을 배운 듯 보였다. 그런데 그렇지 않았다.

공연 중 알렉산더 이바노비치 도로고쿠페츠Alexander Ivanovich Dorogokupetz라는 18살짜리 소년이 벌떡 일어서서 시나트라의 얼굴에 달걀을 던졌다. 공연은 중단됐고, 잠깐 동안, 아주 잠깐 동안 시나트라는 스타가 아니었다. 이제 청중이 둘러싼 사람은 도로고쿠페츠였고, 경찰 호위를 받으며 밖으로 나간 사람도 도로고쿠페츠였다. 사회는 이런 문제에 대처하는 법을 배우지 못했고, 이는 지금도 마찬가지다. 도로고쿠페츠는 경찰에게 "2년 동안이나 계속돼온, 기절하고 난리 치는 지루한 소동을 끝장내겠다고 결심했다. 아주 기분이 좋았다"고 진술했다. 가장 미국적인 것과는 먼 이름을 가진 그가 가장 미국적인 방식으로 스스로를 미국인으로 만들려 했고, 그가 달걀이 아닌 다른 무기를 택했더라면 오늘날 프랭크 시나트라만큼 유명한 사람이 됐을 것이다.

사회의 특정 부류는 이전에는 불가능했던 전자적인 방식으로 감정과 행태를 조작하는 기술을 개척하고 있었다. 미디어는 관행처럼 우상으로 숭배할 사람을 만들어냈다. 그 무렵, 세상은 엘리자베스 테일러라는 10대 소녀를 만났는데, 그녀는 오늘날 우리가 아는 유명 아이돌이 그러하듯 공적 생활을 통해 세상에 이름을 알리기 시작했다. 1940년대의 루스 스타인헤이건Ruth Steinhagen이란 훨씬 덜 알려진 10대 소녀는 오늘날 우리가 아는 안티-아이돌로 정의될 수 있을 것이다.

루스는 에디 웨잇커스Eddie Waitkus라는 야구 선수를 특히 좋아했다. 프랭크 시나트라가 모든 이의 것인 반면, 에디는 오로지 그녀만의 것이었다. 두 사람은 만난 적이 없었지만, 루스는 자신의 삶을 온통 에디에게 쏟아부었다. 에디가 리투아니아 출신이라는 이유로 루스는 그 나라 말을 배우려 애썼다. 에디가 시카고 컵스에서 36번을 단다는 이유로 루스는 그 번호에 푹 빠졌고, 1936년에 발매된 모든 음반을 사려고 했다. 그녀는 에디에 관한 신문 기사를 오려 모았고, 그의 사진을 베개 밑에 넣고 잤으며, 그가 출전하는 경기를 가능한 한 전부 관전했고, 에디가 답장을 보내주지 않았지만 계속해서 편지를 보냈다. 루스는 매일 저녁 식사를 할 때마다 맞은편에 빈 의자를 놨다. 그러고는 여동생에게 "에디가 저 의자에 앉아 있어"라고 말했다.

루스의 친구들도 야구 선수에게 푹 빠져 있던 터라, 루스의 부모도 처음에는 딸애에게 우상이 생겼다는 사실을 기뻐했지만, 이윽고 그녀의 행동을 걱정하기 시작했다. 루스의 부모는 루스를 데리고 정신과 의사 두 명을 찾아갔다. 그녀의 어머니는 의사들에게 루스가 웨잇커스를 잊어야 한다는 점 이외에는 잘못된 것이 전혀 없다는 말을 듣고 기뻐했다(이는 존 힝클리John Hinckley가 조디 포스터Jodie Foster를 잊어야 한다는 점 이외에는 아무 문제가 없다고 말하는 것과 비슷하다). 물론 루스는 잠시도 에디를 잊지 않았다. 에디가 필라델피아 필리스로 트레이드됐을 때 루스는 그가 시카고를 떠난다면 살 수 없다고 선언했다.

루스는 친구 한 명과 자살을 논의하기 시작했다. 권총을 사려고 했지만 허가가 필요했기 때문에 대신 전당포에서 소총을 샀다.

1949년 첫 주에 루스는 자살보다 더 나은 것을 결심했다. 그녀는 친구

조이스에게 "화요일에 폭죽놀이를 보러 가자"고 했다. 그날, 루스는 필리스 구단 일정표에서 에디가 에지워터 비치 호텔에 묵는다는 사실을 알아내고 그곳에 체크인을 했다. 그녀는 자기가 관전한 경기 50회의 입장권 반쪽을 포함해, 에디를 기념할 만한 것들로 채워진 여행 가방을 가져왔다. 물론 소총도 잊지 않았다.

루스는 자기가 투숙하는 객실에서 부모님께 편지를 썼다("이해해주셨으면 해요. 두 분을 사랑합니다. 일이 가장 좋은 방향으로 풀릴 거예요"). 하지만 편지를 구겨 쓰레기통에 던져 넣었다. 그러고는 에디에게 편지를 썼다.

웨잇커스 씨, 우리는 만난 적이 없지만, 말씀드릴 중요한 일이 있어요. 제가 설명하도록 해주시는 게 선생님께 이익이 되리라 생각합니다. 모레 호텔을 떠나려고 하니 최대한 빨리 만나주시면 정말 감사하겠습니다. 제 이름은 루스 앤 번스고, 제 방은 1297-A호실입니다. 좀 특이한 경우란 것은 알지만, 이미 말씀드렸다시피 상당히 중요한 일이라서요. 얼른 와주세요. 선생님의 시간을 많이 뺏지 않겠습니다. 약속합니다.

루스는 벨보이에게 3달러를 주고 이 편지를 전해달라고 부탁했다. 에디는 편지를 읽으며 이 여자가 그저 또 다른 (오늘날에는 '그루피groupie'라고 부르는) '젊은 여성 야구팬'이라고 생각했고, 루스를 만나기로 했다. 루스는 에디가 방으로 들어올 때 심장을 찌를 의도로 스커트 주머니에 칼 한 자루를 넣어뒀다. 하지만 에디는 너무 빨리 그녀 곁을 스쳐 지나가 의자에 앉으며 물었다. "대체 무슨 일이죠?"

"잠깐만요. 깜짝 선물이 있어요." 루스는 이렇게 말하고 수납장으로 가서 소총을 꺼냈다. "지난 2년 동안 나를 괴롭혔으니 이젠 죽어줘야겠어요." 루스는 에디의 가슴에 한 발을 발사했다. 총탄은 한쪽 폐를 뚫고 들어가 심장 바로 아래쪽에 박혔다(에디는 살아남았고, 심지어 프로야구에 복귀했다. 나는 오래된 에디의 야구 카드를 한 장 찾아냈다. "야구를 하면서 내가 경험한 가장 큰 스릴"이라는 제목 아래 "1949년에 미친 여자에게 총을 맞은 일"이라고 적혀 있었다).

루스가 총격을 가한 이후에 한 말과 행동이 1949년에는 특이했지만, 지금은 전혀 그렇지 않다. 루스는 경찰에서 이렇게 설명했다.

나는 그를 정말로 좋아했고, 내가 그를 절대로 가질 수 없다는 것을 잘 알았다. 그리고 내가 그를 가질 수 없다면, 다른 어느 누구도 가질 수 없어야 했다. 나는 언제나 각광을 받고 싶었다. 한번은 사람들의 주목을 받고 유명해지고 싶었다. 내 꿈은 이뤄졌다.

루스는 현대인들에게는 너무나 친숙한 생각을 생생하게 표현했다. 총격 후의 상황을 루스는 이렇게 묘사했다.

아무도 자기 방에서 나오지 않았어요. 다들 달려 나왔어야 하는 것 아닌가요? 나는 화가 치밀었어요. 투숙객들에게 내가 에디 웨잇커스를 쐈다고 계속 말했지만, 그들은 에디 웨잇커스가 누군지도 몰랐어요. 그러고는 경찰이 왔는데, 나는 다른 방에 있던 사람들이 하나도 나오지 않아 열불이 났죠. 아무도 나를 잡으려 하는 것 같지 않았다니까요. 내가 그 자리를 벗어났어도 아무도 쫓아오지 않았을 거예요.

19살의 루스는 아무도 원하지 않는 사람보다는 경찰이 잡기를 원하는 사람이 더 낫다고 느꼈다. 약 20년 뒤, 밸러리 솔라나스Valerie Solanas라는 젊은 여자가 똑같은 생각을 했다. 성공의 뜻을 품은 배우이자 작가인 솔라나스는 앤디 워홀 스튜디오로 총을 들고 들어가 저명한 미술가를 쐈다. 총격 직후, 솔라나스는 타임스 광장에 있던 한 경찰관에게 다가가 "경찰이 나를 찾고 있어요. 경찰이 나를 원하고 있다고요"라고 자랑스럽게 말했다(이 인용문을 남긴 것은 그 자체가 미디어 시대의 아이콘인 앤디 워홀 자신이었다. "미래에는 모든 사람이 15분 동안 세계적으로 유명해질 것이다." 아이러니하게도 밸러리 솔라나스는 워홀의 희생으로 15분 동안 유명해졌다. 작년에 그녀의 생애를 다룬 영화가 제작됐을 때 90분 동안 더 유명해질 수 있었다).

솔라나스의 사건은 1968년에 일어났고, 우리는 이미 그런 일에 넌더리가 나 있었다. 그러나 루스 스타인헤이건이 에디 웨잇커스에게 총을 쐈을 당시에는 이런 사건이 큰 이목을 집중시켰다. 루스가 총을 사서 에디 웨잇커스를 쏘려 한다고 말했을 때, 그녀의 어머니는 "너는 그렇게 할 수 없어. 여자들은 그런 짓을 안 한단 말이야"라고 대꾸했다. 스타인헤이건 부인은 자신의 딸인 루스를, 밸러리 솔라나스를, 그리고 최근의 (둘 다 제럴드 포드 대통령을 죽이려 한) 스퀴키 프롬과 세라 제인 무어를 잘못 판단했던 것이다.

루스가 선택한 표적이 세계적인 인물이 아니라서 그녀가 쏜 총탄이 전 세계를 떠들썩하게 하지는 않았지만, 미디어 시대의 유명인들을 스토킹했거나 공격한 자들로 이루어진 기나긴 대열의 맨 앞에 그녀를 서게 했다. 스토커나 공격자의 일부만 유명해졌고, 대부분은 이름도 알려지지 않았다.

전문가들은 루스를 미쳤다고 판단하고 정신병원에 집어넣었다. 그리고 3년 뒤, 그녀가 정신을 차렸다고 판단했고 퇴원시켰다. 루스 스타인 헤이건은 세계에서 하나밖에 없는 미국 소수 집단의 원로 회원이었다. 다른 나라에서 암살이 벌어지지 않기 때문이 아니라, 이념이나 정치적 방편에 뿌리를 둔 살인은 그저 '한번 관심을 끌고 유명해지기 위해' 전혀 모르는 사람을 쏘는 것과는 전혀 다르기 때문이다.

표적을 고르는 것에도 독특한 특성이 있다. 1930~1940년대 미국에서는 야구 선수와 정치가가 가장 눈에 띄고 숭배받는 아이돌이었다. 야구 선수 조 디마지오Joe DiMaggio가 매릴린 먼로Marilyn Monroe와 결혼할 즈음에는 우상숭배의 횃불이 스포츠계에서 연예계 쪽으로 넘어갔다. 26년 뒤 한 영화배우가 대통령이 됐고, 미디어 중독자인 존 힝클리가 영화배우 조디 포스터의 관심을 끌기 위해 대통령을 쐈다. 오랜 구애 끝에 폭력과 연예계와의 결합이 완성된 것이다.

영웅을 우상화하고 그들의 강력한 매력에 빠지는 일은 정상적인 일이다. 그러나 대다수 사람에게 약한 마약 같은 이것이 몇몇 사람에게는 독극물과 같다. 그런 독극물에 관해 더 배우기 위해, 나는 이 분야에서 필적할 자가 없는 전문가 로버트 바도를, 리베카 섀퍼를 죽인 남자를 만났다.

나는 바도를 만나기 위해 금속 탐지기 두 대를 지나 교도관을 따라 기다란 녹색 복도를 걸어갔다. 각 복도 끝에는 잠긴 철문이 있었고, 교도관은 꼼꼼하게 몸수색하고 나서야 나를 들여보냈다. 마침내 바닥에 고정된 벤치 두 개가 있는 작은 콘크리트 독방으로 들어갔다. 교도관은 곧 돌아오겠다면서 독방 문을 닫고 자물쇠를 채웠다. 나갈 수 있다는 확실한 사실에도 불구하고, 교도소 독방에 갇혀 있는 것은 갇혀 있는 것이었다. 몹시 두려웠다.

　바도를 기다리며, 나는 미국에서 가장 많은 살인을 저지른 범인들을 연구하고 인터뷰하며 경력 대부분을 쌓아온 행태 과학 본부Behavioral Sciences Unit의 FBI 요원 로버트 레슬러를 생각했다. 독방에 앉아 있자니 레슬러가 마지막으로 교도소를 찾아가 에드먼드 켐퍼Edmund Kemper와 했던 면담이 떠올랐다. 켐퍼는 10명을 잔인하게 죽였는데, 그중 몇 명은 머리를 잘랐다. 그는 키가 206센티미터에 몸무게가 136킬로그램이나 되는, 말 그대로 거인이었다. 4시간에 걸친 면담이 끝난 뒤, 레슬러는 호출 버튼을 눌러 자신을 내보내줄 교도관을 불렀다. 시간이 꽤 지났는데도 교도관이 나타나지 않았다. 15분쯤 지나 레슬러는 다시 호출 버튼을 누르고 또 눌렀다. 여전히 교도관이 오지 않았다. 면담 테이프에 "진정해요. 교도관들이 근무를 교대하고, 보안 구역에서 식사하고 있을 거요. 와서 당신을 꺼내주려면 15분이나 20분은 더 걸릴 거요"라는 말이 녹음된 것을 보면, 켐퍼는 레슬러가 불안해하는 것을 직감적으로 알아차린 것이 분명했다.

　생각에 잠긴 듯 잠시 말을 멈췄던 켐퍼가 "내가 여기에서 확 돌아버리면 당신은 꽤나 곤경에 처하게 되겠지. 당신 대가리를 잡아 뽑아 여기 이 테이블에 올려놓고 교도관을 놀려먹을 수 있을 테니"라고 덧붙였다.

　켐퍼의 말은 사실이었다. 켐퍼의 엄청난 거구와 살인 경험에 맞서 레슬러가 버틸 가능성은 없었다. 살인하지 않고는 배기지 못하는 습관이 오랫동안 금지돼온 켐퍼의 앞에 생생하게 살아 있는 유명한 FBI 요원이 있는 것이었다. 레슬러는 연방 요원을 살해하면 크나큰 곤경에 처할 것이라고 경고했지만, 이미 일곱 번의 종신형을 선고받은 켐퍼는 "그 작자들이 뭘 어쩔 건데? 내가 보는 텔레비전을 끊을 건가?"라며 코웃음 쳤다.

레슬러는 자신의 인상적인 행태 통찰력을 발휘해 켐퍼의 허를 찔러가며 30분 동안 두려움과 용기의 대결을 벌였다. 켐퍼는 레슬러를 죽이면 '징벌방'에서 상당한 시간을 보내야 한다는 것을 알았지만, "FBI 요원의 대가리를 뽑아버렸다는" 명성에 비하면 별로 큰 대가가 아닐 것이므로 기꺼이 감수하려 했다.

유리한 입장에 서기 위한 레슬러의 책략 중 하나는 이것이었다. "나 자신을 보호할 방도도 없이 여기 들어왔다고는 생각하지 않겠지?"

켐퍼는 그보다 더 많은 것을 알고 있었다. "여기 놈들은 어느 누구도 총을 갖고 들어오도록 허락하지 않아."

그 말은 사실이었지만, 레슬러는 FBI 요원들에게 몇 가지 특권이 있고, 권총만이 손에 넣을 수 있는 유일한 무기가 아닐지도 모른다는 점을 시사했다.

켐퍼는 레슬러의 말을 묵살하지 않았다. "그럼 뭘 갖고 있는데? 독극물이 들어 있는 펜?" 이런 논쟁은 다행스럽게도 켐퍼가 심사숙고한 결과를 행동으로 옮기기 전에 교도관들이 들이닥치면서 끝났다. 켐퍼는 걸어나가며 거대한 손 하나를 레슬러의 어깨에 올려놨다. "그냥 농담인 줄 잘 알고 있겠지?" 하지만 켐퍼는 그저 농담을 즐긴 것이 아니었다. 그는 연쇄살인범들이 즐기는 별미인 인간의 두려움을 먹고 있었다.

이 독방에서 곧 나와 마주 앉을 살인범은 켐퍼와는 다른 보상인 이목과 명성을 추구한 자였다. 로버트 바도는 2~3일 면도하지 않아 짧게 자란 수염과 나이에 맞지 않게 숱이 줄어든 머리카락으로 지저분해 보였다. 켐퍼처럼 위협적이지는 않았다. 실상은 침착하지 못한 10대 소년이었다. 또 다른 삶(그리고 이전의 삶)에서, 바도는 하얀 앞치마를 걸치고 드라이브스루 식당 뒤에서 바닥을 빗자루로 쓸던 아이였다. 그 자신이 평가했던 대로 '칠칠맞은 녀석'이었다.

바도의 기소를 도우면서 광범위하게 연구했던 터라, 그를 만나는 것은 읽은 책 속 등장인물을 만나는 것 같았다. 바도가 무슨 말을 할지 대부분 알고 있었지만, 내 앞의 젊은이는 법정 기록이나 정신병 소견서가 그려낼 수 있는 것보다 훨씬 더 인간적이었다. 내 기대보다 훨씬 더 인간적이었다.

리베카 섀퍼의 아파트 계단에서 그 끔찍한 순간에 발산했던 힘은 나와 함께 있는 독방에서는 보이지 않았다. 바도는 남을 위협할 배짱이 없었을 뿐 아니라 모든 사람을 눈빛만으로 겁줄 수 있는 차가운 살인범의 눈도 가지고 있지 않았다. 실상은 나를 쳐다보는 것조차 꺼렸다. 우리 둘다 그가 어떤 끔찍한 일을 저질렀는지 잘 알았고, 바도는 재판을 받으며 내가 이 사건을 어떻게 느꼈는지 정확하게 알았다.

바도는 그 살인 이후 수많은 질문을 받았고, 또 그것에 익숙해져 있었다. 그래서 나는 내가 인도하기보다 따라갈 요량으로 바도가 먼저 말하도록 놔둬야겠다고 마음먹었다. 그러려면 인내심이 아주 많이 필요한 것으로 드러났다. 거의 15분이 지나도록 우리는 그저 가만히 앉아 있었다. 바도는 머리를 푹 숙이고 있었다. 내가 관심을 보이지 않는 것을 그가 그냥 받아들이지는 않을 것이라 나는 확신했다.

조용한 독방은 이따금 멀리서 철커덩하고 문 닫히는 소리로 채워졌다(소음은 교도소를 자유롭게 떠돌아다니는 몇 안 되는 것 중 하나다. 많은 것을 막는 콘크리트 벽이 구석구석까지 소음을 전달했다).

바도는 결국 얼굴을 들고 내 얼굴을 빤히 쳐다봤다. "아서 잭슨Arthur Jackson이 당신한테 메시지를 전해달라고 부탁했어요." (잭슨은 여배우 테리사 살다나Theresa Saldana를 무자비하게 칼로 찌른, 망상에 사로잡힌 스토커였다. 내가 법정에서 불리한 증언을 하자 그는 "지옥 불에나 떨어지라"고 저주했다.)

"당신이 자기도 만나달라고요."

"오늘은 안 돼."

"그럼 왜 나하고는 말하고 싶은 거죠?"

"자네가 기여할 만한 게 있어서지."

"리베카한테 벌어졌던 일을 막기 위해 다른 사람들을 꼭 돕고 싶어요."

그런 단어 선택은 바도가 저지른 범죄와 동떨어진 의미를 포함하고 있었고, 나는 그렇게 하도록 놔두고 싶지 않았다.

"리베카한테 그냥 벌어졌던 건 없네. 자네는 마치 그녀가 사고를 당한 것처럼 보이게 만드는군."

"아뇨, 그럴 리가요. 내가 그녀를 죽였죠. 내가 총을 쐈죠. 다른 사람들이 나 같은 사람한테 살해당하지 않도록 돕고 싶다는 겁니다."

"그 말은 자네와 같은 누군가가 있다고 생각하는 것처럼 들리는군."

바도는 그런 사실이 분명하게 밝혀져 있지 않은 것에 깜짝 놀라는 듯 보였다. "있죠. 내 말은…… 나 같은 사람이 많다는 뜻입니다."

바도는 꽤 오랫동안 입을 다물고 있다가 다시 말했다. "나는 괴물이 아닙니다. 텔레비전에서는 항상 나를 무시무시한 사람으로 그리려고 하더군요."

나는 바도를 똑바로 쳐다보며 고개를 끄덕였다. 거의 30분 동안 함께 있었지만, 나는 질문을 단 하나도 하지 않았다.

"나는 물론 무시무시한 사람이었지만, 지금은 아닙니다. 내가 어떻게 리베카를 쐈는지 말해주는 비디오가 나를 최악의 암살범처럼 보이게 만들었지만, 나는 최악은 아닙니다." 바도는 세상 사람들 눈에 비치는 자신의 이미지가 자신과 같은 짓을 저지른 사람들에 비해 어떤지를 걱정했다.

현대의 모든 암살범들이 그렇듯 바도는 자기보다 이전에 암살을 저지른 자들을 연구했다. 마크 채프먼Mark Chapmann이 존 레넌을 살해해 수감되자, 바도는 채프먼에게 편지를 써서 왜 그런 일을 저질렀는지 물었다.

유명 암살범인 채프먼과 신참인 바도는 몇 차례 편지를 주고받았다. "만약 채프먼이 나한테 남을 죽이지 말라고 했더라도, 내 감정을 억누르지는 못했을 겁니다. 감정이 핵심이죠, 균형을 잃은 감정이. 감정적으로 건강한 사람은 남들을 해치지 않아요."

바도는 아서 잭슨 사건에 관해서도 찾아낼 수 있는 모든 것을 연구했다. 잭슨은 사설탐정을 고용해 자기 피해자가 있는 곳을 파악했고, 바도 그렇게 했다. 잭슨은 칼을 썼고, 바도도 섀퍼를 죽이려고 여러 번 찾아갔을 때 칼을 갖고 있었다. 잭슨은 자신이 정한 표적을 추적하기 위해 수천 킬로미터를 여행했고, 때로는 거의 모든 암살범이 그랬듯이 샅샅이 뒤졌다. 바도도 그렇게 했다. 잭슨과 바도는 서로 멀리 떨어진 곳에서 움직이기 시작했지만, 결국은 같은 교도소에 사는 것으로 끝났다.

내가 이 사건을 돕고 있다는 사실을 바도가 알기 몇 달 전, 변호인과의 면담을 녹화한 비디오테이프에서 그는 유명인들을 공격한 사건에 대해 자신이 얼마나 많은 연구를 했는지 밝히고 있었다. 리베카 섀퍼 주변의 보안 조치가 얼마나 허술했는지 자신이 경험한 바를 묘사하면서 "리베카한테 뭐 개빈 드 베커가 있었던 것도 아니고"라고 말했다.

이제 내게 조언하는 입장에서, 바도는 자신이 다른 암살범들과 구분되기를 바랐다. 자신이 위험을 피하도록 유명인들을 돕는, 암살을 막는 사람이 될 것이라고 생각했다. 물론 그는 자신의 공적인 생활에 관해 너무나도 역설적인 견해를 밝혀 유명세를 얻었다.

"이 일로 얻은 모든 명성 때문에 살해 협박과 괴롭힘을 받고 있다. 미디어는 나에 관해 전혀 맞지도 않는 것들을 떠들어댄다. 내 사건을 몇 번이고 텔레비전에 내보내 떼돈을 벌며 내 프라이버시를 침해했지만, 나는 손쓸 방법이 없다. 미디어는 나 자신이 한 번도 본 적 없는 방식으로 나를 묘사하고 있다."

바도는 기자들이 자신을 "외톨박이"라고 부르는 것을 좋아하지 않았지만, 그 묘사는 틀리지 않았다. 바도는 친구가 없었고, 여자와 낭만적으로 키스해본 적도 없었다(앞으로도 그럴 일은 없을 것이다). 건전한 교제를 해보지 못한 것은 많은 암살범에게 나타나는 공통적인 특징이다. 존 힝클리는 성숙한 연인 관계를 경험하지 못했다. 아서 잭슨도, 대통령 후보 조지 윌리스에게 총을 쏜 아서 브리머Arthur Bremer도 마찬가지였다.

브리머는 범죄를 저지르기 몇 주 전에 총각 딱지를 떼보려고 했다. 곧 죽거나 평생 교도소에 있으리란 것을 잘 알았던 그는 창녀를 샀지만, 그들의 성적 접촉은 어색하게 끝났다. 그는 일기장에 이렇게 적었다. "지금도 여전히 숫총각이지만, 섹스가 어떤 것인지 살짝 엿보게 해준 앨거에게 감사한다."

기괴하게 보일지 모르지만, 암살범 대부분이 얻을 수 있는 가장 친밀한 관계는 그들이 공격하는 대상과의 관계다. 암살범은 스토킹하는 과정에서, 살아오며 알게 된 다른 사람들보다 피해자들을 더 가깝게 알게 된다. 그리고 그들에게 총을 쏨으로써 일종의 동반자가 되는 것이다. 브리머의 일기를 보면 그가 처음 고른 대상인 리처드 닉슨 대통령에 대한 친밀함이 점점 증가하는 것을 알 수 있다. 이 주州에서 저 주로 돌아다니는 대통령을 스토킹하면서, 일기에는 닉슨을 "대통령"에서 "그 사람"으로, "닉슨"으로, "닉시"로, 그리고 마침내 "닉시 녀석"으로 적었다.

다중 살인범 잭 헨리 애벗Jack Henry Abbott의 책《짐승의 복부에In the Belly of the Beast》에 진절머리 나게 묘사된 대로, 칼로 공격하는 자들은 좀 더 친밀성을 보인다. 애벗은 피해자 중 한 명에 대해 이렇게 적었다. "당신은 손에 든 칼을 통해 그의 생명이 부르르 떠는 것을 느낄 수 있다. 살인이라는 야비한 행위의 중심에서 느끼는 우아함이 당신을 압도할 것이다."

살인이라는 바도의 야비한 행위가 그래도 긍정적인 관심을 보여줬던 유일한 여자에게 해를 끼친 것은, 최악의 서글픈 역설이다. 리베카 섀퍼는 바도가 편지를 여러 번 보냈을 때 한 번이지만 친절한 답장을 보냈던 것이다.

바도 : 그건 리베카가 직접 쓴 엽서였어요. "로버트, 당신 편지는 내가 지금껏 받아본 것 중 가장 친절하고, 가장 진실했어요." '진실한'이란 단어에 밑줄을 그었더라고요. 그러고는 "건강하세요"라고 적고, 하트를 그린 다음 "리베카"라고 적었어요. 그게 리베카한테서 좀 더 많은 대답을 얻어내고 싶은 마음이 들게 만들었죠.

나 : 그럼 자네는 다른 유명인들한테 어떤 조언을 줄 텐가?

바도 : 조심해서 글을 써야 해요. 팬들이 보낸 편지에 꼭 답신해야 한다면,

너무 눈에 띄게 하지는 말아야죠. 그건 팬과 함께하는 방식이 아닙니다. 그러면 팬들한테 자기가 유일한 팬인 것처럼 보이게 만들 수 있으니까요. 내가 느꼈던 것처럼요. 나는 내가 유일한 팬이라고 느꼈거든요.

다른 암살범들과 마찬가지로 바도도 유명인을 여러 명 스토킹했다. 그중에는 내 의뢰인도 한 명 있었는데, 바도는 너무 접근하기 어렵다고 판단했다. 그래서 포기하고 리베카 섀퍼에게 관심을 돌렸다. 암살범들에게 중요한 것은 행위다. 표적이 누구인지, 목적지가 어디인지, 어떤 여정을 거쳐야 하는지는 문제가 되지 않는다.

표적이 바뀔 수 있기 때문에 나는 일부 유명인들이 취한 보안 예방 조치가 표적을 택하는 데 어떤 영향을 미치는지 물었다. 바도는 이렇게 답했다. "유명인들이 보안 조치를 취하고 있고 경호원을 거느리고 있다는 기사를 읽으면 당신은 그 사람을 다르게 보겠지만, 나 같은 사람은 물러서겠죠. 낭만적인 관계를 기대하는 데 장애가 되니까요."

바도의 변호인은 재판에서 바도가 리베카 섀퍼와의 낭만적인 관계를 기대했다고 역설했지만, 바도는 전혀 그런 기대를 하지 않았다. 바도는 자신이 받았던, 즉 꺼리는 반응과 궁극적으로는 거절을 정확히 기대하고 있었다. 바도는 그런 거절을 자신이 오랫동안 원해왔던 것, 즉 끔찍한 분노를 여자들에게, 자기 가족들에게, 그리고 우리 모두에게 풀어버리는 핑계로 삼았다.

완전히 낯선 사람에게 거절 당할 것에 신경 쓰기 위해서는 당연히 먼저 그 낯선 사람을 신경 써야 한다. 바도는 다양한 표적들 각각에 푹 빠짐으로써 그렇게 했다. 교도소에 수감된 상태에서도 두 여자에게 열심히 관심을 집중하고 있다. 한 명은 가수고, 다른 한 명은 바도가 처음 들었을 때는 유명하지 않았지만 지금은 매우 유명해진 마샤 클라크다. 마샤는 바도가 종신형을 살도록 만든 검사다. 바도는 내게 쓴 편지에서 이렇게 설명했다. "〈데일리 저널〉이 마샤 클라크의 프로필을 두 번 소개했어요. …… 나는 많은 걸 배웠죠. 2쪽을 보면 이게 무슨 뜻인지 알 겁니다." 2쪽에는 마샤 클라크와 그녀의 가족에 관한 개인적 사실들이 길게 나열돼 있었다.

마샤 클라크가 유명인을 스토킹하고 살해한 일반인을 기소하고, 일반인을 스토킹하고 살해한 유명인(O.J. 심슨)을 기소하고, 이제는 자신이 유명해져서 스토커의 관심을 끌고 있다는 것은 미디어 시대의 대단히 난해한 역설이다.

○   ○   ○

미디어 시대의 암살범들은 또 다른 독특한 아이콘인 '저돌적인 사람'과 크게 다르지 않다. 이블 크니블Evel Kneivel[전설적인 오토바이 점프 스턴트맨]을 이해한다면 로버트 바도도 이해할 수 있다. 그런 저돌적인 사람들과 마찬가지로 암살범의 모든 가치와 성취는 한 가지 행위, 한 순간에서 나온다. 대다수 영웅도 마찬가지겠지만, 암살범과 저돌적인 사람은 어떤 위급 상황에 맞서 용감하게 일어난 사람이 아니다. 암살범과 저돌적인 사람은 자신이 위기 상황을 만들어낸다.

저돌적인 사람은 스턴트를 성공적으로 마친 영광과 협곡 맞은편에서 기다리고 있는 명성을 꿈에 그린다. 미디어는 그 저돌적인 사람을 용감한 영웅으로 묘사했지만, 만약 누가 오토바이를 손에 넣어 특수 칠을 하고, 화려한 가죽 바지와 재킷을 걸치고 경사로에 올라가, 언론에 공식적으로 묘기를 보이겠다고 알리고, 협곡에 모든 장비를 설치했는데…… 그 묘기를 하지 않는다면? 멋지고 특별했던 그는 갑자기 우스꽝스러운 사람이 돼버린다. 이제 멍청한 이름에 온갖 얼빠진 장식을 한 그는 영웅이 아닌 얼간이 무리에 합류한다. 묘기를 부리지 않는다면 모든 것이 광채를 잃어버린다.

아서 브리머는 이렇게 적었다. "나는 그저 그런 놈이 아니라 거물을 원한다. 내가 뭘 하려고 했는지, 뭘 제대로 하지 못하고 실패했는지, 실패하고 또 실패했던 것에 관해 쓰는 것에 지쳤다. 이제 대통령을 위협했지만 대통령에게 무슨 일이 있었다는 것을 전혀 듣지 못한 사람이 같은 교도소에 30명이나 있다는 게 짜증 난다."

보다시피 암살범들은 교도소에 가는 것을 두려워하지 않는다. 실패를 두려워한다. 그리고 바도도 그들과 다르지 않았다. 바도는 모든 요소를 갖고 있었다. 다른 암살범들을 연구했고, 표적을 조사했고, 계획을 세웠고, 총을 손에 넣었고, 공격 이후에 발견될 편지를 썼다. 그러나 바도는 저돌적인 사람과 마찬가지로 점프할 때까지, 오토바이 바퀴가 땅을 떠날 때까지, 유명한 누군가를 죽일 때까지는 그저 '잭 인 더 박스[뚜껑을 열면 튀어나오는 장난감]'를 만드는 녀석에 불과했다. 명성에 따르는 모든 것은 협곡 맞은편에서 기다리고 있고, 바도의 표현을 빌리자면, 그곳에서 그는 마침내 유명인들과 '동등한 사람'이 될 것이었다.

바도가 리베카 섀퍼를 찾아내고 그녀와 얼굴을 마주하고 섰을 때 암살범으로서 자격을 모두 갖고 있었지만, 그녀를 쏠 때까지는 상품을 획

득할 수 없었다. 바도는 14살부터 자기가 자라서 뭐가 되길 원하는지 알았고, 리베카 섀퍼의 아파트 건물 계단에서 되고자 하는 것이 됐다. 로버트 바도는 피해자를 살인 행위에 따라오는 부차적인 것에 불과하다고 여기는 살인범이므로 '직업적인 암살범'이다.

어떤 사람들은 자신의 영웅적인 성취를 위해 여러 해 동안 노력하지만, 암살범들은 그렇지 않다. 브리머는 리처드 닉슨을 스토킹하면서 이렇게 썼다. "나는 1차 세계대전의 출발점처럼 중요하다. 약간의 기회와 단 1초만 있으면 된다." 이런 자기도취증은 모든 암살범의 중요한 특성이다. 또한 많은 암살범의 특징처럼 우리 역시 이 특성을 어느 정도는 가지고 있다. 퓰리처상을 수상한 책《죽음의 부정The Denial of Death》에서 어네스트 베커Ernest Becker는 자기도취증을 만인 공통이라고 주장했다. 그는 모든 아이의 "전체 유기체는 타고난 자기도취증의 권리를 주장한다. 그것은 탈선이라 하기에는 너무 광범위하고 냉혹하다. 그것은 생명체의 본질인 두드러지고 싶다는, 그들 중에서 으뜸이 되겠다는 욕구를 표출한다"고 썼다. 베커는 우리 모두가 살면서 영웅적인 행위를 찾고, 몇몇 사람에게는 그것이 "개가 울부짖는 것과 같이 무비판적이고 반사적인 영광을 추구하는 절규다"라고 썼다.

그러나 암살범이라는 영광을 추구하는 울부짖음은 공격 이전의 재미없는 삶 속에서는 응답을 받지 못했다. 암살범이 섬뜩하고 특이할지는 모르지만, 우리가 암살범의 동기와 목표를 이해하지 못한다고 말할 수는 없다. 암살범은 남들이 알아주기를 원한다. 모든 사람이 원하는 것, 즉 중요한 인물이 되기를 원한다. 어린 시절에 그런 느낌을 느껴보지 못한 사람은 어른이 됐을 때 그런 방법을 찾는다. 이는 마치 평생 영양실조에 시달리다가 한 번의 과식으로 이를 해소하고자 하는 것과 같다.

중요한 인물이 되는 방법에 대한 모색은, 젊은 갱단원이 살인을 저지르도록 하는 동기 중 하나다. 폭력이 중요한 인물이라는 정체성을 얻는 가장 빠른 방법이기 때문이다. 살인범 잭 헨리 애벗은 이렇게 서술했다. "모든 죄수는 위험한 동물처럼 손과 발에 쇠사슬이 채워질 때 무의식적으로 자긍심과 환희를 느낀다. 세상이 잠깐 동안이지만 우리에게 모든 관심을 집중하고 있다. 우리는 세상을 위협할 수 있는 사람들이다."

어네스트 베커는 이렇게 적었다. "영웅이 되겠다는 욕구는 자연스러운 것이며, 이를 인정하는 것은 솔직한 것이다. 모든 사람이 이를 인정하면, 사회를 완전히 파괴할 수 있는 억눌린 힘을 해소할 수도 있다."

브리머, 힝클리, 바도 모두 그 사실을 인정했지만, 파괴적인 결과를 낳았다. 모두 처음에는 할리우드에서 성공하길 갈망했지만, 정체성을 확립하는 더욱 빠르고, 더욱 쉬운 길을 위해 그런 갈망을 포기했다. 그들은 단한 번의 부정한 영웅적인 행위로, 단 한 발의 총탄으로 그들의 유명한 표적들과 영원히 이어지리란 것을 알고 있었다.

○   ○   ○

모든 시도와 마찬가지로 암살은 어떤 의례, 즉 뛰어넘어야 할 굴렁쇠가 있다. 많은 굴렁쇠가 추적 가능한 자국을 남기기 때문에 우리가 감지하고 관찰할 수 있다. 암살범들은 서로를 가르치고, 모두들 이전 암살범에게서 뭔가를 배운다. 바도 사건을 다룰 때, 힝클리가 했던 것들을 그 역시 했다는 사실에 나는 충격을 받았다. 이 두 젊은이가 상당히 유사한 어린 시절을 보냈다는 것은 그리 놀랍지 않았지만, 나중에 그들이 택한 것들의 유사성은 아주 놀라웠다. 예를 들면 힝클리는 마크 채프먼이 존 레넌을 죽이러 가면서 《호밀밭의 파수꾼 The Catcher in the Rye》을 샀다는 것을 알고, 자신도 레이건 대통령을 쏘러 갈 때 그 소설을 가져갔다. 바도도 리베카 섀퍼를 죽이러 갈 때 그 소설을 가져갔고, "이 책이 어떻게 채프먼에게 존 레넌을 죽이도록 만들었는지 알아보려고" 소설을 읽었다고 나중에 내게 말했다.

존 힝클리가 레이건 대통령을 쏘기 전에 한 일의 목록을 보라.

- 여배우에게 편지를 썼다.

- 노래 가사를 썼다.

- 레스토랑에 취직했다.

- 《호밀밭의 파수꾼》을 읽었다.

- 전국 방방곡곡을 누비고 다녔다.

- 최종 표적이 아닌 유명인을 스토킹했다.

- 할리우드로 갔다.

- 일기를 썼다.

- 다른 암살범들을 연구했다.

- 존 레넌이 죽은 장소를 보려고 뉴욕시 다코타 빌딩을 찾아갔다.

- 다른 사람들의 관심을 끌 수 있는 자살을 고려했다.

- 가진 것들을 팔았다.

- 공격 이후에 발견될 편지를 썼다.

- 공격 지점까지 버스를 타고 갔다.

- 공격 이전에 최종 표적을 한 군데 이상에서 스토킹했다.

- 《호밀밭의 파수꾼》을 가져갔다.

- 첫 번째 기회가 왔을 때 쏘지 않았다.

- 표적과 처음 마주치고 그 자리를 떠났다.

- 30분쯤 기다렸다가 표적을 쐈다.

놀랍게도 바도도 이 목록에 있는 것을 하나도 빠짐 없이 다 했다. 두 사람의 행태에는 30가지도 넘는 두드러진 유사점이 있다. 암살을 벌이기 이전의 행태를 예측할 수 있다는 것은, 힝클리 사건 재판에서 검사 측 전문가로 전국적인 명성을 얻은 정신과 의사이자 사회학자인 파크 디츠에 의해 확립됐다. 나는 법무부에서 대통령 자문 위원회 일원으로 일하던 1982년에 유명인들을 위협하고 스토킹하는 사람을 연구하기 위한 조사 프로젝트를 제안했다. 디츠는 그 프로젝트를 운영하도록 위원회가 택한 전문가였다. 디츠는 이 프로젝트와 그의 다른 선도적인 연구를 통해 현대 살인범들에게 공통적인 10가지 행태를 정리했다. 거의 모든 암살범이 이런 행태를 보였다.

1) 약간의 정신장애를 보였다.

2) 표적이나 피해자를 연구했다.

3) 일기, 일지, 기록 등을 작성했다.

4) 무기를 입수했다.

5) 반드시 공격 대상자가 아니더라도, 유명인과 부적절한 의사소통을 했다.

6) 자아를 과장하는 (과대 성향, 자기도취증) 관념을 드러냈다.

7) 닥치는 대로 여행하는 성향을 드러냈다.

8) 스토커나 암살범과 자신을 동일시했다.

9) 통상적인 보안을 우회할 수 있는 능력이 있었다.

10) 유명인에게 반복적으로 접근했다.

유명인들을 보호하기 위해 우리 회사는 의뢰인을 죽이려는 사람은 물론, 괴롭힘이나 스토킹 같은 다른 방식으로 해를 끼칠 수 있는 사람도 주목한다. 우리는 사건을 평가할 때 위의 10가지보다 훨씬 많은 150가지 사건 발생 전 지표를 고려한다.

위의 모든 지표 중 꼭 알아야 하는 단 하나를 고르라면, 그것은 우리가 '능력에 대한 신념'이라 부르는 지표일 것이다. 이는 유명인에 대한 공격을 완수할 수 있다는 공격자의 신념이다. 이런 신념이 없으면 공격할 수 없다. 사실, 무슨 일이든 먼저 그 일을 할 수 있다고 어느 정도는 믿어야 한다. 따라서 사회가 해야 할 가장 중요한 질문은 "당신이 대통령을 성공적으로 저격할 수 있다고 믿습니까?"일 수도 있다. 암살범이 되려는 사람들은 당연히 이 질문에 항상 정직하게 대답하지는 않을 것이다. 사회도 이 질문을 할 기회를 항상 얻지는 못하겠지만, 어느 정도는 측정할 수 있기에 능력에 대한 신념은 암살에 관한 뚜렷한 사건 발생 전 지표다.

만약 정직한 대답이 "아뇨, 비밀 경호국 요원들이 득시글거리고 특별한 경호 조치가 취해져 대통령은 코빼기도 볼 수 없을 테니까요"라면, 그 사람은 대통령을 쏠 수 없다. 물론 영원히 신뢰할 수 있는 예측 변수는 아니다. 능력의 신념이 영향을 받을 수도, 바뀔 수도 있기 때문이다.

예를 들면 내가 60미터 높이의 절벽에서 바다로 다이빙할 수 없다고 믿으면 바다로 뛰어들 수 없다. 하지만 코치가 내 신념에 영향을 미칠 수도 있다. 다이빙 기술을 가르치고, 처음에는 6미터에서, 이어서 9미터, 15미터로 점점 높이를 높여 다이빙하도록 용기를 북돋워주면 내 능력의 신념이 바뀔 것이다. 애초에 자기가 할 수 없다고 믿은 일을 누군가 성공적으로 해내는 '사회적 증거'가 단일 영향력으로서는 가장 강력하다. 아카풀코 절벽에서 뛰어내려 태평양에 잠겼다가 안전하게 올라오는 다이버를 보는 것은, 이 일은 해낼 수 있고 나도 할 수 있다고 신념에 극적으로 영향을 미친다.

마찬가지로 유명인을 공격한 사람에게 미디어가 쏟아내는 어마어마한 관심은 다른 사람들의 능력의 신념을 강화한다. "저것 봐. 할 수 있는 일이라니까"라고 속삭인다. 널리 알려진 공격 이후에 다른 공격들이 극적으로 증가할 위험이 있다는 것은 놀라운 일도 아니다. 그것은 바로 유명인을 공격한 한 사람이 다른 사람들을 고무시켰기 때문이다(포드 대통령의 경우 2주 동안 두 건, 클린턴 대통령의 경우 6주 동안 두 건).

사회는 아주 다른 메시지 두 가지를 홍보하는 것으로 보인다.

1) 유명인을 공격하는 것은 거의 불가능하고, 만약 공격에 성공하고 살아남으면 사회에서 버림받고, 경멸당하고, 매도당하고, 잊힐 것이다.
2) 유명인을 성공적으로 공격하는 것은 아주 쉽고, 만약 공격에 성공하면 살아남을 뿐 아니라 세계적인 관심의 중심에 설 것이다.

우리는 홍보와 다를 바 없는 것을 논의하고 있기 때문에, 유명인을 공격한 것에 따른 정보는 지금과 사뭇 다르게 표현될 수도 있다. 어떤 범죄자를 체포한 것과 관련해 언론과 이야기하는 경찰 관계자는 '위험하고, 강력하며, 단단히 무장하고, 솜씨가 뛰어난 적을 이겼다'고 묘사하는 경향이 있다. "수사관들은 그자의 호텔 객실에서 45구경 권총 세 정과 200발이 넘는 탄약을 찾아냈습니다. 범인이 노련한 사수였기 때문에 수사관들이 호텔을 덮쳤을 때 아슬아슬했죠."

이런 묘사는 유사한 범죄를 생각하는 많은 사람에게 매력적으로 보일 것이다. 나는 내 사건에는 다른 접근법을, 범죄자에게 화려한 빛을 훨씬 덜 비추는 접근법을 권한다. 암살을 계획하던 사람을 체포한 뒤에 이런 기자회견이 이어졌다고 상상해보라.

기자 : 요원께서는 그 사람을 외톨이라고 설명하실 겁니까?

연방 요원 : 사실 패배자 이상이죠.

기자 : 그자는 체포될 때 전혀 반항하지 않았습니까?

연방 요원 : 네, 우리는 그자가 화장실 세탁물 바구니에 숨어 있는 것을 찾아냈습니다.

기자 : 그자가 암살에 성공할 수 있었을까요?

연방 요원 : 그럴 가능성은 거의 없었다고 봅니다. 그자는 어떤 일에도 성공한 적이 없거든요.

연방 요원이 이야기의 초점을 범인이 아닌, 다른 사람들과 암살에 맞서는 특수한 방법으로 돌린다면 가장 이상적일 것이다.

연방 요원 : 끈질기게 수사하고 새로운 기술을 적용해 이렇게 신속하게 체포

할 수 있도록 해준 특수 요원팀 여덟 명에게 찬사를 보냅니다.

초라한 호텔 객실 옷장에 든 총탄을 보여주는 대신 화장실 바닥에 놓인 더러운 속옷과 양말을 보여주길 권한다. 헬리콥터에서 내려 연방 요원 10명의 호위를 받으며 대기하고 있던 자동차 행렬로 가는 범인의 사진을 보여주는 대신, 경비원 한 명이 감시하는 가운데 더러운 티셔츠를 입고 어두운 복도 파이프에 수갑이 채워진 범인을 여자가 바라보고 있는 사진을 보여주길 권한다. 정체성을 찾고자 암살범이 되고 싶어 하는 자들 중 그런 모습을 보고 "그래, 내가 원하는 삶이 바로 이것이야!"라고 말하는 사람은 거의 없을 것이다.

이와 대조적으로 (대통령과 똑같이) 연방 요원들의 호위를 받고, (대통령과 똑같이) 대기하고 있던 헬리콥터를 재빨리 타고, (대통령과 똑같이) 범인이 어린 시절에 살았던 집을 텔레비전에서 보여주고, 뉴스에서 총기 전문가가 범인이 소지했던 것과 같은 총의 살상력을 극찬하고, 범인이 세웠던 계획을 "용의주도하다"고 설명하면, 이 모든 표현은 암살과 다른 미디어 관련 범죄들의 멋진 면들을 홍보하게 된다. 어떤 끔찍한 범죄를 저질러 체포되면, 범인의 삶 중 가장 중요한 날이 아니라 세상에서 망각되는 시작점이 돼야 한다.

하지만 FBI 요원들에게 둘러싸여 대기하던 기자들 앞을 당당히 행진해서 자동차 행렬로 황급히 다가가 헬리콥터 두 대를 이용해 훌쩍 사라졌던, 오클라호마시 폭파범으로 기소된 티머시 맥베이Timothy McVeigh의 삶에서는 가장 중요한 날이 됐다. 우리는 이런 광경을 기소된 유나바머 테드 카진스키에게서도 봤는데, 카진스키의 클로즈업 사진이 〈타임〉, 〈U.S.

뉴스 앤드 월드 리포트〉, 〈뉴스위크〉(두 번이나) 표지를 장식했다. 이들 세 잡지는 표지 문구에서 카진스키를 "천재"라고 묘사했다.

기자들은 흔히 암살범들을 마크 데이비드 채프먼, 리 하비 오스월드Lee Harvey Oswald, 아서 리처드 잭슨처럼 이름과 성뿐 아니라 가운데 이름까지 다 언급한다. 사람들은 암살범들이 공격하기 이전부터 실제로 이처럼 허세 가득한 풀 네임을 사용했으리라 믿을지도 모르지만, 암살범들은 그렇지 않았다. 그들은 마크, 리, 아서였을 뿐이다.

암살범들의 이름이 매력적으로 구체화돼 홍보되지 않도록 권한다. 범인의 이름을 시어도어 브라이언트 스미스라고 하는 대신에 테드 스미스Ted Smith라고 부르라. 공격 이전에 사용했던 별명 같은 것을 찾아내면 더욱 좋다.

연방 요원 : 그자의 이름은 시어도어 스미스지만, "처비[뚱뚱보] 테드"로 잘 알려져 있었죠.

우리 문화는 많은 롤 모델을 제시하지만, 암살범만큼 많은 환호와 영광을 차지하는 경우는 거의 없다. 공격에 성공한 사람들(그리고 심지어 실패한 사람들 일부)은 사람들의 입에 오르내리는 가장 유명한 인물에 속한다. 존 윌크스 부스John Wilkes Booth[에이브러햄 링컨 암살범]는 그 시대의 몇몇 사람을 제외하고는 훨씬 높은 명성을 유지한 채 역사에 남아 있다.

암살범들과 텔레비전 뉴스 간의 비극적인 공생 관계는 이해가 간다. 암살범들이 매우 시각적이고 극적인, 굉장한 볼거리를 주기 때문이다. 암살범들은 당신이 그들에 관해 무슨 말을 하든 고소하지 않을 것이고,

뉴스 제작자가 가장 원하는 스토리 피처[독자나 시청자의 감정을 자극하는 내용만 보도하는 뉴스], 즉 확장성을 제공한다. 더 많은 정보, 이웃들과 전문가들과의 더 많은 인터뷰, 고등학교 졸업 앨범에서 더 많은 사진이 나오게 될 것이다. (이 사건에 참여했다는 것만으로도 유명해질 수 있는) 변호사들 간의 경주가 포함된 재판이 있을 것이고, 배심원들의 평결을 기다리는 드라마가 있을 것이다. 무엇보다도 공격 순간을 찍은 비디오가 계속해서 방영, 또 방영될 것이다.

그러나 문제는 그 비디오가 암살을 홍보하는 것일 수도 있다는 점이다. 피앤지P&G가 치약 판매를 촉진시켰던 것과 마찬가지로, 틀림없이 텔레비전 뉴스의 접근은 유명인에 대한 공격을 부추긴다.

오래전인 1911년, 범죄학자 아서 맥도널드Arthur MacDonald는 다음과 같은 글을 썼다. "가장 위험한 범죄자는 통치자를 암살한 범인이다. ……신문, 잡지, 책의 저자들은 범인의 이름을 공표해선 안 된다. 자발적으로 그렇게 하지 않으면, 범인의 이름을 공개하는 행위를 경범죄로 만들어야 한다. 그러면 그런 범죄를 저지르는 주된 동기인 영광이나 명성, 악명에 대한 기대를 줄일 수 있을 것이다."

맥도널드는 미디어 시대의 암살범들이 결국 실제 네트워크 방송 쇼에 나온다는 것을 알면 실망하겠지만, 놀라지는 않을 것이다. 이미 맥도널드의 시대조차 매스미디어가 올바른 판단 없이 과대광고를 했기 때문이다. 1912년, 존 슈랭크John Shrank라는 남자가 시어도어 루스벨트Theodore Roosevelt를 죽이려 했다. 슈랭크가 교도소에 있는 동안, 그를 보석시키는 문제가 갑자기 불거졌다. '영화사 사람들'이 보석금을 내고, 암살 시도를 단편 뉴스영화로 만들기에 충분할 만큼 오랫동안 석방시키려 계획했기 때문이었다. 검사는 그런 영화에 반대하며, 법정에서 "그와 같은 영화는 젊은이들을 타락시키는 효과를 가져올 것이다. 이자를 영웅으로 만들고자 할 것이다. 젊은이들이 이자를 영웅으로 숭배하도록 허용해선 안 된다"고 영화가 미칠 비도덕적 영향을 염려했다. 새로운 장르를 개척할 수 없다는 것을 깨달았는지 영화사 사람들은 교도소와 겉모습이 비슷한 건물을 골라 슈랭크처럼 보이는 배우가 가짜 보안관 두 명 사이에 서 있는 모습을 찍었다.

○　　○　　○

암살 공격을 막기 위한 예방책을 살펴보지 않고서는 암살에 관한 논의를 마무리 지을 수 없을 것이다. 첫째는 물론 다른 위험들과 마찬가지로, 위험이 존재한다는 것을 배워야 한다. 예를 들면 바도 사건에서는 많은 경고가 있었다. 바도는 뉴욕과 로스앤젤레스에 있는 리베카의 에이전트를 통해 2년 넘게 부적절한 편지를 끊임없이 보냈다. 리베카의 프로그램이 녹화 중인 스튜디오에 바도가 모습을 드러냈을 때, 그에게 리베카가 어떤 무대에 있는지를 알려준 이는 스튜디오 경비원이었다. 바도는 "이거 너무 쉽잖아"라고 혼잣말했다.

한번은 바도가 스튜디오를 찾아가 경비대장에게 자신이 리베카 새퍼와 사랑에 빠졌고, 그녀를 보려고 애리조나에서 왔다고 설명했다. 경비대장은 바도에게 리베카가 만나고 싶어 하지 않는다는 말을 전한 뒤, 개인적으로 차를 몰아 바도를 그가 묵고 있는 모텔로 태워다 줬다. 불행히도 경비대장은 여러 가지 명백한 경고 신호를 봤음에도 (어쩌면 알아차리지 못했을 수도 있지만) 리베카 섀퍼를 2년 동안이나 쫓아다니고, 단지 그녀를 만나고 싶다는 생각만으로 버스를 타고 수백 킬로미터를 달려온 '상사병'에 걸린 남자 이야기를 그녀에게 알리지 않았다.

총격 사건 이후, 그 경비대장은 바도와 만난 일을 기자들에게 설명했다. "그저 상사병이려니 생각했어요. 우리는 여기 들어오려 애쓰는 사람들을, 편지를 보내는 팬들을 매년 100명씩이나 처리하거든요." 그 경비대장에게는 자신이 '표준 절차'라 부르는 것에 따라 팬 한 명을 다루는 문제였을 것이다. 하지만 바도에게는 강력하고 감정적인 사건이었다.

바도 : 스튜디오를 지키는 경비원들과 문제가 있었어요. 그들을 향한 감정을 리베카한테 돌렸죠.

나 : 어떤 감정이었지?

바도 : 분노였어요, 극심한 분노요. 그 사람들이 이렇게 말했어요. "아니, 너는 들어갈 수 없어. 나가라고. 여기서 꺼지란 말이야! 섀퍼 양은 관심이 없대. 귀찮게 하지 말라고 했어." 나는 그녀를 만나면 개인적으로 직접 이 문제를 논의해야겠다고 느꼈고요.

나 : 그러나 그녀가 그렇게 말한 건 아니었지?

바도 : 맞아요. 하지만 나는 그렇게 느꼈어요. 그게 리베카의 본모습이라고 생각했죠.

경비대장의 설명이 계속됐다. "(바도는) 스튜디오로 들여보내달라고 끈덕지게 졸라댔어요. '리베카 섀퍼'가 입에 달라붙어 있었죠. '그녀를 봐야 해요. 그녀를 사랑해요.' 뭔가 정신적으로 단단히 잘못돼 있었어요.

뭔가가 잘못돼가고 있었지만, 나는 그게 잠재적인 폭력이라는 걸 깨닫지 못했죠."

경비대장은 미연에 막을 수 있었던 비극이 벌어진 뒤에 자주 듣는, 반론할 수 없는 상투적인 말을 덧붙였다. "내가 뭘 더 할 수 있었겠어요?"

리베카 섀퍼가 죽고 약 2주 뒤, 널리 알려진 스토킹 사건이 그 질문에 대한 대답이 됐다. 이 스토킹 사건에는 내가 스티븐 야노프라고 부를, 공격자가 되고자 하는 사람이 관련됐다. 야노프는 한때 내 의뢰인 한 명을 쫓아다녔다. 우리는 야노프가 의뢰인에게 위험하지 않으리라 평가했지만, 의뢰인의 텔레비전 프로그램에 나오는 다른 조연에게는 위험할지도 모른다고 걱정했다. 우리는 그 여배우와 만나 사건의 심각성을 말했다. 경찰과 스튜디오 경비대는 추종자에게 멀리 떨어지라고 경고하면 그 문제를 해결할 수 있으리라 믿고, 열심히 그렇게 했다. 물론 그런 방법이 문제를 해결하지는 못했다.

1년쯤 뒤, 그 배우가 연극 리허설을 하고 있었다. 어느 날, 극장 밖에서 눈길을 끄는 남자를 보고 우리가 경고했던 그 남자일지도 모른다는 느낌을 떨쳐버릴 수 없던 그녀는 우리에게 전화했다. 우리는 몇 가지를 묻고 나서 그녀가 본 남자가 스티븐 야노프고, 그녀를 쫓아 거기 있던 것이 틀림없다고 확인해줬다.

그 배우와 그녀의 대리인들은 우리에게 조언을 구하고, 그대로 따랐다. 극장에 리허설을 하러 올 때 더는 정문을 사용하지 않았다. 매표소에는 야노프의 사진과 함께 그가 모습을 드러냈을 때 어떻게 하라는 지침이 전달됐다. 경호원 한 명과 같이 다니는 데 동의했고, 원하지 않는 대면을 줄이기 위해 우리가 고안한 몇 가지 전략을 적용했다.

5일 동안, 야노프는 그 배우를 스토킹했지만 이런 예방책 때문에 그녀와 만날 수 없었다. 야노프는 그녀가 출연하는 연극의 첫 공연 표를 샀다. 하지만 그에게는 그때까지 기다릴 정도로 인내심이 많지 않았다. 어느 오후, 야노프는 매표소로 바로 걸어갔고, 직원이 그를 알아보고 경찰에 신고했다. 야노프는 권총을 꺼내 들고 그 배우를 만나게 해달라고 요구했다. 매표소 직원은 그 권총이 장전돼 있지 않기를 바라며 도망쳤다. 야노프는 총구를 자신에게 돌려 그녀를 데려오지 않으면 방아쇠를 당길 것이라고 소리쳤다. 경찰과 4시간 동안 대치한 끝에 야노프는 체포됐다.

그 권총이 장전돼 있었을 뿐 아니라 야노프의 호텔 방에도 무기가 잔뜩 있었다는 사실이 나중에 밝혀졌다.

○　　○　　○

야노프 사건은 연예계가 유명인들의 안전에 중점을 둘 정도로 엄청나게 개선됐다는 사실을 보여준다. 지금은 여러 군데의 영화 관계 기관, 스튜디오, 기획사가 정기적으로 부적절한 편지나 방문에 대해 전문적인 평가를 받는다. 바도 사건에서와 달리, 이제는 유명인들이 부적절한 추종에 관한 정보를 들을 가능성이 훨씬 높아졌다. 이런 조치와 그 외의 개선 조치 덕분에 분명한 결과가 나타나고 있다. 최근 유명인들을 공격하고 성공하는 비율이 현저히 감소하고 있다.

나는 이와 똑같은 말을 프로스포츠계에도 할 수 있기를 바란다. 테니스 스타 모니카 셀레스Monica Seles에 대한 암살 미수가 스포츠 스타들에 대한 마지막 공격이지는 않을 것이다. 그러나 조금만 노력하면 무관심

탓에 촉발된 마지막 공격이 될 수는 있다.

셀레스 사건에 관해 거의 알려지지 않은 세부 사항을 펼쳐놓기 전에 당신 안전과도 관련 있는, 유명인들이 직면하는 위험에 관해 좀 논의했으면 한다. 폭력은 예방할 수 없다는 것이 사회적 통념이다. 존 케네디는 한때 "어떤 사람이든 자기 목숨을 대통령의 목숨과 기꺼이 바꾸려 하기" 때문에 암살을 저지할 수 없다고 주장했다. 자주 인용되는 케네디의 이 의견은 그럴듯하지만, 완전히 잘못됐다. 사실 암살은 예방할 수 있을 뿐 아니라, 성공한 것에 비해 훨씬 많이 저지됐다. 피해자보다 암살범에게 유리한 것이 몇 가지 있기는 하지만, 암살범에게 불리하게 작용하는 더 많은 요인이 있다. 문자 그대로 암살범들이 실패할 수많은 기회가 존재한다. 반면 암살에 성공할 기회는 극히 희박하다. 암살은 아무나 할 수 있는 범죄가 아니고, 사실상 그리고 비유적으로도 성공할 기회가 딱 한 번 뿐인 범죄다.

존 케네디처럼 자신의 안전에 관해 숙명적인 태도를 취하는 사람들(예를 들면 "도둑질은 저지할 수 없다. 누군가는 항상 몰래 들어올 방법을 찾아낼 수 있다")은 정당한 예방책을 세우지 않는 변명으로 그런 말을 하는 경우가 많다. 그렇다. 집념에 찬 범죄는 저지하기 어려울지 모르지만, 예방책을 세우지 않으면 집념을 갖지 않은 범죄에도 취약해진다.

셀레스 사건에서 모든 사람은 그녀가 유럽에서 대중 앞에 모습을 드러낼 때는 경호원이 있어야 마땅하다는 사실을 알고 있었다. 유고슬라비아[지금의 세르비아] 출신인 셀레스는 세르비아와 크로아티아가 다투는 유럽에서 가장 큰 분쟁에 깊숙이 말려들었기 때문에, 그녀가 대중 앞에 나타나면 정치적인 데모가 벌어지기 일쑤였다. 셀레스는 대회에 참가할 때마다 경호원과 함께했고, 1993년 독일에서 벌어진 시민 대회Citizen Tournament에 참가했을 때도 마찬가지였다.

그럼에도 테니스 코트에 도착하고 얼마 지나지 않아 역사상 가장 뛰어난 선수 중 한 명이 중상을 입고 피를 흘리며 바닥에 누웠다. 겉보기에는 경호원 두 명의 보호를 받는 것처럼 보였지만, 셀레스는 모든 암살 방법 중 가장 저지하기 쉬운 칼에 당하고 말았다. 왜 경호원들이 실패하고, 공격자인 귄터 파르헤Gunter Parche가 성공했을까?

경호원 두 명 중 만프레트가 경찰 진술을 통해 내 질문에 대답했다. 그러나 그는 부적절한 말로 진술을 시작했다. "저는 통신 회사 직원입니다. 테니스 경기장에서는 부업으로 사설 경호 회사 직원으로 일하고요."

아마도 스타 테니스 선수는 당연히 자신에게 배정된 경호원이 훈련과 경험을 쌓은 전문가라고 기대했을 것이다. 셀레스는 적어도 안전에 문제가 있을 가능성을 논의했으리라고, 심지어 위험이 닥쳤을 때 어떻게 대처해야 할지까지 논의했으리라고 기대했을 것이다.

하지만 그런 일은 없었고, 대회 주최자들은 셀레스의 생명을 보호하기 위해 배정한 사람들이 자격 없는 파트타임 직원이라는 사실을 알려주지 않았다. 셀레스는 그런 사실을 귄터 파르헤가 그녀의 등을 칼로 찌르고, 팔을 들어 올려 재차 찌르는 사건을 겪으며 알 수밖에 없었다.

두 번째 경호원의 이름은 헨리인데, 그 사람의 진술도 부적절한 말로 시작됐다. "저는 원래 함부르크 항구에서 짐을 싣는 일을 합니다. 테니스 경기장 경비 책임자는 부업이고요. 이번 대회에서는 특별히 모니카 셀레스와 동행하며 그녀를 돌보는 일을 맡았습니다."

놀랍게도 경호원 둘 모두 공격자 귄터 파르헤가 칼로 찌르기 전에 특별한 느낌을 받았다고 진술했다. 헨리는 그 공격자를 상당히 정확하게 묘사했다. "그걸 육감이라 불러야 할지 어떨지 설명할 수는 없지만, 저는 그 남자를 알아봤습니다. 이 남자가 이상하다고 뭔가가 나한테 말해주더군요. 그가 걷지 않고 몸을 흔들고 있었거든요. 더 자세히 설명할 수가 없네요. 그 남자를 보자마자 불쾌한 느낌이 들었습니다. 이미 말했듯이 더 자세히 설명할 수는 없지만요."

공격자에 관한 직관이 있었음에도 불구하고, 그가 말하고자 하는 핵심은 자신이 '그것을 설명할 수 없다'인 것처럼 보인다.

헨리는 다른 사람에게 자신의 불안을 말하는 대신 (전 세계 테니스 선수들 중 가장 논쟁이 되는 인물을 경호하는 책임을 진 사람이었음에도 불구하고 손에 들고 있던) 커피 잔을 내려놓고, 내가 지금도 짐작이 가지 않고 헨리도 당시에 뭘 하려고 했는지 몰랐던 행동을 하기 위해서 어슬렁거리며 다가갔다. 물론 헨리가 두어 발자국을 뗐을 때는 이미 공격이 시작되고 끝나 있었다.

헨리와 만프레트는 뭘 해야 할지 몰랐기 때문에 그들을 비난하는 것이 공정하지 않을 수도 있다. 그렇지만 뭘 해야 할지 몰랐다는 것이 내 말의 핵심이다.

셀레스가 상처에서 회복되는 동안, 테니스 대회 주최자들은 그런 공격은 저지할 수 없다는 생각을 홍보하기 시작했다. 주최자인 제리 다이아몬드 Jerry Diamond 는 CNN과의 인터뷰에서 테니스 경기장에서는 금속 탐지기로 무기를 제대로 검사하지 못할 것이라고 말했다. "벽과 천장과 지붕이 있는 폐쇄된 시설에서는 뭐, 그런 모든 일들이 가능하겠죠. 그러나 금속 탐지기가 그런 일을 저지르려고 마음먹은 사람을 막지는 못할 겁니다."

일부 시설에 벽과 천장이 없기 때문에 테니스 경기장에서는 제대로 무기를 검색할 수 없다는 다이아몬드의 진술은 말도 되지 않는다. 나는 그 말을 들었을 때, 그렇게 잘못된 확신을 가지고 생과 사가 달린 의견을 내뱉을 수 있다는 것이 무척이나 불쾌했다. 다이아몬드는 나중에 무기 검색이 "웃기는 짓"이라고 했지만, 주최자로 활동하는 내내 무기보다 훨씬 더 작은 것, 자신이 팔아치운 입장권 종이 쪼가리를 확인하기 위해 모든 관람객을 한 명도 빠짐없이 검색하려 했다.

다이아몬드는 텔레비전 프로그램 대부분이 이제 관객들을 금속 탐지기로 검색한다는 사실을 모르는 것처럼 보였다. 왜? 그렇게 검색하지 않으면 TV 스타를 해치려고 마음먹은 무장한 사람이 입장권을 얻어, 로버트 바도가 칼을 감추고 리베카 섀퍼가 출연한 텔레비전 스튜디오를 찾아갔을 때처럼, 그리고 파르헤가 시민 대회에서 했던 것처럼 표적에 아주 가까이 다가갈 수 있기 때문이다. 관객들을 검색하면 관객들의 가방과 주머니에 뭐가 들어 있는지 알기 때문에 그들의 머릿속에 어떤 생각이 들어 있는지 걱정할 필요가 없다.

법원, 공항, 텔레비전 스튜디오, 시청, 콘서트장, 고등학교, 심지어 (천장이 없는) 슈퍼볼 경기장에서도 무기 검색을 할 수 있는데, 웬일인지 어떤 사업가는 테니스 경기장에서는 아무 소용이 없다고 말하고 있다. 물론 다이아몬드 씨 방식대로 무기 검색을 생각하면 편리하긴 하다. 공격을 저지할 수 없다면 다이아몬드와 다른 주최자들에게 공격을 저지하려 애쓸 의무가 없기 때문이다.

프로 테니스 경기의 보안 취약점에 관해 질문을 받은 또 다른 대변인은 대회가 전 세계에서 펼쳐지기 때문에 보안 예방책이 표준화될 수 없다고 설명했다. 정말로? 전 세계 모든 곳에서 테니스공은 2.5미터 높이에서 떨어뜨렸을 때 135~147센티미터 범위로 바운드돼야 한다. 전 세계의 모든 테니스 구장은 정확히 길이 23.8미터에 폭 8.2미터여야 하고, 서브를 넣는 장소는 네트에서 서비스를 넣는 선까지 정확히 6.4미터여야 한다. 내게는 이런 규정들이 표준화된 것처럼 들리는데도 주최자들은 모든 나라에서 표준화된 신뢰성 높은 접근 통제 시스템을 어떻게 갖출 수 있는지 물었단 말인가? 음, 이제 곧 그런 시스템을 갖춰야 할 문제에 직면할 것이다.

셀레스가 공격받은 이후에 여자 테니스 협의회는 보안을 강화했다고 공표했지만, 주최자들에게 관객들을 검색할 금속 탐지기 사용과 (아이스하키 경기장에 설치된 것과 같은) 구장과 관객석 사이에 투명한 방어벽을 설치하는 명백한 두 가지 조치를 취하라고 요구하지 않았다. 당신 자신의 삶도 포함될 수 있는 불충분한 보안 개선은, 전혀 그렇지 않은데도 사람들에게 안전에 역점을 두고 있다는 잘못된 마음의 평화와 확신을 주기 때문에 아무것도 하지 않은 것보다 더 나쁠 수 있다. 형편없이 설계된 보안은…… 공격자를 제외한 모든 사람을 우롱한다.

○   ○   ○

사람들은 누가 유명인을 스토킹한다는 말을 들으면, 채프먼과 힝클리와 자신이 기억해낼 수 있는 몇몇 다른 스토커로 구성된 명단에 이 사건을 더할 수 있겠다는 생각을 할지도 모르겠다. 사실 각 스토커는 훨씬 더 기다란 명단에 수록됐다. 우리 회사는 2만 건 이상의 스토킹 사건을 관리하는데, 그중 0.25퍼센트만 공개됐다. 몇몇 개인 의뢰인은 대중에게서 매주 1만 통 이상 편지를 받고, 그 편지 중 일부는 우리의 위협 평가 관리국TAM 직원이 검토할 요건을 충족한다.

공적 생활을 하는 사람에게는 늘 살해 위협, 스토킹, 기괴한 요구, 끈질긴 추적이 따라붙는다. 우리 일은 대부분 사람이 있으리라 믿지 않는, 그렇지만 보이지 않는 곳 바로 아래에 실제로 존재하는 우리 문화의 이면을 들여다보게 만든다. 2년 동안 접한 사건 유형을 간단히 예로 들고자 한다.

- 어떤 여자가 의뢰인에게 "그가 엉뚱한 사람과 결혼했다"는 이유로 6000통이 넘는 살해 위협 편지를 썼다.
- 어떤 남자가 의뢰인에게 "이게 자기처럼 아름다워서" 죽였다며 코요테 사체를 보냈다.
- 어떤 남자가 연인 관계를 맺길 바라는 여배우에게 편지를 매일 여러 통 보냈다. 1주에 여섯 번이나 답장이 왔는지 보려고 수 킬로미터를 걸어 자기 마을의 우체국에 갔다. 8년 넘게 그 사람은 배우에게 1만 2000통 이상의 편지를 보냈고, 그중 한 통에는 "이 사진에 찍힌 총이 보여?"라는 글과 함께 자신의 사진을 동봉했다. 우리는 그가 배우의 집에 모습을 드러낼 때까지 기다렸다.
- 유명해지고 싶은 생각에 사로잡힌 어떤 남자는 한쪽 눈썹과 머리카락 절반과 수염 절반을 박박 밀고 유명한 남자 배우를 쫓아 국토를 횡단했다. 배우의 고향에 도착한 그는 바로 스포츠용품을 파는 상점으로 갔

고, 소총 한 정과 망원렌즈의 값을 치렀다. 그 남자는 의뢰인이 중요한 자리에 모습을 드러내기 전날 밤 체포됐다. 나와의 면담에서 그 스토커는 "시저를 죽이는 사람이 유명해지잖소"라고 말했다.

• 어떤 남자가 유명한 가수에게 칼로 꿰뚫린 심장을 그린 그림을 보냈다. 6개월 뒤, 그는 "그녀에게 죽음이 찾아오도록 세레나데를 불러주려고" 그녀의 대문 앞에 있었다.

그리고 근접할 수 없는 유명인과 관련돼 있다는 망상의 영향을 받아 엉뚱한 사람에게 끔찍한 범죄를 저지른 사람들이 있었다.

• 어떤 남자가 자신이 푹 빠져 있는 유명 모델이라 생각하고 10대 소녀를 칼로 찔렀다.
• 어떤 10대 소녀가 제 부모들을 죽이고, 유명 영화배우가 지시했다고 말했다.
• 널리 알려진 어떤 사건에서 랠프 노Ralph Nau라는 남자는 모두 우리 회사 의뢰인, 유명한 여자 네 명과 관련된 사악한 망상에 시달렸다. 그는 사악한 사기꾼이라 믿었던 어떤 의뢰인에게 집중했다. 그는 개 한 마리를 죽여 그 이빨을 내 의뢰인 중 한 명에게 보냈다. 나중에는 그녀를 찾으러 전 세계 방방곡곡을 돌아다니며 거의 5만 킬로미터에 달하는 거리를 여행했다(그는 그 '사기꾼'이 어디 사는지 알지만, 그곳으로 찾아가지는 않았다).
한번은 노가 그 '사기꾼'이 개최하는 콘서트에 갔는데, 자신을 둘러싼 모든 좌석을 TAM 요원들이 차지하고 있다는 것은 알아차리지 못했다.

우리는 그를 교도소에 감금시키거나 정신병원에 입원시킬 수 있는 방법을 찾아봤지만, 노는 착실히 직장에도 나가고 법을 위반한 적도 없었다. 동물 병원에서 일하는 탓에 개를 죽인 것도 범죄로 입증할 수 없었다. 우리는 3년 동안 하루도 빠지지 않고 그를 가까이에서 지켜봤다. 그 뒤 노는 제 가족이 있는 집으로 돌아갔다. 나는 노의 아버지에게 그가 600통이나 보낸 편지에 담긴 내용으로 봐서 가족 중 누군가가 위험해질 가능성이 극히 높다는 사실을 알렸다. 2~3개월이 채 지나지 않아 그는 자신의 8살 먹은 이복 남동생을 도끼로 죽였다. 남동생은 텔레비전에 나오는 아주 중요한 뭔가를, 노가 느끼기에 내 의뢰인이 자기에게 보내는 신호를 보지 못하게 방해하고 있었다(살인을 저질렀다고 자백했음에도, 그는 절차상의 문제로 무죄를 선고받았다. 그는 2~3개월마다 정신병원에서 풀려나게 해달라고 법원에 청원할 수 있고, 우리는 2~3개월마다 그에게 불리한 증언을 할 준비를 하고 있다).

우리의 TAM 직원들이 평가한 사실상 정신착란이 위험을 초래한 사건의 수를 고려하면, 나는 의뢰인을 보호하는 우리와 추종자 사이의 연결을 유지할 필요가 있다고 절감한다. 그래야만 예측이 정확해질 가능성이 높기 때문이다.

평가를 담당하는 직원들은 각 사건에 관한 프로필을 조합한다. 어떤 시점에 이르면, 우리는 평가되고 있는 개개인을 '프로파일'이라고 거론하기 시작한다. 이는 우리 작업에서 점차 증대하는 고유한 전문용어가 되고 있으며, 그 일부는 이 책에서 여러분과 공유하고 있다. 예를 들면 자신이 메시아나 커크 선장[〈스타트렉〉에 나오는 우주선 엔터프라이즈호의 선장] 혹은 매릴린 먼로라고 믿는 사람들은 (정체성 망상을 의미하는) DEL-ID_{delusions of identity}라고 부른다. 의뢰인들 중 한 명과 결혼했다고 믿는 사람들은 (결혼 망상을 의미하는) SPOUSE-DEL_{spousal delusion}이라고 부른다. 자신이 신이나 어떤 목소리나 자신의 뇌에 장착된 기계의 지시에 따라 행동한다고 느끼는 사람들은 (외부 통제의 약자인) OUTCON_{outside control}이라고 부른다.

처음에는 이런 전문용어가 우리의 평가를 비인간적으로 만들고 비인격화한다고 걱정했다. 그러나 끈질기게 들러붙는 사람들을 만나면 만날수록 그들의 삶을 더 자세히 알게 되고, 그들 가족이 겪은 고통과 비극을 이해하자 이런 걱정은 증발해버렸다. 경찰과 여러 번 대면하고, (정신)병원에 입원하고, 상상의 적에게 혹독하게 추적당하고, 사랑하는 사람들에게 배신당했다고 여기고, 새로운 장소로 옮겨져 그곳에 적응하지 못하고 또 다른 곳으로의 이동을 걱정하고, 무엇보다 온통 외로움으로 뒤얽힌 삶을 살아가는 사람들과 밀접해지게 되면 심각하게 영향을 받을 수밖에 없다.

아니, 우리 회사가 평가 작업에 있어 인간적인 측면에서 너무 멀리 떨어질 가능성은 없다. 우리는 정신병원을 탈출해 자신이 '사랑하는' 유명인에게 최후의 편지를 보내고 자살한 젊은이를 잊을 수 없다. 우리는 다른 사람들을 죽이고 범죄를 저지른 이유에 어떻게든 연예인을 연루시켰던 사람들을 잊을 수 없다. 무엇보다 우리 의뢰인을 해칠 수도 있는 사람들을 잊을 수도 없고, 잊어서도 안 된다.

○　　○　　○

　사람들의 관심을 끌고 싶고 자신의 정체성을 찾고 싶은 대부분의 암살범은 "남아돌 만큼 정체성이 강한 유명인을" 찾아간다고 파크 디츠는 지적했다. 암살범들은 누가 유명인을 죽이거나 시도했을 때 모든 미디어가 떠들어대는 가장 큰 뉴스거리가 된다는 것을 잘 안다. 텔레비전 기자가 카메라맨과 서 있는 곳에서 불과 두어 걸음 떨어진 곳에 또 다른 기자가 자신의 카메라맨을 대동하고 모두 이 범죄가 '말도 안 되는 행위'라고 떠들어댈 것이다.

　그러나 범인에게는 암살이 말이 되는 행위고, 그런 기자들의 등장이야말로 말이 되는 일의 일부다. 말 그대로 수백만 달러를 들여 대통령이 자동차나 헬리콥터를 타고 내리며 걷는 모습을 내내 녹화하며 소비하는 것도 말이 안 된다. 누군가 '암살 지켜보기'라고 이름 붙이고, 언론사들은 첨단전자 장비를 사용하여 누군가 총을 쏘기 시작하는 장면을 포착할 수만 있다면 충분히 돈이 된다고 결론 내렸다. 자신들의 방송사 직원과 위성방송 수신 안테나를 장착한 트럭과 동원된 모든 장비와 녹화된 비디오테이프가 총격 장면을 잡을 수만 있다면 말이다. 따라서 텔레비전과 암살범은 동일한 범죄에 투자를 한 것이며, 2~3년마다 한 번씩 둘 다 암살로부터 이익을 거둬들이고 있다.

　닉슨 대통령을 암살하려다가 나중에 대통령 후보인 조지 월리스로 표적을 바꾼 아서 브리머를 기억하는가? 브리머는 시청률 조사 회사 닐슨을 자랑스럽게 만들 것인가 하는 측면에서 자신의 행위를 저울질했다. (자신이 유명해진 뒤에 출판할 의도를 항상 가지고 있었던) 자신의 일지에서, 브리머는 자기 등급이 어떻게 매겨질지 걱정했다. "전쟁이 벌어지고 있는 베트남에서 뭔가 큰일이 터지면, (내 공격이) 전국 텔레비전 뉴스에서 3분 이상 방송되지 않을 수도 있다."

이런 말도 안 되는 행위들이 완전히 말이 되고 있다.

◇

14장

심각한 위험

"기본적으로 우리의 안전이 추구돼야 한다.
우리 자신의 오른손으로 가져와야 한다."

윌리엄 워즈워스William Wordsworth[영국의 낭만파 시인]

우리 모두는 사는 동안 우리를 놀래거나 위험하게 할 수도 있는 사람을 만나게 되겠지만, 다들 보다시피 걸출한 유명인에게는 원하지도 않는데 만나려고 쫓아다니는 사람이 말 그대로 수백 명 있을 수 있다. 나는 팬들을 말하는 것이 아니다. 유명인을 해치라는 신의 명령을 받고 있다고 느끼는 사람들, 혹은 특정 유명인과 결혼할 운명이라고 믿는 사람들, 어떤 유명인이 인질로 잡혀 있다고 믿는 사람들 등을 말하는 것이다. 이런 사례들은 우리 모두가 배울 수 있는 교훈을 갖고 있다. 나는 안전을 가장 위협하는 심각한 위험조차 처리할 수 있다는 것을 보여주는 사건 하나를 제시하고자 한다.

이 책에서 망상, 살해 협박, 스토킹, 정신 질환, 아동 학대, 총기 난사,

부모를 죽인 아동들을 살펴봤다. 놀랍게도 이 모든 요소를 포함하여 사실상 명예의 범죄 전당에 등재될 사건이 있다.

◦　　◦　　◦

1983년 7월 20일 오후 4시쯤, 나는 이제 막 공식 행사를 마친 의뢰인을 만나려 로스앤젤레스의 한 호텔에 있었다. 내가 로비를 가로지를 때 PSD, 즉 우리 회사 경호 경비국의 경호원 중 한 명이 내게 손을 흔들었다. 그 경호원은 회사에서 보낸 중요한 무선통신에 관해 할 말이 있으니 내가 우리 차량 중 한 대에 탔으면 좋겠다고 했다. 여느 때와 마찬가지로 우리가 비상 사태를 완곡히 표현하는 '예정에 없던 출발'에 완전히 대비한 차량들이 줄지어 늘어서 있었다.

내가 받은 보고는 몹시 걱정스러운 것이었다. 그날과 이후 30일간 내 스케줄을 전부 취소할 만큼 심각했다.

"루이지애나주 제닝스 카운티 경찰이 처참하게 살해된 시체 다섯 구를 발견했다. 유력한 용의자는 마이클 페리Michael Perry다."

◦　　◦　　◦

처음 듣는 이름이 아니었다. 마이클 페리는 우리 회사가 평가한 수천 명의 정신 이상적 추종자 중 한 명이자, 가장 위험하다고 분류한 몇 안 되는 자 중 하나였다. 무선통신 내용은 나만 보도록 전해졌는데, 그것은 페리가 집착하는 유명인이 우리 회사의 오랜 의뢰인일 뿐 아니라 내 소중

한 친구였기 때문이다.

페리가 집착하는 의뢰인은 세계적으로 유명한 가수이자 영화배우였다. 그녀의 집에는 거의 1년 동안 PSD 요원들이 배정돼 있었다. 24시간 내내 그녀 곁을 지키며 경호하는 예방책은 페리가 모습을 드러낼 수도 있다고 예측했고, 덧붙여 살의를 품은 또 다른 스토커(랠프 노) 때문에 부분적으로 취해지고 있었다. 우리 회사와 말리부의 의뢰인 집에 있는 무전기가 연신 뉴스 속보를 쏟아냈다. TAM, 즉 위협 평가 관리국 직원이 이미 경찰과 이야기를 나누고 있었다. 나는 FBI 현장 요원과의 면담 일정이 잡혀 있었다.

인기 연예인에게 급박한 사태가 닥치리란 보고는 드물지 않지만, 그 상황에 관해 많이 알아두면 알아둘수록 사태가 훨씬 덜 심각해지는 것이 보통이다. 그런데 마이클 페리 사건에서는 그와 정반대 상황이 발생했다. TAM 직원 한 명이 페리에 관해 수집한 우리의 정보를 검토하는 동안, 또 다른 직원은 루이지애나주 제닝스 카운티에서 경찰에게 정보를 수집했다.

나는 의뢰인이 개인적으로 꼭 해야 할 일이 있는 경우를 제외하고는 특정한 사건들을 그들에게 말해주지 않는다는 원칙을 고수하고 있다. 페리 사건은 그런 원칙을 벗어나야 하는 지경에 이르렀고, 나는 의뢰인에게 페리가 거의 2년 동안이나 집착하고 있었다는 사실을 말해줘야 했다. 페리는 의뢰인을 추적해 여러 번 로스앤젤레스로 온 적이 있는 숙련된 생존주의자였다. 페리의 부모는 이번 살인 사건의 피해자에 속했고, 그들 집에서 강력한 소총 한 정과 적어도 두 정 이상의 권총이 사라졌다. 페리에게는 이미 로스앤젤레스에 도착하고 남을 충분한 시간이 있었다. 페리는 최근에 정신과 의사에게 내 의뢰인이 "악마이며, 죽어야 한다"고 말했다.

그런데 나는 이런 내용을 전화로 알려주기 전에 모든 것을 뒤바꿔놓은 세부 사항을 하나 더 알게 됐다. 페리가 살인 현장에 남긴 쪽지 내용을 바탕으로 나는 의뢰인이 아주 심각한 위험에 처할지라도 이전에 한 번도 해본 적 없는 일을 하기로 했다. 의뢰인에게 전화해 내가 30분 안에 도착해 호텔로 데려갈 테니 2~3일 동안 지낼 짐을 꾸리라고 부탁했다. 지금 내가 아는 바로는, 경호팀이 함께 있더라도 그녀를 집에서는 적절하게 보호할 수 있을 것 같지 않았다.

의뢰인 집 근처까지 가보니 경찰이 도로를 봉쇄했고, 보안관실 헬리콥터 한 대가 굉음을 내며 머리 위를 날아다녔다. 불과 몇 분 지나기 전에, PSD 지원 차량의 호위를 받으며 그녀의 집에서 멀어지는 가운데 나는 의뢰인이 염려하는 것에 대한 대답을 해주었다. 호텔에서 PSD 요원 두 명이 더 합류할 예정이었다. 호텔에는 하역장을 통해 들어가 직원용 엘리베이터를 타고 올라갈 예정이었다. 그리고 의뢰인의 스위트룸 바로 옆 객실이 보안 사령실 역할을 하도록 개조되고 있었다.

우리 회사 직원 두 명이 이미 루이지애나를 향해 로스앤젤레스를 출발했다. 그들이 다음 날 아침, 살인 현장에 도착했을 때는 이미 시신들이 치워졌지만, 현장 사진에는 살인 사건의 소름 끼치는 장면이 아주 고스란히 드러나 있었다. 페리는 자기 부모 눈을 산탄총으로 쐈다. 그 집에 있던 아직 아기인 조카도 죽었고, 다른 집에 무단 침입해 두 사람을 더 죽였다.

페리가 자기 부모님 집 거실 벽에 달린 히터에 산탄을 여러 발 쏴댄 흔적을 봤다. 부서진 히터는 페리가 피해자들의 눈을 쏜 이유와 함께 내일

풀게 될 미스터리였다. 그때는 쪽지 한 장을 주의 깊게 살펴보는 바람에 이런 세세한 부분들을 슬쩍 보고 지나쳐버렸다.

시신 바로 옆에서 그 지역 드라이클리닝 업체 홍보 메모지철이 발견됐다. 맨 위 장에 이름 여러 개가 적혀 있었는데, 몇몇은 줄로 긋고 다시 적었고, 몇몇은 다른 이름들과 선으로 이어졌고, 몇몇은 동그라미가 쳐졌고, 몇몇은 밑줄이 그어졌고, 몇몇은 대괄호로 표시됐고, 나머지 이름들은 셋 혹은 넷씩 묶여 나뉘어 있었다. 이름과 선은 페리가 죽일 사람을 줄이려고 노력한 결과였다. 몇몇은 루이지애나에 살았고, 한 명은 텍사스에, 한 명은 워싱턴 D.C.에, 그리고 한 명은 말리부(내가 가장 걱정하는 사람)에 살았다. 이들 중 어느 누구도 자신이 마이클 페리의 적들 사이에 벌어지는 기괴한 경쟁의 일부라는 것을 알 리 없었다. 이들 중 어느 누구도 어떤 남자가 루이지애나의 작고 더러운 집에서 그가 방금 사살한 가족 세 명의 시신 곁에 앉아 자신을 죽일지 살려둘지를 침착하고도 진지하게 가늠하고 있었다는 것을 알 리 없었다.

페리는 자신이 이미 죽인 사람 이름 옆에 '하늘sky'이라 적었고, 우선순위 10위에 들지 않는 몇몇 이름들에 줄을 그었다. 그러고도 내 의뢰인의 이름이 남아 있었다. 이제 나는 마이클 페리를 찾아내야 했다.

페리가 작성한 명단은 우리를 루이지애나의 눅눅한 강어귀로 끌어냈을 뿐 아니라, 내가 페리의 이력을 샅샅이 파헤치게 만들었다. 그를 추적했던 몇 주 동안, 나는 페리의 가족과 제닝스 카운티 주민들을 잘 알게 됐고, 정신 분열에 걸린 페리의 누이를, 페리가 "10명씩 짝을 지어" 살해하겠다는 계획을 털어놓은 의사를, 살인 현장에서 페리의 발자국을 뜬 석고 모형을 우리에게 급송해준 검시관을, 페리가 자기 집 개의 목을 어떻게 잘랐는지 말해준 이웃 소년을, 페리에게 생존주의 관련 책들을 빌려줘 체포를 힘들게 만든 도서관 사서를 알게 됐다. 나는 얼마 지나지 않아 마이클 페리를 알고자 했던 그 누구보다 더 그를 잘 알게 됐다.

○　　○　　○

우리 회사에서 파견된 사람들이 루이지애나에서 이틀째 날을 맞기 시작했을 때, 다른 사람들은 재빨리 내 의뢰인의 등을 떠밀어 호텔을 빠져나와 캘리포니아주를 벗어난 곳에 임대한 안전 가옥으로 데려갔다. 또 다른 사람들은 단서를 찾아 캘리포니아, 네바다, 텍사스, 워싱턴 D.C., 뉴욕, 심지어 아프리카까지 쫓아갔다. 루이지애나주 제닝스 카운티의 소규모 보안관실 소속 수사관 세 명이 모두 마이클 페리 사건에 투입됐고, 우리 회사에서 파견된 14명이 수사에 가담했다.

그레이스와 체스터 페리는 아들이 언젠가 자신들을 죽이리라고 오래전에 예측했다. 마이클 페리가 마을에 있을 때마다 그의 어머니는 문을 걸어 잠그고 집 안에만 있었고, 남편이 집에 같이 있는 경우가 아니면 아들을 안에 들이지 않았다. 그들은 집 안에 총을 여러 자루 숨겨뒀고, 아들이 찾아올 때마다 돈을 쥐여주며 얼른 떠나기를 바랐고, (내 의뢰인을 찾으러) 캘리포니아로 떠날 때면 안심하고 잘 수 있었다. 마이클 페리가 언제부터 스스로 고아가 되고 싶을 만큼 화났는지 분명하지 않지만, 그의 말에 의하면 어머니가 일곱 살 때 자기를 집 벽에 달린 히터에 밀어붙였다고 하니, 그때부터였을 수도 있다. 다리에 난, 볼썽사납고 창피스러운 화상 흉터는 페리에게 매일 그날의 사고를 생각나게 만들었다. 히터에 산탄총을 난사한 것은 20년 이상 기다려온, 너무나 사소하고 너무나 뒤늦은 복수였다.

마이클 페리가 점점 자라면서 그에 관한 이야기가 언제나 사람들의 입에 오르내렸고, 이웃들은 페리가 왜 그런 기괴한 짓을 하는지 그 이유를 알아보려는 노력을 포기했다. 예를 들면 페리는 '크랩Crab'이라는 별명으로 불리기를 좋아했고, 나중에 변호사를 고용해 자기 이름을 '아이 Eye'라고 합법적으로 개명했다. 모두들 또 하나의 의미 없는 짓이라고 여겼지만, 이는 꽤나 의미 있는 행동이었다. 아버지가 직장에서 돌아와, 오토바이를 타는 등 그날 저지른 여러 가지 죄를 물어보는 16살 먹은 남자애는 마이클 페리만이 아니었다. 그러나 마이클 페리만이 그가 저지른 비행을 아버지가 낱낱이 아는 16살짜리 남자애였을 것이다. 마이클의 아버지 체스터는 이웃에게 현관에 앉아 아들을 지켜보고 그가 한 짓을 알려달라고 부탁해놓은 덕분에 섬뜩할 정도로 정확하게 그의 잘못들을 집어낼 수 있었다.

마이클의 아버지는 아들에게 "내가 일하러 갈 때는 내 눈들을 집에 두고 간다"고 말했다. 마이클 페리는 그런 눈들의 감시를 피하려고 28년이나 애썼고, 심지어 자신이 상징적으로 '눈'이 되려 했다. 그러다 1983년 7월 19일, 제 아버지의 눈을 영원히 감게 만들었다.

페리의 집은 30센티미터 높이 기둥 위에 지어졌다. 많은 아이가 침대 밑에 뭐가 있는지 겁내는 것과 마찬가지로, 아이라면 집 바닥 밑에 뭐가 있는지 두려워할 수 있다. 그러나 대부분 아이와 달리 페리의 두려움은 진정되지 않았고, 바닥 밑의 공간에서 시체가 떠오르는 정교한 망상으로 발전됐다.

페리의 병리 현상 대부분이 바로 집과 관련 있는데, 왜 페리의 정신은 2400킬로미터나 떨어져 있는 유명한 여자에게로 훌쩍 다가간 것일까? 왜 그녀를 죽여서 자신이 평온해질 수 있다고 믿게 된 것일까? 나는 곧 그 이유를 충분히 알게 됐다.

페리의 명단에 또 다른 여자 유명인이 있었다. 이제 막 미 연방 대법원 대법관으로 지명된 샌드라 데이 오코너Sandra Day O'Connor였다. 어떻게 그녀는 페리의 관심을 끌게 됐을까? "그건 여자가 남자 위에 있어서는 안 되기 때문"이라고 페리는 나중에 설명했다.

페리는 막강한 여자들에 익숙했다. 일단 거의 모든 아이와 마찬가지로 세상에서 가장 막강한 여자인 어머니의 손에 자랐다. 페리는 어머니의 권력이 남용됐다고 느꼈고, 그로 인한 분노가 페리를 갉아먹었다. 히터에 닿아 생긴 상처는 한참 전에 치료됐지만, 페리는 자기 다리를 압박 붕대로 감싸고 남들이 있는 곳에서는 절대 맨다리를 내보이지 않았다. 한번은 페리가 말리부로 스토킹 여행을 다녀온 뒤 어머니를 무참하게 두들겨 패 정신병원에 수감됐다. 페리는 재빨리 그곳을 탈출해 곧장 집으로 돌아갔다. 부보안관들이 집에 있는 페리를 발견했지만, 그의 어머니가 아들을 체포하지 못하도록 막았다. 부보안관들도 강하게 밀어붙였지만, 끝까지 반항하는 그녀의 고집을 꺾을 수 없었다. 다음번에 부보안관들이 그녀의 집을 찾았을 때 그 강하고 지배적인 여자는 죽어 있었다.

살인 사건이 발생하고 하루가 지나기 전에, 폭력을 예측하는 분야에서 선두를 달리며 우리 회사에서 10년 넘게 전업 상담가로 일하고 있는 사회학자 월트 리슬러Walt Risler가 루이지애나로 향했다. 그곳에서 리슬러는 페리의 가족들과 면담했고, 페리가 쓴 글들을 검토했으며, 다른 증거들을 조사했다. 리슬러는 살인 현장이 자기 특기인 정신 이상 해독에 많은 단서를 제공하는 비옥한 땅임을 발견했다. 페리는 거실 아기 침대에 십자가 한 개, 베개 한 개, 엎어놓은 가족사진 세 장, 성모마리아 벽걸이 액자 한 점, 게 모양의 도자기 한 점을 구색을 갖춰 쌓아놨다. 이는 리슬러가 그 조각들을 조립할 때까지 마이클 페리에게만 의미가 있는 성역이었다.

페리가 세 곳 중 한 곳 또는 그 사이 어딘가에 있다고 가정하는 것이 타당했다. 명단에 있는 그 지역 피해자들을 쫓아 아직 루이지애나에 있거나, 샌드라 데이 오코너를 스토킹하며 워싱턴 D.C.에 있거나, 내 의뢰인의 집이 있는 말리부 뒤편으로 펼쳐진 널따란 황무지에 있을 가능성이 컸다. 페리가 폭력적으로 나오리라 예측하는 것은 간단했다. 살인 사건이 벌어지기 전에도 그렇게 예측했기 때문이다. 대답하기 곤란한 질문은 페리가 어떻게 피해자들과 대면하려 할지와 그가 얼마나 인내심을 발휘할지였다.

어느 날 밤늦게, 내 사무실에 앉아 사건 관련 자료를 100번째 검토하는데 제닝스 카운티 도서관에서 추적 전문가 톰 브라운Tom Brown의 책이 한 권 분실됐다는 보고서에 눈길이 갔다. 우리는 페리가 이전에도 브라운이 쓴 다른 책《수색The Search》을 읽었다는 것을 알고 있었다. 페리가 내 의뢰인의 집 뒤쪽에 있는 언덕에 들키지 않고 몰래 숨어 있으려고 이 책들에 있는 정보를 활용했을까? 우리가 전혀 눈치채지 못하고 오솔길을 걸어갈 때 페리가 불과 1~2미터 떨어진 곳에 있었을 수도 있을까? 나는 이 질문들을 누구에게 해야 할지 알고 있었다.

톰 브라운은 추적과 자연에 관한 책을 12권 이상 썼고, 이전에도 위험한 자들의 수색에 도움 요청을 받은 적이 있었다. 브라운은 그 일을 다시 하고 싶어 하지 않았다. 그러나 나는 1시간 동안 전화기를 붙잡고 그 신중하고 내켜 하지 않는 추적자를, 로스앤젤레스로 날아와 마이클 페리를 찾아내는 데 도움을 주도록 설득했다. 나는 공항에서 클린트 이스트우드 Clint Eastwood처럼 말수가 별로 없고 진지한, 호리호리하지만 강단 있어 보이는 브라운을 차에 태웠다. 대기하고 있는 헬리콥터 쪽으로 차를 몰자, 브라운이 페리에 관해 물었다. 어떤 음식을 좋아하는가? 고기를 먹는가? 담배를 피우는가? 어떤 신발을 신었는가? 어떤 옷을 입었는가? 머리 모양이 어떤가?

로스앤젤레스에 도착하자마자, 브라운은 내 의뢰인의 집을 둘러싼 말리부 언덕 위로 헬리콥터 고도를 올려 페리의 흔적을 찾았다. 페리의 사진을 본 몇몇 소방관이 몇 달 전에 임시로 지은 오두막에서 그를 봤다고 말했기 때문에, 브라운은 그 지역으로 헬리콥터를 타고 올라가 몇몇 지점을 지적했다. 그 지점들을 PSD 요원들이 걸어서 혹은 말을 타고 일일이 확인했다. 브라운이 본격적으로 지상에 내려가 수색을 시작했을 때는 무장한 PSD 요원들이 함께했다.

그들이 함께 보낸 며칠 동안, 브라운은 요원들에게 추적에 관한 일부를 가르쳤다. 브라운은 정말 비범한 사람이었다. 어떤 사람이 걸었던 곳, 잤던 곳, 심지어 잠깐 쉰 곳까지 말해줄 수 있었다. 브라운의 직관은 구부러진 잡초, 제대로 박혀 있지 않은 자갈, 흙에 찍힌 흔적, 대부분 사람이 그냥 보고 지나칠 소소한 면들을 포함한 미묘하고, 때로는 우연한 일련의 신호들에서 정보를 얻었다.

브라운은 이렇게 설명했다. "누가 당신 집에서 뭔가를 움직이면 당신은 그걸 알아차리죠. 누가 숲에서 뭔가를 움직이면 내가 그걸 알아차리고요."

PSD 요원 한 명이 백팩에 살인 현장 바깥의 진흙에서 떠낸 신발 자국 석고 모형을 넣어 다녔다. 브라운은 때때로 그 모형을 꺼내라고 해서 흙에 생긴 작은 울퉁불퉁한 자국에 맞춰봤다.

어느 날 오후, 잠시 쉬라고 브라운을 호텔에 내려주고 가는데 의뢰인의 집에서 1.5킬로미터 정도 떨어진 곳에서, 웬 낯선 사람이 말리부 주민의 집 문을 두드리고는 "매력적인 영화배우"에 관해 물었다는 무전 연락을 받았다. 그 낯선 사람은 걸어서 언덕 위로 올라갔다고 했다. 나는 걸어서 올라가는 사람보다 먼저 의뢰인의 집에 가기 위해 거칠게 차를 몰았다. 내가 도착했을 때 그곳을 지키던 PSD 요원 두 명에 부보안관 서너 명이 합류했다. 30분쯤 기다리자 개들이 짖기 시작하며 언덕 한쪽으로 달려 올라갔다.

모두들 개를 따라 달렸고, 곧 덤불 속을 기어오는 남자를 분명히 볼 수 있었다. 부보안관 중 일부는 그 사내 뒤쪽으로 달려갔고, 경찰 헬리콥터가 그 사내의 위쪽에서 서서히 하강했다. 눈 깜짝할 사이에 침입자는 땅바닥에 머리를 박고 수갑이 채워졌다. 나는 마이클 페리를 찾는 수색이 끝났기를 바라며 침입자의 신원을 확인하려고 언덕 위로 달려 올라갔다. 침입자는 상체를 세우고 흙 위에 주저앉아 나를 똑바로 쳐다봤다. 나는 그를 즉시 알아봤다. 그는 마이클 페리가 아니었다. 그는 워런 P.Warren P.였다. 우리가 수년 전에 면담하고 때때로 소식을 듣고 있던, 끈질기게 들러붙는 또 다른 정신 질환자였다. 워런은 내 의뢰인과 결혼하고 싶어 하는 상사병에 걸린 남자였다.

워런은 평가할 만한 가치가 있긴 했지만, 사악한 의도를 갖고 있지는 않았다. 위험한 사람이라기보다 비극적인 인물이었다. 여러 해 동안 갖은 노력을 다하고 국토의 수천 킬로미터를 가로질러 마침내 낭만적 망상의 성지인 의뢰인의 집에 이르렀지만, 그때가 하필 방문하기에 가장 적절치 못한 오후였던 것이다. 워런은 부보안관의 차로 걸어가면서 계속 "보안이 이처럼 철저할지는 전혀 생각하지 못했다"는 말을 되풀이했다.

다음 날 밤늦게, PSD 요원 세 명이 톰 브라운에게 배운 대로 의뢰인의 집 주위를 수색했다. 요원들이 나를 그곳으로 데려가 불빛을 땅바닥과 수평으로 비추며 흙에 남겨진 흔적을 보여줬다. 솔직히 말하면 나는 요원들이 본 것을 보지 못했지만, 우리 모두 그 흔적을 따라 도랑을 지나 어두운 숲으로 들어갔다. 페리를 발견하길, 그리고 어느 정도는 발견하지 않길 바라며 침묵을 지켰다. 앞쪽에 나무와 잔가지를 긁어모아 지은 은신처가 있음을 나조차 알 수 있었다. 가까이 가보니 아무도 없었다.

은신처 안에서 정말로 의뢰인을 끈질기게 쫓는 누군가의 집이라는 증거를 발견했다. 더러운 옷가지들 중에서 그녀가 낸 음반 하나의 재킷을 찾아낸 것이다. 포크 한 개와 성냥 몇 개비, 긴 끈 양쪽에 각각 돌멩이를 매달은 '볼라bola'라는 조악한 무기도 있었다. 움막에서 기어 나오자 빈터 저편으로 의뢰인이 매일 차를 몰고 집을 드나드는 곳이 훤히 보였다. 만약 마이클 페리가 여기 살았다면, 이곳에서 그녀를 감시했을 것이다.

얼마 지나지 않아 누가 숲을 지나 우리 쪽으로 다가오는 소리가 들렸다. 달빛이 쏟아지는 가운데, 우리는 숨을 죽이고 한 남자가 다가오는 것을 지켜봤다. 그의 머리카락은 그동안 최대한 자랐으리라 추정한 페리의 것보다 더 길고 덥수룩했다. 머리에 잔가지와 나뭇잎으로 만든 왕관을 쓰고 있었다. 사방에서 달려든 사람들에게 붙잡혀 수갑이 채워졌을 때 그는 "나는 왕이다. 왕이란 말이다!"라고 소리를 질러댔다. 그는 페리가 아니었지만, 또 다른 정신 이상자였다. 이 사람은 자신의 "왕비"인 내 의뢰인을 지켜보려고 여기 있었던 것이다.

(페리 사건을 다루는 동안 내 의뢰인의 활동 범위에서 살았던 집착자 두 명은 공적으로 사는 것이 얼마나 위험할 수 있는지를 분명히 보여줬다. 다음에 타블로이드지에 자주 실리는, '미친 팬'에게 스토킹당하는 어떤 스타에 관한 기사를 보면, 그 과장 기사가 얼마나 어이없는지 알게 될 것이다. 아무 날에 그 어떤 스타를 골라도 그 기사가 사실일 수 있기 때문이다. '뉴스'라고 떠들어대는 모든 것들은 타블로이드지가 필요로 하는 1면 기사일 뿐이다.)

우리가 마이클 페리를 말리부에서 언제 만날 수 있을지 모르는 것처럼 월트 리슬러와 우리 조사관들은 제닝스 카운티를 둘러싼 습지를 따라 자란 갈대밭에서 페리를 찾아낼 수 있다. 혹은 어떤 운 좋은(혹은 신중하지 않는다면 운 나쁜) 주 경찰관이 고속도로에서 페리가 아버지의 올즈모빌을 타고 아주 빠른 속도로 달리는 것을 발견할 수도 있다. 연방 대법원 경찰이 샌드라 데이 오코너를 찾아 역사적인 건물의 복도를 어슬렁거리는 페리를 찾아낼 수도 있다.

페리의 망상 가장 깊숙한 곳까지 헤엄쳐 들어간 월트 리슬러는 워싱턴 D.C.와 말리부가 페리에게는 소돔과 고모라였다는 결론을 내렸다. 이 사건에 관해 자신이 아는 모든 것을 고찰한 리슬러는 페리가 오코너 대법관을 죽이려고 이 나라의 수도로 가는 중이라고 예측했다. 이런 리슬러의 예측을 근거로, 나는 워싱턴 D.C.의 노련한 살인 사건 수사관 톰 킬컬런Tom Kilcullen에게 전화해 그동안의 수사 상황과 리슬러의 의견을 알렸다. 킬컬런은 워싱턴 지역에서 몇몇 지도자의 뒤를 잇는 창의적인 사상가였다.

우리는 계속해서 말리부에서 페리를 봤을 수도 있는 사람들과 매일 면담했다. 이 지역 상점 주인들에게 내 의뢰인에 관해 묻는 사람이 있으면 즉시 알려달라고 요청했고, 말리부 도서관에는 특별히 관심을 가져달라고 촉구했다. 그레이스와 체스터 페리의 통화 기록을 조사하다가 그들의 아들이 언젠가 캘리포니아에 왔을 때 그 도서관에서 두어 번 수신자 부담으로 집에 전화한 적이 있다는 사실이 밝혀졌기 때문이다. 통화 기록에 있는 또 다른 전화번호는 한층 더 오싹했다. 6개월 전, 내 의뢰인이 자주 찾는 어떤 베벌리힐스 상점에 대해 작은 기사가 난 적이 있었다. 통화 기록에 따르면 페리는 바로 그 상점 밖 공중전화에서 부모에게 전화했다. 우리는 아주 유능한 스토커와 대치 중이었다.

페리가 자기를 추적하고 있는 것에 관해 뭘 아는지 확인하기 위해 나는 이 사건에 관한 기사들을 검토했다. 최근 몇 주 동안 〈USA 투데이〉를 훑어보니 아주 흥미로웠다. 헤드라인이 '다섯 건의 살인 사건 용의자……'이지만 페리일 수가 없고, 헤드라인이 '연쇄 살인범은 여전히 아직……'이지만 페리일 수가 없고, '가족을 죽이고 싶었던 사내……'이지만 페리일 수가 없는 기사들과 마주쳤기 때문이다.

리슬러의 예측이 정확했다는 것이 입증된 7월 31일까지 11일 동안, 전국에서 서로 다른 분야의 팀들이 절대 잡히지 않으려는 남자를 찾아 헤맸다. 워싱턴 D.C. 경찰이 한 지저분한 호텔에서 신고를 받았다. 어떤 투숙객이 다른 투숙객의 라디오를 훔쳤다는 것이다. 경찰관 한 명이 서로에게 화내는 두 부랑자들을 심문하기 위해 파견됐다. 그는 불법적인 일은 전혀 발생하지 않았다고 결론 내렸다. 사소한 분쟁에 관한 신고는 두 사람에게 체포 영장이 발부된 적이 있었는지를 확인하는 통상적인 절차만 완료하면 마무리될 것이었다. 경찰관은 두 사람에게 컴퓨터 검색 결과가 무전으로 올 때까지 잠시 기다려 달라고 했다. 그리고 경찰관 앞에 순순히 서 있던 자가 대량 살인범 마이클 페리였기 때문에, 그 경찰관이 담당한 하찮은 일은 가장 중대한 일로 돌변했다.

그로부터 채 1시간이 지나기 전에 킬컬런 형사가 내게 전화해, 이제 자기 책임하에 구속돼 있는 페리와 통화하게 해줬다. 그리고는 거의 2주 내내 내 모든 생각을 지배했던, 살의가 있는 스토커가 전화선 반대편에 자리 잡고 앉았다.

나는 거두절미하고 긴급 수배됐던 살인범과의 인터뷰에 돌입했다. 우리는 페리가 내 의뢰인의 집에 온 적이 있다는 것을 알았기 때문에 가장 먼저 그 점을 물었다. 페리는 세상 물정에 밝은, 말솜씨가 유창한 사기꾼처럼 조금도 주저하지 않고 거짓말했다.

페리: 그녀의 집에 가본 적이 없는 것 같은데요, 선생님. 가본 적이 없어요. 정말로요.

나: 사실인가?

페리: 그렇다니까요. 정말로 가본 적이 없습니다.

나: 그럼 캘리포니아에는 가본 적이 있나?

페리: 음, 해변에 수영하러 갔을 뿐이죠. 그리고 캠핑을 좀 했을 뿐입니다. 그게 답니다.

그러더니 페리는 내가 묻지도 않았는데, 내 의뢰인을 왜 죽여야 하는지 말했다.

페리 : 그 여자가 그 영화에 출연했을 때, 그리고 그녀가 돌아설 때마다 각기 다른 얼굴을 하고 있더군요. 그 여자는 1961년 당시의 우리 어머니처럼 보였죠. 우리 어머니의 얼굴 같았단 말입니다. 그때가 1961년이었는데 우리 어머니가 방으로 걸어 들어오자, 나는 누가 들어와도 그랬듯이 벌떡 일어섰죠. 어머니는 추악한 표정을 짓고 있었어요. 내가 얼굴을 똑바로 쳐다보자, 고개를 돌리고 어깨를 긁더군요. 그리고 그 영화 속의 그 얼굴은 1961년의 나를 떠올리게 했죠. 그게 모든 걸 망쳐버렸어요.

페리는 아마도 자신의 피부를 태워 아로새긴 것처럼 자신의 기억도 아로새긴 히터 사건이 발생한 날을 회상하는 것 같았다. 그러더니 재빨리 화제를 바꿔 자신은 내 의뢰인의 집에 간 적이 없다고 또다시 부인했다. 범죄자들이 누가 원하는 정보를, 대개는 간절히 원한다는 이유로 주지 않으려는 것은 흔한 일이다. 그러나 페리는 마음이 변했는지 더는 거짓말하지 않고 내 의뢰인의 집 입구를 정확히 묘사했다.

페리 : 입구에는 소규모 자동차 극장 같은 장치(출입구 인터폰)가 있어 버튼을 누르도록 돼 있죠. 그리고 빨간 불빛(보안 프로그램의 일부)이 있고요. 그리고 그 집에는 지하 대피소가 있을 것 같다는 인상을 받았어요. 정말 집이 크더군요. 나는 벨을 눌렀어요. 그리고 거기에는 앞으로 툭 튀어나온 카메라와 모든 게 있었어요. 나는 그 여자의 주의를 끌지 못했고, 그녀도

내 주의를 끌지 못했죠. 그곳이 그처럼 오래된 저택이란 점을 감안해볼 때 "여기가 그 집 일 리가 없어"라고 나는 내뱉었어요. 그건 아주 강력한 느낌이었어요.

페리는 말을 잇지 않았다. 다시 입을 열었을 때는 집착의 본질에 대해 말했다. 어떤 정신과 의사라도 이렇게 묘사했으면 좋겠다고 바랄 정도로 정확하게, 순진한 방식으로 자신이 겪은 경험의 내부를 묘사했다.

페리 : 나는 정말로 그 일을 꺼내고 싶지 않아요. 다 잊어버렸어요. 그녀가 살금살금 다가오는데, 내 평생 그것처럼 달라붙는 것은 한 번도, 전혀 없었어요. 그리고 오늘날까지도, 오늘날까지도, 오늘날까지도…….

페리는 침묵 속으로 빠져들었고, 나는 그가 다시 말할 때까지 조용히 기다렸다.

페리 : HBO에서 그녀의 특집 방송을 할 때 나는 그녀의 눈동자 색이 바뀌는 걸 봤어요.
나 : 그게 어쨌는데?
페리 : 나는 그런 걸 정말 좋아하지 않아요. 그 여자는 마녀일지도 몰라요. 내가 이런 말을 하는 걸 들으면 나한테 해를 끼칠지도 모르죠. 나는 직접 목격한 것을 말하는 겁니다. 정말 우리 엄마처럼 보였다고요. 내가 그걸 잊어먹고 있을 때마다 안심이 됐기 때문에 그 일과 얽히고 싶지 않아요. 그녀가 영화배우라는 것과 실제로 잡지에 실린 그녀의 집 주소가 엉터리

라는 사실을 계산했죠. 그래서 내가 그녀를 만나면 겁을 줄 수도 있겠다고 생각했고요. 물론 그게 어떻게 될지는 나도 몰랐죠. 그저 그녀를 만나는 게 감동적인 상황이라는 건 알았지만요. 그 생각을 하며 여러 날 밤을 꼴딱 샜죠.

나: 그녀를 집에서 봤으면 어떡하려고 했나?

페리: 나는 그런 적이 없고, 어쨌거나 그녀한테는 남자 친구가 있어요. 그렇지만 그녀는 나를 원했고 나도 그랬죠. 뭐, 대충 그래요. 너무 사적인 일까지 언급하고 싶지 않아요. 나는 지금 체포당했지만, 선생님이 그걸 알아줬으면 합니다. 경찰이 집에 있는 가족들한테 전화했더니, 도둑이 들었다든가 하는 큰 사건이 있었던 모양인데, 내가 한 건 절대로 아니라고요.

페리는 다시 입을 다물었다. 아직도 자신을 자유롭게 놔주지 않는 제 어머니의 얼굴에 총을 쏨으로써 악마들 중 하나를 몰아내려고 애쓰는 것이 분명했다.

나: 자네는 이런 대화 주제를 좋아하지 않는군?

페리: 네, 좋아하지 않습니다. 나쁜 것은, 그녀가 얼굴을 돌렸을 때 그 추악한 얼굴을 하고 있었다는 겁니다. 그 얼굴이 원래 그녀 얼굴과 완전히 달랐다는 거죠. 내 말은, 그녀가 내 엄마를 닮은 것은 재앙이었어요. 너무나 끔찍해서 얼른 텔레비전을 끄고 그 자리를 벗어났죠. 그걸 보고 나면 극복하는 데 너무나 많은 시간이 걸리기 때문에 그것에 관해 많은 이야기를 하고 싶지 않군요. 나는 "이건 너무 심한데"라고 중얼거렸죠. 너무나 많은 시간을 빼앗겼고, 더는 그걸 원하지 않아요.

페리의 목소리가 아득해지더니 전화가 끊겼다. 나는 이 믿기 힘든 상황을 정리하며 책상에 앉아 있었다. 우리 회사 사람들의 노력을 몽땅 쏟아부은 위급 상황이 잠복근무나 총격전이나 SWAT팀이 동원되지도 않고 전화 한 통으로 막을 내리다니……. 내가 동원할 수 있는 모든 수단을 써서 알아보고 이해하려 했던 남자가 왜 내 의뢰인을 스토킹하고 죽이고 싶어 했는지를 솔직하게 털어났다. 나는 이 사건과 관련된 활동으로 북적이는 TAM 사무실로 걸어 들어가 "이제 막 마이클 페리와 통화를 끝냈네"라고 말했다. 아무도 이 말을 얼른 이해하지 못했지만, 농담으로 할 만한 말은 아니었다.

나는 다음 날 아침, 워싱턴 D.C.로 날아가 사건과 관련된 것은 뭐든 알아보고 기소에 도움이 되는 정보를 입수하려 했다. 우리의 다음 임무는 페리가 확실히 유죄 선고를 받도록 하는 것이었기 때문에 나는 제닝스 카운티 검사와 정기적으로 연락하고 있었고, 그 검사가 워싱턴 D.C.에서 나를 마중 나왔다.

내가 도착했을 때, 킬컬런이 페리의 차가 발견돼 가까운 견인 차량 보관소에 있다고 말했다. 우리는 함께 그곳으로 가 어떤 증거가 차에 있는지 알아보려 했다.

오랜 여행을 한 탓인지 체스터 페리의 녹색 올즈모빌은 먼지투성이였다. 경찰관 한 명이 앞 좌석 창문으로 안을 들여다보다가 몸을 움찔했다. "피로 뒤덮여 있는데요." 확실히 천으로 된 자동차 시트에 시커멓고 걸쭉한 액체가 들러붙어 있었다. 문을 열자 바닥에 수박씨들이 떨어져 있는 것이 보였다. 좌석을 뒤덮은 것은 피가 아니라 수박즙이었다. 페리가 도중에 멈춰 서지 않고, 그대로 고속도로를 타고 워싱턴 D.C.로 달려오면서 수박을 먹어치웠던 것이다.

페리는 대법원에서 약 2.5킬로미터 떨어진 아넥스 호텔이라는 싸구려 숙소를 골랐다. 우리가 그 호텔에 도착했을 때 페리가 가진 돈 대부분을 어디에 썼는지가 분명해졌다. 그는 136호 객실을 중세 시대의 기괴한 박물관으로, 폭력과 정신착란과 텔레비전이 연계된 팝아트로 만들어 우리 모두의 간담을 서늘하게 했다. 페리는 그 협소한 방을 텔레비전 아홉 대로 빽빽하게 채우고, 모두 전원을 켜놨지만 빈 화면만 나오도록 했다. 한 화면에는 빨간색 마커로 '내 몸'이라고 휘갈겨놨다. 서너 대에는 화면에 커다란 눈들을 그려놨다. 한 대에는 가장자리를 따라 굵은 글씨로 내 의뢰인의 이름이 적혀 있었다.

페리가 저지른 살인 사건을 담당한 루이지애나의 형사 어윈 트래한Irwin Trahan이 페리가 재판을 받도록 고향으로 호송하기 위해 워싱턴 D.C.로 왔다. 페리 같은 죄수들은 일반 상용 여객기 혹은 '콘에어'라 불리는 연방 보안관실 죄수 호송 제트기로 호송하는 것이 보통이다. 그런데 트래한과 그의 파트너는 페리를 자동차로 루이지애나에 데려가려 했다. 이 색다른 3인조는 페리가 워싱턴 D.C.로 올 때 차를 몰았던 바로 그 고속도로를 타고 달려갔다. 가는 도중 모텔에 투숙할 때면 형사들은 돌아가며 전혀 잠을 자지 않는 페리를 감시하기 위해 깨어 있었다. 이틀에 걸친 여행이 끝날 무렵, 페리는 내게 메시지를 전해달라고 형사들에게 부탁했다. 내 의뢰인에 관한 메시지였다.

"그녀를 24시간 내내 지켜보는 게 좋을 겁니다."

아이러니하게도, 페리가 형사들에게 자신의 사건이 연방 대법원과 샌드라 데이 오코너 대법관 앞으로 올라간다면 "담당 판사가 여자이기 때문에 나는 가망이 없을 것이다"라고도 말했다는 것을 나는 여러 해 동안 알지 못했다(페리의 사건은 결국 대법원까지 올라갔다).

페리가 루이지애나로 돌아가고 얼마 지나지 않아, 우리는 페리가 내 의뢰인에 대해 한 불길한 경고를 더 알아보기 위해 구속된 그를 월트 리슬러와 면담하도록 주선했다. 흥분한 페리는 리슬러에게 이렇게 설명했다. "그녀한테 그리스에서 멀리 떨어져 있으라고 말해요. 지금 당장 말해줄 수 있는 건 그것뿐입니다. 구역질이 날 것 같아요. 내 머릿속은 토사물로 꽉 차 있다고요."

리슬러는 면담을 이대로 끝낼 수 없어, 페리가 좋아하는 주제 중 하나인 텔레비전에 관해 물었다. 페리는 이렇게 반응했다. "이보세요. 텔레비전은 최근에 아주 죽을 쑤고 있어요. 도대체 뭘 말하려는 건지 전혀 모르겠더라고요. 그런 상태가 계속되니 아무것도 나오지 않는 채널을 볼 때만 이해할 수 있겠더군요. 아무것도 나오지 않아도 그 의미를 읽을 수 있고, 온갖 프로그램이 떠들어대는 것보다 더 많은 걸 이해할 수 있더라고요."

그러고는 자기 변호사에게 리슬러와 단둘이 이야기할 수 있게 자리를 비켜달라고 요청했다. 페리는 리슬러의 두 손을 잡고 자기가 석방되지 않으면 그 대가로 지옥을 맛보게 될 것이라고 설명했다. 만약 자기가 사형되면 마을 가까운 늪에 숨겨진 핵미사일이 발사될 것이라고 말했다. "그래서 내가 석방되는 게 모든 사람한테 중요하다고요. 나는 많은 생명을 구하려고 애쓰고 있단 말입니다."

페리는 면담을 끝내려고 일어섰다. "아, 내 머릿속은 토사물로 채워져 있어요. 내가 이런 생각을 하는 걸 보니 머리가 얼마나 엉망이 됐는지 보이지 않아요?"

페리는 정신 이상을 가장하는 것이 아니었다. 실제로 그랬다.

○　　○　　○

내가 로스앤젤레스로 돌아오자 오코너 대법관에게 도와줘서 고맙다는 말과 함께 "이 나라에는 다른 사람들에게 정말 위협이 될 정도로 확실히 정신이 불안정한 사람들이 있다"는 사실을 탄식하는 편지가 와 있었다.

몇 년 뒤, 연방 대법원이 내가 설계한 MOSAIC 프로그램을 도입하여 나는 오코너 대법관을 그녀의 사무실에서 만났다. 그때 이미 다섯 건의 살인으로 사형을 선고받은 마이클 페리가 다시 흥미로운 방식으로 대법관의 관할에 들어와 있었다. 교도관들은 사형 집행일에 자신에게 무슨 일이 일어나는지 알 수 있을 정도로 의식이 또렷하도록 페리에게 적절한 약물을 투여해달라고 의사들에게 요청했다. 의사들은 지금까지 약물이 사형수를 죽이는 조건으로 주입됐다는 것을 이유로, 그런 요청은 그들의 환자인 사형수에게 최선의 이익이 되지 않는다며 거부했다. 이 문제는 대법원까지 올라갔고 역사상 가장 공평한 결정이 내려졌다. 대법관들은 자기들 중 한 명을 스토킹했던 살인범을 사형시킨다는 이유만으로 강제로 약물을 주입해서는 안 된다는 판결을 내렸다. 마이클 페리는 바로 그 판결 덕분에 오늘도 살아 있다.

○　　　○　　　○

　페리 사건은 가장 공적인 범죄조차 가장 개인적인 문제에 의해 동기가 부여된다는 사실을 보여준다. 당신이 대량 살인범이 작성한 죽음의 명단에 올라가지 않을 가능성이 월등히 높지만, 나는 이 사건을 폭력에 대한 이해를 높이기 위해, 그리고 뉴스에서 다루는 선정적인 기사 속의 인간적인 진실을 밝히기 위해 논의했다. 텔레비전에서 이런 살인 사건을 당신이 이제 막 읽은 상세한 설명이나 아무 관점도 없이, 일차원적으로 보도하는 것은 사람들이 살아가는 데 부당한 두려움을 더하는 역할을 할 뿐이다. 그리고 사람들은 그것만으로도 충분히 두려워한다.

15장

두려움이 주는 선물

"두려움은 우리의 내부로 교육되고,
우리가 원한다면 다른 사람들에게 교육시킬 수 있다."

칼 메닝거Karl A. Menninger[미국의 정신분석의]

우리 모두는 때때로 사람들을 두려워하는 수많은 이유를 안다. 문제는 그때가 언제냐는 것이다. 무엇이 정말로 위험을 초래하는가에 관해 직관이 잘못된 정보를 받고 있어 너무나도 많은 사람이 항상 잔뜩 경계하며 돌아다닌다. 그럴 필요가 없다. 정확한 직관적 신호를 존중하고, 그 신호들을 부정하지 않고(바람직한 결과가 나오든 바람직하지 않은 결과가 나오든 그것을 믿고) 평가하면, 뭔가 주의해야 할 만한 것이 있을 때 미리 통지를 받으리라 믿게 되어 조바심을 낼 필요가 없어진다. 두려움이 헛되게 느껴지지 않을 것이므로 신뢰를 얻을 것이다. 생존 신호를 환영의 메시지로 받아들이고 재빨리 환경이나 상황을 평가하면 두려움은 즉시 사라진다. 따라서 신뢰할 수 있는 직관은 두려움 없이 살아갈 수 있게 해준다.

사실 우리가 살아가면서 몸과 마음이 조용한 풍경風磬 소리에 귀를 기울이고 경적이 필요 없다는 것을 알면 두려움의 역할은 줄어든다.

진정한 두려움은 아주 간결하게, 그저 직관의 하인에 불과하다. 그러나 대답 없는 긴 두려움이 해롭다는 것에 반박할 사람이 거의 없을 것임에도, 수백만 명이 그런 상태에 머무르려 한다. 그런 사람들은 두려움이 아주 오랫동안 지속될 수도 있는 슬픔이나 행복 같은 감정이 아니라는 사실을 잊었거나 결코 배운 적이 없는 것일까? 두려움은 불안과 마찬가지로 어떤 상태가 아니다. 아직도 근거 없는 두려움이 지구상의 다른 생물들은 지배하지 못하면서도 우리 인간을 지배하는 힘을 갖고 있지만, 진정한 두려움은 위험이 존재할 때만 들리는 생존 신호다.《죽음의 부정》에서 어네스트 베커는 다음과 같이 설명했다. "동물들은 생존을 위해 공포 반응의 보호를 받아야 한다." 일부 진화론자들은 가장 두려움에 떨었던 초기의 인간들이 생존할 가능성이 가장 높았다고 믿는다. 그 결과 "불안해할 만한 것이 없을 때조차 끊임없이 불안해할 이유를 고안해내며 지나치게 염려하는 동물인 현재의 인간이 출현했다"고 베커는 말했다. 이렇게 될 필요가 없다.

최근에 로스앤젤레스의 어떤 교차로보다도 두려워할 이유가 훨씬 적은 피지를 방문했을 때 내 생각이 옳다는 것을 또다시 확인했다.

어느 날 아침, 나는 방문객을 환대하는 평화로운 섬 바누아레브에서 간선도로를 따라 4.5킬로미터를 산책했다. 도로 양쪽에는 낮게 자란 양치류 식물이 늘어서 있었다. 왼쪽에서 아스라이 들려오는 파도 소리 너머로 이따금 승용차나 트럭이 다가오는 소리가 들렸다. 내가 묵는 농장으로 되돌아가며 잠시 눈을 감았다. 처음에는 전혀 생각하지 못했는데,

눈을 감고 이 도로 가운데를 걸어가도 안전하다는 직관적인 확신이 있었다. 이런 색다른 느낌을 분석해보자 그런 느낌이 정확하다는 것을 발견했다. 이 섬에는 위험한 동물과 공격적인 범죄가 없다. 나는 도로 어느 쪽으로든 조금만 방향을 틀어도 양치류 식물이 내 발을 건드리는 것을 느낄 수 있고, 차가 오는 소리가 들리면 그저 눈을 뜨면 될 일이다. 내 감각과 직관이 조용히 경계를 서고 있다는 것을 믿고서 놀랍게도 다음번 차가 다가올 때까지 1.5킬로미터 이상을 걸었다.

생존 신호에 관한 한, 우리가 문제를 파악하려 애쓸 때쯤이면 정신은 이미 최선을 다하고 있다. 사실상 논쟁할 생각 말고 귀를 기울이기만 하면 출발 신호를 듣기도 전에 결승점에 도착해, 달리기 경주에서 쉽사리 이길 수 있다.

피지에서는 그렇게 눈을 감고 걸었다는 것을 인정한다 해도, 미국의 대도시에서는 어떻게 될까? 불과 얼마 전, 나는 근무를 끝내고 지하 주차장으로 내려가는 어떤 나이 든 여자와 엘리베이터를 함께 탄 적이 있다. 그 여자는 열쇠를 무기처럼 손가락 사이에 꽂아 툭 튀어나오게 하고 있었다(두려워하고 있는 것이었다). 그 여자는 그런 취약한 상황에 처했을 때 만나는 모든 남자를 두려워하는 것처럼 내가 엘리베이터를 탔을 때 나를 무서워했다.

나는 그녀의 두려움을 충분히 이해했다. 수백만 명이 너무나 자주 이렇게 느끼고 있을 것을 생각하니 마음이 아팠다. 그러나 문제는, 모든 사람을 항상 무서워한다면, 두려움이 진정으로 필요할 때를 위해 보관해둔 신호가 없으리란 점이다. 어떤 남자가 다른 층에서 엘리베이터를 타고(그녀를 뒤따라온 것이 아니라는 의미다), 그 여자에게 지나친 관심을 보이지도 않으며, 그녀와 다른 층 버튼을 누르고, 옷도 제대로 차려입고, 행동도 침착하고, 그녀에게서 적당히 떨어져 서 있다고 하자. 그 남자는 어떤 신호도 보이지 않고, 그녀를 해칠 가능성도 낮다. 그 남자를 두려워하는 것은 쓸데없는 일이다. 두려워할 필요가 없다.

나는 주의와 예방책을 강력하게 권하는 편이지만, 많은 사람이 안전하기 위해서는 과도하게 예민해야 한다고 믿고, 심지어 그렇게 가르침을 받는다. 사실은 이렇게 신경이 곤두서 있으면 위험을 알아차릴 가능성이 낮고, 그에 따라 안전도 확보하기 어렵다. "누가 저 울타리 뒤에서 뛰쳐나올 수도 있고, 누가 저 차에 숨어 있을 수도 있다"고 생각하며 경계의 눈길로 주위를 둘러보는 것은, 실제로 벌어지는 일에 관한 인식을 발생할 수도 있는 상상으로 대체하는 것이다. 특정 신호가 발생할 가능성에 집중하지 못하고, 모든 신호에 지나치게 열려 있는 것이다.

들판을 갈지자로 내달리는 작은 동물을 보면 아무런 위험이 없는데도 두려워서 그런다고 생각할 수 있다. 사실 갈지자로 움직이는 것은 위험 신호에 대한 반응이 아니라 일종의 전략이고, 예방책이다. 두려워하며 그 상태로 계속 있는 것이 파괴적인 반면 예방책은 건설적이다. 두려워하고만 있으면 공포를 초래하고, 공포 자체는 일반적으로 우리가 우려하는 결과보다 더 위험하다. 암벽등반가와 바다에서 장거리 수영을 하는 사람은 자기를 죽이는 것이 산이나 물이 아닌 공포라고 말할 것이다.

메그는 매일 폭력 성향이 있는 정신병 환자들을 돌보는 여자다. 그녀는 직장에서는 거의 두려움을 느끼지 않지만, 근무가 끝나고 매일 밤 차에서 내려 아파트까지 걸어갈 때는 공포심을 느낀다고 말했다. 나는 걸을 때 긴장을 풀면 더 안전할 것이라고 색다른 제안을 했다. 그러자 메그는 "그게 말도 안 된다니까요. 내가 긴장을 풀면 살해될지도 모른다고요"라고 말했다. 메그는 발생 가능성이 있는 모든 위험을 민감하게 경계해야 한다고 주장했다. 나는 가능성이 마음속에 있는 것이라고 설명했다. 반면에 안전은 마음 밖 상황을 지각함으로써 강화된다. 즉 발생할 수도 있는 것이 아니라, 발생하고 있는 것에 대한 인식에 의해 말이다.

하지만 메그는 매일 밤 느끼는 두려움이 자기 생명을 구할 것이라고 우기면서, 그녀가 느끼는 공포의 가치를 연신 옹호했다. 그러나 나는 메그가 그런 두려움에서 벗어나고 싶어 한다는 것을 잘 알았다.

나: 언제 두려움을 느끼나요?

메그: 제 차를 주차시키면서요.

나: 매일 밤 똑같나요?

메그: 네, 그리고 소음 같은 게 들리면 10배는 더 심해지죠. 따라서 특별히 경계심을 잊지 않아야 해요. 로스앤젤레스에서 살려면 항상 경계해야 한다고요.

(메그가 군이 로스앤젤레스를 언급한 것에 주목하라. 바로 '인공위성'이다.)

나는 일어날지도 모르는 일에 극도로 두려워하고 매일 밤 죽을 만큼 걱정하면, 주의를 집중해야 하는 위험이 실제로 일어났을 때 비축된 신호가 없을 것이라고 설명했다. 위험이 있으면 주위를 둘러보고, 위험에 귀를 기울이고, 알아차린 것을 묻는 것이 이상적이다. 뭔가 특정한 예기된 위험을 찾는다면 예상치 못한 위험을 볼 가능성이 낮아진다. 나는 자신의 상상에 몰두하기보다 느긋하게 주변 환경에 관심을 기울이라고 권했다.

나는 메그가 걱정하고 있다는 것을, 그리고 그것이 이 사례에서는 위험이 아닌 다른 뭔가에 대한 신호라는 것을 알았다. 그래서 매일 밤 차에서 내려 걸어가면서 마주친 위험에 관해 물었다.

메그: 선생님이 그런 질문을 하시다니 좀 웃기는 것 아닌가요? 제 말은, 수많은 위험이 있다는 거예요. 로스앤젤레스는 매우 위험한 도시고, 제가 살고 싶어 선택한 장소가 아니죠.

나: 그렇지만 여기 살겠다고 선택한 건 당신이잖아요.

메그: 아뇨, 그럴 수밖에 없었어요. 지금 다니는 직장에 꽉 매여 있거든요. 여기 살 수밖에 없는데, 여기는 사람들이 항상 죽어나가는 매우 위험한 곳이고, 내가 그걸 잘 알아서 아파트로 걸어갈 때 걱정이, 아니 겁나고, 그래야만 한다니까요!

나: 분명 아무 때나 아무에게나 어떤 일이 일어날 수 있지만, 당신이 아무 상처도 입지 않고 그곳을 1000번 이상 걸어간 걸 보면 당신이 느끼는 공포심은 위험이 아닌 다른 것의 신호일 가능성이 높아요. 당신은 평소에 당신 자신과 어떻게 이야기를 나누나요?

흥분한 메그는 내 질문을 이해할 수 없다며, 더는 이 문제를 논의하고 싶지 않다고 했다. 그러나 그녀는 밤새 이 문제를 생각했을 것이다. 메그는 다음 날 오후에 전화를 걸어와 자기 자신과 어떻게 이야기를 나누는지에 관한 내 질문을 이해했을 뿐만 아니라 그 답도 찾아냈다고 말했다. 자신의 직관이 정말로 자기에게 뭔가를 전해주고 있고, 그것이 급박한 위험은 아니라고 했다. 그것은 그녀가 로스앤젤레스나 지금 직장에 머물기를 원하지 않는다는 것이었다. 메그가 밤마다 자기 차에서 아파트까지 걸어가는 길은 내면의 목소리가 가장 큰 소리로 말하기 위한 장소일 뿐이었다.

○　　○　　○

나는 매일 두려워하거나 불안해하거나 혹은 단순히 걱정하는 사람들과 밀접하게 접촉한다. 내가 첫 번째로 해야 할 일은 그것이 뭔지를 파악하는 것이다. 그 사람들이 느끼는 것이 진정한 두려움이라면, 아마도 안전과 관련해 내가 수집할 중요한 정보가 있을 것이다.

두려움에 관한 두 가지 규칙이 있다. 이를 받아들인다면 잘 활용할 수 있고, 사용 횟수를 줄일 수 있으며, 말 그대로 생활 경험을 바꿀 수 있다. 다소 거창한 주장이라는 것은 잘 알지만, 열린 마음으로 고려하는 것을 '두려워'하지 말길 바란다.

규칙 1 — 뭔가를 두려워한다는 바로 그 사실이 그 일이 벌어지지 않는다는 확실한 증거다

두려움은 다음에 무슨 일이 일어날 수도 있다는 것을 말해줄 강력한 예측 자원을 소환한다. 다음에 일어날 수도 있다는 것은, 지금 벌어지는 것이 아니라 벌어질 수도 있는 것을 두려워한다는 의미다. 터무니없는 문학적인 예가 이런 점을 잘 보여준다. 높은 절벽에 서 있으면 끝으로 너무 가까이 갔다고 두려워할 수 있다. 절벽 끝에 서 있으면 너무 가까이 다가간 것을 두려워하지 않고 이제는 떨어질까 두려워한다. 에드워드 고리는 정말로 떨어지면 더는 떨어질 것을 두려워하지 않고, 땅에 닿을 것을 두려워한다는 사실을, 블랙 유머이긴 하지만 정확히 묘사했다.

달빛을 받으며
자살하려고 떨어지고 있는 그 여자가
곧 죽게 되리란 생각에
자신의 행위를 후회하며 몸서리친다.

생존의 가장 큰 적인 극심한 공포는 다루기 힘든, 통제 불가능한 두려움의 만화경으로 여겨질 수 있다. 극심한 공포는 두 번째 규칙을 받아들임으로써 줄일 수 있다.

규칙 2 — 당신이 두려워하는 것은 당신이 두렵다고 생각하는 그것일 리가 거의 없다. 당신이 두려움과 연결시킨 것이다

심한 두려움을 느꼈던 적을 떠올려 발생 가능성 있는 각각의 결과와 연결해보라. 그것이 진정한 두려움일 때는 위험한 상태나 고통 혹은 죽음과 결부될 것이다. 두려움의 신호를 받을 때면 우리의 직관은 이미 많은 연계를 만들어놓고 있다. 최선의 대응을 하기 위해서는 그런 연계를 의식 세계로 불러내고, 그런 연계가 위험성 높은 목적지로 이끈다 하더라도 그대로 따라간다. 예를 들면 어두운 거리에서 내 쪽으로 다가오는 사람에게 해를 입을 수도 있다는 두려움 대신 어두운 거리에서 내 쪽으로 다가오는 사람에 대한 두려움이라는 단 한 가지 연계에만 초점을 맞추면, 그 두려움이 낭비되고 있음을 알 수 있다. 자신 쪽으로 많은 사람이 다가올 텐데, 그중 극히 몇 사람만이 우리를 해칠 수도 있기 때문이다.

여러 연구가 공식 석상에서의 연설에 대한 두려움을 죽음에 대한 두려움과 아주 근접한 것으로 등급을 매기고 있다. 어떤 사람은 왜 죽음과 전혀 거리가 먼 공식 석상에서의 연설을 가슴속 깊이 두려워하는 것일까? 이 상황과 결부되는 결과가 죽음과 별로 멀리 떨어져 있지 않기 때문이다. 공식 석상에서의 연설을 두려워하는 사람들은 실제로 연설을 잘하지 못하는 것에 따른 정체성 상실을 두려워하고, 그것이 생존 욕구에 단단히 뿌리를 내리고 있기 때문이다. 개미부터 영양에 이르기까지 모든 사회적 동물에게는 정체성이 같은 무리에 포함되는 통행증이며, 포함이야말로 생존의 열쇠다. 만약 어린아이가 제 부모의 아이로서의 정체성을 상실하면, 뒤따르는 결과는 버림받는 것일 수도 있다. 이는 유아에게 죽음을 의미한다. 부족이나 마을, 공동체나 문화의 일원으로서 정체성이 없는 성인에게는 추방과 죽음이라는 결과가 찾아올 수 있다.

따라서 자신이 속한 분야의 전문가들이 모이는 연례 회의에서 500명을 앞에 두고 연설하는 것에서 느끼는 두려움은, 단순한 당혹감이 아니다. 이는 무능하다고 인식될 수 있는 두려움과 결부돼 있다. 무능하다는 것은 직장을 잃고, 집을 잃고, 가족과 사회에 공헌하는 능력과 자신의 가치, 즉 자신의 정체성과 삶을 상실하는 것에 대한 두려움과 결부돼 있다. 근거 없는 두려움을 그것이 초래할 끔찍한 목적지와 연결시키는 것은 대개 그 두려움을 완화하는 데 도움을 준다. 공식 석상에서의 연설을 죽음과 연결할 수 있다는 것을 발견할 수도 있지만, 그것이 아주 오래 걸리고 발생 가능성이 거의 없는 여행이라는 사실도 보게 될 것이다.

위의 두 규칙을 강도가 당신 거실로 쳐들어올 수도 있다는 두려움에 적용해보라. 먼저, 두려움 자체는 끔찍한 결과가 지금 당장 일어나지는 않았다는 것을 확인해주기 때문에 좋은 소식으로 받아들일 수 있다. 살다 보면 수많은 위험이 아무 경고도 없이 닥치기 때문에, 우리는 두려움을 "제가 대처할 수 있도록 신호를 보내주신 것에 감사드립니다, 하느님"이라며 환영할 수 있다. 그렇지만 위험 신호를 머릿속에서 지워버릴 방법을 생각하는, 즉 부정을 먼저 적용하는 경우가 더 흔하다.

두려움은 무슨 일이 발생할 수도 있음을 의미한다는 것을 명심하라. 실제로 그런 일이 벌어지면, 우리는 더는 그것을 두려워하지 않고 그것에 반응하며, 그것을 관리하고, 그것에 굴복하기 시작한다. 혹은 다가올지도 모른다고 예측한 다음번 결과를 두려워하기 시작한다. 강도가 거실로 쳐들어오면 우리는 더 이상 쳐들어올 가능성을 두려워하지 않고, 이제는 강도가 이다음에 할 수도 있는 일을 두려워한다. 그것이 뭐든 우리가 그것을 두려워하는 동안에는 그 일이 벌어지지 않는다.

○　　○　　○

한 걸음 더 깊이 이런 두려움을 탐구해보자. 1960년대에 사람들에게 심리적으로 가장 큰 영향을 미치는 하나의 단어를 알아보기 위한 연구가 이루어졌다. 연구자들은 거미, 뱀, 죽음, 강간, 근친상간, 살인 같은 단어에 대한 반응을 시험했다. 가장 큰 두려움을 끌어낸 단어는 '상어'였다.

접촉할 일이 거의 없는 상어가 왜 사람들을 그렇게 두렵게 했을까?

상어가 닥치는 대로 공격하는 것처럼 보이는 것이 그 이유 중 하나였다. 그처럼 커다란 생물이 조용히 다가와 냉혹하게 몸에서 생명을 분리하면서도 경고가 전혀 없다. 상어에게는 우리가 정체성 없는 고기에 불과하며, 인간에게는 정체성 상실 그 자체가 죽음의 한 형태다.《백상아리 Great White Shark》에서 장-미셸 쿠스토 Jean-Michel Cousteau는 상어를 "지구상에서 가장 무서운 동물"이라고 했지만, 물론 훨씬 더 위험한 동물이 있다.

과학자들은 백상아리의 속도와 야만적인 체력, 예민한 감각, 확연히 드러나는 투지를 찬양하며 약탈자로서의 능력에 감탄을 금치 못하지만, 인간은 그보다 훨씬 화려한 능력을 지닌 약탈자다. 상어에게는 머리를 쓰는 재주나 간교한 지혜, 속임수, 교묘함, 위장술이 없다. 상어에게는 인간이 다른 인간에게 저지르는 것 같은 잔인성이 없다. 이런 잔인성이 세포 깊숙이 박혀 있다는 것을 알기 때문에 인간이 때때로 다른 인간을 두려워하는 것은 자연스러운 일이다.

상어의 공격과 마찬가지로 사람들은 인간 폭력 또한 경고 없이 무작위로 벌어지는 것을 가장 두려워하지만, 이제 당신은 인간 폭력이 무작위로, 그리고 경고도 없이 벌어지지 않는다는 것을 잘 안다. 인간으로부터의 위험이 상어의 위험보다도 훨씬 복잡한 것은 명백하다. 어쨌든 상어로부터 안전해지기 위해 꼭 알아둬야 할 모든 것은 '바다에 들어가지 말라'는 세 마디로 정리할 수 있다. 인간에게서 안전해지기 위해 꼭 알아둬야 할 모든 것은 살아오며 쌓은 경험에 의해 향상돼 (그리고 바라건대 이책에 의해 더 잘 조직화돼) 당신 안에 있다.

우리는 이따금 발생 가능성이 거의 없는 두려움에 빠져 극장에 앉아 있는 쪽을 택할 수도 있지만, 축복이라 할 수 있는 인간에 대한 두려움은 종종 대상이 틀리기도 한다. 우리는 지구상에서 가장 두려운 동물과 매일 함께 살기 때문에 두려움이 어떻게 작용하는지를 이해하면 우리 삶을 극적으로 개선할 수 있다.

사람들은 '두려움'이라는 단어를 다소 부정확하게 사용한다. 두려움을 공포와 걱정, 불안과 제대로 연결시키기 위해서는 자기를 강간한 남자가 자신을 죽이려고까지 한다는 것을 알게 됐을 때 켈리를 사로잡은 너무나도 강력한 두려움을 상기하라. 사람들이 무서운 경험을 했을 때 "나는 바짝 얼어붙었어"라고 말하지만, 가만히 있는 것이 전략인 때를 제외하고 진정한 두려움은 몸이 마비되는 것이 아니라 활기를 띠게 한다. 로드니 폭스Rodney Fox[오스트레일리아의 영화 제작자. 백상아리의 공격에서 살아남은 것으로 유명하다]는 인간에게 깊숙이 뿌리박힌 두려움 중 하나에 직면했을 때 이런 사실을 알게 됐다. "나는 갑자기 이전의 어떤 때보다 빠르게 물속을 헤치며 움직이고 있다는 걸 알게 됐어요. 곧 상어가 내 가슴을 물고 바닷속으로 끌어내리고 있다는 걸 깨달았죠." 막강한 약탈자가 수면에서 끌어내리려 할 때 그것보다 훨씬 강력한 힘이 로드니에게 상어의 눈을 찾아 상어의 머리와 얼굴을 더듬게 만들었다. 로드니는 간신히 찾아낸 부드러운 조직에 양 엄지를 깊숙이 찔러 넣었다. 상어는 그 즉시 입을 열어 로드니를 풀어줬지만, 로드니는 상어가 되돌아와 공격하지 못하도록 상어를 단단히 붙잡고 있었다. 무척이나 오랫동안 바닷속으로 끌려내려간 것 같았을 때 로드니는 상어를 발로 걷어차고 핏빛 구름을 헤치며 수면으로 떠올랐다.

두려움이 로드니의 팔과 다리에 혈액을 빠르게 돌게 해, 스스로는 결코 해본 적 없는 일을 하게 만들었다. 로드니는 백상아리와 싸울 생각을 전혀 하지 못했겠지만, 두려움이 잠시도 망설이지 않도록 했기 때문에 살아남았다.

로드니의 거칠고 무모한 행동과 켈리의 조용하고 숨 막히는 행동은 둘 다 진정한 두려움이라는, 스프링이 튀어 오른 듯한 에너지가 부채질 했다. 잠시 그런 느낌을 떠올리고, 걱정과 불안과 극심한 공포와는 어떻게 다른지 알아보라. 아무리 강력한 근심이라도 상어와 싸우게 할 수 없고, 혹은 곧 당신을 죽이려는 자를 뒤쫓아 복도를 살금살금 걸어가게 할 수 없다.

○   ○   ○

최근에 나는 어떤 회사에서 안전에 관한 강의를 요청 받았다. 하지만 으레 그랬듯이 그 강의는 즉시 두려움에 관한 논의의 장이 돼버렸다. 내가 강의를 시작하기 이전에 몇몇 직원이 "실리아와 이야기해주세요. 그녀는 이 모임을 몇 주 동안 고대하고 있었거든요"라고 말했다. 실리아는 미행당하고 있다는 두려움에 관한 이야기를 나와 간절히 하고 싶어 했다. 그녀는 그 이야기를 동료 직원들에게 여러 번 털어놨다. 사람들이 (낯선 사람이, 동료 직원이, 배우자가, 팬이) 두려워 나를 만나러 올 때 내가 맨 먼저 하는 일은, 그것이 정말로 근심이나 병적인 공포와 대조되는 두려움인가를 판단하는 것이다. 이는 굉장히 쉬운데, 내가 앞에서 언급했듯 진정한 두려움은 위험이 있을 때 생기고, 항상 쉽사리 고통이나 죽음과 결부되기 때문이다.

실리아가 (타의에 의한) 두려움의 신호에 반응하고 있는지 아니면 (자발적으로) 걱정하고 있는지를 알아내기 위해 그녀가 바로 지금, 우리가 앉아 있는 바로 그 방에서 미행당하고 있다고 두려워하는지를 물었다.

실리아는 웃음을 터뜨렸다. "아뇨, 당연히 아니죠. 저는 밤중에 사무실에서 차가 있는 곳까지 혼자서 걸어갈 때 두려워요. 차를 큰 문이 달린 주차장에 세워놓는데, 제가 가장 늦게 퇴근하기 때문에 항상 제 차만 남아 있어요. 주차장은 휑하니 비어 있고, 쥐 죽은 듯이 조용하죠." 실리아는 실질적인 위험을 나타내는 지표를 말해주지 않았다. 그녀의 두려움은 본능적인 두려움의 신호가 아니라 사람들이 쉽사리 빠져드는 걱정이었다.

실리아가 두려움과 연결하도록 하기 위해, 미행당하는 것이 왜 무서운지 물었다. "음, 제가 무서워하는 건 미행 그 자체가 아니라 붙잡히는 거예요. 누가 저를 뒤에서 붙들고 차 안으로 잡아당길까 봐 두려운 거죠. 제가 주차장에 있는 마지막 사람이니까 그자들은 저한테 무슨 짓이든 할 수 있잖아요." 실리아는 가장 늦게까지 일하고 있다는 말을 몇 번이나 늘어놨다.

걱정은 선택적인 것이기 때문에, 어떤 면에서 자신에게 도움이 될 수 있을 때도 걱정한다. 공식 석상에서 연설하는 것을 걱정하면 자신이 사람들 앞에서 연설한 적이 없다는 변명을 주최자에게 할 수 있거나, 연설을 취소하거나 ("제가 너무 떨려서요"라는 이유로) 연설을 잘 못하는 것에 대해 변명함으로써 본인에게 도움이 될 수도 있다. 실리아의 걱정은 어떻게 도움이 됐을까? 사람들은 항상 뭐가 진정한 문제인지 말해주고, 실리아는 이미 그렇게 했다.

나는 실리아에게 왜 매일 밤 좀 더 일찍 퇴근할 수 없었는지 그 이유를 물었다. "그러면 다들 제가 게으르다고 생각할 테니까요." 즉 실리아는 가장 오랫동안 일하는 직원으로서의 정체성을 잃을까 봐 걱정하는 것이 었다. 위험과 두려움을 자주 언급하던 실리아와의 대화는 순식간에 그녀가 가장 늦게까지 일했다는 사실로 옮겨갔다. 그리고 바로 그렇게 근심이 실리아에게 도움이 되고 있었다.

프랭클린 루스벨트 대통령이 남긴 "우리가 두려워해야 할 유일한 것은 두려움 그 자체다"라는 명언은 본질적으로 "우리가 두려움을 느끼지 않는 한, 그리고 두려움을 느낄 때까지는 두려워할 것이 없다"로 바꿀 수 있다. 근심, 경계심, 불안, 걱정은 모두 어떤 목적을 가지고 있지만, 두려움은 아니다. 따라서 두려워하는 결과가 고통이나 죽음과 적절하게 연결되지 않고 위험이 존재하는 상황에서 나온 신호가 아니라면, 그것들을 두려움과 혼동해서는 안 된다. 그것들을 이해하고 관리하기 위해 노력하는 것은 가치 있지만, 근심한다고 해결책이 나오는 것은 아니다. 오히려 해결책을 찾아내려다가 더 혼란스러워질 가능성이 높다.

다른 사람들을 근심하게 만든다는 의미는 그들을 괴롭히거나, 목을 조르거나, 숨 막히게 한다는 뜻이다. 마찬가지로 자신을 근심하게 하는 것은 '자기 괴롭힘'의 한 형태다. 우리가 살아가는 동안 그런 불안이 역할을 하지 못하도록 하려면, 불안이 뭔지를 이해해야 한다.

근심은 우리가 만들어낸 두려움이다. 따라서 진짜가 아니다. 뭔가를 근심하는 것은 각자의 선택이지만, 그것이 자신의 선택이라는 점을 알고 근심하라. 근심이 뭔가 부가적인 보상을 제공하기 때문에 근심하는 경우가 허다하다. 수많은 변형이 존재하지만, 가장 대중적인 것은 다음과 같다.

- 근심은 변화를 회피하기 위한 방법이다. 근심하면 그 일에 관해 어떤 일도 하지 못한다.

- 근심은 뭔가를 하고 있는 것 같은 느낌을 주기 때문에 어떤 것에 대해 무기력하다는 것을 인정하지 않도록 해준다(기도도 뭔가를 하고 있다는 느낌을 주고, 아무리 헌신적인 불가지론자라도 기도가 근심보다 훨씬 생산적이라고 인정할 것이다).

- 근심은 다른 사람들과 관계를 맺는 흔한 방법인데, 누군가를 걱정하는 것이 사랑의 표현이라고 생각하기 때문이다. 이것은 반대로 누군가를 걱정하지 않으면 그에게 관심이 없다고 믿는다. 걱정 근심이 많은 대부분 사람이 말해주겠지만, 근심은 사랑이나 사랑하는 행동을 불충분하게 대체해줄 뿐이다.

- 근심은 미래의 실망에 대한 보호막이다. 예를 들면 중요한 시험을 친 학생이 시험에 떨어졌을까 봐 걱정할 수 있다. 만약 지금 불합격했다는 것을 감지할 수 있다면 이를 걱정함으로써 미리 연습하는 것이므로, 실제로 불합격하는 경우에도 그다지 나쁜 기분이 들지 않을 것이다. 그런데 여기에는 흥미로운 선택이 있다. 어쨌든 학생은 이 시점에서 시험 결과에 대해 할 수 있는 일이 아무것도 없다. 그렇다면 이틀 동안 근심하다가 불합격 사실을 아는 것이 나을까, 아니면 아무 근심도 하지 않고 이틀을 보낸 뒤에 아는 것이 나을까? 아니면 불안에 떨며 이틀을 보냈는데 시험에 거뜬히 합격했다는 것을 알고 싶을까?

《EQ 감성지능》에서 대니얼 골먼은 근심이 어떤 사람들에게는 위험을 피하는 일종의 '마법 같은 부적'이라는 결론을 내렸다. 그들은 뭔가를 걱정하면 그 일이 일어나지 않는다고 믿는 것이다. 골먼은 또한 사람들이 발생할 수 있다고 느끼는 걱정스러운 것들에 대해 미리 조치를 취하는 경향이 있기 때문에 대부분의 걱정이 발생 가능성이 아주 낮다는 점도 정확히 지적했다. 즉 뭔가를 걱정한다는 단순한 사실이, 그 일이 일어나지 않으리라는 예측 변수가 된다는 의미다!

○　○　○

진정한 두려움과 근심의 관계는 통증과 괴로움의 관계와 유사하다. 통증과 두려움은 살아가는 데 있어서 필요하고도 가치 있는 요소다. 괴로움과 근심은 살아가는 데 있어서 파괴적이고 불필요한 요소다(위대한 박애가들은 통증이 아닌 괴로움을 끝내기 위해 노력했다는 사실을 명심하라).

수십 년 동안 모든 형태의 근심을 지켜보고 나서 나는 근심이 사람을 돕기보다 해치는 경우가 훨씬 많다고 결론 내렸다. 근심은 이성적 사고를 하지 못하도록 방해하고, 시간을 낭비하며, 생명을 갉아먹는다. 근심하고 있을 때 자신에게 물어보라. "이게 어떻게 도움이 되지?" 그러면 근심하는 대가가 변화하는 대가보다 월등히 크다는 사실을 발견하게 될 것이다. 두려움에서 벗어나 두려움이 주는 선물을 얻기 위해서는, 노력해야 할 세 가지 목표가 있다. 도달하기 쉽지 않지만 시도할 가치는 있다.

1) 두려움을 느낄 때는 귀를 기울이라.
2) 두려움을 느끼지 않을 때는 두려움을 만들어내지 말라.
3) 두려움을 만들어내는 것을 깨달으면, 그 이유를 연구하고 찾아내라.

○   ○   ○

최악의 상황을 재빨리 예측하는 사람이 있듯이, 자신이 실제로 위험에 빠질 수도 있다는 사실을 받아들이길 꺼리는 사람도 있다. 이는 위험을 확인하고 정확한 명칭을 붙이고 나면, 어떻게든 그 일을 초래한다는 잘못된 믿음 때문인 경우가 흔하다. 이런 생각은 다음과 같이 말한다. '그 것을 보지 않거나 인정하지 않으면, 그 일이 벌어지는 것을 막을 수 있다.' 오직 인간만이 뭔가를 직시할 수 있고, 필요한 모든 정보가 있어 순간이라도 정확한 예측을 할 수 있다. 그런데도 그렇지 않다고 말한다.

내게 의뢰한 회사 중 하나는 뉴욕 본사에 뛰어난 안전과 보안 프로그램을 갖추고 있다. 사무실로 들어가는 출입문들은 모두 잠겨 있다. 안으로 들어가려면 출입문 옆의 전자 카드 판에 마그네틱 신분증을 가까이 대고 흔들어야 한다. 그 회사 사장이 한사코 출입증 휴대를 꺼리는, 알린이라는 직원과 이야기해달라고 요청했다. 그녀는 카드가 보안의 필요성을 상기시켜 사람들을 겁준다고 불평했다(이를 '두려움에 관한 두려움'이라부른다). 많은 직원이 밤늦게까지 일하기 때문에 보안 프로그램이 필요하다는 것은 인정하지만, "출입증은 이 회사를 무장된 군사기지처럼 보이게 하고 사람들을 두렵게 조장하기 때문에" 경비원으로 대체돼야 한다고 주장했다.

출입증에 대한 두려움을 고통이나 죽음과 연결시켜보려고, 나는 알린에게 사람들이 두려워하는 것이 뭔지 물었다. "출입증이 위험을 증가시킨다고요. 그런 출입증이 있다는 사실이 여기에 훔칠 만한 것이 있다고 말해주니까요."라고 그녀는 설명했다.

나는 출입증을 사용하면 거리에 떠돌아다니는 아무나 사무실에 들어오지 못하므로, 출입증이 실제로는 두려움과 위험을 감소시킬 수 있지 않냐고 물어봤다. 그녀는 이렇게 대답했다. "아뇨, 사람들은 그런 식으로 생각하지 않아요. 사람들은 위험을 연상하는 것조차 원하지 않을 거예요." 알린은 공항에 설치된 금속 탐지기가 사람들을 안심시키기는커녕 오히려 비행기 납치를 떠올리게 만든다고 설명했다. 쉽게 열어보지 못하도록 하는 안전 포장은 사람들을 안심시키지 못하고 오히려 두려움을 가중시킨다고 했다. 알린은 "그건 그저 손이 한 번 더 가게 만들 뿐이에요"라고 지적했다.

인간의 본성과 출입증이 사람들을 두렵게 만드는 이유에 대해 알린이 확신에 찬 의견을 다 말한 뒤, 나는 출입문들을 잠그지 않고 내버려두면 직원들에게 위험이 발생할 수 있다는 점에는 동의하는지 물었다. "물론 동의하죠. 저도 하던 일을 마저 끝내려고 늦게까지 일했던 어느 날 밤에 공격받은 적이 있으니까요. 문이 잠겨 있지 않아, 그 남자가 그냥 걸어 들어왔대요. 건물에는 나 말고 아무도 없었고요. 그러니 위험에 관해 나한테 말하지 마세요!"

이 이야기에서 알린은 자신이 출입증을 두려워하고 있다는 걸 드러냈다. 그녀는 자신의 두려움을 관리하는 철학도 분명하게 밝혔다. "위험에 관해 나한테 말하지 마세요." 알린은 자기 아파트에서, 지하철에서, 쇼핑하는 동안, 그리고 데이트할 때의 안전에 관해 광범위하게 질문한 뒤 출입증 사용에 동의했다.

○　　○　　○

　우리는 때로 부르지도 않은 두려움에 답한다. 부르고 있는 두려움에 대답하지 않는 경우도 있고, 내과 의사 빌 매케너_{Bill Mckenna}처럼 그 중간 어디에 떨어지는 경우도 있다.

　"집사람 린다가 출장을 가서, 나는 딸애들을 데리고 밖에 나가 저녁 식사를 하고 밤늦게 집으로 돌아왔죠. 딸들이 잠든 걸 확인하고 저도 자러 갔어요. 잠이 막 들었을 때 무슨 이유인지는 모르겠지만 나를 정말로 무섭게 만든 소음이 아래층에서 들리더군요. 그리 큰 소리도 아니었고 무슨 소리인지조차 기억나지 않았지만, 아무리 해도 그 소리가 머릿속을 떠나지 않았죠. 그래서 모든 것이 이상 없는지 확인하려고 침대 밖으로 나왔어요. 재빨리 집 안을 둘러보고 다시 침대로 돌아갔죠. 30분 뒤, 너무나 조용해서, 지금도 어떻게 나를 깨웠는지 모르겠는 그 소리를 들었어요. 누가 숨을 쉬는 소리였죠. 제가 전등을 켜자, 제 권총을 들고 우리 CD 플레이어를 겨드랑이에 낀 남자가 방 가운데 서 있더라고요."

　만약 빌이 아래층으로 걸어 내려간 임무가 자신이 말한 대로 "모든 것이 이상 없는지 확인하는 것"이었다면, 그는 임무를 훌륭하게 완수했다. 그러나 빌의 임무가 생존 신호에 답하고, 두려움이 주는 선물을 받아들이는 것이었다면, 그는 실패했다. 그의 직관이 이미 한 것처럼, 아래층에서 소음이 들려왔을 때 자신이 느낀 두려움을 발생할 수도 있는 위험한 결과와 의식적으로 연결했다면 빌은 아주 위험하다는 것을 알아차렸을 것이다. 그러면 아무 일도 없는지 확인하는 것이 아니라 위험 발견을 목표로 수색했을 수 있다.

만약 빌이 자신이 느낀 두려움을 존중하며 반응했다면, 침입자가 빌의 권총을 찾아내기 전에 그를 찾아냈을 것이다. 빌이 실제로 "나는 두려움을 느끼고 있고 그럴 만한 이유가 있는 것 같은데, 그게 뭐지?"라고 말했다면, 그의 직관이 이미 알고 그가 나중에 내게 한 말을 의식할 수 있었을 것이다. 빌이 집에 돌아왔을 때 거실 불이 켜져 있었고, 어찌 된 영문인지 고양이가 밖으로 나와 현관에서 빌을 기다리고 있었고, 평소에 보지 못한 낡은 차 한 대가 집으로 들어오는 진입로 근처에 세워져 있었고, 그 차 엔진이 식으면서 쩽그랑거리는 소리를 내고 있었다는 점 등을 말이다. 이 모든 요소의 맥락에서 다른 때라면 두렵지 않았을 소리가 두려움을 불러일으킨 것이다.

빌 매케너와 (네 살과 다섯 살 된) 그의 딸들은 1시간 이상 침입자의 총구 앞에 서 있었다. 침입자는 딸들을 침실 바닥에 앉아 〈미녀와 야수Beauty and the Beast〉 비디오테이프를 보도록 했다. 그는 빌에게 자신이 "내 평생 가장 어려운 결정"이라고 부르는 것을 하기 위해 시간이 필요하다고 했다. 그는 "당신은 정말로 힘든 문제가 있던 적이 있었어?"라고 물었고, 빌은 고개를 끄덕였다.

빌은 내게 그 침입자가 떠날 때까지 바짝 긴장했지만, 그 어떤 위험도 느끼지 않았다고 말했다. "누가 총으로 당신을 겨누고 있으면 두려워하기에는 너무 늦은 거죠. 저한테 이상이 없다는 걸 보여줌으로써 딸들을 진정시키고 이 침입자를 진정시키는 것과 같은, 신경 써야 할 더 중요한 일들이 있었고요. 어쨌거나 두려움이 왔다가 갔고, 이윽고 그 침입자도 왔다가 갔죠."

빌이 처음에 소음을 듣고 두려워한 것과 마찬가지로, 나중에 두려워하지 않은 것도 다 이해가 됐다. 첫째, 총을 들고 오지 않았으니 침입자는 살인을 예상하거나 준비하지 않은 것이다. 둘째, 침입자가 CD 플레이어를 가져간 것에서 알 수 있듯 침입한 목적 자체가 상당히 가벼운 도둑질이었다. 마지막으로, 침입자는 자신의 평생 "가장 어려운 결정"을 저울질하고 있다고 말했을 때 본인의 양심을 드러냈다. 기꺼이 살인하려는 사람이라면 자신이 의도한 피해자와 옳고 그른 것에 관한 개인적인 문제를 논의할 필요가 전혀 없다. 사실상 그런 자들은 자신의 고민에 피해자를 끌어들이지 않고, 피해자들을 인간으로 보지 않으며 거리를 둔다.

그 침입자는 그곳을 그냥 떠났을 뿐 아니라 CD 플레이어도 가져가지 않았다. 그리고 빌의 가족에게 또 하나의 호의를 베풀었다. 총을 가져가버린 덕에 앞으로 더 위험한 침입자가 들어오더라도 총을 손에 넣을 수 없게 된 것이다(빌은 대신할 총을 다시 사지 않았다). 빌은 영화를 끝까지 보게 한 뒤에 딸들을 재웠다. 딸들은 지금도 그날 밤에 "총을 든 경찰관"이 찾아온 것으로 기억하고, 정신적인 충격도 받지 않았다. 빌이 내게 말한 대로 두려움을 느끼지 않았기 때문에 아이들도 빌에게서 두려움을 알아차리지 못했다.

진정한 두려움은 객관적이지만, 우리는 객관적이지 않은 것이 분명하다. 메그는 살해당할까 봐 두려워했고, 실리아는 아무도 없을 때조차 미행당하는 것을 두려워했다. 알린은 출입증이 더욱 안전하게 해줄 수 있음에도 불구하고 두려워했다. 빌은 침입자가 총을 들고 자기 침실에 서 있는데도 두려워하지 않았다. 이 모든 것이 내가 이 책 앞부분에서 지적한 대로, 우리가 위험을 묘한 방식으로 평가한다는 것을 입증한다. 10년 동안 번개에 맞아 죽는 사람보다 흡연으로 매일 죽는 사람이 더 많지만,

폭풍우가 몰아치는 가운데 담배를 피움으로써 번개에 대한 두려움을 진정시키는 사람들이 있다. 이는 논리적이지 않지만, 논리와 불안이 함께하는 경우는 거의 없다.

나는 최근에 이제 막 권총을 휴대할 수 있는 허가를 받은, 플로리다에서 온 중년 부부를 만났다. 남편은 허가받은 이유를 "그거야 텍사스의 루비스 레스토랑에서 그랬던 것처럼 어떤 남자가 레스토랑으로 걸어 들어와 총을 쐈을 때 내가 생명을 구할 수 있는 위치에 있고 싶어서죠"라고 설명했다.

물론 그는 레스토랑에서 생명을 구할 가능성이 훨씬 높은 수많은 물건을 자기 허리띠에 끼우고 다닐 수 있다. 아드레날린을 주사하면 (특정 식품에 반응하는, 잠재적으로 치명적인 알레르기인) 과민성 쇼크를 치료할 수 있다. 혹은 작고 날카로운 대롱을 가지고 다니다가 숨이 막혀 죽어가는 사람에게 응급 기관 절개술을 시행할 수도 있다. 내가 그런 대롱을 가지고 다니냐고 물었을 때 그는 "어떻게 사람 목에 그런 걸 찔러 넣는단 말입니까!"라고 했다. 그렇지만 그는 다른 사람의 살 속으로 로켓 같은 납덩이를 보낼 수는 있었다.

통계적으로 말하면, 그 남자와 그의 아내는 어떤 범죄자를 쏘기보다 서로를 쏠 가능성이 훨씬 높다. 그 남자의 불안은 죽음에 대한 공포 때문에 초래된 것이 아니다. 만약 죽음에 대한 두려움이 문제라면 심장마비를 야기할 가능성이 높은 20킬로그램가량의 과체중을 줄일 것이다. 그 남자의 불안감은 사람에 대한 두려움, 그리고 폭력을 예측할 수 없다는 믿음에서 생긴 것이다. 진정한 두려움과 달리 불안감은 항상 불확실성에서 생긴다.

불안감은 궁극적으로 신뢰할 수 없는 예측에서 생긴다. 직장에서 해고될 것이라고 예측하고 그 예측이 옳다고 확신하면, 해고되는 것에 관해 불안감을 느끼지 않는다. 실직 문제 같은, 확신을 가지고 예측할 수 없는 일들에 불안을 느낄 수는 있다. 매우 신뢰할 만한 예측은 스스로 반응하고, 적응하고, 슬픔을 느끼고, 수용하고, 대비하고, 필요한 것은 무엇이든 하게 한다.

따라서 예측을 향상시키고 그에 따른 확신을 키우면 불안감은 줄어든다. 충분히 해볼 가치가 있는데, 그것은 근심과 마찬가지로 불안이라는 단어도 지금 우리를 그렇게 만들고 있는 '숨 막히게 하는 것'을 뜻하는 어원에서 유래됐기 때문이다.

우리의 상상은 근심과 불안의 씨앗이 잡초처럼 자라는 비옥한 토지일 수 있다. 상상으로 만들어낸 결과를 확실한 것이라고 받아들이면 프루스트Marcel Proust가 "없는 것만이 상상될 수 있다"며 냉혹한 법칙이라고 부른 것과 충돌한다. 달리 말해 상상하는 것은 두려워하는 것과 마찬가지로 일어나지 않는다.

○   ○   ○

29살 도나는 뉴욕 출신의 영화 제작자다. 그녀는 과감하게 직장을 버리고 의미 있는 다큐멘터리를 만들고자 로스앤젤레스로 향했다. 그리고 자신의 총명함과 열의를 활용해 유명 영화 제작자와의 면담을 끌어냈다. 그런데 면담 장소와 16킬로미터쯤 떨어진 곳에서 그녀의 낡은 차가 멈추는 바람에 도로 한가운데서 발이 묶였다. 그 즉시 도나는 면담에 늦는 것을 상상할 수 있는 최악의 결과들과 연결시켰다. "나는 그 면담을 놓칠 것이고, 그들은 면담 일정을 조정해주지 않을 거야. 누군가를 이렇게 기다리게 한다면 좋은 경력을 쌓을 기회는 무산될 것이고, 따라서 집세를 낼 수 없어 아파트에서 쫓겨날 것이고, 생활 보조비를 받는 신세로 전락하겠지⋯⋯." 이런 상상적 연결은 한 번에 한 걸음씩 시나리오를 써나가기 때문에 논리적인 것처럼 느껴지지만, 그저 논리를 흉내 낸 것에 불과하다. 가장 멍청한 창의력 연습 중 하나이기도 하다.

남자 한 명과 여자 한 명이 탄 차가 지나가다가 도나를 보고 속도를 늦추더니, 남자가 도와주겠다고 소리쳤다. 도나는 손을 저어 그 도움을 거절했다. 매우 스트레스를 받은 도나는 차에서 내려 주유소를 찾아 도로를 따라 달렸다. 달려가는 도중에 앞으로 겪을 재정 파산 스토리에 창의적인 장들을 더했다. 도나는 좀 전에 본 차가 자기 곁을 따라 천천히 달리는 것을 알아차렸지만, 무시하고 달렸다. 전화박스에 다다른 도나는 영화 제작자 사무실로 전화를 걸어 면담에 늦겠다고 설명했지만, 도나가 예측했던 대로 사무실 사람은 면담 일정을 조정할 수 없다고 말했다. 도나가 마음속에 그렸던 경력은 그 전화박스에서 끝났다.

도나가 털썩 주저앉아 울기 시작한 순간, 좀 전의 그 차가 천천히 전화박스 쪽으로 다가왔다. 그 차에 탄 남녀가 자신을 쫓아온 것임에도, 도나는 두렵지 않았다. 남자는 차 안에 그대로 남아 있고, 여자만 차에서 내려 전화박스 유리를 똑똑 두드리며 말했다. "너였구나?" 도나는 눈물이 줄줄 흐르는 눈으로 대학 때 룸메이트였던 지넷의 얼굴을 올려다봤다.

지넷과 그녀의 남자 친구는 도나를 차에 태우고 면담 장소로 급히 달렸고(도나는 그 직장을 잡지 못했다), 이어 그녀와 점심 식사를 하러 갔다.

2~3주가 지나기도 전에 도나와 지넷은 전 세계에서 예술품과 골동품을 찾아내 미국에서 재판매하는 새로운 사업의 동업자가 됐다. 두 사람의 사업이 크게 성공한 덕분에, 도나는 2년도 안 되어 자신의 첫 번째 다큐멘터리 영화에 투자하기에 충분한 돈을 모았다.

차가 고장 났을 때 도나가 머릿속에 그렸던 수많은 창조적 상상 중 옛 친구와 다시 만나, 전 세계를 돌아다니며 영화를 제작할 수 있는 자원을 마련해줄 사업을 함께 시작하리란 가능성은 포함돼 있지 않았다.

예상하지 못했고 기대하지 않았던 사건이 멋진 일들로 이어지리라 예측하는 사람은 별로 없지만, 그런 예측을 한다면 상당히 정확한 경우가 많다. 발명의 역사는 (제임스 와트 James Watt가 제대로 작동하는 펌프를 얻지 못하고 실패한 것이 우연히 진공펌프 발명으로 이어져 성공한 것과 같은 식으로) 예측하지 못한 성공으로 이어진 실패들로 가득 차 있다. 나는 일어날 것이라고 상상했던 끔찍한 결과 대신, 내 직관에 적용하곤 했던 회의주의의 목소리를 받아들여 수많은 혜택을 봤다. 불안은 강경한 심문에 못 이겨 거의 항상 무너진다.

원하지 않았던 일에서 호의적인 결과를 가져올 가능성을 찾아내는 데 당신의 상상력을 적용한다면, 비록 연습에 불과할지라도 그런 태도가 창의성을 키운다는 사실을 깨닫게 될 것이다. 이런 제안은 우리 할머니들이 찾으라고 격려했던 밝은 희망을 발견하는 방법 그 이상이다. 창의성이 직관과 연결돼 있고, 직관은 당신이 직면할 수도 있는 가장 심각한 문제에서 벗어날 수 있는 방법이다. 알베르트 아인슈타인은 직관을 따르면 "그 방법과 이유는 모르지만, 해결책이 당신에게 다가온다"고 말했다.

앤드루라는 젊은이가 사귀는 여자에게 그녀가 보고 싶어 하는 특별한 영화를 보여주겠다고 약속했다. 처음에는 그 영화를 상영하는 극장이 어디 있는지 알 수 없었고, 일단 그 극장의 위치를 알아내자 이번에는 표를 구할 수 없었다. 이 일로 매우 기분이 상한 여자는 할 수 없이 다른 영화를 보기 위해 줄을 섰는데 40분이나 기다린 끝에 표가 다 팔렸다는 것을 알게 됐다. 앤드루의 데이트는 실패로 돌아갔고, 젊은이들이 바라던 것을 해보려던 그의 희망도 무산됐다. 그는 영화 한 편을 보려고 애써야 하는 번잡한 절차에 매우 실망했고 화가 났다. 앤드루는 그 당시에 '어쩌면 이 실망스러운 저녁 때문에 영화 팬들이 자기가 보고 싶은 영화를 선택할 수 있고, 그 영화가 상영되는 극장을 알 수 있으며, 실제로 표를 예매할 수 있는 새로운 전산화된 전화 시스템을 내가 발명하게 될 거야'라고 마음속으로 말하지는 않았다.

그러나 앤드루 재러키Andrew Jarecki는 미국 전역의 모든 도시에서 매주 수백만 명이 이용하는 혁신적인 서비스, (당신이 777-FILM으로 알고 있을 수도 있는) 무비폰MovieFone을 만들었다(앤드루는 그 여자와 결혼도 했다).

위험과 피해에 관한 이야기를 너무나 많이 했다. 그러나 걱정은 선택이고, 창의적인 사람들은 그런 걱정을 역시 선택에 의해 달리 활용한다. 이런 진실은 취업 면접이나 데이트처럼 위험하지 않은 경우에는 가벼운 흥밋거리지만, 매우 위험한 상황에서는 당신 생명을 구할 수 있다.

○   ○   ○

나는 경력의 대부분을 다음에 발생할지도 모르는 나쁜 일을 정확하게 예측하려 애쓰며 보냈다. 사람들이 발생할 수 있는 모든 비극에 관한 예측을 열렬히 듣고 싶어 하기 때문에 이런 기술이 강력한 자산이라는 것은 분명하다. 이 사실을 보여주는 한 가지 지표는 대도시의 텔레비전이 하루에 40시간 이상씩 어떤 재난의 피해자로 전락한 사람들과 다가올지도 모를 재앙에 관한 연구를 방송하는 데 투자한다는 것이다. "새로운 연구 결과, 휴대전화가 당신을 죽일 수도 있다는 사실이 밝혀졌습니다. 11시 뉴스에서 그 사실을 알아보세요!" "오염된 칠면조로 요리한 저녁 식사가 세 명을 죽였습니다! 당신의 가족이 다음 차례가 될 수 있을까요!?"

멍청하고 쓸데없는 경각심만 불러일으키는 뉴스 광고가 어떻게 작동되는지를 이해하는 것이, 두려움이 우리 문화에서 어떻게 작용되는지를 이해하는 데 핵심이 되기 때문에 그런 광고들은 귓등으로 듣고 흘려버릴 흥밋거리 그 이상이다. 생존하기 위해서는 우리를 해칠 수도 있는 것들에 관해 알아야 하기 때문에 우리는 그런 광고를 주의 깊게 지켜본다. 바로 그런 이유로 끔찍한 교통사고 현장에서 차의 속도를 늦추는 것이다. 비정상적인 변태라서가 아니라 배우기 위해서다. 대부분의 사고 현장에서 "저 사람이 취했을 거야", "추월하려고 했던 게 분명해", "저렇게 작은 스포츠카는 당연히 위험하지", "저 교차로는 앞이 잘 보이지 않아"와 같은 교훈을 얻는다. 우리가 세운 가설들은 언젠가 우리 생명을 구할 요량으로 저장된다.

어네스트 베커는 "인간의 두려움은 세상을 인식하는 방법에서 생겨났다"고 설명했다. 동물은 뭘 두려워할지를 본능적으로 알지만, "본능이 없는 동물, 즉 인간은 미리 프로그램된 두려움을 가지고 있지 않다". 지역 뉴스가 우리를 위해 두려움을 프로그램해줬고, 자연에서 가장 강력한 힘 중 하나인 생존 의지에 의해 시청자를 보장받는다. 지역 뉴스들은 안전에 관한 새롭거나 관련된 정보를 거의 제공하지 않지만, 급박한 제목을 붙여 마치 누가 집으로 쳐들어와 "죽고 싶지 않으면 밖으로 나가지 말라! 생명을 구하고 싶으면 내 말을 귀담아 들으라!"라고 외치는 것처럼 중요하게 보이며 시청자들의 주의를 끈다. 바로 그것이 지역 텔레비전 뉴스가 하나의 사업으로 작동하는 방식이다. 두려움이 우리 삶에 정당하게 자리 잡고 있지만, 그곳이 시장은 아니다.

(나는 위험 요소와 위험에 전문가적인 흥미를 갖고 있음에도, 개인적으로는 지역 방송을 이미 수년째 전혀 보고 있지 않다. 당신도 이렇게 하면, 긴급한 문제라며 당신이 이런 뉴스를 보도록 하는 데 결정적인 역할을 한, 인위적이고 혼란스러운 영상을 30분이나 지켜보는 대신에, 잠들기 전에 할 수 있는 더 좋은 일들을 찾아낼 수 있을 것이다.)

뉴스의 공포 분위기 조성 전술은 여러 가지 형태로 등장한다. 뉴스가 부족할 때는, 오래된 기사를 새롭게 정리해서 내보낸다. 혹시 차우칠라라는 캘리포니아주의 한 마을에서 통학 버스에 탄 어린 학생들이 납치됐던 괴이한 사건을 기억할지 모르겠다. 범인들은 아이들을 태운 채 채석장의 거대한 배수로에 버스를 파묻었다. 그 사건은 26명의 아이들을 구조하고 납치범들을 체포한 것으로 끝났다. 1년 뒤, 새롭게 정리된 뉴스가 보도됐다. 작년과 똑같은 영상이 모두 방송되고 원래 사건에 관한 전모를 되풀이해 설명한 뒤, 기자 한 명이 불길한 결론을 조잘대며 차우칠라의 거리를 걸어갔다. "하지만 이 작은 마을의 주민들은 그런 일이 또다시 발생할 수 있다고 걱정하며 이 늦은 밤에도 잠들지 못하고 있습니다."

정말로 주민들이 그러고 있을까? 통학 버스를 가득 채운 자신의 아이들이 몽땅 납치돼 채석장 배수로에 파묻히는 그런 일이 똑같이 벌어질 수 있다고 걱정하고 있을까? 나는 그렇게 생각하지 않는다. 이처럼 엉뚱한 요약은 그 뉴스에 뭔가 중요한 의미를 부여하거나, 끝을 모호하게 해서 "더 많은 사람이 죽을지 어떨지는 두고 봐야 할 것입니다"와 같이 앞으로 더 떠들어댈 기사가 있음을 암시할 때 주로 사용된다. 지역 뉴스의 세계에서는 겁을 주는 기사가 끝나는 법이 전혀 없다. "이것으로 끝입니다"라는 말을 들을 일이 거의 없는 것이다.

지역 뉴스가 즐겨 사용하는 문구가 몇 가지 있는데, 그중 하나가 "경찰이 ○○시에서 오늘 끔찍한 걸 찾아냈습니다"다. 인공위성 시대가 충격적인 영상을 갖춘 자료실의 수를 늘렸기 때문에, 지금은 자신이 사는 마을에서 끔찍한 일들이 벌어지지 않았다면 "경찰이 리노에서 오늘 끔찍한 걸 찾아냈습니다"라는 말을 들을 수도 있다. 시카고에서, 혹은 마이애미에서, 심지어 베네수엘라의 수도인 카라카스에서 그런 일이 있었다는 말을 들을 수도 있다. 지역적인 일이 아닐 수도 있지만, 끔찍한 영상이 있는데 그게 무슨 대수겠는가. 지역 뉴스는 뭔가 충격적인 것을 찾아 시간을 거슬러 올라가거나 지구를 한 바퀴 돌아가지만, 그 어떤 경우도 당신 삶에 반드시 가치 있거나 관련 있는 정보는 아니다. 지역 뉴스는 《정보불안증》의 저자 리처드 솔 워먼이 "냉혹한 죽음과 사건, 재난의 목록, 즉 우리 삶을 둘러싸고 도배된 폭력적인 벽지"라고 부르는 것에 불과하다.

나는 이 책에서 지역 뉴스를 단순한 불만거리 이상으로 논의하고 있다. 텔레비전 뉴스가 어떻게 작동하고 당신에게 어떤 영향을 주는지를 이해하는 것은 당신의 안전과 안녕에 직접적으로 관련이 있다. 첫째, 범죄를 두려워하는 것 자체가 피해자가 되는 한 형태다. 그러나 거기에는 실질적인 문제가 더 많이 포함돼 있다. 지속적인 경보와 긴급 사항에 노출된 결과 신경쇠약증에 걸린 우리는 뉴스의 짧은 문구와 생존 신호를 구별하지 못하는 수준에 이르렀다. 뉴스가 정보 전달이 아니라 선정성만 추구하다 보니, 실제로 우리에게 위험을 초래할 수 있는 것에 관해 왜곡된 시각을 갖게 된다.

텔레비전에서 널리 퍼뜨린 "수영하는 사람을 공격하는 돌고래!"라는 기사를 상상해보라. 그런 뉴스는 문자 그대로 수백만 명에 달하는 사람들 머릿속에 (사실은 그렇지 않은데도) 돌고래가 사람에게 위험하다는 새로운 연계를 만든다. 동물이 공격하는 색다른 이야기는 뉴스 소재로 좋을지 모르지만, 인간은 사실 그 어떤 약탈자도 좋아하는 먹잇감이 아니다 (인간은 다소 뼈가 앙상하고, 살도 별로 없으며, 악마처럼 교활하다). 문제는 발생 가능성이 없는 위험에 신경 쓰면 생존을 위한 탁월한 재능이 소모된다는 것이다.

한심스러운 위험 요소에 이름을 붙이는 것만으로 불행히도 우리 정신 속에 자리 잡을 장소를 제공하고, 사람들을 두려워해야 할 또 다른 부당한 이유를 주게 된다. 과거에 로스앤젤레스에서 벌어진, 소위 '고속도로 묻지 마 총격'을 생각해보라. 텔레비전 뉴스는 자신들 차 앞창에 생긴 총탄 구멍을 가리키는 운전자들과의 인터뷰로 가득 채워졌다. 그러나 사실 그해에는 이전보다 고속도로에서 묻지 마 총격이 벌어진 횟수가 훨씬 적었다. 총격에 추세가 있었던 것도 아니고, 공격이 빈발한 것도 아니고, 범죄가 유행한 것도 아니어서 이전에 발생한 것이나 혹은 그때까지 발생한 것과 다른 점이 전혀 없었다. 그런데 최근에는 고속도로 묻지 마 총격에 관해 전혀 듣지 못하고 있다. 찌는 듯한 무더위가 가시고, 주차장이 되다시피 한 교통 정체에 갇혀 화난 운전자가 더 이상 없어서일까? 고속도로에서 더는 총격이 벌어지지 않는 것일까, 아니면 그런 총격 사건이 이미 한물간 이야기이기 때문에 더 이상 뉴스로 내보내지 않아서일까?

유일하게 현실적인 추세는 지역 뉴스가 인상적인 영상이나 과도하게 흥분한 인터뷰를 포함해 유사한 두 가지 이야기를 찾아내어, 그런 위험에 이름을 부여하고, 다른 피해자들이 발생할 때도 잠시 동안 그런 행위를 반복한다. 그런 범죄가 성공하면 지역 뉴스가 시청자들에게 그 범죄가 실행된 방법을 전할 것이다. 이렇게 해서 소문으로만 떠돌던 범죄 폭력의 새로운 형태가 다른 유행들과 아주 동일한 방식으로 유행할 수 있다. 이렇게 되는 것을 '광고'라고 부른다.

심각한 표정으로 기자가 우리 생명을 구하기 위해 알아야만 하는, 최근 유행하는 위험을 말한다. "저는 지금 호화로운 웨스트사이드 구역을 덮친 '집까지 따라온 강도 사건'의 현장에 서 있습니다. 이런 범죄는 무작위적 공격의 경향을 따른 것 같습니다. 이런 테러를 어떻게 피할 수 있을까요?" 그러고는 주의해야 할 점들을 늘어놓는데, 그중 일부는 ("낯선 사람을 차에 태우지 말라"처럼) 너무나 뻔해서 웃음만 나온다. "집까지 따라온 강도 사건의 전문가"라고 소개된 심각한 인상을 한 사람과의 인터뷰가 이어질 것이다. 그러다가 지역 텔레비전이 다른 범죄 위험을 부각시키려 하기 때문에 지금까지 난리 법석을 떨던 범죄는 어느 날 갑자기 뚝 그친 것처럼 생각될 것이다. 곧 "여러분이 집에 다다를 때까지 핸드백에 숨어 있는 도둑들!"이라는 제목의 뉴스가 방송될 것이고, 곧이어 "핸드백이 너무나도 무겁다고 느껴지거나, 핸드백을 잠그기 어렵거나, 핸드백에서 평소 듣지 못했던 소리가 들리거나……" 등 조심해야 할 경고 신호 목록이 좌르르 방송될 것이다.

텔레비전 뉴스가 우리에게 달리 생각하게 만들 수 있지만, 중요한 점은 우리가 어떻게 죽을까가 아니라 '어떻게 살 수 있을까'고, 이는 우리에게 달렸다.

○　　○　　○

내 삶과 일을 통해 나는 인간 영혼의 가장 어두운 면들을 봐왔다(적어도 그것들이 가장 어두운 면이었기를 바란다). 그런 경험이 내가 인간 정신의 밝은 면을 더 분명히 보도록 도와줬다. 나 자신이 폭력의 고통을 느꼈던 경험이 인간의 친절한 손길을 더 민감하게 느끼도록 도와줬다.

다양한 폭력 산업들의 열정적인 활동과 권력을 고려한다면, 대부분 사람이 폭력적으로 변하지 않고 살아간다는 사실이 우리 안에 놀라운 것이 있다는 신호다. 큰 화면에 등장해 복수를 감행하는 우상들이 아니라, 인간 종족과 인류 유산의 어두운 면 모두에 맞서는 평범한 사람들이 진정한 영웅이다. 에이브러햄 링컨은 "우리 본성의 선한 천사"를 언급했고, 그런 천사들은 분명히 있다. 일반인 대부분이 매일 예의를 지키고 협력함으로써 그 역할을 훌륭히 해내고 있으니 말이다.

최악의 상황에 대비하며 여러 해를 보내온 나는 결국 '세상이 위험한 곳이기는 하지만, 안전한 곳이기도 하다'는 지혜를 얻었다. 특히 몇몇 사람을 다치게 하긴 하지만 사람들 대부분을 마음먹은 목적지까지 데려다주는 운송 수단인 제트여객기, 지하철, 버스, 에스컬레이터, 오토바이, 차량 등 별다른 고장 없이도 사람을 죽일 수 있는 강력한 기계를 매일 타거나, 돌아다니는 것을 볼 때 우리는 엄청난 위험에서도 살아남았다. 우리는 유독 화학 물질에 둘러싸여 있고, 살고 있는 집은 폭발성 가스와 치명적인 전류에 연결돼 있다.

무엇보다 무서운 것은 무기를 가지고 있으며 화를 잘 내는 주민들 사이에서 산다는 점이다. 이 모든 점들이 결합돼 매일매일을 조상들이라면 몸서리쳤을 위험성 높은 장애물 코스를 만들고 있지만, 사실상 우리는 그럭저럭 잘 헤쳐 나가고 있다. 그런데도 수백만 명이나 되는 사람들이 우리의 그런 능력을 경탄하기보다 걱정거리를 찾고 있다.

세상을 떠날 때가 거의 다 됐을 때 마크 트웨인은 "나는 걱정거리가 많았지만, 그것들 대부분은 결코 일어나지 않았다"고 현명하게 말했다.

○　　○　　○

당신은 이제 낯선 사람이 궁지로 몰아넣는 위험부터 친구와 가족에게 고통을 주는 잔인한 행위까지, 아무나 건드릴 수 있는 일상의 폭력부터 소수의 사람들에게만 일어날 엄청난 범죄까지 폭력을 예측하고 피하는 것에 관해 많은 것을 안다.

당신의 직관이 더 좋은 정보를 제공받음으로써 사람들을 근거 없이 두려워하는 일이 줄어들길 바란다. 생존 신호를 인식하는 자신의 능력을 꽉 붙들고 존중하기를 바란다. 무엇보다 지금 눈앞에 보이는 먹구름 속에서만 위험을 보고, 갈라진 먹구름 사이의 청명한 하늘에서 더욱 충만한 삶을 살아가길 바란다.

신호와 예측 전략

- 사건 발생 전 지표들(PINS, pre-incident indicators)

- 한 팀 강요(forced teaming)

- 고리대금업(loan sharking)

- 지나치게 상세한 이야기들(too many details)

- 청하지 않은 약속(unsolicited promises)

- 틀에 박힌 역할 할당(typecasting)

- "아니요(No)"라는 말 무시하기(discounting the word "NO")

- 면접(the interview)

- 정반대의 규칙(rule of opposites)

- 대안이 되는 세 가지 예측 목록(list three alternative predictions)

- JACA(정당성Justification, 대안Alternatives, 결과Consequences, 능력Ability)

- RICE(신뢰도Reliability, 중요성Importance, 비용Cost, 효용Effectiveness)

직관의 메신저들

미심쩍은 느낌(Nagging feelings)

뇌리를 떠나지 않는 생각(Persistent thoughts)

유머(Humor)

걱정(Anxiety)

놀라움(Wonder)

호기심(Curiosity)

예감(Hunches)

육감(Gut feelings)

의혹(Doubt)

망설임(Hesitation)

의심(Suspicion)

불안(Apprehension)

두려움(Fear)

예측의 요소

① **측정 가능성**

4 – 분명한, 명백한

3 – 발견할 수 있고 공유된 의미

1 – 발견할 수는 있지만, 유동적이거나 모순된

0 – 측정할 수 없고/발견할 수 없는

② **유리한 위치**

3 – 훤히 들여다볼 수 있는 시각

2 – 대용물을 이용해야만 볼 수 있는 시각

0 – 차단되거나 전혀 보이지 않는 시각

③ **위급성**

4 – 급박한

2 – 예측할 수 있는

0 – 멀리 떨어진

④ **맥락**

3 – 완전히 다 드러난

0 – 감춰져 있는

⑤ **사건 발생 전 지표**

5 – 여러 개이고, 신뢰할 수 있고, 감지할 수 있는

3 – 몇 개 되지 않고, 신뢰할 수 있고, 감지할 수 있는

0 – 신뢰할 수 없거나 감지할 수 없는

⑥ **경험**

5 – 양쪽 모두의 결과에 경험이 풍부한

3 – 양쪽 모두의 결과를 경험한

2 – 한쪽 결과를 경험한

0 – 기본적이거나/부분적이거나/관련 없는 것을 경험한

⑦ **비교 가능한 사건들**

4 – 실질적으로 비교 가능한

1 – 비교 가능한

0 – 비교할 수 없는

⑧ **객관성**

2 – 어느 쪽의 결과도 가능하다는 것을 믿는다

0 – 한쪽의 결과만 가능하거나 어느 쪽의 결과도 가능하지 않다고
믿는다

⑨ **투자**

3 – 결과가 나오도록 투자한

1 – 결과가 나오도록 심적으로 투자한

0 – 결과가 나오도록 투자하지 않은

⑩ **복제 가능성**

5 – 손쉽게 반복할 수 있는

2 – 표본이나 대용물로 반복할 수 있는

0 – 실행할 수 없거나 반복할 수 없는

⑪ **지식**

2 – 관련 있고 정확한

0 – 불완전하거나 부정확한

이 척도는 주어진 예측에 성공할 수 있는지를 결정하는 데 도움을 준다

(예측이 성공적으로 이루어질지의 여부와는 구분된다). 예측을 평가하기 위해서

는 6장에서 서술된 11가지의 질문에 위의 가능한 답변의 범위를 선택함으로써 대답한 뒤, 그 답의 점수를 더해 총점을 구하면 된다.

- **22 이하** : 신뢰할 수 없는 예측, 운수소관
- **23~27** : 성공 가능성이 낮은
- **28~32** : 예측할 수 있는
- **32 초과** : 예측 가능성이 극히 높은

주의 : 유리한 위치에 관한 질문은 예측하는 사람이 사건 발생 전 지표들과 맥락을 관찰할 수 있는 위치에 있는지를 묻는 것이다. 만약 그 상황과 사건 발생 전 지표들을 직접 관찰할 수 있다면 '훤히 들여다볼 수 있는 시각'을 가진 것이고, (기사나 다른 증거 등과 같은) 어떤 매개체를 통해서만 관찰할 수 있다면 '대용물을 이용해야만 볼 수 있는 시각'을 선택하면 된다.

다음은 결과에 관심이 있고 최대한 객관적일 수 있는 사람이 어떤 가정에 관한 질문을 받고 대답한 것을 점수화한, 꽤 인기 있는 예측들이다.

누가 오스카상을 수상할까? (영화사 연구가 로드 루리가 추측)	22	운수소관
신원이 알려진 협박범이 무기를 지닌 채 대통령 주변에 모습을 드러낼까? (연방 비밀 경호국의 브라이언 보스킬과 로버트 페인이 예측)	33	예측 가능성이 극히 높은
좋은 친구가 채무불이행을 선언할까? (친구들에게 자주 돈을 빌려준 채권자가 예측)	33	예측 가능성이 극히 높은

앞에 개가 나를 공격할까? (개 행태 전문가인 짐과 레아 카니노가 예측)	34	예측 가능성이 극히 높은
출판사는 특정한 책을 내겠다는 생각에 관심을 보일까? (저작권 대리인 캐시 로빈스가 예측)	37	예측 가능성이 극히 높은
소정의 책이 어떤 방식으로 팔릴까? (작가에게 선인세를 지급할 때, 편집자 빌 필립스가 예측)	29	예측할 수 있는
다음 주 토크쇼에 나오기로 정해진 게스트가 잘해낼 수 있을까? (자니 카슨의 〈투나잇 쇼〉와 데이비드 레터먼의 〈레이트 쇼〉 책 임 프로듀서 피터 라살리가 예측)	30	예측할 수 있는
다음 주 토크쇼에 나오기로 정해진 코미디언이 공연을 혼자 잘해낼 수 있을까? (피터 라살리가 예측)	36	예측 가능성이 극히 높은

(코미디언이 잘해낸다는 것이 방청객을 웃게 만든다는 공통적인 정의를 공유하고 있기 때문에 코미디언에 관한 예측이 일반 게스트에 대한 예측보다 점수가 더 높다. 일반적인 게스트가 잘해낸다는 것에 관한 정의는 훨씬 더 유동적이라 방청객은 정보를 얻을 수도, 즐거워할 수도, 감동할 수도 있다. 이전에 또 다른 방청객들을 상대로 코미디언이 한 공연을 반복할 수도 있기 때문에 코미디언에 관한 예측은 점수가 더 높게 나온다.)

올해 로스앤젤레스에 큰 지진이 일어날까? (지질학자 그레고리 딘이 예측)	22	운수소관
내가 탄 비행기가 추락할까? ('밀리언 마일 클럽' 회원인 톰 놀란이 평온하게 국토를 횡단하 며 예측)	24	성공 가능성이 낮은
여섯 살 된 내 아이가 특정한 음식을 좋아하게 될까? (부모인 리사 고든이 예측)	34	예측 가능성이 극히 높은
내가 다음 주에 금연하게 될까? (과거에 담배를 끊었다가 다시 시작한 흡연자가 예측)	35	예측 가능성이 극히 높은
가정해서 볼 때, 비행기에 탑승한 승객 중 어떤 승객이 비 행기를 납치할 가능성이 있을까? (탑승권 판매원이 예측)	19	운수소관

가정해서 볼 때, 맨 앞줄에 앉아 있는 어떤 사람이 콘서트 중에 무대로 올라가려고 할까? (방청객 관리와 모니터링 그리고 관찰 프로그램인 'AMMO'를 훈련받은 전문 경호원 제프 마르콰르트가 공연이 진행되는 중에 예측)	33	예측 가능성이 극히 높은
자신이 해고된다는 것을 알고 있는 특정 직원이 총기를 난사할까? (개빈 드 베커 유한책임 회사의 TAM 국장 데이비드 배차가 예측)	35	예측 가능성이 극히 높은
아내가 이혼소송을 제기했다는 것을 알면 학대하던 남편의 폭력이 고조될까? (학대받던 그의 아내가 예측)	35	예측 가능성이 극히 높은

자녀가 다니는 학교에 해야 할 질문

- 정책집이나 교사가 활용하는 편람이 있나요? 사본을 한 부 받거나 여기에서 그걸 검토할 수 있을까요?
- 학생들의 안전이 정책 편람이나 설명서의 첫 번째 항목으로 기재돼 있나요? 그렇지 않다면 그 이유가 뭐죠?
- 학생들의 안전에 중점을 두고 있기는 한가요?
- 폭력, 무기, 마약 사용, 성폭력, 아동 간의 성적 학대, 학교의 허가 없이 들어오는 방문객을 다루는 정책이 있나요?
- 모든 직원의 신원을 조사했나요?
- 이 신원 조사를 하는 동안 어떤 분야가 검토됐나요?
- 누가 정보를 수집하나요?
- 관리자 중 누가 그 정보를 검토하고 고용해도 좋다는 적합성을 결정하죠?
- 지원자를 실격시키는 기준이 뭔가요?
- 적격 심사 과정이 (교사, 수위, 급식 직원, 경비원, 비정규직 직원 등) 모든 피고용인에게 다 적용되나요?
- (수업 시작 전과 방과 후를 포함해) 아이들이 학교에 있는 동안 현장에 간호사가 있나요?

- 그 간호사는 어떤 교육이나 훈련을 받았나요?

- 내 아이가 언제든지 내게 전화할 수 있나요?

- 나는 내 아이를 언제든지 찾아갈 수 있나요?

- 부모들과 연락을 취하는 기준이 뭐죠?

- 부모에게 통지하는 절차가 어떻게 되나요?

- 학생들을 통학 버스에 태우는 절차가 어떻게 되나요?

- 나 이외의 다른 사람이 내 아이를 차에 태워도 되는지 어떻게 결정되죠?

- 학교는 (양육권 분쟁이나 아동 납치 등) 특수한 상황에 어떻게 대처하죠?

- 쉬는 시간, 점심시간, 용변 보는 시간 등에 상급생들을 어린 학생들과 분리하고 있나요?

- 학교에서 벌어진 폭력이나 범죄 행위가 상세히 기록되고 있나요? 그런 통계가 보관돼 있나요?

- 그 통계를 좀 볼 수 있을까요?

- 지난 3년 동안, 교내에서 어떤 폭력이나 범죄가 발생했나요?

- 안전과 보안 문제를 논의하기 위해 교사와 행정가들이 정기적으로 회의했나요?

- 심각한 비행을 저지른 전력이 있는 아이가 반에 배정됐을 때, 담임교사는 그 사실을 공식적으로 통보받았나요?

- 수업 중 학생 대 교사 비율이 어떻게 되나요? 쉬는 시간과 식사 시간에는요?

- 화장실에 갈 때 학생들은 어떻게 관리되나요?

- 내 아이의 안전이나 복지에 영향을 미칠 수도 있는 교사의 비행에 관해 내게 연락을 주나요?

- 교내에 경비 인력이 있나요?

- 경비 인력에게 문서로 된 정책이나 지침을 주나요?

- 보안 정책과 지침서에 학생 안전이 최우선이라고 명시돼 있나요? 그렇지 않다면 그 이유가 뭐죠?

- 경비 인력에 대한 특별한 신원 조회가 이루어지고 있나요? 그 신원 조회에는 어떤 내용이 포함되나요?

- 교내에 들어올 수 있는 사람에 관한 통제가 이루어지고 있나요?

- 교실에서 긴급 상황이 벌어지면 교사는 어떻게 도움을 요청하나요?

- 운동장에서 긴급 상황이 벌어지면 교사는 어떻게 도움을 요청하나요?

- (화재, 민간 소요 사태, 지진, 폭력적인 침입자 등) 긴급 상황을 처리하는 정책이나 절차에 어떤 것이 있나요?

- 얼마나 자주 비상 훈련을 하나요?

- 아이가 다치면 어떤 절차를 따르나요?

- 내 아이가 심하게 다쳤을 경우, 어느 병원으로 후송되나요?

- 내가 다른 병원을 지정할 수 있나요? 특정 주치의를 지정할 수 있나요?

- 학교에 문제가 생기면 어느 경찰서가 대응하나요?

- 누가 경찰청과의 연락을 담당하고 있나요?

학교는 이 모든 질문 하나하나에 즉시 대답할 수 있어야 한다. (문서로 행해질 수 있는) 이런 질문 과정을 거치는 것만으로 학교 당국자들이 고려해본 적도 없거나 철저하게 규정해놓지 않은 영역을 파악할 수 있다.

| 추천 도서 |

국내 출간

- 대니얼 골먼, 《EQ 감성지능》, 웅진지식하우스, 2008.
- 로버트 D. 헤어, 《진단명 사이코패스: 우리 주변에 숨어 있는 이상인격자》, 바다출판사, 2005.
- 로버트 K. 레슬러, 《살인자들과의 인터뷰》, 바다출판사, 2004.
- M. 스캇 펙, 《아직도 가야 할 길》, 율리시즈, 2011.
- 수전 팔루디, 《백래시: 누가 페미니즘을 두려워하는가?》, 아르테, 2017.

국내 미출간

- Abbot, Jack Henry. *In the Belly of the Beast: Letters from Prison*. New York: Random House, 1991.
- Becker, Ernest. *The Denial of Death*. New York: Free Press, 1985.
- Berendzen, Richard and Laura Palmer. *Come Here: A Man Copes with the Aftermath of Childhood Sexual Abuse*. New York: Random House, 1993.
- Bingham, Roger and Carl Byker. *The Human Quest*. Princeton, NJ: Films for the Humanities and Sciences, 1995. Videocassette series.
- Blankenhorn, David. *Fatherless America: Confronting Our Most Urgent Social Problem*. New York: Basic, 1995.
- Branden, Nathaniel. *Honoring the Self: The Psychology of Confidence and Respect*. New York: Bantam, 1985.
- Burke, James. *The Day the Universe Changed*. Boston: Little, Brown, 1995.
- Clinton, Hillary Rodham. *It Takes a Village: And Other Lessons Children Teach Us*. New York: Simon and Schuster, 1996.
- Dutton, Donald and Susan K. Golant. *The Batterer: A Psychological Profile*. New York: Basic, 1995.
- Fein, Ellen and Sherrie Schneider. *The Rules*. New York: Warner, 1995.

- Gorey, Edward. *Amphigorey*. New York: Putnam, 1980.
- Gross, Linden. *To Have or To Harm: True Stories of Stalkers and Their Victims*. New York: Warner, 1994.
- Jones, Ann R. and Susan Schechter. *When Love Goes Wrong: What to Do When You Can't Do Anything Right*. New York: HarperCollins, 1993.
- Konner, Melvin. *Why the Reckless Survive: And Other Secrets of Human Nature*. New York: Viking, 1990.
- Larson, Erik. *Lethal Passage: The Journey of a Gun*. New York: Crown, 1994.
- Miller, Alice. *Banished Knowledge: Facing Childhood Injury*. New York: Doubleday, 1990.
- Miller, Alice. *The Drama of the Gifted Child: The Search for the True Self*. New York: Basic, 1994.
- Miller, Alice. *Thou Shalt Not Be Aware: Society's Betrayal of the Child*. New York: NALDutton, 1991.
- Miller, Alice. *The Untouched Key: Tracing Childhood Trauma in Creativity and Destructiveness*. New York: Doubleday, 1990.
- Monahan, John. *Predicting Violent Behavior: An Assessment of Clinical Techniques*. Beverly Hills, CA: Sage, 1981.
- Mones, Paul. *When a Child Kills*. New York: Pocket, 1992.
- Morris, Desmond. *Bodytalk: The Meaning of Human Gestures*. New York: Crown, 1995.
- Pipher, Mary. *Reviving Ophelia: Saving the Selves of Adolescent Girls*. New York: Ballantine, 1995.
- Schaum, Melita and Karen Parrish. *Stalked!: Breaking the Silence on the Crime Epidemic of the Nineties*. New York: Pocket, 1995.
- Schickel, Richard. *Intimate Strangers: The Culture of Celebrity*. New York: Doubleday, 1985.
- Snortland, Ellen. *Beauty Bites Beast: Awakening the Warrior Within Women and Girls*. Pasadena, CA: Trilogy Books, 1996.
- Sulloway, Frank J. *Born to Rebel*. New York: David McKay, 1996.
- Wrangham, Richard and Dale Peterson. *Demonic Males: Apes and the Origins of Human Violence*. Boston: Houghton Mifflin, 1996.
- Wright, Robert. *The Moral Animal*. New York: Random House, 1995.
- Wurman, Richard Saul. *Information Anxiety: What to Do When Information Doesn't Tell You What You Need to Know*. New York: Bantam, 1990.
- Zunin, Leonard and Natalie Zunin. *Contact: The First Four Minutes*. Ballantine, 1986.

이 책에 쏟아진 찬사들

우리 사회의 모든 사람을 위한 이 생존 설명서는 개빈 드 베커의 광범위한 경험과 그 자신의 삶에 확고히 기반을 두며, 폭력에 대한 전통적 접근 방법을 초월하는 지혜를 담고 있다.

・**로버트 레슬러** FBI 행동과학자, 《살인자들과의 인터뷰(Whoever Fights Monsters)》 저자

임상적인 통찰력과 실용적 지혜로 꽉 차 있는 책. 드 베커만이 겪었던 경험의 정수가 듬뿍 녹아있다. 용기를 북돋아 주는 이 책은 생명을 구할 수 있고, 구할 것이다!

・**존 모너핸** 버지니아주립대학교 법학전문대학원 심리법의학 교수,
《폭력적인 행태 예측하기(Predicting Violent Behavior)》 저자

이 분야를 잘 안다고 생각하며 사람들이 당연하다고 믿는 그릇된 통념을 개빈 드 베커는 보기 좋게 타파했다. 전문가의 입장에서 두려움과 개인적 폭력 문제에 관해 진정한 해결책을 제시하는 아주 귀중하고도 도발적인 책이다. 이 책이 날 위해, 그리고 수백만 독자께도 정말 좋은 참고서가 되리라고 믿는다.

・**린다 A. 페어스타인** 성범죄 담당 검사 및 작가

현재를 살아가는 여성들과 그들을 사랑하는 사람들이 반드시 읽어야 할 책. 이 책은 주목하지 않을 수 없는 방식으로 생명을 구할 정보를 제공한다. 내가 지금껏 읽었던, 폭력에 대처하는 방법을 다룬 그 어떤 책보다 월등히 뛰어나다. 모든 분께 권한다.

・**테레사 살다나** 여배우이자 스토킹 피해자를 위한 재단(Victims for Victims) 설립자

드 베커는 우리 사회의 포식자와 마주치는 위험을 피하고자 우리가 이미 가지고 있는 재능을 파악함으로써 독자를 피해자에서 승리자로 이동하게 해준다. 이 책에 들어있는 실제 생활 속 이야기들은 그 어떤 카메라도 담아낼 수 없는 생동감을 전달한다.

・**캐시 그윈** 검사

오늘날을 살아가는 것에 관한 어려운 질문을 솔직하게 파헤친 책. 두려움을 이기고자 하는 모든 사람이 반드시 읽어야만 한다.

・**스콧 고든** 가정폭력자문위원회(Domestic Violence Council) 의장

살아가면서 맞닥뜨리는 폭력을 자세히 검토한, 등골 오싹하지만 매혹적인 책. 드 베커는 누구도 도저히 흉내 낼 수 없는 경력을 가지고 있고, 이 책은 그러한 경력에서 얻은 교훈이 우리 모두에게 어떻게 적용될 수 있는지를 보여준다.

• 제프리 투빈 《생의 질주: 국민 대 O. J. 심슨(The Run of His Life: The People v. O. J. Simpson)》 저자

상식과 직관에 어긋나는 것들이 멋들어지게 혼합된 책. 난 드 베커의 경험에서 많은 이득을 얻었을 뿐 아니라 이 책 자체를 즐겁게 읽었고 감탄했다.

• 데이비드 마멧 극작가

실제적인 위험이나 감지된 위험에 대하여 인간이 보이는 반응의 복잡성에 초점을 맞춘, 최고이자 주목하지 않을 수 없는 책. 드 베커는 두려움이라는 매개변수를 재정의하고, 두려움에 대한 반응의 기반에 이의를 제기한다. 이 책은 두려워해 본 적이 있는 모든 사람을 위한 것이다.

• 앤 월퍼트 버제스 펜실베이니아대학교 간호대학원 간호학과 교수

독자의 눈을 떼지 못하게 하는 교훈적인 역작이다. 폭력 현상을 해부하고 그 수수께끼를 파헤쳐, 이겨낼 방법을 보여주는 책.

• 에리카 홀저 변호사, 《눈에는 눈(Eye for an Eye)》 저자

극한의 폭력을 다룬 책. 자신이 살아온 삶의 여정을 숨김없이 털어놓은 드 베커의 용기가 눈이 번쩍 뜨일 만큼 놀라운 그의 지적 능력 및 통찰력과 결합하여 독자의 관심을 사로잡는다. 이 책을 손에서 떼어놓을 수 없다는 것, 그리고 그 내용을 절대로 잊을 수 없다는 것에 대비하시라!

• 빅토리아 프린시펄 여배우이자 가정폭력극복(Victory Over Violence) 공동의장

옮긴이 ㅣ 하현길

한양대학교 법학과와 서울대학교 행정대학원을 졸업하고, 고려대학교에서 행정학 박사과정을 수료했다. 한양대학교, 서울시립대학교, 숙명여자대학교 등에서 강의했고, 현재 서경대학교 특임교수로 재직하며 번역가로도 활동하고 있다. 옮긴 책으로《프로파일러》,《셜록: 크로니클》,《셜록 케이스북》,《벤트로드》,《탄착점》, 할런 코벤의《홀드타이트》등 다수가 있다.

무시하는 순간 당한다
느끼는 즉시 피할 것

서늘한 신호

1판 1쇄 발행 2018년 6월 15일
1판 2쇄 발행 2024년 7월 24일

지은이 개빈 드 베커
옮긴이 하현길
펴낸이 고병욱

펴낸곳 청림출판(주)
등록 제2023-000081호

본사 04799 서울시 성동구 아차산로17길 49 1009, 1010호 청림출판(주)
제2사옥 10881 경기도 파주시 회동길 173 청림아트스페이스
전화 02-546-4341 **팩스** 02-546-8053

홈페이지 www.chungrim.com **이메일** cr1@chungrim.com
인스타그램 @chungrimbooks **블로그** blog.naver.com/chungrimpub
페이스북 www.facebook.com/chungrimpub

ISBN 978-89-352-1219-4 03190